법심리학적
면담방법론

Forensic Psychological Interview

이형근

박영사

추천사

　　과거에 대한 인간의 기억은 사소한 질문 하나로 인해 바뀔 수 있고, 진술자의 사고는 문답이 진행됨에 따라 역동적으로 변한다. 따라서 면담자는 진술 자체뿐만 아니라 그 원천이 되는 심리를 잘 이해하고 면담에 임해야 한다. 그러나 올바르지 못한 면담방법론, 가령 자백을 받아내기 위한 추궁형 면담이 무고한 사람으로부터 허위자백을 이끌어 낼 수 있다는 법심리학 연구의 결과에도 불구하고 면담 실무자들의 면담 방식은 좀처럼 바뀌지 않고 있다.

　　이 책의 저자는 범죄수사, 감사 및 조사 장면에서 어떻게 묻고 들어야 하는지를 법심리학 연구의 결과에 기반하여 구체적으로 설명하고 있을 뿐만 아니라 진술증거의 수집과 사실의 확인 사이에서 벌어지는 인지적 과정을 이해하기 쉽게 안내하고 있다. 또한, 면담에 요구되는 핵심적 역량뿐만 아니라 면담의 구조화 방법 및 구체적 훈련 방법까지 친절하게 안내하고 있다. 면담 실무자뿐만 아니라 사실관계의 확인을 필요로 하는 다양한 분야의 사람들에게 이 책이 매우 유익한 참고서가 될 것이다.

조은경 교수
동국대학교 경찰행정학과 교수, 한국법심리학회 회장

추천사

    통상 전문(傳聞: hearsay)의 형태로 법원에 전달되는 수사상 진술은 내용적으로 주관적이고 절차적으로 간접적이어서 활용에 많은 제약이 따르는 증거다. 최근 우리 입법자들은 수사기관이 작성한 피의자신문조서에 대해서는 피의자였던 피고인 또는 변호인이 그 내용을 인정하는 경우에만 증거능력을 부여하는 개혁을 단행했다. 공판중심주의를 지향하는 이러한 개혁 입법이 본격적으로 시행·정착되면, 수사상 진술이 형사재판 실무에서 증거로 사용되는 일은 상당히 줄어들 것으로 전망된다.

    그러나 규범적 판단의 전제가 되는 사실관계를 정확하게 확정하기 위해서는 물적증거뿐만 아니라 진술증거도 필요불가결한 측면이 있다. 다만, 종전처럼 진술증거의 수집을 수사관 개인의 역량이나 자질 문제로 치부하거나, 도제식 전수를 통해 노하우를 공유하는 방법은 이와 같은 필요성이나 전문성의 요청을 충족하는 데 한계를 드러낼 수밖에 없다. 이 책의 지자는 법학(法學)과 심리학(心理學)의 학제 간 연구를 통해 그 해답을 찾고 있다. 특히, 진술증거의 수집에 관한 심리학 연구의 결과뿐만 아니라 조서작성, 법정증언 등 규범적 쟁점까지 정밀하게 조명하고 있어 좋은 실무안내서이자 학술교과서로 널리 활용될 수 있을 것이다.

이동희 교수
경찰대학교 치안대학원 원장, 한국경찰법학회 회장

머리말

우리는 일상 속에서 누군가와 대화를 나누며 살아간다. 대화는 말과 말의 연쇄이자 질문과 답변의 연속이라는 속성을 갖는다. 질문은 무엇을 묻는지와 어떻게 묻는지로 구성된다. 그러나 질문을 하면서 '내가 무엇을 묻고 있는지'를 모르는 사람은 많지 않은 반면, '내가 어떻게 묻고 있는지'를 모르는 사람은 많다. 더 엄밀히 말하자면, 어떻게 묻고 있는지를 모르는 것이 더 일반적이다. 답변은 말하는 사람의 기억과 생각을 말로 서술한 것이다. 따라서 질문자는 답변자의 말 자체뿐만 아니라 그 바탕이 되는 기억과 생각에까지 주의를 기울여야 한다. 그러나 기억과 생각은 고사하고 말 자체에 집중하는 것도 쉬운 일이 아니다. 오히려 질문자 자신의 생각과 말에 더 초점을 두는 경우가 빈번하다.

대화를 하는 것, 즉 묻고 듣는 것은 생각처럼 간단한 문제가 아니다. 따라서 대부분의 경우 잘 묻고 잘 듣기 위해서는 별도의 학습과 훈련이 필요하며, 묻고 듣는 것을 직업으로 하는 사람의 경우에는 특히 그러하다. 대화의 기술이 부족한 자영업자라면 단지 고객과의 의사소통에 어려움을 겪는 정도겠지만, 올바른 면담방법론을 체득하지 못한 수사관은 직무의 적정한 수행에 적지 않은 어려움을 겪게 될 것이다. 묻고 듣는 것을 직업으로 하는 사람은 자신이 면담의 베테랑이라는 인식을 늘 경계해야 한다. 학습과 훈련이 이루어지지 않은 상태에서는, 통상 면담의 경험치와 면담의 적정성이 반비례 관계에 있기 때문이다. 이것은 면담 경험치가 일반적으로 어떻게 묻는지에 부정적 영향을 주기 때문에 발생하는 현상이다.

묻고 듣는 것을 직업으로 하는 사람, 즉 수사, 조사, 감사 등의 업무를 수행하는 사람에게 있어 올바른 면담방법론을 체득하는 것은 선택이 아니라 필수다. 이 책은 독자들에게 "그렇게 하기보다 이렇게 해야 한다."라는 주문을 지속적으로 할 것이다. 이와 같이 요구하기 위해서는 반드시 두 가지 조건이 갖추어져야 한다. 하나는 이 방법이 그 방법보다 실증적으로 더 효과적이어야 한다는 점이고, 다른 하나는 이 방법이 그 방법보다 법리적으로 더 권장되는 것이어야 한다는 점이다. 이 책이 이와 같은 요건을 모두 갖추었는지는 여전히 의문이지만 이와 같은 요건을 갖추기 위한 각고의 노력을 담고 있음은 틀림없다. 따라서 독자들은 이 책이 아니더라도 반드시 이러한 요건을 갖춘 교재를 학습과 훈련의 기초로 삼아야 한다.

책의 내용과 활용법을 간략히 짚어보자. 제1장에서는 법심리학적 면담방법론의 전반적인 내용을 개관하면서 이 책에서 채택한 방법론이 위치하고 있는 좌표를 밝힐 것이다. 아울러 지피지기의 차원에서 독자들에게 각자의 면담유형을 스스로 진단해볼 기회를 제공할 것이다. 제2장에서는 기초이론으로 기억의 취약성, 거짓말의 역동성, 면담을 규율하는 규범, 그리고 이와 같은 요소들을 고려하여 과거 사건 재구성의 최적화를 도모하는 방법을 개관해볼 것이다. 생각건대, 여기까지를 읽은 독자라면 이 책을 완독할 가능성이 높다. '중요하다는 것은 알겠는데, 도대체 어떻게 하라는 것인가'라고 생각하면서 말이다. 제3장에서는 핵심기술에 해당하는 묻기, 듣기, 증거 활용하기, 기록하기, 증언하기 등에 대하여 자세히 설명할 것이다. 면담의 구조(모델) 안에서 핵심기술을 구현하는 것이 이 책에서 권장하는 바이지만, 독자의 상황과 필요에 따라서는 핵심기술의 전부 또는 일부만을 학습할 수도 있을 것이다.

제4장에서는 핵심기술을 바탕으로 일련의 면담과정을 구소화하여 표준모델을 제안할 것이다. 표준모델은 일정 수준 이상의 면담역량 체득을 담보하고, 역동적인 면담과정에 기준점을 제공하는 중요한 기능을 한다. 따라서 각각의 핵심기술은 흩어져 존재할 때보다 구조화된 모델 안에 유기적으로 조직화되어 있을 때 그 효과가 극대화된다. 제5장에서는 학습한 내용을 효과적으로 체득할 수 있도록 훈련 및 교육 매뉴얼을 제공할 것이다. 연습 또는 실습 방법은 각각의 특성에 따라 독자 스스로 또는 다른 누군가의 도움을 받아 수행할 수 있는 것으로 다양하게 구성되어 있다. 특히, 이 부분은 수사관, 조사관, 감사관 등 면담을 직업으로 하는 사람(학습자)뿐만 아니라 이들을 대상으로 훈련 또는 교육 서비스를 제공하는 사람(교수자)에게도 유용한 노하우를 제공할 것이다.

이 책은 면담실무자, 면담교육자, 면담연구자 등 일정 수준 이상의 학습 동기가 있는 사람을 주된 독자층으로 설정하고 있다. 그래서 읽기는 쉽지만 내용은 가볍지 않은 미디엄한 책을 지향하고 있다. 하지만 다음과 같은 이유에서 면담이라는 주제에 관심이 있는 독자라면 누구나 유익함과 재미를 느낄 수 있을 것으로 생각한다. 이 책은 무엇을 묻고 들을지에 관한 것보다 상대적으로 어떻게 묻고 들을지에 관한 것에 더 초점을 두고 있다. '어떻게'라는 부분을 지배하는 법심리학적 원리는 범죄수사, 감사, 조사 등의 전문적 대화는 물론 일상적 대화의 경우에도 크게 다르지 않다. 가족, 지인, 동료, 고객 등과의 대화를 더 멋진 것으로 만들 수 있는 방법론에 흥미를 갖지 않을 사람은 그리 많지 않을 것이다. 저자는 앞서 면담기법에 관한 교재를 집필한 바 있으나, 부족한 부분도 많았고 내부용으로 만들어진 것이라 쉽게 외부와 공유할 수 없었다. 이 책을 통해 기본서의 재정비와 공유 채널의 마련이라는 두 가지 숙제를 잠정적으로 해결하게 되었다. 모쪼록 독자 여러분의 많은 관심과 의견을 부탁드린다.

2021년 7월

이 형 근 씀

차 례

제 3 장   핵심기술

제 4 장   면담의 구조화

제 5 장　　훈련 및 교육 매뉴얼

제1장

법, 심리, 그리고 면담

제**1**장 > 법, 심리, 그리고 면담

1. '그렇게 하기보다 이렇게 해야한다'라고 주문하기 위한 조건

조선 시대를 배경으로 하는 드라마나 영화를 보면, 관아에서 누군가가 매를 맞고 있는 장면을 종종 볼 수 있다. 그는 누구이며, 왜 매를 맞고 있는가. 이 두 가지 질문에 대한 해답을 얻으려면 그 장면을 좀 더 꼼꼼히 살펴보아야 한다. 조선 시대에는 태장도유사(笞杖徒流死)라는 다섯 가지 형벌이 있었다. 이 중에서 태형과 장형은 이미 범인임이 확인된 사람을 때리는 형벌이었다. 한편, 조선 시대에는 고신(拷訊)이라는 제도가 있었다. 고신은 아직 범인임이 확인되지 않은 사람을 때려 자백을 얻어내는 신문방법이었다. 즉, 태형과 장형은 실체법상 작용이었던 반면, 고신은 절차법상 작용이었던 것이다. 만약 드라마나 영화에서 "당장 이실직고 하지 못할까!?"라는 호통이 들린다면, 그는 아직 범인임이 확인되지 않은 사람, 즉 피의자다. 또한, 자백을 하지 않아서 매를 맞으며 신문을 받고 있는 것이다.

조선 시대에 법적으로 허용되었던 고신이 타당한 신문방법인가. 그렇다고 대답할 사람이 많지 않을 것 같다. 이와 같이 허무해 보이는 질문을 던진 이유는 어떠한 신문방법이나 면담방법을 타당한 것으로 평가하기 위한 요건을 정밀하게 따져보기 위함이다. 일상적 대화를 제외하면 모든 면담은 그것이 수사이든, 조사이든, 감사이든 간에 일정한 제도나 규범하에서 사실을 확인해가는 과정이다. 따라서 어떠한 면담방법이 타당한 것이 되려면 당대의 법리적 요구와 실증적 요구를 모두 충족해야 한다. 조선 시대를 기준으로 고신은 법리적 요구를 – 적어도 해석론의 측면에서는 – 충족한다. 당대의 법이 고신을 허용하고 있었기 때문이다. 그렇다면 고신이 실증적 요구도 충족하는가. 가령, 고신이 자백을 얻는 데 효과가 있는가. 그렇다고 대답할 사람이 적지 않을 것 같다. '매에는 장사가 없다'라고 하지 않았던가. 하지만 문제는 그렇게 간단하지 않다. 고신을 통해 얻은 자백 중 상당수가 허위자백일 가능성을 배제할 수 없기 때문이다. 실증적 요구를 충족하기 위해서는, 죄 없는 사람을 처벌하는 1종 오류와 죄 있는 사람을 처벌하지 못하는 2종 오류 모두를 최소화할 수 있어야 한다. 지금은 태형도 고신도 없는 세상이 되었다. 하지만 현대의 면담방법론을 평가하고 선택하는 데 있어 고신의 타당성 평가에 사용하였던 논증의 구조를 적용해 볼 수는 있을 것으로 생각한다.

이 책의 제목은 '법심리학적 면담방법론'이다. 제목을 천천히 읽어보면 그 안에 법, 심리, 면담 등의 단어가 포함되어 있음을 알 수 있다. 저자는 이 책의 곳곳에서 독자들에게 '그렇게 하기보다 이렇게 해야한다'라고 주문할 예정인데, 이 단어들이 그러한 주문의 타당성을 가늠할 핵심적 잣대가 된다. 가령, 수사관 甲이 면담과정에서 A라는 기법을 자주 사용하고 있음을 알게 된 수사팀장 乙이 甲에게 "A 기법을 사용하지 말고 B라는 기법을 활용해 보라."라고 권유하는 상황을 가정해보자. 이와 같은 권유가 타당한 것이 되기 위해서는 반드시 두 가지 요건이 갖추어져야 한다. 하나는 B 기법이 A 기법보다 실증적으로 더 효과적인 것이어야 한다는 점이고, 다른 하나는 B 기법이 A 기법보다 법리적으로 더 권장되는 것이어야 한다는 점이다. 특히, 실증적 효과성 부분에 있어서는 1종 오류 및 2종 오류 모두에 대하여 일정 수준 이상의 내성을 가지고 있어야 한다. 따라서 단지 "내가 해보니까 이 방법이 통하더라."라는 식의 권유는 부적절한 것일 가능성이 높다. 다양한 변인이 공존하는 현장에서 특정 기법의 효과를 객관적으로 파악하는 것은 불가능에 가깝기 때문이다. 또한, 법리적 고려 없이 "본격적으로 조서를 꾸미기 전에 피의자와 와꾸('틀'의 속어)를 맞추어 놓아야 조사가 순조롭다."라는 권유는 ― 적어도 수사 맥락에서는 ― 부적법한 것이 된다. 형사소송법상 관련 규정에 의하면 모든 신문의 내용과 과정이 기록되어야 하기 때문이다.

이와 같은 속성으로 인해 면담방법론은 심리학과 법학의 학제간 연구 영역에 위치하고 있다. 다만, 심리학은 상대적으로 어떤 방법이 다른 방법보다 '실증적으로 더 효과적인가'라는 물음에 집중하는 반면, 법학은 상대적으로 어떤 방법이 다른 방법보다 '법리적으로 더 바람직한가'라는 물음에 집중하는 경향이 있다. 또한, 비교적 최근에 사회심리학에서 분화된 법심리학은 심리학적 관점과 법학적 관점의 조화를 통해 다양한 법문제를 심층적으로 조망하고 있으며, 면담방법론은 법심리학의 대표적 연구대상 중 하나다. 그러나 면담방법론을 처음 접하고 이를 배우고자 하는 누군가가 – 학습자이든, 교수자이든, 연구자이든 – 방대한 관련 연구와 자료에서 옥석을 가려내어 탐독할 것으로 기대하기는 어렵다. 따라서 면담방법론의 수요자에게는 이에 관한 기본서가 제공되어야 하고, 그 기본서는 반드시 관련 연구와 자료를 충실히 반영함으로써 효과성과 적법성 모두를 담보할 수 있는 것이어야 한다.

🔨 법심리학과 범죄심리학

"법심리학이 무엇인가요?", "범죄심리학과는 어떻게 다른가요?"라는 질문을 종종 받게 된다. 두 분야 간에 다양한 차이가 있겠으나, 저자는 '관심'의 차이를 가장 중요한 부분으로 꼽는다. 가령, 어떤 도시에서 살인사건이 빈번하게 발생하고 있다고 가정해 보자. 범죄심리학자는 통상 '범인은 어떤 사람일까', '왜 살인을 하게 되었을까'라는 유형의 물음에 관심을 둘 것이고, 법심리학자는 통상 '어떻게 피의자를 특정할까', '피의자 신문은 어떻게 할까'라는 유형의 물음에 관심을 둘 것이다. 양자의 차이를 알겠는가. 앞의 물음은 범인상(犯人像), 범행동기 등에 관한 것으로 범인 또는 범죄라는 현상에 초점을 두고 있는 반면, 뒤의 물음은 범인식별, 신문기법 등에 관한 것으로 수사라는 작용에 초점을 두고 있다. 즉, 범죄심리학은 범죄라는 사회현상을, 법심리학은 이를 규율하기 위한 법률과 제도를 각각 주된 관심사로 한다는 점에서 차이가 있다. 다만, 법심리학의 관심사가 범죄수사, 재판 등의 형사절차에 국한되는 것은 아니다. 가령, 형사절차 이외의 국가작용, 민사절차 등도 법심리학의 연구대상에 포함된다.

2. 각자에게 적합한 관점과 목적 설정하기

'지금까지'를 읽고 약간의 의문 또는 걱정을 갖게 된 독자가 있을지 모르겠다. 아마도 태형과 고신에서 시작하여 살인사건으로 이야기를 맺고 있는 데에서 저자의 관심사를 간파했기 때문일 것이다. 저자의 주된 관심이 형사절차에 있음을 부인할 수는 없을 것 같다. 하지만 지금까지의 서술과 앞으로의 서술에 있어 형사절차에 관한 예가 빈번하게 거론되는 것이 비단 저자의 선호 때문만은 아니다. 법심리학적 면담방법론에 관한 책의 다수가 형사절차에 관한 예를 빈번하게 활용하는 것은 이 분야에 관한 연구의 역사와 깊이 연관되어 있다. 즉, 국내외를 막론하고 이 분야에 관한 연구는 형사절차를 대상으로 하는 것이 먼저 시작되었고 또한 활발하게 진행되었다. 이러한 역사에 관하여는 절을 달리하여 개관할 것이지만, 어떤 독자에게는 이와 같은 소재의 차이가 학습동기를 떨어뜨리는 요인으로 작용할 수 있을 것이다. '살인사건이나 형사소송법이 나와 무슨 상관이란 말인가'라고 생각하면서 말이다. 따라서 독자들은 '지금부터'를 읽기에 앞서 먼저 각자에게 적합한 관점과 목적을 설정할 필요가 있을 것 같다.

면담실무자 중 범죄수사 업무를 수행하는 독자라면 이 책의 관점을 큰 수정 없이 채택해도 무방할 것으로 생각한다. 나아가 각각의 사례와 서술을 읽음에 있어, 자신의 경험이나 동료의 경험을 접목해서 그 부분을 음미한다면 좀 더 깊은 이해에 다다를 수 있을 것이다. 반면, 면담실무자 중 범죄수사 이외의 업무, 가령 감사나 조사 업무를 수행하는 독자라면 이 책의 관점에 약간의 수정을 가해야 할 것으로 생각한다. 하지만 다음의 설명을 듣는다면 수정해야 할 정도가 걱정할 만큼 크지 않다는 사실을 어렵지 않게 알게 될 것이다. 먼저, 실증적 측면에서 이 책은 무엇을 묻고 들을지보다 어떻게 묻고 들을지에 상대적으로 더 큰 비중을 두고 있는데, '어떻게'라는 부분을 지배하는 법심리학적 원리는 범죄수사, 감사, 조사 등 전문적 면담의 경우뿐만 아니라 일상적 대화의 경우에 있어서도 크게 다르지 않다. 즉, 면담의 내용은 서로 다르지만 면담의 방법에는 큰 차이가 없다는 것이다.

다음으로, 법리적 측면에서 이 책은 형사소송법 등 형사절차에 관한 법령을 중요한 기준 중 하나로 삼고 있는데, 이 기준은 면담을 규율하는 잣대 중에 가장 엄격하고 보수적인 것이기 때문에, 이 기준에 맞추는 것이 과할 수는 있어도 부족할 가능성은 거의 없다. 즉, 독자에 따라서는 이 책에서의 기준이 다소 불편할 수도 있겠으나 이것을 불안해할 필요는 없다는 것이다. 다만, 각자의 업무와 관련된 별도의 규범이 있는지를 확인하고, 그 내용을 숙지하는 것은 면담실무자에게 요구되는 필수 덕목이다. 저자는 다른 기관에서 강의를 할 때 수강자의 업무를 규율하는 규범을 미리 확인하는 습관이 있다. 가령, 국가인권위원회 강의에 앞서서는 '국가인권위원회법'을, 감사교육원 강의에 앞서서는 '공공감사에 관한 법률'을, 국방부 강의에 앞서서는 '군사법원법'을, 민간기업 강의에 앞서서는 해당 기업의 '감사에 관한 사규'를 확인하는 식이다. 저자가 하였던 약간의 수고를 이 책의 독자들도 기꺼이 해줄 것으로 생각한다.

면담실무자가 아닌 독자의 경우에는 보다 다양한 관점과 목적에 따라 이 책을 읽을 수 있을 것으로 생각한다. 활용을 위한 독서도, 비판을 위한 독서도, 단지 흥미를 위한 독서도 모두 좋다. 다만, 면담교육자 또는 면담연구자인 독자에게는 동료의 입장에서 약간의 첨언을 하고자 한다. 먼저, 특정 기관에 소속된 경우라면 그 기관에 최적화된 면담방법론을 연구하고 개발해 주기를 바란다. 앞서 관점과 목적 설정에 관한 고민을 던지고 이에 대한 나름의 해명(?)을 내놓았지만 그것은 어디까지나 차선이다. 무엇을 물을지와 어떻게 물을지는 일정한 지점에서 서로 밀접하게 연관되고, 약간의 규범적 차이가 적지 않은 실증적 차이로 이어질 수도 있기 때문이다. '어떻게'에 관한 일반적 원리는 이 책을 통해 학습하더라도, 일반적 원리를 기관 특유의 '무엇을'에 가장 적합하게 접목하는 것은 그 분야의 전문가만 할 수 있는 일이다.

다음으로, 어디에 소속되어 있든 면담교육자 또는 면담연구자라면 이 책을 동료의 관점에서 비판적으로 읽어주었으면 좋겠다. 효과성과 적법성을 담보할 수 있는 내용만을 이 책에 수록하고자 하였으나, 그것은 어디까지나 저자가 알고 있고 또 할 수 있는 범위 안에서의 노력일 뿐이다. 저자가 잘못 알고 있는 '사실'은 없는지, 부적절 또는 부적법한 '해석'은 없는지, 지나치게 '일반화'한 부분은 없는지 등은 이미 고민거리가 되어 있다. 특히, 제5장에서 제안하고 있는 '훈련 및 교육' 방법들은 경찰수사연수원의 수사면담전문과정에서 상당 기간 적용해왔던 것들이지만, 동료들과의 공유를 통해 좀 더 고도화할 필요가 있을 것으로 생각한다.

지금까지 적합한 관점과 목적 설정에 관한 저자의 생각을 설명하였다. 요컨대, 범죄수사 업무를 수행하는 독자에게는 '수용적 관점'을, 감사나 조사 업무를 수행하는 독자에게는 '응용적 관점'을, 면담교육자와 면담연구자에게는 '비판적 관점'을 각각 제안하고, 각자의 관점에 따라 설정된 목적하에서 '지금부터'를 읽어달라고 요청하였다. 다만, 이러한 요청은 일반적 기준에 관한 저자의 생각이기 때문에 독서를 불편하게 하지 않는 범위에서만 참고하기를 바라고, 독자들 모두가 그렇게 해줄 것으로 생각한다.

🔍 용어의 정리

"면담, 조사, 신문은 같은 것인가요?", "다르다면 어떻게 다른가요?"라는 질문을 종종 받게 된다. 세 가지 용어는 서로 엄격히 구분되는 것이라기보다 일정 부분 중첩되거나 어느 하나가 다른 하나에 포섭되는 관계에 있다. 먼저, 면담을 규율하는 규범들을 살펴보면 '면담'이라는 용어는 대체로 공식적인 표현이 아님을 알 수 있다. 가령, 형사소송법에는 면담이라는 용어가 없고, 형사소송법의 하위 법령인 대통령령은 '신문이 아닌 단순 면담 등이라는 이유로 변호인의 참여·조력을 제한해서는 안 된다'라며 면담을 공식적인 신문과 구분하고 있다. 그러나 강학상 면담은 신문과 신문이 아닌 면담을 포함하는 보다 넓은 의미로 사용되고 있다. 가령, 라포형성은 신문이 아니지만, 면담의 범위에 포함되는 것으로 이해되고 있다. 다음으로, '조사'라는 용어는 진술을 청취하는 행위를 포함하여 사실을 확인하는 행위 전반을 의미한다. 가령, 형사소송법에는 '피의자 조사', '피해자 조사'라는 표현은 물론, '서류 조사', '증거 조사'라는 표현도 있다. 즉, 면담과 신문은 진술을 청취하는 행위에만 사용되는 반면, 조사는 다른 종류의 자료를 확인하는 행위에도 사용되는 용어다. 끝으로, '신문'이라는 용어는 수사기관이 피의자로부터 범죄사실과 정상에 관한 진술을 청취하는 행위를 의미한다. 즉, 진술을 청취하는 행위 중에서 앞에서의 기준 (주체, 대상, 내용 등)에 해당하는 것만을 신문이라고 한다. 따라서 이 책에서 사용하고 있는 면담이라는 용어는 "신문과 신문이 아닌 면담을 포함하여, 면담권자가 관련 규범에 따라 피면담자로부터 일정한 진술을 청취하는 행위"를 의미한다.

3. 돌아보기

지금부터 면담방법론의 역사를 잠시 되돌아볼 것이다. 지금까지를 읽고 독자들이 '돌아보기'라는 주제에 흥미를 느낄 것으로 생각하지는 않는다. 법학 교과서 앞부분에 있는 법개정의 역사를 읽으며 늘 지루해했던 기억이 선명

하기 때문이다. 면담방법론의 역사를 아는 것이 이 책의 내용을 '이해'하는 데
큰 영향을 주지는 않을 것 같다. 그러나 역사에 대한 이해가 이 책의 내용을
'공감'하는 데에는 적지 않은 영향을 줄 것으로 생각한다. 따라서 지금부터 서
술할 돌아보기, 둘러보기, 내다보기 부분은 그 이후의 내용을 모두 읽은 후에
찬찬히 음미해보아도 좋을 것 같다. 다만, 순차적으로 읽어나가는 것을 선호
하는 독자들이 적지 않을 것이므로, 저자는 이 지점에서 면담방법론의 역사에
관한 '이야기' 보따리를 풀어보고자 한다. 큰 보따리는 아니니 부담 갖지 말고
저자의 이야기를 '읽기'보다 '들어'주었으면 좋겠다.

면담방법론에 관한 이야기는 서양사에서 시작된다. 그보다 앞선 시점에
우리나라에서 이 문제에 대한 고민과 논의가 있었는지는 모르겠지만, 후대
에 남겨진 기록에서 '론(論)'으로 볼 수 있을 정도의 흔적을 찾기는 어렵다. 서
양의 역사도 그렇게 긴 편은 못 된다. 앞서, 국내외를 막론하고 면담방법론에
관한 연구는 형사절차를 대상으로 하는 것이 먼저, 그리고 활발하게 수행되었
음을 설명한 바 있다. 그런데 과거 형사절차에 관한 문제는 주로 법학자들에
의해 법리적 관점에서 다루어지는 경향이 있었다. 따라서 법률에 정해진 요건
과 절차를 지켰는가 하는 부분에 논의가 집중되었고, 요건과 절차를 어기지
않았음에도 불구하고 발생하는 불만족스러운 또는 불미스러운 결과에 대처하
기가 어려웠다. 가령, 뻔히 범인임을 짐작할 수 있는 사람의 혐의를 법적으로
증명하지 못하거나, 반대로 무고한 사람에게 혐의를 뒤집어씌우는 일이 벌어
졌다. 이와 같은 '불만족'과 '불미'를 타개해 보고자 태동한 것이 비로 면담방
법론이다.

미국의 REID 테크닉

현대 면담방법론의 역사는 1940년대 미국에서 시작된 것으로 보는 것이
일반적이다(홍유진, 2017). 이 시기의 면담방법론 개발은 폴리그래프 검사관 출
신의 실무자 John E. Reid와 그의 동료들에 의해 주도되었으며, '불만족'의 타
개, 즉 자백을 획득하여 범죄혐의를 입증하는 것을 면담의 주된 목적으로 삼
고 있었다. Reid 등은 1947년 이와 같은 목적의 협회를 설립하여, 1962년 최
초로 '범죄자 신문과 자백'이라는 매뉴얼을 발간하였으며(Inbau & Reid, 1962),

이후 각종 법리적 또는 이론적 요청에 따라 매뉴얼을 수정하면서 현재에 이르고 있다(Inbau et al., 2013). 이것이 바로 자백획득형 또는 설득추궁형 면담방법론의 대표적 예로 꼽히는 'REID 테크닉'이다. 앞서 '그렇게 하기보다 이렇게 해야한다'라고 주문하기 위한 조건으로 효과성과 적법성을 언급한 바 있다. 지금부터 REID 테크닉의 주요 내용을 설명할 것인데, 독자들은 그 내용을 효과성과 적법성의 관점에서 음미해보기 바란다.

REID 테크닉은 본격적인 신문에 앞서 면담을 하고, 이를 통해 용의자의 진실성을 가늠한다. 신문 이전에 이루어지는 이 면담을 행동분석면담(Behavioral Analysis Interview)이라고 한다. 행동분석면담에서는 '목적' 질문에서부터 '미끼' 질문에 이르는 총 16개의 질문[1]을 던진 후, 용의자의 반응에 따라 진실성을 평가한다. 과연 어떤 질문이길래 16개의 질문과 이에 대한 반응만으로 용의자의 진실성을 판단할 수 있다는 것일까. 몇 가지 예를 살펴보자. 먼저, 8번 '태도' 질문은 "조사를 받는 기분이 어떤가요?"라는 질문이다. REID 테크닉 매뉴얼은 이 질문에 대하여, 거짓된 용의자는 조사를 받는 것에 대해 부정적인 태도를 보이는 반면, 진실한 용의자는 자신의 무고함이 밝혀질 것으로 생각하기 때문에 덜 부정적인 태도를 보인다고 설명한다. 다음으로, 13번 '반대' 질문은 "당신이 범행을 하지 못하도록 억지하는 것을 말해보세요."라는 질문이다. REID 테크닉 매뉴얼은 이 질문에 대하여, 거짓된 용의자는 3인칭으로 대답(예: 그건 범죄니까요)하는 반면, 진실한 용의자는 1인칭으로 대답(예: 나는 범죄자가 아니니까요)한다고 설명한다. 이 외에도 REID 테크닉 매뉴얼은 답변의 즉각성, 직접성, 자신감 등을 진실성 판단의 기준으로 삼고 있다. 즉, 즉각적으로 직접 자신감 있게 대답하면 진실한 것이고, 그렇지 않으면 진실하지 못하다는 것이다. 이와 같은 행동분석면담의 결과에 따라 진실한 용의자로 분류된 사람은 용의선상에서 제외되거나 수사의 우선순위 뒤로 밀려나게 되고, 거짓된 용의자로 분류된 사람은 그때부터 본격적인 신문의 세계를 경험하게 된다.

리트테크닉 매뉴얼은 용의자 신문과정을 9단계로 구조화하여 제시하고 있

---

1 1. 목적, 2. 전력, 3. 지식, 4. 의심, 5. 보증, 6. 신용, 7. 기회, 8. 태도, 9. 생각, 10. 동기, 11. 처벌,
   12. 선처, 13. 반대, 14. 결과, 15. 알림, 16. 미끼.

다. REID 테크닉 신문의 9단계는 〈표 1〉과 같다. REID 테크닉의 신문과정은 ① 직접적이고 단정적인 대면으로 시작된다. 이 단계에서 수사관은 자신이 용의자를 진범으로 확신하고 있음을 명확하게 전달해야 한다. 가령, "우리가 수사한 바에 의하면 당신이 범인임은 틀림없으나(확언), 나는 그 이유가 궁금하다(전환진술)."라는 식으로 접근할 수 있다. 여기에서 '내가'라고 하지 않고 '우리가'라고 표현한 것은 확신의 전달을 강화하기 위한 조치이며, 필요에 따라 − 해당 사건과 연관이 없는 수사기록 또는 서류뭉치여도 용의자가 그것을 해당 사건의 수사기록으로 생각하기만 한다면 상관없는 − 두꺼운 수사기록을 조사실 안에 비치해 두기도 한다. 그야말로 압박용 소품인 셈이다. 이와 같이 시작하는 이유에 대하여, REID 테크닉 매뉴얼은 수사관에게 확신이 없어 보이면 용의자가 자백을 하지 않으려 하기 때문이라고 설명한다.

표 1 REID 테크닉 신문 9단계

	단 계	요 지
1	단정적 대면	진범임을 '확신'한다는 심증을 전달하여 기선 제압하기
2	신문화제 전개	범행을 '합리화 또는 정당화'할 이야깃거리 제공하기
3	부인관리	범죄혐의 자체에 대한 부정인 '부인' 다루기
4	반론극복	신문화제 전개에 대한 부정인 '반론' 다루기
5	주의 환기와 유지	'저항' 신호이 일종인 심리적 위축에 대응하기
6	수동적 분위기 관리	'순응' 신호의 일종인 수동적 분위기에 대응하기
7	택일형 질문 제시	'모든 선택지가 시인'으로 이어지도록 설계된 질문 던지기
8	세부사항 청취	잠재적·부분적 '시인'을 명시적·일반적 '자백'으로 전환하기
9	자백관리	자백 '목격시키기 및 서면화'로 철회 가능성 줄이기

출처: John E. Reid & Associates, Inc. (2019). *The Reid Technique: Investigative Interviewing and Advanced Interrogation*. Chicago: John E. Reid & Associates, Inc., pp. 53−126. 이 책은 리드협회의 유료교육 참여자에게 교재로 제공되는 매뉴얼임.

이와 같이 기선을 제압한 후, ② 다양한 신문화제의 전개가 이루어진다. 신문화제는 "범행에 대한 도덕적 비난가능성을 낮추어 주거나 해당 사건과의 연관성을 부각시키는 이야깃거리"를 의미한다. REID 테크닉 매뉴얼은 신문화제를 감정적 용의자에게 적합한 것과 그렇지 않은 용의자에게 적합한 것으로 구분하여 제시한다. 감정적 용의자에게는 공감과 동정 보이기, 심각성 축소하기, 대안적 동기 제시하기,[2] 타인 비난하기, 엄선된 칭찬하기 등의 신문화제를 활용한다. 반면, 그렇지 않는 용의자에게는 일단 범죄와 연관시키기, 하나의 거짓말을 다른 부분과 연계하기, 진실을 말하는 것의 이로움을 상기시키기[3] 등의 신문화제를 활용한다. 즉, 용의자의 특성에 따라 동일한 상황을 극소화(minimizing) 또는 극대화(maximizing)하는 전략이 구사된다. REID 테크닉 매뉴얼은 신문화제의 전개 부분을 신문 9단계에서 가장 중요한 부분으로 꼽고 있다. 이와 같은 방법을 제안함에 있어, REID 테크닉 매뉴얼은 다음과 같은 점을 전제하고 있다. 첫째, 용의자를 포함하여 모든 사람에게는 자신의 행위를 합리화 또는 정당화하려는 본능이 있다. 둘째, 수사관은 이와 같은 용의자의 심리를 이해하고 합리화 또는 정당화 화제를 적극 활용해야 한다. 셋째, 진범이라면 이미 자신의 범행을 마음속으로 합리화해 본 경험이 있을 것이므로, 신문화제에 크게 저항하지 않는다. 반면, 진범이 아니라면 이와 같은 경험이 없을 것이므로 신문화제에 적극적으로 저항한다. 따라서 신문화제 전개를 통해서 용의자의 진실성을 한 번 더 가늠해 볼 수 있다.

다음으로, REID 테크닉 매뉴얼은 단정적 대면이나 신문화제 전개 과정에서 용의자가 신문의 진행에 순응하지 않는 경우의 대처 방법을 제안하고 있다. 대처 방법 중 한 가지가 ③ 부인관리다. REID 테크닉 매뉴얼에서 부인은 "범죄혐의 자체를 부정하는 진술 또는 행동"을 의미한다. 가령, "저는 범인이 아닙니다."라고 말하거나, 고개를 흔들며 손사래를 치는 경우 등이 여기에 해당한다. REID 테크닉 매뉴얼은 부인관리를 단정적 대면 단계에서의 관리와 신문화제 전개 단계에서의 관리로 구분하여 제시한다. 먼저, 단정적 대면 단계에서 약한 부인을 하는 경우에는 그냥 부인을 무시하고 넘어가되, 강한 부인을 하는 경우에는 확언과 전환진술을 한 번 더 반복한다. 즉, "당신은 범인

---

2 "당신은 유흥을 위해 그런 것이 아니라 생계를 위해 그런 겁니다. 맞지요?"라거나, "당신은 계획적으로 그런 것이 아니라 우발적으로 그런 겁니다. 맞지요?"라는 식이다.

3 "수사상 당신이 범인임은 틀림없습니다. 우리는 단지 그 이유를 알고 싶은 것뿐입니다. (이상 1단계의 반복) 그러니 사실대로 이야기하는 것이 당신에게 이롭지 않겠습니까?"라는 식이다.

임이 틀림없고, 그 이유가 궁금할 뿐이다."라고 거듭 천명한다. 이와 같이 하는 이유에 대하여, REID 테크닉 매뉴얼은 약한 부인은 이미 예상했다는 듯이 무시함으로써 오히려 부인을 단념시킬 수 있는 반면, 강한 부인을 방치하면 단정적 대면의 목적을 이룰 수 없기 때문이라고 설명한다. 다음으로, 신문화제 전개 단계에서 부인을 하는 경우에는 최대한 빠른 시점에 부인을 저지한다. 부인의 저지에는 "먼저 내 말을 들어봐요.", "일단 들어보고 대답해요."라는 발언으로 용의자의 말을 끊는 방법이나, 시선 회피 또는 손바닥 보이기 등으로 정지신호를 보내는 방법이 사용된다. 이와 같은 방법을 제안함에 있어, REID 테크닉 매뉴얼은 다음과 같은 점을 전제하고 있다. 첫째, 부인하기에 한 번 성공하게 되면 이후 부인은 보다 쉬운 일이 된다. 즉, 부인이 부인을 강화한다. 둘째, 부인을 제대로 저지하지 못하면 단정적 대면과 신문화제 전개뿐만 아니라 이후의 모든 단계가 무용해진다. 따라서 부인은 반드시 적절하게 다루어져야 한다. 셋째, 부인의 내용과 강도를 통해 용의자의 진실성을 한 번 더 가늠해 볼 수 있다. 가령, 진실한 용의자는 직접적이고도 강력한 부인을 하는 반면, 거짓된 용의자는 간접적이고 약한, 변명조의 부인을 한다.

용의자가 신문의 진행에 순응하지 않는 경우의 대처 방법 중 다른 한 가지는 ④ 반론극복이다. REID 테크닉 매뉴얼에서 반론은 "신문화제를 부정하는 진술 또는 행동"을 의미한다. 부인은 범죄혐의 자체에 대한 부정인 반면, 반론은 신문화제에 대한 부정이라는 점에서 부인과 반론은 서로 다른 개념이다. 가령, "당신은 유흥을 위해 그런 것이 아니라 생계를 위해 그런 겁니다. 맞지요?"라는 질문에 대하여, "저는 범인이 아닙니다."라고 대답하면 부인이 되고, "저는 생계가 어렵지 않습니다."라고 대답하면 반론이 된다. REID 테크닉 매뉴얼은 부인은 진실한 용의자와 거짓된 용의자 모두가 사용하는 신문 대응 전략인 반면, 반론은 거의 거짓된 용의자만 사용하는 신문 대응 전략이라고 설명한다. 부인과 달리 반론은 저지의 대상이 아니라 선회의 대상이다. 즉, 앞의 예에서 생계가 어렵다는 점을 거듭 확언할 것이 아니라, "정작 생계가 어렵지 않은 사람이 몇이나 되겠는가.", "생계가 어려운지가 중요한 것이 아니라 적어도 유흥을 위해 그런 것이 아니라는 점이 중요한 것이 아니겠는가."라는 식으로 선회하여 신문화제로 되돌아온다는 말이다. 이와 같이 대응하는 이유에 대하여, REID 테크닉 매뉴얼은 반론은 범죄혐의 자체에 대한 부정이 아니기 때문에 – 단정적 대면 단계에서의 약한 부인을 무시했던 것과 마찬가지로 – 이미 예상했다는 듯이 대응함으로써 오히려 반론을 단념시킬 수 있고, 반론의 청취를 통해 신문화제로 활용할 다른 단서를 찾을 수도 있기 때문이라고 설명한다.

신문화제를 전개하면서 부인과 반론에 대처하는 일은 통상 길고도 험란한 여정이다. REID 테크닉 매뉴얼이 권장하는 바에 따라 신문을 이끌어 왔다면 아마도 용의자는 풀죽은 상태가 되어 있을 가능성이 높다. REID 테크닉 매뉴얼은 이와 같은 상황의 대처 방법으로, ⑤ 주의 환기와 유지를 제안하고 있다. 주의 환기와 유지는 용의자의 심리적 위축에 대응하는 것이다. REID 테크닉 매뉴얼은 부인이나 반론 중단, 침묵, 시선 회피, 눈감기, 다리 꼬기, 턱 괴기 등을 심리적 위축의 징후로 본다. 주의 환기와 유지의 방법에는 의자 당겨 앉기, 시선 접촉하기, 시각적 보조물 사용하기,[4] 수사적(rhetorical) 발언하기[5] 등이 포함된다. 이와 같은 방법을 제안함에 있어, REID 테크닉 매뉴얼은 다음과 같은 점을 전제하고 있다. 첫째, 심리적 위축 보이기는 용의자가 신문화제 전개에 대응할 수 있는 마지막 수단이다. 둘째, 심리적 위축을 방치하여 더 이상의 진술을 얻지 못하면 이후의 모든 단계가 무용해진다. 셋째, 진실한 용의자는 – 부인 또는 반론 단계에 머물지언정 – 좀처럼 심리적 위축 상태에 빠지지 않는다. 따라서 심리적 위축 여부를 통해 용의자의 진실성을 한 번 더 가늠해 볼 수 있다.

REID 테크닉 매뉴얼은 주의 환기와 유지에 이어서, ⑥ 수동적 분위기 관리를 제안하고 있다. 수동적 분위기는 외관상 앞서의 심리적 위축과 비슷해 보이지만, REID 테크닉 매뉴얼은 두 상황을 별개의 것으로 본다. 즉, 심리적 위축은 신문에 대한 저항의 일종으로 보는 반면, 수동적 분위기는 신문에 대한 순응의 일종으로 본다. 수동적 분위기 관리는 이전 단계인 주의 환기 및 유지와 다음 단계인 택일적 질문 제시를 연결하는 가교의 역할을 한

---

4 현장에서 수거한 증거물 보여주기 또는 보게 하기, 답변을 그림으로 그리도록 하기 등이 시각적 보조물 사용의 예다.

5 "사랑은 연필로 써야 지우개로 깨끗이 지울 수 있다고 했던가요. 우리는 누구나 실수를 합니다. 그리고 그 실수는 어떻게든 만회될 수 있는 것입니다. 하지만 그렇게 하려면 먼저 잘못을 인정해야 하지 않을까요?"라는 식이다.

다. 즉, 수동적 분위기 관리는 "신문 진행에 대한 수동적 순응이 범죄혐의의 시인과 연결되도록 분위기를 조성하는 작업"이다. 수동적 분위기 관리의 핵심은 체념의 신호를 포착하고, 그 순간에 신문화제를 범행과 연관짓는 데 있다. REID 테크닉 매뉴얼은 체념 신호의 예로 팔짱풀기, 고쳐앉기, 고개 끄덕이기, 시선 내리기,[6] 흐느끼거나 울기 등을 제시하고 있다. 또한, 이 시점에서 수사관은 진중하고도 온화한 태도를 보이면서, 용의자가 쉽게 수용할 수 있는 신문화제를 제시하고 그것을 범행에 관한 언급으로 연결시켜야 함을 강조한다. 다만, 이 단계에서의 연결은 신문화제와 범행에 관한 수사관의 언급을 연관짓는 것을 의미한다.

신문화제와 범행에 관한 언급을 연결했다면, 그리고 용의자가 이와 같은 연결에 순응하거나 저항하지 않는다면, 신문은 ⑦ 택일적 질문 제시 단계로 나아간다. 택일적 질문은 "둘 이상의 선택지 중에서 어느 하나를 선택하도록 하는 유형의 질문"이다. 가령, "커피를 원하느냐? 아니면 녹차를 원하느냐?"라는 식으로 묻는 것이다. REID 테크닉 매뉴얼은 택일적 질문 내에 포함된 선택지 중에서 어떤 것을 선택하더라도 범죄혐의를 시인하는 결과가 되도록 하여야 한다는 점을 강조한다. 따라서 선택지는 범죄혐의의 인정 여부에 관한 것이 아니라 범행동기, 범행방법, 법행횟수 등에 관한 것이어야 한다. 가령, 강도살인 사건의 신문에서 "살인이 목적이었나요? 아니면 단지 돈이 목적이었나요?"라는 택일적 질문을 던질 수 있다. 또한, 어느 하나를 특히 부정적으로 묘사함으로써 다른 하나를 선택할 여지를 높이라는 팁까지 제공하고 있다. 가령, 앞의 예에서 "살인이 목적이었나요?" 부분을 "마치 사이코패스처럼 죽어가는 사람을 보며 즐거움을 느끼기 위해서 살인을 한 것인가요?"로 바꾸어 보라는 것이다. 이와 같은 방법을 제안함에 있어, REID 테크닉 매뉴얼은 다음과 같은 점을 전제하고 있다. 첫째, 택일적 질문은 그럴법한 선택지가 질문 안에 포함되어 있기 때문에 용의자 스스로 마땅한 변명거리를 강구해야 하는 다른 유형의 질문(예: 왜 살인을 했나요?)보다 시인을 받는 데 이롭다. 둘째, 신문화제 전개를 통해 발굴한 적합한 화제와 자연스럽게 어울리는 선택지를 활용한다면 시인을 받아낼 가능성은 더 높아진다. 셋째, 그럼에도 불구하고 모

---

6 가령, 천정을 응시하던 용의자가 바닥으로 시선을 옮겼다면, 이것은 체념 신호의 일종으로 평가된다.

든 용의자가 시인을 하는 것은 아니다. 이런 경우에는 신문화제 전개 등 앞서의 단계를 다시 반복하거나 신문을 종료해야 한다.

용의자가 택일적 질문에 포함된 선택지 중에서 어느 하나를 선택했다면, 즉 시인을 했다면, 신문은 ⑧ 세부사항 청취 단계로 나아간다. REID 테크닉 매뉴얼은 시인(admission)과 자백(confession)을 별개의 것으로 본다. 즉, 시인은 범죄혐의에 대한 잠재적, 부분적 인정에 불과한 반면, 자백은 범죄혐의에 대한 명시적, 일반적 인정이라는 것이다. 따라서 세부사항 청취는 "시인을 법적으로 수용가능한 온전한 자백으로 전환하기 위해 용의자로 하여금 범행의 세부를 직접 진술하도록 하는 과정"이다. 세부사항 청취는 즉각적 강화, 시인의 일반화, 확증적 진술 확보 등의 순서로 진행된다. 가령, 용의자가 택일적 질문에 포함된 선택지 중 어느 하나를 선택하면 — 통상은 상대적으로 덜 부정적인 선택지를 선택할 것이라는 가정하에 — "그러기를 바랐어요." 또는 "역시 내가 생각했던 대로군요."라며 즉각적으로 화답하고(강화), 인정의 범위를 부분에서 전체로 넓혀가면서(일반화), 진범만이 알 수 있는 정보에 관한 용의자의 진술을 확보하는(확증) 식으로 진행할 수 있을 것이다. 이와 같은 절차를 거쳐야 시인이나 자백의 철회 가능성을 최소화할 수 있고, 획득한 진술의 법적 수용가능성을 높일 수 있다는 것이 REID 테크닉 매뉴얼의 설명이다.

이제 긴 여정의 마지막 관문으로, ⑨ 자백관리 단계가 남았다. REID 테크닉 매뉴얼은 세부사항 청취를 통해 온전한 자백을 얻었다고 하더라도, 그것은 어디까지나 휘발성이 강한 구두 진술이라는 점에 주목한다. 따라서 구두 자백이 보다 안정적인 상태로 보존되어야 함을 강조한다. 이것이 바로 자백관리다. 자백관리는 자백 목격시키기, 자백 서면화, 필요시 부분적 서면화 등의 순서로 진행된다. 가령, 먼저 직접 신문을 수행한 수사관 이외의 수사관으로 하여금 용의자의 자백을 듣도록 하고(목격), 최단 시간 이내에 세부사항을 서식에 적어 용의자의 서명을 받되(서면화), 자백의 철회가 예상되는 등 부득이한 경우에는 우선 요지만 간략히 적어 용의자의 서명을 받는(부분적 서면화) 식으로 진행할 수 있을 것이다. 이때 자백 목격시키기는 자백 철회의 가능성을 줄임과 동시에 — 자백 철회 또는 서명 거부 등의 경우에는 — 법정에서 증언할 사람의 수를 늘리는 효과를 갖는다는 것이 REID 테크닉 매뉴얼의 설명이다.

지금까지 자백획득형 또는 설득추궁형 면담방법론의 대표적 예로 거론되는 REID 테크닉의 주요 내용을 살펴보았다. 이 면담방법론은 '행동분석면담을 통한 용의자 분류 및 구조화된 신문기법을 통한 자백 획득'으로 요약된다. 즉, 누군가가 수사기관의 잠정적 평가에 따라 거짓된 용의자로 분류되면, 그 사람으로부터 시인 또는 자백을 얻는 방향으로 신문과정을 이끌어 가도록 안내하는 것이 이 면담방법론의 특징이다. 이러한 면담방법론에 대한 독자들의 평가는 어떠한가. 독자 중 다수는 '그럴법하다'라는 생각과 함께 '이렇게 해도 될까'라는 의문을 갖게 되었을 것으로 생각한다. 그렇다면 이제 효과성과 적법성의 관점에서 REID 테크닉을 돌아보자.

먼저, REID 테크닉은 다른 면담방법론보다 실증적으로 더 효과적인가. 첫째, REID 테크닉은 본격적인 신문에 앞서 행동분석면담으로 용의자를 분류하는데, 우선 그 내용 중 다수는 건전한 경험칙에 부합하지 않는다. 가령, 조사를 받는 것에 대해 부정적 태도를 보이거나 특정한 질문에 3인칭으로 대답하는 것이 반드시 거짓과 연관되는지 의문이다. 진실성 평가에 관한 연구 결과에 의하면(Vrij, 2008), 훈련된 수사관과 일반인은 진실성을 평가하는 역량에 있어 유의미한 차이가 없었고, 그 역량은 모두 '우연히 맞추는 수준(50% 내외)'이었다. 따라서, 검증되지 않은 16개의 질문 꾸러미를 이용해서 용의자의 진실성을 평가하려는 시도는 무고한 사람으로부터 자백을 얻어내는 1종 오류나 진범을 용의선상에서 배제하는 2종 오류로 귀결될 위험이 있다. 즉, REID 테크닉의 행동분석면담은 효과성 요건을 충족하지 못한다. 둘째, REID 테크닉의 신문과정에서는 용의자의 부인과 반론을 극복하고 자백을 획득하려는 수사관의 집요한 노력이 이루어지는데, 여기에는 '진실한 사람은 이러한 방법에도 불구하고 허위로 자백하지 않는다'라는 전제가 깔려 있다. 가령, REID 테크닉 매뉴얼은 진범이 아니라면 신문화제 전개에 적극적으로 저항할 것이라고 설명한다. 그러나 이와 같은 전제는 경험적으로 볼 때 사실이 아니다. 미국의 이노센스 프로젝트 홈페이지[7]를 보면, 1992년부터 현재까지 유죄판결이 확정되었던 375명의 수형자가 재심을 통해 방면되었고, 그 중 대부분의 사건에서 자백획득형 면담방법론 및 허위자백이 오심의 중요한 원인이었음을 알

---

7 www.innocenceproject.org. '이노센스 프로젝트'는 억울하게 유죄 판결을 받은 사람들에게 DNA 검사 등 재조사를 통해 결백을 증명할 수 있도록 도와주는 미국의 비영리 인권단체다.

수 있다. 즉, REID 테크닉에 따른 신문은 허위자백과 같은 1종 오류에 취약하다. 셋째, REID 테크닉의 신문기법 중 '그럴법하다'라는 생각이 드는 부분이 있는 것은 사실이지만, 현재까지 그 효과성을 검증한 연구를 발견하기는 어렵다. 심지어 REID 테크닉의 핵심이라고 할 수 있는 '자백 획득'에 있어서도 유의미한 효과가 확인되지 않고 있다(홍유진, 2017; Gudjonsson, 2003). 다만, REID 테크닉의 신문기법 중 일부에 대하여 조심스럽게 그 효과성을 검증해 보자는 제안이 있을 뿐이다(이 윤, 2017). 즉, REID 테크닉에 따른 신문이 2종 오류를 극복하고 진범을 필벌하는 데 특별한 효능을 갖는 것으로 보기 어렵다. 과학의 역할 중 하나는 그럴법해 보이는 현상을 실증적으로 검증하여 그 효과 또는 진위를 가리는 데 있다. 현재까지 REID 테크닉은 이와 같은 관문을 통과하지 못한 것으로 볼 수 있다.

다음으로, REID 테크닉은 다른 면담방법론보다 법리적으로 더 권장되는가. 첫째, 비단 행동분석면담뿐만 아니라 그 어떠한 분석도구를 활용하더라도 신문 전에 용의자를 진실 또는 거짓으로 분류하는 것은 허용되지 않는다. 수사관은 '수사과정에서 선입견을 갖지 말고 근거 없는 추측을 배제'해야 하기 때문이다. 이것은 단지 권장사항이 아니라 형사소송법의 하위 법령인 대통령령에 규정된 의무사항이다. 훈련된 수사관의 진실성 평가 역량이 '우연히 맞추는 수준'에 불과하다는 점을 상기하면, 신문 전에 용의자를 분류하는 것은 그야말로 '근거 없는 추측'이 아닐 수 없다. 따라서 REID 테크닉의 행동분석면담은 단지 권장되지 않는 수준을 넘어 허용되지 않는 방법으로 보아야 한다. 둘째, REID 테크닉의 신문기법 중에도 현행 법령상 허용되지 않거나 권장되지 않는 부분들이 많다. 가령, 압박용 서류뭉치의 사용(1단계), 수사관 주도의 신문화제 전개(2단계), 부인의 저지(3단계), 반론의 선회(4단계), 택일적 질문 제시(7단계) 등은 그 정도에 따라 청취한 진술의 증거능력[8]을 부정할 또는 증명력[9]을 감쇄할 사유가 된다. 형사소송법상 수사관은 피의자에게 '이익되는 사실을 진술할 기회'를 주어야 하고, 법관은 피의자 등의 진술 중에서 '임의

---

8 증거로 삼기 위한 '자격'에 관한 문제로 '가부' 판단의 대상이다.

9 증거의 실질적 '가치'에 관한 문제로 '정도' 판단의 대상이다. 증거능력 평가의 관문을 통과한 증거에 대해서만 증명력 평가가 이루어진다.

로 된 것'만을 증거로 할 수 있다. 또한, 대법원은 '진술 내용의 신빙성이나 임의성을 담보할 구체적이고 외부적인 정황이 있을 것'을 요구하고 있다.[10] 생각건대, REID 테크닉의 신문기법 중 이와 같은 요건을 충족할 부분은 거의 없을 것 같다. 부인과 반론을 물리치고 자백만을 향해 달려가는 과정에 임의적(voluntary)이라는 수식어를 붙이기는 어려울 것이기 때문이다. 셋째, REID 테크닉이 신문과정에서 – 행동분석면담과 유사하게 – 진실성 평가를 거듭한다는 점도 주목할 부분이다. 가령, 신문화제에 저항하면 진실(2단계), 직접적이고 강력하게 부인하면 진실(3단계), 심리적 위축에 빠지면 거짓(4단계) 등의 판단기준이 사용된다. 이 부분은 특히 '용의자 분류의 문제점과 신문기법의 문제점'이 만나는 지점이자, '실증적 효과의 부재와 법리적 기반의 부재'가 만나는 지점이다. REID 테크닉 매뉴얼은 이와 같은 접목을 통해 면담방법론 전체가 선순환하는 것처럼 소개하고 있지만, 사실 이와 같은 접목은 악순환의 단초가 될 뿐이다.

REID 테크닉의 신문기법 중 다수는 경험에 기반한 귀납의 산물이다. 즉, "내가 해보니까 이 방법이 통하더라."라는 것들이 집적되고 구조화되어 만들어진 측면이 강하다는 것이다. 따라서 면담실무자인 독자 중에는 REID 테크닉의 신문기법 중 하나 이상을 직접 사용해 보았거나 거기에 공감하는 경우가 있을 것으로 생각한다. 그들이 경험한 것과 우리가 경험한 것이 크게 다르지 않을 것이니 말이다. 그러나 국내외를 막론하고 REID 테크닉을 긍정적으로 평가하는 예를 찾아보기는 어렵고(김민지, 2013; Kassin et al., 2010), 저자의 생각도 크게 다르지 않다(이형근, 2020). 해답은 효과성과 적법성이라는 기준에 있다. 비단 REID 테크닉뿐만 아니라 모든 면담방법론은 일견 그럴법해 보이는 수준을 넘어 실증적·법리적 타당성을 갖추었을 때 비로소 권장할만한 것이 된다.

🔨 귀납과 연역

귀납과 연역은 우리가 어떤 현상을 이해하는 데 사용되는 중요한 도구다. 귀납은 개개의 현상이나 경험에서 일반적 결론을 도출하는 방법인 반면, 연역은 일반적

---

10 대법원 2012. 7. 26. 선고 2012도2937 판결.

이론에서 개개의 현상 또는 사실의 해결에 필요한 결론을 도출하는 방법이다. 현상을 정확히 이해하기 위해서는 두 가지 방법이 상호보완적으로 활용되어야 한다는 것이 중론이지만, 현실에서는 어느 한 가지 방법이 더 강조되는 경우가 없지 않다. REID 테크닉의 경우가 그러하다. 저자는 앞서 REID 테크닉의 신문기법 중 다수가 경험에 기반한 귀납의 산물이라고 평가한 바 있다. Reid와 그의 동료들이 채택한 귀납적 방법론 자체에 문제가 있는 것은 아니다. 그러나 귀납에만 의존하는 경향은 그들이 반드시 해결해야 할 숙제임에 틀림없다. Reid와 그의 동료들은 REID 테크닉을 통해 자백률을 높일 수 있다고 주장한다. 그러나 REID 테크닉을 사용하지 않더라도 용의자 중 절반 이상은 자백 또는 시인을 하고(약 60%: Softley et al., 1980), 자백률에 가장 큰 영향을 미치는 요인은 수사관의 신문기법이 아니라 증거의 존재에 대한 용의자의 자각이다(약 60%: van der Sleen, 2009). 수사관 甲이 A라는 기법을 사용하여 용의자로부터 자백을 얻었다고 가정해 보자. 그 자백이 이루어진 것은 마침 용의자가 순순히 자백하는 60%에 속했기 때문인가, 증거가 있다고 믿은 용의자의 착각 때문인가, 아니면 수사관 甲의 훌륭한 신문기법 때문인가. 이와 같이 다양한 변인이 공존하는 현실에서 특정 기법의 효과를 정확하게 파악하는 것은 불가능에 가깝다. 따라서 개개의 경험은 반드시 확립된 이론과 객관적 방법론에 따라 검증되어야 한다.

영국의 PEACE 모델

면담방법론에 대한 새로운 관점에서의 접근은 1990년대 영국에서 시작되었다. 이즈음 영국에서는 발생한 일련의 오심 사건이 범죄수사를 비롯한 형사절차의 개혁을 촉발하는 계기가 되었다. 가령, Guildford Four 사건에서는 주점 폭파 등의 혐의로 기소된 4명의 피고인이 1975년 유죄를 선고받았다가, 1989년 재심을 통해 무죄를 선고받았다. Maguire Seven 사건에서는 폭발물 원료 소지 등의 혐의로 기소된 7명의 피고인이 1976년 유죄를 선고받았다가, 1991년 재심을 통해 무죄를 선고받았다. 피고인들은 재심을 통해 무죄가 밝혀지기 전까지 최장 15 ~ 16년 간을 복역하였다. 이 사건들은 특히 면담방법론과 관련하여 중요한 의미를 갖는다. 강압적 신문과 이로 인한 허위자백이 오심의 중요한 원인 중 하나였기 때문이다.

이 시기의 면담방법론 개발은 정부와 학계의 협업을 통해 이루어졌으며, '불미'의 타개, 즉 강압적 신문과 허위자백을 방지하고 실체적 진실을 발견하는 것을 주된 목적으로 삼고 있었다. 영국 정부는 1993년 최초로 수사부서의 경감 이하 경찰관들에게 제공할 매뉴얼 및 교육과정을 개발하였고, 2001년에는 매뉴얼 및 교육과정을 입문용, 수사관용, 전문가용, 관리자용, 전문가 관리용으로 세분화하였으며, 2003년에는 수사면담 자격 인증을 위한 직무 표준화를 추진하면서 현재에 이르고 있다(Centrex, 2004). 이것이 바로 정보수집형 면담방법론의 대표적 예로 꼽히는 'PEACE 모델'이다. 지금부터 PEACE 모델의 주요 내용을 설명할 것이다. 독자들은 지금까지와 마찬가지로 그 내용을 효과성과 적법성의 관점에서 음미해보기 바란다.

PEACE 모델은 면담을 '계획(plan)과 준비, 도입(engage)과 설명, 진술청취(Account)와 명확화 및 설명요구, 종료(closure), 평가(evaluation)'의 5단계로 구조화하여 제시하고 있다. 'PEACE'라는 모델명은 각 단계의 이니셜을 따서 만들어진 것이다. PEACE 모델의 5단계는 용의자, 피해자, 목격자 등 모든 피면담자에게 공통적으로 적용되는 범용 면담 구조다. RIED 테크닉의 신문 9단계가 용의자에게만 적용되는 것과 차이가 있다. PEACE 모델의 5단계는 〈표 2〉와 같다.

표 2 PEACE 모델 5단계

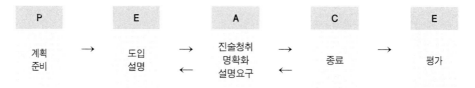

출처: Centrex. (2004). *Practical Guide to Investigative Interview.* England: Central Police Training & Development Authority, pp. 75-79.

5단계의 요지는 다음과 같다. ① 계획과 준비 단계에서는 7가지 요소[11]에 대한 검토와 면담계획서 작성이 이루어진다. 이 단계에서는 직전까지의 수사 사항을 종합하여, '누구'를 어느 '시점'에 면담하고, '무엇'을 '어떻게' 물을 것이며, 수사를 통해 확보한 '증거'를 면담에서 어떻게 활용할 것인지 등에 대한 검토가 이루어진다. 따라서 수사사항 검토를 통해 특정인과의 면담을 후일로 미루는 경우나, 당해 면담에서 특정 증거를 공개하지 않는 경우도 있다. 특정 인과의 면담을 진행하기로 결정한 경우에는 앞의 7가지 요소를 반영하여 면 담계획서를 작성한다. 면담계획서는 피면담자나 다른 기관에 공개 또는 제공 되지 않는 서류다.

② 도입과 설명 단계에서는 대화를 촉진하기 위한 면담의 개인화와 면담의 목적, 일정, 윤곽, 권리 등에 대한 설명이 이루어진다. 면담의 개인화는 라포형성, 호칭설정 등을 통해 자칫 경직되기 쉬운 면담의 분위기를 부드럽게 만드는 과정이다. 또한, 이 단계에서는 피면담자에게 당해 면담의 의미를 설명함으로써 피면담자가 자신에게 요구되는 역할을 정확히 이해하도록 하고, 피면담자의 권리와 절차적 요구사항(예: 영상녹화)을 설명함으로써 면담이 법리적 요건과 절차를 충족하도록 한다. 특히, 면담의 윤곽 설명 과정에서는 면담의 규칙에 관한 설명이 이루어진다. 피면담자에게 고지되는 면담의 규칙은 △ 면담의 목적은 진실을 밝히는 데 있음을 알기, △ 꾸밈없이 전부 말하기, △ 자신의 방식대로 말하기, △ 최대한 상세히 말하기, △ 면담자나 타인을 위해 답변을 꾸며내지 않기, △ 집중하기 등이다.

③ 진술청취와 명확화 및 설명요구 단계는 PEACE 모델의 중심에 있다. 위치상으로도 그렇지만 내용적인 측면에서도 그렇다. 그래서 진술청취와 명확화 및 설명요구 단계를 '본면담 단계'라고 부르기도 한다. 본면담 단계는 진술청취, 명확화, 설명요구의 세 가지 하위 단계로 구성된다. 먼저, 진술청취 단계는 피면담자로부터 최초의 진술을 얻는 단계다. 이 단계는 가급적 덩이 형태의 진술을 얻는 것을 목적으로 하지만, 경우에 따라서는 짧은 답변만을 얻

---

[11] 1. 당해 면담이 수사과정에서 어떻게 기여할 것인가, 2. 피면담자에 대해서 알려진 것은 무엇이고 확증해야 할 것은 무엇인가, 3. 진술거부권 등 법률적 요구사항, 4. 범죄와 입증할 사항, 5. 면담의 일시, 장소, 역할 설정 등 실질적 준비, 6. 증거 공개의 범위와 시점, 7. 면담에서 사용할 발언 준비.

게 되는 경우도 있다. 진술청취 단계에서 덩이 형태의 진술을 얻었든, 짧은 답변을 얻었든 최초의 진술만으로 면담의 목적을 달성할 수 있는 경우는 드물다. 다음으로, 명확화 단계는 앞서 확보한 최초의 진술을 일화(episode)별로 확장하고 구체화하는 단계다. 가령, "어제 저는 종일 집에 있다가 오후에 잠시 산책을 갔었어요."라는 최초의 진술이 있었다면, '집에 있기'와 '산책'이라는 두 가지 일화가 명확화의 대상이 된다. PEACE 매뉴얼은 이 단계에서 올바른 유형의 질문을 사용하는 것과 피면담자의 진술을 요약해주는 것이 중요하다고 강조한다. 끝으로, 설명요구 단계는 피면담자의 진술 상호 간 또는 피면담자의 진술과 다른 증거 간에 모순이 있는 경우 모순을 지적하고 이에 대한 설명을 요구하는 단계다. 따라서 모순이 없으면 이 단계는 생략된다. PEACE 매뉴얼은 이 단계에서 모순에 대한 설명요구를 '적기'에 할 것과 가급적 면담의 '후반부'에 할 것을 요청한다. 또한, 직전까지의 수사사항과 면담결과를 종합하여, 모순에 대한 설명요구를 후일로 미루어야 할 경우도 있다고 설명한다. 국내에서 설명요구(challenge)를 축어적으로 해석하여 '도전'이라고 옮기거나, 모순을 지적하는 단계라는 점에 착안하여 '반박' 또는 '추궁'이라고 옮기는 예가 있다. 이 책에서는 모순에 대한 피면담자의 설명을 듣는 단계라는 점에 착안하여 '설명요구'라는 표현을 사용하기로 한다.

④ 종료 단계에서는 본면담의 점검, 정보의 제공, 후일의 기틀 마련, 면담의 물리적 종료 등이 이루어진다. PEACE 매뉴얼은 '종료는 면담을 끝내는 것 이상의 것이다', '종료는 계획하는 것이다', '종료는 면담의 일부다'라는 표현을 통해 종료 단계의 중요성을 강조한다. 먼저, 본면담의 점검을 통해서는 면담자의 질문이 모두 이루어졌는지, 피면담자의 답변이 모두 이루어졌는지, 면담의 목적이 달성되었는지 등을 살핀다. 이때 피면담자에게는 확인, 수정, 명확화, 부인, 추가의 기회가 부여된다. 또한, 피면담자의 진술에서 유의미한 새로운 정보가 발견된 경우에는 본면담 단계로 되돌아간다. 다음으로, 피면담자에게 진술기록을 사본할 수 있는 권리, 법정출석 등 향후 절차, 피해자의 경우에는 피해자의 권리 및 피해자 지원제도 등을 안내한다. 우리나라 수사기관에서도 상세한 서면[12]을 제작하여 피해자들에게 제공하고 있다. 끝으로, 피

---

12 형사절차상 범죄피해자 권리 안내서, 범죄피해자 지원제도 안내서.

면담자에게 면담에 응해준 것에 대한 감사의 표시와 '향후 새로운 기억, 생각 또는 추가로 진술할 것이 있으면 언제든지 연락하라'는 안내를 한 후에 비로소 면담을 종료한다. PEACE 모델은 피면담자를 당해 사건뿐만 아니라 다른 사건의 잠재적 정보 제공자로 본다. 그래서 마치 서비스 제공자가 고객을 대하듯 피면담자를 대할 것을 요청한다.

⑤ 평가 단계에서는 면담을 통해 수집한 정보, 수집한 정보에 비추어본 전체 수사사항, 수행한 면담 자체에 대한 평가가 이루어진다. PEACE 매뉴얼은 '평가는 면담 이후의 절차가 아니라 면담 절차 자체다'라는 표현을 통해 평가 단계의 중요성을 강조한다. 먼저, 면담을 통해 수집한 정보, 즉 청취한 진술에 대해 평가한다. 이때 새롭게 얻은 정보는 무엇인지, 그 정보가 기존의 정보에 부합하는지 또는 기존의 정보와 모순되는지, 추가로 면담할 사항은 무엇인지 등을 판단한다. 다음으로, 면담을 통해 수집한 정보를 고려하여 전체 수사사항, 특히 증거관계를 재평가한다. 이를 통해 가설을 수정, 보완 또는 강화하거나, 특정 용의자를 용의선상에서 배제하거나, 추가로 수사할 사항을 설정하는 등의 조치가 이루어진다. 끝으로, 당해 면담 자체를 평가한다. 여기에서는 우수한 점, 미흡한 점, 개선할 점 및 개선할 방법 등에 대한 검토가 이루어진다. 이와 같이 PEACE 모델의 평가 단계에서는 면담의 '내용'에 대한 평가뿐만 아니라 면담의 '방법론'에 대한 평가까지 이루어진다. 관리자용 매뉴얼에 의한 관리가 '타인'에 의한 면담 관리라면, 수사관용 매뉴얼에 있는 평가는 '자기'에 의한 면담 관리의 기능을 갖는다. 안팎으로 면담방법론을 점검하기 위한 장치들이다.

지금까지 PEACE 모델의 5단계를 일별해 보았다. 독자들은 어떤 느낌을 받았는가. 다소 추상적이라고 느낀 독자가 적지 않을 것으로 생각한다. 즉, '당연한 이야기 아닌가', '그런데 구체적으로 어떻게 하라는 말인가'라는 의문이 들었을 수 있겠다. 저자도 처음 PEACE 모델을 접했을 때 비슷한 느낌을 받았다. 생각건대, 이러한 의문은 PEACE 모델의 본면담 단계에 포함된 세부내용과 핵심기술을 이해함으로써 어느 정도 해소될 것으로 생각한다. 본면담 단계에 포함된 또는 적용되는 내용이 방대한 관계로, 여기에서는 피면담자의 태도에 따른 면담방법론의 조정과 핵심기술 중에서도 핵심을 이루는 질문유형에 한하여 설명하고자 한다.

먼저, 피면담자의 태도에 따른 면담방법론의 조정이다. PEACE 모델은 피면담자를 면담에 협조적인 유형과 비협조적인 유형으로 구분하고, 양자에게 적용되는 면담방법론을 일정 부분 달리 설정하고 있다. 즉, 협조적인 피면담자에게는 '자유회상형'을, 비협조적인 피면담자에게는 '대화관리형'을 각각 적용한다. 먼저, 자유회상형에서는 피면담자 주도의 회상과 면담자의 안내가 이루어진다. 이때 면담자는 피면담자의 회상을 증진시키기 위해 '인지면담'에 포함된 기법들을 활용하여 피면담자를 안내한다. 인지면담은 피면담자의 회상을 증진시키기 위해 개발된 면담방법론으로, 기억에 관한 종래의 심리학 연구를 종합하여 만들어졌다(Fisher & Geiselman, 1992). PEACE 모델에서 사용되는 인지면담 기법에는 맥락회복, 다양한 인출시도 등이 포함된다. 이 기법들은 인지면담에 포함된 기법들 중에서도 특히 그 효과가 충분히 검증된 것들이다(김시업 등, 2006). 다음으로, 대화관리형은 면담자가 면담을 좀 더 주도할 것을 요청한다. 가령, 대화관리형에서는 'SE3R'로 불리는 요소들에 대한 고려, 진술거부 또는 빈약한 진술에 대한 대응 등이 요구된다. SE3R은 탐색(skim), 쟁점추출(extract), 정독(read), 재검토(review), 기억(recall)의 과정을 의미한다. 따라서 대화관리형은 면담자에게 고도의 집중력을 요구한다. 또한, 대화관리형에서는 진술을 거부하더라도 질문이 계속되어야 한다는 점, 진술의 불완전성을 설명요구의 사유로 삼지 않아야 한다는 점 등이 강조된다. PEACE 매뉴얼은 진술을 거부했다는 사실이 법정에서 고려될 것이라는 점, 최대한의 진술을 청취하는 것이 면담이 주된 목적이라는 점 등을 질문 계속의 근거로 삼고 있다. 특히, 피면담자의 진술과 다른 증거 간의 모순을 지적하는 설명요구는 신중하게 할 것을 요구한다. 비협조적인 피면담자에게 증거를 잘못 공개하면 증거의 가치가 현저히 줄어들기 때문이다. 가령, 어떤 용의자의 행적에 대한 진술을 충분히 청취하지 않은 상태에서 "현장에서 당신 지문이 나왔어요. 그런데도 발뺌을 할 겁니까?"라고 추궁하면, 용의자가 "그 전날 갔으니까 지문이 있을 수도 있겠죠?"라고 반문할 수 있다는 것이다. 그렇게 되면 간접증거인 지문은 증거로서의 가치를 상실하게 된다. 요컨대, PEACE 모델은 피면담자의 태도에 따라 면담방법론을 일정 부분 달리 설정하고 있다. 그러나 PEACE 매뉴얼은 자유회상형과 대화관리형이 근본적으로 다르지 않고, 면담자는 필요에 따라 두 가지 접근법을 넘나들 수 있어야 한다고 설명한다.

다음으로, 질문유형이다. PEACE 모델은 면담에서 사용할 수 있는 질문들을 유형화하여 제시하고 있다. 개방형 질문, 폐쇄형 질문, 유도질문, 복합질문, 반복질문 등이 그것이다. 질문유형은 '어떻게' 물을지에 관한 문제다. 사안에 따라 무엇을 물을지는 다를 수 있겠으나 어떻게 물을지에 관한 원리는 다르지 않다. 관점을 달리하는 다른 면담방법론들이 PEACE 모델의 질문유형 분류를 상당 부분 차용하고 있는 것도 이 때문이다. 먼저, PEACE 모델은 TED 형태의 질문과 WH 형태의 질문을 개방형 질문으로 분류한다. TED 형태의 질문에는 말해주세요(tell), 설명해주세요(explain), 묘사해보세요(describe) 등이 포함된다. 즉, TED 형태의 질문은 물음표가 없는 질문이다. WH 형태의 질문은 육하원칙에 의한 질문이다. 즉, 누가(who), 언제(when), 어디서(where), 무엇을(what), 어떻게(how), 왜(why) 등으로 시작하는 질문이 여기에 포함된다. 다음으로, PEACE 모델은 개방형 질문 이외의 질문들을 선택지가 정해져 있는 폐쇄형 질문, 특정한 답변을 암시하는 유도질문, 한꺼번에 여러 가지를 묻는 복합질문, 같은 것을 여러 번 묻는 반복질문 등으로 분류한다. PEACE 매뉴얼은 개방형 질문의 '애용'과 다른 질문유형의 '지양'을 요청한다. 진술의 오염으로 인해 그 실증적, 법리적 가치가 떨어질 것을 우려하기 때문이다. 특히, 유도질문은 최후의 수단으로 사용해야 하고, 유도질문을 사용한 경우에는 반드시 개방형 질문을 덧붙여야 함을 강조한다. PEACE 모델에는 라포형성, 청취기법 등의 핵심기술이 포함되어 있다. 이 또한 관점을 달리하는 다른 면담방법론들이 차용하고 있는 부분이다.

지금까지 정보수집형 면담방법론의 대표적 예로 거론되는 PEACE 모델의 주요 내용을 살펴보았다. 면담방법론의 조정과 질문유형에 관한 설명을 듣고 PEACE 모델에 대한 이해가 좀 더 나아졌는지 모르겠다. 모쪼록 그랬으면 좋겠다. 이 모델은 '구조화된 면담 모델 안에서 오염을 최소화하는 방향으로 진술을 청취하는 것'으로 요약된다. 즉, 처음부터 유죄의 심증을 가지고 자백을 획득하려는 시도가 아니라 면담과정을 통해 최대한의 진술을 청취한 후에 이를 바탕으로 사안의 진상을 밝히려는 시도인 것이다. 이러한 면담방법론에 대한 독자들의 평가는 어떠한가. 독자 중 다수는 '안전한 방법일 것 같다'라는 생각과 함께 '그런데 효과가 있을까'라는 의문을 갖게 되었을 것으로 생각한다. 그렇다면 이제 효과성과 적법성의 관점에서 PEACE 모델을 돌아보자. 앞서 설명한 바와 같이 PEACE 모델은 '불만족'보다 '불미'의 타개를 목적으로 개발되었다고 하였다. 따라서 이 면담방법론에 대한 평가는 적법성 평가, 효과성 평가의 순으로 해보고자 한다.

먼저, PEACE 모델은 다른 면담방법론보다 법리적으로 더 권장되는가. 첫째, PEACE 모델이 일련의 오심 사건을 계기로 개발되었다는 사실이 이미 이 면담방법론의 유전자를 결정하였다. 앞서 소개한 오심 사건에서 자백은 어렵지 않게 이루어졌다. 즉, 범죄수사 단계만을 놓고 보자면 '불만족'은 없었다. 그러나 그 자백이 모두 허위자백임이 밝혀지는 '불미'스러운 일이 벌어졌던 것이다. 이에 PEACE 모델은 법적 요청의 엄격한 준수를 면담방법론 개선의 핵심으로 삼았다. 둘째, PEACE 모델이 면담의 목적을 정보의 수집으로 설정하였다는 사실도 이 면담 모델의 법리적 강점으로 작용한다. 수사관을 포함하여 모든 사람은 확증편향, 동기적 편향 등의 인지적 오류로부터 자유롭지 못하다. 그러나 수사관 개개인의 노력과 이를 뒷받침하는 제도적 장치가 있다면 오류의 여지를 최소화할 수 있다. 따라서 자백의 획득을 목적으로 하기보다 정보의 수집을 목적으로 하고 있는 이 면담방법론은 이와 같은 수사관의 노력과 제도적 장치에 기여할 여지가 크다. 셋째, PEACE 모델은 면담의 구조 내에서 다양한 법적 요청을 고려하고 있는데, 법리적 측면에서 이러한 고려가 PEACE 모델의 강점으로 작용한다. 가령, 도입과 설명 단계에서의 '권리와 절차적 요구사항 고지', 본면담 단계에서의 '올바른 질문유형 사용', 종료 단계에서의 '수정, 부인, 추가 기회 제공' 등이 여기에 포함된다. 특히, 종료 단계에서의 부인 기회 제공은 REID 테크닉이 용의자의 부인을 철저하게 저지하는 것과 현저하게 대비되는 지점이다. PEACE 모델에 대한 국내외의 평가도 저자의 평가와 크게 다르지 않다(김민지, 2013; 이기수, 김지환, 2012; Gudjonsson, 2003; Vrij, 2008). 긍정적 평가의 요지는 인권보호 및 윤리적 요구에 충실하다는 점, 허위자백을 방지해 준다는 점, 확보한 진술의 증거능력 및 증명력을 높여준다는 점 등이다.

다음으로, PEACE 모델은 다른 면담방법론보다 실증적으로 더 효과적인가. 첫째, PEACE 모델의 효과성을 검증하기 위해 적지 않은 연구가 수행되었는데, 그 중 다수에서 이 면담방법론의 효과성이 확인되었다(홍유진, 2017; Fisher et al., 2002; Meissner et al, 2012). 다만, PEACE 모델이 채택한 ― 면담방법론이 아니라 - 훈련 프로그램이 면담 역량의 향상에 충분한 효과가 없다는 연구가 있었다(Clarke & Milne, 2001). 여기에서 효과가 있다는 것은 어떤 의미일까. 선행연구들은 면담을 통해 얻어지는 진술의 양과 질, 진술의 진위 판단 가능성, 자백획득의 가능성 등을 측정하여 PEACE 모델의 효과성을 확인하였다. 특히, 이 면담방법론의 자백획득 효과가 REID 테크닉의 자백획득 효과와 차이가 없다는 연구결과는 역설적이다(홍유진, 2017; Meissner et al, 2012). 자백의 획득은 수사관이 그것을 추구하는지 여부에 따라 결정되는 것이 아니라 기저 자백률, 증거의 존재에 대한 지각 여부 등에 따라 결정된다는 사실을 다시 한 번 확인할 수 있다. 둘째, PEACE 모델의 질문유형 분류는 다수의 다른 면담방법론들이 차용하고 있을 만큼 상당한 유용성을 갖는다. 저자는 질문의 유형화가 PEACE 모델의 가장 큰 기여 중 하나라고 생각한다. PEACE 모델의 기본 구조 또한 그러하다. 다만, 이 부분은 절대적 기준을 상정하기 어려운 지점이어서 지속적인 수정과 보완이 필요할 것으로 생각한다. 가령, 질문유형을 보다 세분화, 구체화할 방법은 없는지, 사안에 따라 면담의 구조를 조정할 필요는 없는지 등이 쟁점이 될 수 있을 것이다. 셋째, PEACE 모델이 자유회상형 면담에서 인지면담에 포함된 기법들을 채택하고 있는 점도 주목을 요하는 부분이다. 국내외에서 인지면담의 효과성이 상당한 정도로 검증되었기 때문이다(김미영 등, 2004; 김시업 등, 2006; Fisher & Geiselman, 1992).

　　PEACE 모델은 정부와 학계의 합작품이자 귀납과 연역의 융합으로 탄생한 면담방법론이다. 다만, 일련의 오심 사건을 배경으로 '불미'의 타개 목적에서 개발된 면담방법론인 관계로 다소 보수적인 모습을 띠고 있는 것이 사실이다. 따라서 면담실무자인 독자 중에는 '이해는 하겠지만 공감하기는 어렵다'라고 생각하는 경우가 있을 수 있을 것 같다. 그러나 앞서 검토한 바와 같이 PEACE 모델은 효과성 및 적법성 기준에 부합하며, 국내외를 막론하고 현재까지 이 면담방법론보다 권장되는 것을 발견하기 어렵다(권영법, 2012; 김민지, 2013; Gudjonsson, 2003; Kassin et al., 2010). 따라서 저자는 이 면담방법론이 이상적 면담방법론의 필요조건을 갖추었다고 평가해야 할 것 같다. 다만, PEACE 모델이 피면담자의 태도에 따라 면담방법론을 조정하는 부분, 즉 협조적인 유형에게는 자유회상형을 적용하고 비협조적인 유형에는 대화관리형을 적용하는 부분은 재고가 필요할 것으로 생각한다. 협조적 또는 비협조적이라는 개념 자체가 주관적일 뿐만 아니라, PEACE 매뉴얼 내에 양자를 구분할 뚜렷한 기준이 없으며, 무엇보다 피면담자의 태도에 따라 면담방법론을 달리해야 한다는 관점에 동의할 수 없기 때문이다.

다양한 접근들

REID 테크닉과 PEACE 모델 이외에도 국내에 알려진 다수의 면담방법론들이 있다. 또한, 진술분석, 행동분석, 증거의 활용 등을 면담방법론에 접목하려는 시도도 있다. 면담방법론에는 ① 앞서 간략히 소개한 '인지면담', ② 아동 면담에 특화된 'NICHD 프로토콜', ③ 보다 폭넓은 피해자 면담에 특화된 'ABE 가이드', ④ 용의자 신문에 특화된 'KINESIC 인터뷰', ⑤ 개인이 개발한 'WZ 기법', ⑥ 기관이 개발한 'FBI 매뉴얼' 등이 포함된다. 면담방법론에 접목할 수 있는 진술분석, 행동분석 도구에는 ⑦ 서면진술 분석에 특화된 'SCAN 준거', ⑧ 아동진술 분석에 특화된 'CBCA 준거', ⑨ '인지기반 행동분석 준거' 등이 있다. 면담방법론에 접목할 수 있는 증거활용 도구에는 ⑩ 증거공개의 타이밍을 강조하는 'SUE 기법', ⑪ 증거에 대한 변명에 대응하는 'TIM 기법', ⑫ 증거에 대한 지각을 이용하는 'GIS 기법' 등이 있다. 우선 참고할 방법론이 많다는 사실은 환영할만한 일이다. 그러나 저자는 두 가지 이유에서 각 방법론을 정확히 이해하고 취사해야 한다고 본다. 첫째, 앞서 PEACE 모델이 이상적 면담방법론의 필요조건을 갖추었다고 평가한 바 있는데, 이 면담방법론이 충분조건까지 갖추려면 다른 면담방법론에서 유용한 부분을 차용해야 하기 때문이다. 다만, 취사에 있어서는 REID 테크닉과 PEACE 모델에 대한 평가에서와 마찬가지의 기준, 즉 효과성 및 적법성 기준이 적용되어야 할 것이다. 둘째, 보다 심층적인 학습 또는 특화된 학습(예: 진술분석, 행동분석)을 하고자 하는 독자라면 그 명칭과 겉모양에 현혹되지 않고 옥석을 가릴 수 있어야 하기 때문이다. 앞의 12가지 방법론 중에는 개발자나 기관의 이니셜을 명칭으로 사용한 예가 있다. 또한, 발간된 책자의 표지와 편집이 화려한 경우도 있다. 한마디로 그럴법해 보이기 십상이다. 그러나 잘 선택하려면 잘 알아야 한다. 선택의 기준은 명칭이나 겉모양이 아니라 효과성과 적법성이다. 지금부터 12가지 방법론의 주요 내용과 특징을 살펴볼 것이다. 다만, REID 테크닉과 PEACE 모델에 대한 설명에서와 달리 요점과 특징을 살피고 간략히 논평하는 방식을 취할 것이다. 독자들은 특히 각 방법론의 '특징'과 '활용 가치'에 주목하여 들어보기 바란다.

① 인지면담은 기억에 관한 심리학 연구를 종합하여 만들어졌다(Fisher & Geiselman, 1992). Fisher와 Geiselman의 「Memory Enhancing Techniques for Investigative Interviewing」을 번역하여 국내에 소개한 경기대학교 김시업 교수는 번역서의 서문에서 "1992년의 첫 저서가 완벽하다는 것일까?"라고 자문한 후, "딱히 3 ~ 5년 만에 한 번씩 개정을 거듭하지 않아도 될 것 같고, 또 그럴 필요가 없을 것 같다. 저서가 원래부터 인지심리학적인 기반에 충실했고, 많은 실험실 연구와 현장 연구를 통한 검증을 거쳤기 때문이다."라고 자답한 바 있다(김시업 역, 2011). 앞서 PEACE 모델도 자유회상형 면담에서 인지면담에 포함된 기법들을 채택하고 있다는 사실을 확인하였다. 또한, 우리나라 법원에서 인지면담을 통해 청취한 진술을 증거로 채택한 예도 발견된다.[13] 따라서 인지면담은 효과성과 적법성 기준을 충족한다. 유용하게 활용할 수 있는 방법론이니 장바구니에 넣어두자.

② NICHD 프로토콜은 미국 아동보건 및 인간발달 연구소(National Institute of Child Health and Human Development)가 2007년에 개발한 아동 면담방법론이다. 기관의 이니셜을 명칭으로 사용하였다. 성인 면담에서는 진술의 정확성이 주로 문제 되는 반면, 아동 면담에서는 진술의 정확성뿐만 아니라 아동의 피암시성이 문제 된다(조은경, 2010). 피암시성은 "내부 또는 외부로부터 투입되는 자극을 암시로 받아들이는 경향성"을 의미한다. 특히 면담과정에서는 피면담자가 면담자의 언행을 암시로 받아들이는 경향이 최소화되어야 한다. 성인에 비해 피암시성이 큰 아동을 면담할 때에는 더욱 그러하다. NICHD 프로토콜은 아동의 피암시성을 최소화하고 진술의 정확성을 제고하기 위해 개발되었다. 우리나라 법원에서는 NICHD 프로토콜에 따라 청취하지 않은 아동의 진술에 대하여는 그 증거능력을 부정하거나 증명력을 낮게 평가하는 관행이 형성되어 있다.[14] 따라서 NICHD 프로토콜은 효과성과 적법성 기준을 충

---

13 제주지방법원 2008. 12. 22. 선고 2008고합69 판결.

14 서울고등법원 2014. 9. 4. 선고 2014노1251 판결; 수원지방법원 2014. 9. 18. 선고 2014고합184,

족한다. 수사기관에서는 별도의 전문기관 또는 전문부서(예: 해바라기센터)에서 아동 면담을 수행한다. 수사기관이 아닌 기관에서는 아동을 주된 피면담자로 조사할 일이 드물다. 따라서 '나는 아동 면담을 할 일이 없다'라고 생각하는 독자가 있을 수 있겠다. 그러나 아동 성폭행 현장에서 즉시 범인의 인상착의를 확인해야 할 경우(예: 비면식범이 범행 직후 도주한 경우) 해바라기센터에 의지할 수 있겠는가. 민간기업에서 감사 업무를 수행하면서 NICHD 프로토콜을 모른다는 이유로 중요한 아동 참고인에 대한 조사를 결략해도 되겠는가. 또는 아무렇게나 해도 되겠는가. 그렇다고 대답할 독자는 없을 것으로 생각한다. 유용하게 활용할 수 있는 방법론이니 장바구니에 넣어두자.

③ ABE 가이드는 인지면담, NICHD 프로토콜 등을 기반으로 2002년 영국에서 개발된 피해자 면담방법론이다. 가이드 개발의 모토였던 '최선의 증거 수집(Achieving Best Evidence)'에서 이니셜을 가져와 명칭으로 사용하였다. NICHD 프로토콜은 주로 아동 면담에 적용 가능한 방법론인 반면, ABE 가이드는 다른 취약자 면담에까지 적용 가능한 방법론이다. 여기에는 신체적 또는 정신적으로 취약한 피해자, 겁먹은 피해자 등이 포함된다. ABE 가이드는 법적 구속력이 없으나, 수사기관이 피해자의 진술을 청취할 때와 법원이 피해자의 진술을 평가할 때 이 가이드를 고려하는 관행이 형성되어 있다(김면기, 이정원, 2020). ABE 가이드는 PEACE 모델과 유사한 면담 구조 안에 인지면담과 NICHD 프로토콜을 녹여내고 있다. 또한, ABE 가이드는 면담에서 사용할 수 있는 질문들을 개방형 질문, 구체적 폐쇄형 질문, 강요된 선택형 질문, 유도질문, 복합질문으로 유형화하고 있다. PEACE 모델의 질문유형 분류와 일정한 차이가 있음을 알 수 있다. 질문유형의 정비에 참고할 자료가 될 것으로 생각한다. ABE 가이드는 PEACE 모델, 인지면담, NICHD 프로토콜과 맥을 같이 하는 면담방법론이므로, 기본적으로 효과성과 적법성 기준을 충족한다. 앞의 세 가지 면담방법론을 융합하고 있는 점, 새로운 질문유형 분류례를 제시하고 있는 점에서 특히 유용한 방법론이니 장바구니에 넣어두자.

④ KINESIC 인터뷰는 Stan B. Walters가 2003년에 제안한 용의자 신문방법론이다(류창현, 김효정 역, 2014). Walters는 현재 미국에서 'Truth &

2014전고21(병합) 판결.

Deception'이라는 법인을 운영하고 있다. 'kinesic'은 동작학, 즉 사람의 행동에 관한 학문을 의미한다. 사람의 행동은 심리 작용의 산물이다. 그 명칭에서 추정되는 바와 같이 KINESIC 인터뷰는 사람의 심리와 이에 따른 행동의 특징을 면담에 십분 활용하고자 하는 시도다. 좋은 아이디어라고 생각한다. KINESIC 인터뷰는 먼저 분노, 우울, 부인, 협상, 수용 등 다섯 가지 기본적인 스트레스 반응을 정확히 식별하고 대응하는 것이 중요하다고 강조한다. 다음으로, 각 스트레스 반응의 의미와 특징, 이에 대한 구체적 대응 요령을 제시한다. 가령, "부인은 기만의 요새를 만드는 것이다. 부인은 종합적으로 각기 작은 부인 행위들로서 모두 한 번에 나타난다. 이를 인지함으로써 신문관은 용의자가 제시한 기만의 개인적인 시점을 분리할 수 있다. 부인하는 용의자를 다룰 수 있는 유일한 방법은 공격이다. 신문관은 용의자가 거부하려는 현실을 직면하도록 강요해야 한다."라고 설명한다. REID 테크닉의 부인관리 단계를 연상케 하는 대목이다. KINESIC 인터뷰가 사람의 심리와 행동을 고려하고자 하는 '취지'는 이해하나 구체적 '방법론'까지 이해하기는 어려울 것 같다. KINESIC 인터뷰의 효과성을 검증한 연구를 발견하기는 어렵다. 또한, '현실을 직면하도록 강요'하는 방식을 적법한 것으로 평가하기도 어렵다. 따라서 KINESIC 인터뷰는 효과성과 적법성 기준을 충족하지 못한다. 장바구니에 넣지 않기로 하자.

⑤ WZ 기법은 Douglas E. Wicklander와 David E. Zulawski가 1999년에 제안한 용의자 신문방법론이다(대검찰청, 2010). 제안자의 이니셜을 명칭으로 사용하였다. WZ 기법은 PEACE 모델과 유사한 면담 구조 안에 REID 테크닉의 신문화제 전개 등을 녹여내고 있다. 가령, 신문의 초반에는 개방형 질문을 통해 덩이 형태의 진술을 얻을 것을 요청하면서도, 신문의 후반에는 폐쇄형 질문을 통해 세부적인 정보를 얻을 것을 주문한다. 여기까지는 좋다. WZ 기법에서 특히 주목을 요하는 지점은 '합리화의 사용' 부분이다. 합리화는 "처음부터 진실을 말하지 못한 점에 대한 합리화 또는 정당화 거리를 제공함으로써 용의자의 체면을 세워주는 전략"을 의미한다. REID 테크닉의 신문화제 전개 단계를 연상케 하는 대목이다. 요컨대, WZ 기법 안에서는 PEACE 모델과 REID 테크닉의 불편한 동거가 이루어지고 있다. 앞서 REID 테크닉이 효과성과 적법성 기준을 충족하지 못한다는 사실을 확인하였다. 그렇다면 남은 것은

WZ 기법의 면담 구조뿐인데, 본류인 PEACE 모델을 두고 아류인 WZ 기법의 면담 구조를 차용할 이유가 없을 것 같다. 장바구니에 넣지 않기로 하자.

⑥ FBI 매뉴얼은 미국 연방범죄수사국에서 사용되고 있는 용의자 신문방법론으로(대검찰청, 2010), 매뉴얼의 최초 개발 시점을 정확히 알기는 어렵다. FBI 매뉴얼은 면담과정을 8단계로 구조화하여 제시하고 있다. 신문의 8단계는 '준비 – 소개 – 라포형성 – 질문 – 확인 – 의견청취 – 마무리 – 평가'로 구성된다. '라포형성'부터 '의견청취'까지를 본면담으로 본다면 FBI 매뉴얼은 PEACE 모델의 면담 구조와 매우 흡사하다. 그러나 FBI 매뉴얼은 질문 단계에서 '지표'[15] 질문을 사용하도록 하는데, 이 부분은 REID 테크닉의 행동분석면담을 연상케 한다. 또한, 질문에 대한 용의자의 반응을 토대로 진실성을 평가할 수 있다고 안내한다. 다만, REID 테크닉은 이와 같은 질문을 신문 전에 사용하도록 하는 반면, FBI 매뉴얼은 신문 중에 사용하도록 한다는 점에서 차이가 있다. 요컨대, FBI 매뉴얼은 PEACE 모델을 구체화하고 있는 듯한 모양새를 띠고 있지만, 본면담 단계에서 PEACE 모델과 양립하기 어려운 지표 질문을 사용하도록 한다는 점에 특징이 있다. 앞서 REID 테크닉의 행동분석면담이 효과성과 적법성 기준을 충족하지 못한다는 사실을 확인하였다. 그렇다면 남은 것은 FBI 매뉴얼의 면담 구조뿐인데, 본류인 PEACE 모델을 두고 아류인 FBI 매뉴얼의 면담 구조를 차용할 이유가 없을 것 같다. 장바구니에 넣지 않기로 하자.

⑦ SCAN은 폴리그래프 검사관 출신의 실무자 Avinoam Sapir가 1987년에 개발한 진술분석 도구다(이형근, 2018). 정식 명칭인 과학적 내용분석(Scientific Content Analysis)의 이니셜을 응용하여 SCAN이라는 약칭을 만들었다. SCAN은 진술분석에 13개의 준거[16]를 적용한다. SCAN은 용의자, 피해자, 목격자 등 모든 피면담자의 진술을 분석할 수 있는 범용 진술분석 도구다. 또한, SCAN

---

15 "조사를 받는 이유가 무엇이라고 생각하십니까?"라거나, "범인이 어떤 대가를 치러야 한다고 생각하십니까?"라는 등의 질문이 여기에 포함된다. 앞의 질문은 REID 테크닉 행동분석면담의 '1. 목적' 질문에 가깝고, 뒤의 질문은 '11. 처벌' 질문에 가깝다.

16 1. 언어의 변화, 2. 정서표현의 위치, 3. 대명사의 부적절한 사용, 4. 확신 또는 기억의 부족, 5. 혐의를 부인하지 않음, 6. 진술의 흐름에서 벗어난 정보, 7. 사회적 소개의 부재 또는 순서, 8. 자발적 수정, 9. 진술의 구조, 10. 시제의 변화, 11. 시간과 진술의 양, 12. 중요하지 않은 정보의 부각, 13. 불필요한 연결 또는 정보의 생략.

은 서면진술서 분석용으로 개발된 것이지만, 덩이 형태를 띠고 있다면 구두진술(예: 영상녹화물)의 분석에도 적용할 수 있다. 다만, SCAN은 진실성을 평가할 목적 또는 증거로 사용할 목적으로 개발된 진술분석 도구가 아니라는 점에 주의해야 한다. SCAN은 범죄수사 초기에 수사의 방향을 설정할 목적으로 개발되었다. 따라서 다수의 용의자가 있는 경우 SCAN 분석을 통해 면담의 우선순위를 결정하거나, 장기간의 행적을 확인해야 할 경우 SCAN 분석을 통해 확인의 우선순위를 결정하거나, 다수의 쟁점을 조사해야 할 경우 SCAN 분석을 통해 쟁점의 우선순위를 결정하는 등의 용도로 활용되어야 한다. 거짓말 연구 분야의 석학인 포츠머스대학교 Vrij 교수는 SCAN의 이론적 토대 부족, 효과성 검증 미흡, 준거의 표준화 및 응집성 결여 등을 신랄하게 비판하면서도, "SCAN은 면담에 통찰을 제공하고 면담의 방향을 안내하는 유용한 도구가 될 수 있다."라고 평가한 바 있다(Vrij, 2008). 따라서 SCAN은 독립적인 진술분석 도구가 아니라 면담의 보조도구로 활용되어야 한다. 보조도구로써의 유용성이 있으니 장바구니에 넣어두자.

⑧ CBCA는 1950년대 독일 심리학계의 연구에 뿌리를 두고 있다(이미선, 2018). 역사가 깊은 진술분석 도구다. 정식 명칭인 준거기반 내용분석(Criteria-Based Content Analysis)의 이니셜을 따서 CBCA라는 약칭을 만들었다. CBCA는 진술 타당도 평가(SAV: Statement Validity Assessment)의 핵심 구성요소다. 즉, CBCA는 '사건기록 분석 - 면담 - CBCA 분석(19개 준거[17]) - 타당도 평가(11개 준거)' 순으로 이루어지는 SVA 절차의 중심에 위치한다. CBCA는 최초에 '성폭력 피해 아동 진술의 신빙성 평가'를 목적으로 개발되었다. 아동 대상 성폭력 범죄의 경우 피해 아동의 진술이 유일한 증거인 경우가 빈번하다는 점을 고려한 것이다. 현재 일부에서 성인 진술을 분석하는 데 CBCA를 적용하려는 시도가 있으나, 피의자 진술을 분석하는 데 적용하려는 시도를 발견하기는 어렵다. 즉, SCAN과 달리 CBCA로는 피의자의 진술을 분석할 수 없다. 그러나

---

17 1. 논리적 일관성, 2. 구조화되지 않은 진술, 3. 세부적 표현의 양, 4. 맥락에 끼워넣기, 5. 상호작용의 묘사, 6. 대화 내용의 재연, 7. 예기치 않은 사정의 언급, 8. 비일상적 세부 표현, 9. 부가적인 세부 표현, 10. 이해하지 못한 사항의 언급, 11. 관련성 없는 사항의 언급, 12. 주관적 심리상태 묘사, 13. 가해자의 심리상태 언급, 14. 자발적 수정, 15. 기억의 부족 시인, 16. 자기 진술에 대한 의심, 17. 자책, 18. 가해자 용서, 19. 가해행위에 대한 세부 표현.

CBCA는 당초부터 진실성을 평가할 목적 또는 증거로 사용할 목적으로 개발된 진술분석 도구라는 강점을 갖는다. 영미의 법원은 물론 우리나라 법원에서도 CBCA 분석의 결과를 증거로 채택한 예가 있다.[18] 그럼에도 불구하고 Vrij 교수는 CBCA 분석의 결과를 증거로 사용해서는 안 된다고 주장한 바 있다(Vrij, 2008). CBCA 분석의 오류율(30%)이 결코 낮지 않기 때문이다. 다만, Vrij 교수는 "CBCA가 - SCAN과 마찬가지로 - 면담에 통찰을 제공하고 면담의 방향을 안내하는 유용한 도구가 될 수 있다."라고 평가하였다(Vrij, 2008). 이와 같은 용도로 사용한다면, 피해자나 목격자 면담뿐만 아니라 피의자 신문에도 적용할 수 있을 것으로 생각한다. 따라서 CBCA는 - 증거로서의 자격을 인정할지 여부와 별론으로 - 면담의 유용한 보조도구가 될 수 있으니 장바구니에 넣어두자.

⑨ 인지기반 행동분석은 REID 테크닉의 행동분석면담을 비롯한 정서기반 행동분석의 쇄락과 함께 등장하였다(Vrij, 2008). 앞서 소개하였던 Vrij 교수가 인지기반 행동분석 연구의 대표자다. 사실대로 말하는 사람과 거짓말을 하는 사람은 서로 다른 심리적 경험을 한다. 가령, 일반적으로 거짓말을 하는 일은 정서적으로 불편하고 인지적으로 어려운 일이다. 그러나 면담과정에서 피면담자의 정서를 자극하는 것은 바람직하지 못한 것으로 여겨지고 있다. 법리적 측면에서 '강압성' 시비가 있을 수 있고, 실증적 측면에서 그 '효과성'을 검증하기가 어렵기 때문이다. 반면, 면담과정에서 피면담자의 인지를 자극하는 것은 상대적으로 이러한 문제에서 자유롭다. 가령, 피면담자에게 상세한 진술을 요구하는 것을 - 이것은 인지적 부하를 유발한다 - 금지하는 나라는 없다. 다만, 피면담자가 진술거부권에 따라 진술을 거부할 수 있을 뿐이다. 또한, 그 '효과성'의 검증이 가능하고, 실제로도 이루어지고 있다. Vrij 교수는 면담에서 활용 가능한 인지기반 행동분석 기법들[19]을 소개하고, 이 기법들을 면담의 보조도구로 사용할 것을 제안하였다(Vrij, 2008). 보조도구로써의 유용성이 있으니 장바구니에 넣어두자.

---

18 서울고등법원 2013. 5. 30. 선고 2013노1011 판결; 수원지방법원 2010. 4. 28. 선고 2009고합538, 2009전고9(병합) 판결.

19 정보수집형 면담방법론을 채택하기, 상세하게 진술하도록 하기, 진단 가능한 단서에 집중하기, 간접적으로 관찰하기, 증거가 있다면 전략적으로 사용하기 등.

⑩ SUE 기법은 존제이대학 Maria Hartwig 교수가 2005년 제안한 증거 활용 기법이다. 정식 명칭인 전략적 증거 사용(Strategic Use of Evidence)의 이니셜을 따서 SUE라는 약칭을 만들었다. SUE 기법의 핵심은 증거를 최적의 시점에 제시하는 데 있다(Hartwig, 2005). 가령, 상점에서 절도 사건 용의자의 — 이 용의자가 진범이라고 가정하자 — 지문이 발견된 경우, 면담 초기에 지문이 발견되었음을 알리고 추궁하면 용의자가 쉽게 대응할 수 있는 반면(예: "구경을 하다가 만졌어요."), 충분한 진술을 청취한 후 용의자가 지문이 묻은 물건을 만진 사실을 부인하거나 생략하는 시점에 지문이 발견되었음을 알리면 용의자가 전과 같이 대응하지 못하게 된다. 적지 않은 인지적 부하를 경험할 것이기 때문이다. SUE 기법은 면담과정에서의 증거 활용 방법론으로 고안된 것이지만, 거짓탐지의 효과도 상당한 것으로 확인되고 있다. 즉, SUE 기법에 대한 용의자의 대응을 관찰하여, 용의자의 진실성을 어느 정도 가늠할 수 있다는 것이다. 관련 연구의 결과에 의하면, 통상적인 방법을 사용한 집단의 거짓탐지 정확도는 56.1%였던 반면, SUE 기법을 사용한 집단의 거짓탐지 정확도는 85.4%에 달했다(Hartwig et al., 2006). 한편, 재판과정과 달리 수사과정에서 증거를 언제 제시할지는 수사기관의 재량에 속하는 사항이다. 따라서 SUE 기법은 효과성과 적법성 기준을 충족한다. 다만, SUE 기법은 거짓탐지의 도구가 아니라 면담의 보조도구로 사용되어야 할 것으로 생각한다. 장바구니에 넣어두자.

⑪ TIM 기법은 Ivar A. Fahsing과 Asbjørn Rachlew가 2009년 제안한 증거 활용 기법이다. 정식 명칭인 전략적 면담 모델(Tactical Interview Model)의 이니셜을 따서 TIM이라는 약칭을 만들었다. TIM 기법의 핵심은 증거에 대해 용의자가 할 수 있는 설명 또는 변명을 사전에 예측하여 대응하는 데 있다(Fahsing & Rachlew, 2009). 이를 위해 TIM 기법은 먼저 면담을 '계획 – 준비 – 면담 – 설명요구' 순으로 구조화한다. '평가' 단계가 없는 점을 제외하면 PEACE 모델의 면담 구조와 유사하다. 계획 및 준비 단계에서는 모든 현재적, 잠재적 증거를 추출하고 이에 대한 용의자의 설명 또는 변명을 예측한다. 면담 및 설명요구 단계에서는 가능한 설명 또는 변명이 모두 제거된 시점에 증거를 제시하고 설명을 요구한다. 증거를 최적의 시점에 제시한다는 점에서 SUE 기법과 공통점이 있으나, 나아가 증거에 대한 용의자의 설명 또는 변명에 선제적으로

대응한다는 점에서는 SUE 기법과 차이가 있다. 증거를 언제, 어떻게 제시할지는 수사기관의 재량에 속하는 사항이다. 다만, 용의자를 기만하는 방식의 증거 활용(예: 존재하는 증거를 존재하지 않는 것처럼 속이는 것)은 허용되지 않는다. 따라서 TIM 기법을 SUE 기법에 접목하여 적절히 사용한다면 효과성과 적법성 기준을 충족할 것으로 생각한다. 장바구니에 넣어두자.

⑫ GIS 기법은 Jos Hoekendijk와 Martijn Van Beek가 2015년 제안한 증거 활용 기법이다. 정식 명칭인 일반적 면담 전략(General Interviewing Strategy)의 이니셜을 따서 GIS라는 약칭을 만들었다. GIS 기법의 핵심은 증거의 존재에 대한 용의자의 지각을 활용하는 것, 부인을 촉진하는 요인인 사회적 불안을 제거하는 것에 있다. 전자는 SUE 테크닉 및 TIM 기법과 유사한 부분이다. 반면, 후자는 REID 테크닉의 신문화제 전개 단계, 즉 합리화 전략을 연상케 한다. TIM 기법이 증거의 존재에 대한 용의자의 지각 활용을 '내적 압력의 강화'로, 사회적 불안의 제거를 '주저함의 최소화'로 각각 표현하고 있다는 점도 주목을 요하는 부분이다. 생각건대, GIS 기법은 극대화 및 극소화 전략의 현대적 변용으로 보아야 할 것 같다. SUE 기법과 TIM 기법을 적절히 사용하면, 증거의 효용을 일정 수준 이상으로 높일 수 있을 것으로 생각한다. GIS 기법은 극대화 및 극소화 전략으로 변질될 우려가 있으니 장바구니에 넣지 않기로 하자.

지금까지 12가지 방법론의 주요 내용과 특징을 살펴보고, 각 방법의 활용 가치에 대한 저자의 견해를 언급하였다. 총 12가지의 방법론 중에 8가지 방법론을 장바구니에 담았다. 저자가 너무 욕심을 부렸다고 생각할 독자가 있을 수 있겠다. 12가지 방법론에 대한 설명을 시작하기에 앞서 저자가 언급하였던 '다양한 방법론 이해의 두 가지 이유'를 기억하는가. 하나는 이상적 면담방법론의 충분조건을 갖추기 위해서는 다양한 방법론에서 유용한 부분을 '차용'해야 한다는 것이고, 다른 하나는 보다 심층적인 학습을 위해 원저를 선택할 때 '옥석'을 가릴 수 있어야 한다는 것이었다. 먼저, 유용한 부분의 차용이라는 점에 있어서는 저자의 욕심을 너무 나무라지 말기 바란다. 8가지 방법론에서 '어떤' 부분을 '어떻게' 차용하고 접목할지를 저자가 친절하게 안내할 것이기 때문이다. 안내는 제3장과 제4장에서 이루어질 것이다. 다음으로, 옥석의 선별이라는 점에 있어서는 저자의 견해를 유연하게 소화해 주기 바란다. 각 방법론에 대한 저자의 이해와 견해가 불완전하고 상대적인 것이기 때문이다. 이 책을 통해 면담방법론의 기초를 다진 독자라면 전문가의 길을 희망하는 경우가 적지 않을 것으로 생각한다. 저자가 장바구니에 담은 방법론 중에는 천착할 가치가 있는 전문 영역이 적지 않다. 12가지 방법론에 대한 저자의 설명과 견해가 향후 전문 영역의 선택을 고민할 독자에게 미력이 되기를 바란다.

4. 둘러보기

면담방법론의 역사에 관한 짧지 않은 이야기를 들어준 독자들에게 고마움을 표해야 할 것 같다. 가급적 쉽고 재미있게 설명하고자 하였으나 독자들도 그렇게 느꼈을지 자신이 없어서다. 돌아보기는 국외의 논의와 그 적용에 관한 것이었다. 이제 국내의 논의와 실제를 둘러볼 시간이다. 먼 나라의 이야기가 아니라 우리 주변에서 논의되고 또 벌어지는 이야기이니 좀 더 흥미를 느낄 수 있을 것 같다. 지금까지 그랬던 것처럼 잘 '들어'주었으면 좋겠다.

우리나라에서 면담방법론이 관심을 받게 된 것은 그리 오래되지 않은 일이다. 앞서 면담방법론에 관한 연구는 형사절차를 대상으로 하는 것이 먼저 시작되었다고 설명한 바 있다. 따라서 면담방법론에 대한 관심도 형사절차를 규율하는 법제의 변화에 좌우되는 면이 있었다. 이러한 변화 중 가장 주목해야 할 부분은 바로 2007년 개정 형사소송법을 통해 도입된 영상녹화제도다. 그 이전에는 면담의 결과를 조서라는 서면에만 기록했기 때문에 면담방법론이 올바르지 못한 경우에도 이를 지적할 마땅한 방법이 없었다. 면담과정에서 면담자에게 항의를 하는 방법 외에는 말이다. 그런데 영상녹화제도가 도입되면서 면담자의 면담방법론이 고스란히 노출되게 되었다. 이에 수사기관에서는 기관 구성원의 면담방법론 단속에 나서게 되었다. 우리나라의 대표적 수사기관은 경찰청과 검찰청이다. 따라서 경찰청과 검찰청의 면담방법론과 교육 현황을 살펴보고, 민간에 소개된 면담방법론도 소개하고자 한다.

수사기관의 면담방법론과 교육 현황

경찰청에는 현재까지 범용 면담 매뉴얼이 없다. 다만, REID 테크닉 매뉴얼을 번역하여 '피의자 신문기법(경찰청, 2008)'이라는 제목의 책자를 발간하고, 두 차례에 걸쳐 '피해자 면담 매뉴얼(경찰청, 2018, 2019)[20]'을 발간한 바 있다. 2008년의 피의자 신문기법은 내용적, 절차적 측면에서 공인 매뉴얼로 보기 어렵다. 2018년과 2019년의 피해자 면담 매뉴얼은 적용 범위 측면에서 제약이 있다. 즉, 피의자 신문에는 직접 적용할 수 없다. 한편, 경찰청 소속기관인 경찰대학과 경찰수사연수원에서는 '수사면담기법론(이형근, 2018)[21]'이라는 교재가 사용되고 있다. 이 교재는 제2편 제2장에서 '정보수집형 수사면담 매뉴얼'을 제안하고 있다. 이 매뉴얼은 정보수집형 면담방법론을 대표하는 PEACE 모델의 면담 구조를 차용하여, 여기에 전략적 증거 사용과 상호작용 탐지라는 도구를 접목하고 있다. 전략적 증거 사용은 앞서 설명한 SUE 기법이다. 상호작용 탐지는 인지기반 행동분석의 준거 중 '진단 가능한 단서에 집중하기'에 착안하여 접목한 도구다. 즉, 진단 또는 증명의 가능성을 고려하여 단독작용보다 상호작용의 확인에 집중하라는 취지의 도구다. 이 매뉴얼은 피의자, 피해자, 목격자 등 모든 피면담자에게 적용 가능한 범용 면담 매뉴얼이다.

검찰청에는 '조사 · 신문 핵심원리 실무매뉴얼(대검찰청, 2010)'이라는 면담 매뉴얼이 있다. 이 매뉴얼에는 피의자, 피해자, 목격자 등 모든 피면담자와의 면담에 관한 설명이 포함되어 있다. 다만, 이 매뉴얼은 조사와 신문을 엄격히 구분한다. 조사에는 진술서 징구, 진술청취형 조사, 행동분석형 조사가 포함된다. 신문에는 설득추궁형 신문, 사실확인형 신문, 부인시연형 신문이 포함된다. 매뉴얼은 세 가지 신문방식 간의 연계를 강조한다. 가령, 혐의를 부인하지만 혐의가 상당하다고 판단되는 피의자에게는 우선 설득추궁형 신문방식을 적용하고, 이를 통해 혐의를 시인하면 사실확인형 신문방식으로 나아가는 예, 설득추궁형 신문방식을 통해서도 혐의를 시인하지 않으면 부인시연형 신문방식으로 나아가는 예 등을 제시하고 있다. 따라서 이 매뉴얼은 범용 매뉴

---

20 2018년에는 피해자 면담 매뉴얼을, 2019년에는 성폭력 피해자 면담 매뉴얼을 각각 발간하였다.

21 이 교재의 초판은 2013년 '심리학 기반 수사면담 및 진술 · 행동분석 입문'이라는 명칭으로 발간되었다. 이후 두 차례의 개정을 거쳐 현재에 이르고 있다.

얼이 아니라 '종합' 매뉴얼이다. 즉, 피의자를 신문하는 방법론과 피해자 또는
목격자를 조사하는 방법론을 병행 수록하고 있고, 신문방법론에 있어서도 다
양한 관점과 방법을 병행 채택하고 있다. 따라서 면담자는 피면담자의 법적
지위와 태도에 따라 적합한 관점과 방법을 결정해야 한다.

경찰청[22]과 검찰청의 면담방법론은 다음과 같은 점에서 차이가 있다. 첫
째, 경찰청의 매뉴얼은 조사와 신문을 구분하지 않는 반면, 검찰청의 매뉴얼
은 양자를 엄격하게 구분한다. 즉, 경찰청 매뉴얼은 범용 매뉴얼이고, 검찰
청 매뉴얼은 종합 매뉴얼이다. 둘째, 경찰청 매뉴얼은 피면담자의 태도에 따
라 면담방법론을 달리 적용하지 않는 반면, 검찰청 매뉴얼은 혐의 시인 여부
등 피면담자의 태도에 따라 면담방법론을 달리 적용한다. 즉, 면담자가 상황
에 따라 적합한 면담방법론을 선택해야 한다. 셋째, 경찰청 매뉴얼은 정보수
집형 면담방법론에 몇몇 도구를 접목하고 있는 반면, 검찰청 매뉴얼은 조사와
신문의 구분을 전제로 정보수집형 면담방법론과 설득추궁형 면담방법론을 혼
용하고 있다. 앞서 살펴본 WZ 기법의 경우와 같이 매뉴얼 안에서 PEACE 모
델과 REID 테크닉의 불편한 동거가 이루어지고 있는 형국이다.

앞서 2007년 개정 형사소송법을 통해 도입된 영상녹화제도가 면담방법론
에 대한 관심을 촉발한 주요 원인 중 하나라고 하였다. 면담방법론 교육이 본
격적으로 시작된 것도 이 즈음이다. 경찰청의 경우 2006년 영상녹화의 시범
운영에 발맞추어 소속기관인 경찰수사연수원에 '진술녹화조사기법과정'을 신
설하였다. 면담방법론 교육을 '과목' 단위가 아니라 '과정' 단위로 실시한 최초
의 예다. 이후 이 과정은 '신문기법과정', '수사면담전문과정' 등으로 개편되어
현재에 이르고 있다. 2020년을 기준으로 수사면담전문과정의 커리큘럼은 〈표
3〉과 같다. 교육기간은 2주 70시간이고, 핵심기술과 주요 모델을 학습한 후
에 면담 및 기록 실습을 하는 것이 골자다. 교육과정에서 다양한 면담방법론
을 소개하지만, 최종적으로 정보수집형 면담방법론을 채택하고 이에 따라 실
습을 진행한다. 〈표 3〉을 보면 직무과목(62시간)의 50% 상당이 실습 또는 사
례분석 과목(30시간)으로 편성되어 있음을 알 수 있다. 면담방법론은 '이해'만

---

22 경찰청에서 발간한 매뉴얼 중에 피의자 신문을 포함하는 것이 없으므로, 경찰대학과 경찰수사연수원
에서 예비 경찰관 및 수사관 교육에 적용하는 '정보수집형 수사면담 매뉴얼'을 기준으로 설명한다.

으로 족하지 않고 '체득'까지 요구되는 직무역량 중 하나이기 때문이다. 한편, 경찰청 소속 기관인 경찰대학, 경찰인재개발원, 중앙경찰학교 등에서는 별도의 '과정' 없이 '과목' 단위로 면담방법론을 교육하고 있다.

표 3   2020년 경찰수사연수원 수사면담전문과정 커리큘럼

범 주	과 목	시 간
개 관	면담방법론 입문	4
	면담유형 진단	4
핵심기술	청취기법	3
	질문기법	3
	질문내용	4
주요모델	정보수집형 면담	3
	설득추궁형 면담	3
	인지면담	4
	아동면담	4
면담실습	일상기반 면담실습	7
	모의범죄 상황하 면담실습	7
기록실습	조서작성	3
	영상녹화	2
사례분석	내사건 분석	7
	진술분석	4
기 타	등록, 수료, 평가 등	8
총 교육 시간		70

출처: 경찰청 (2020). 2020 경찰교육 훈련계획. 서울: 경찰청, p. 379.

검찰청의 경우에는 2020년 현재 면담방법론에 관한 '과정' 단위의 교육이 이루어지지 않고 있는 것으로 확인된다. 다만, 법무연수원 홈페이지를 보면 2007년부터 2016년까지 '선진조사신문기법과정'이 운영되다가 폐지되었음을 알 수 있다. 이 과정의 교육기간은 1주 35시간이었고, 커리큘럼에는 '라포형성, 인지면담, 진술분석, 행동분석, 얼굴표정 분석' 등의 교과목이 포함되어 있었다. 한편, 신임검사 교육과정 등에서 면담방법론에 관한 '과목' 단위의 교

육이 이루어지고 있는지 여부를 확인하기는 어려웠다.

경찰청과 검찰청[23]의 면담방법론 교육은 다음과 같은 점에서 차이가 있다. 첫째, 경찰수사연수원의 교육과정은 정보수집형 면담방법론으로 귀결되는 구조인 반면, 법무연수원의 교육과정은 다양한 면담방법론이 병존하는 구조다. 이러한 현상은 앞서 확인한 두 기관의 면담방법론(매뉴얼)상 차이와 연관된다. 둘째, 경찰수사연수원의 교육과정은 면담방법론에 초점을 두고 진술분석 등을 보조도구로 접목하고 있는 반면, 법무연수원의 교육과정은 진술분석, 행동분석, 얼굴표정 분석 등에 상당한 시간을 할애하고 있다. 특히, 이러한 방법론들을 면담방법론의 보조도구로 접목하고 있는 것이 아니라 독립된 과목으로 운용하고 있다는 인상을 지우기 어렵다. 셋째, 교육기간 및 교육체계의 차이로 인해 실습 및 사례분석 과목의 비율 차이가 현저하다. 한편, 두 기관의 면담방법론 교육은 다음과 같은 공통점을 갖는다. 전문과정 위주의 교육운영, 입문 단계에서의 교육 부재 또는 미흡, 교육기회의 절대적 부족 등이 그것이다. 가령, 2020년을 기준으로 경찰수사연수원의 수사면담전문과정 입교 정원은 60명에 불과했다(경찰청, 2020).

민간에 소개된 면담방법론

수사기관의 면담방법론 매뉴얼과 교육은 원칙적으로 일반에 공개 또는 제공되지 않는다. 앞서 확인한 바와 같이 수사기관에 소속된 면담실무자의 경우에도 교육의 기회는 흔치 않다. 따라서 민간에 소개된 면담방법론을 탐색하여 '활용 여지'를 살펴볼 필요가 있을 것 같다. 포털 사이트의 도서 검색 기능을 활용하여 '면담기법', '조사기법', '신문기법' 등을 키워드로 검색하면 다음과 같은 사실을 알 수 있다. 첫째, 면담방법론에 관한 도서의 수가 많지 않다. 대략 10권 이내의 도서가 표출되고, 그나마 일반적인 의사소통이나 상담기법에 관한 도서가 포함되어 있다. 둘째, 범용 면담방법론에 관한 도서보다 피의자, 피해자, 목격자 등 특정한 대상과의 면담에 초점을 둔 도서가 더 많다. 또

---

23 현재는 면담방법론에 관한 '과정' 단위의 교육이 없으므로, 2016년의 '선진조사신문기법과정'을 기준으로 설명한다.

한, 피의자 신문에 관한 도서보다 피해자나 목격자 면담에 관한 도서가 더 많다. 셋째, 관련 도서의 대다수가 번역서다. 앞서 살펴보았던 인지면담에 관한 책(김시업 역, 2011), KINESIC 인터뷰에 관한 책(류창현, 김효정 역, 2014) 등이 주요 번역서다. 그러나 국외에서 출간된 관련 도서 중 극히 일부만이 국내에 소개되어 있는 실정이다. 이와 같은 상황을 종합하면, 면담방법론을 온전히 익히기 위해서는 다수의 도서를 읽어야 할 것이라는 점, 불가피하게 국외의 도서를 읽어야 할 경우도 있을 것이라는 점, 그 과정에서 옥석을 가릴 수 있는 안목과 일정 수준의 외국어 독해 능력이 필요할 것이라는 점 등을 어렵지 않게 짐작할 수 있다. 따라서 국내의 면담방법론의 수요자들에게는 우선 면담방법론에 관한 기본서가 제공되어야 하고, 그 외의 도서들은 보다 심층적인 학습 또는 특화된 학습의 자료로 활용되어야 한다.

5. 내다보기

지금까지 면담방법론의 역사를 돌아보고, 국내의 상황까지 둘러보았다. 이제 면담방법론의 미래를 잠시 내다보기로 하자. 향후 이 분야는 번영의 길을 걸을 것인가 아니면 쇄락의 길을 걸을 것인가 또는 현재에 머물러 있을 것인가. 그리고 독자들은 면담방법론이라는 직무역량에 어느 정도의 에너지를 투자할 것인가. 이 문제에 대한 저자의 생각은 다음과 같다. 첫째, 향후 면담방법론에 대한 관심을 날로 증가할 것이다. 앞서 영상녹화제도가 면담방법론에 대한 관심을 촉발한 주요 원인 중 하나라고 하였다. 영상녹화를 하게 되면 면담자의 면담방법론이 고스란히 노출될 수 있기 때문이다. 면담방법론의 노출은 비단 증거법적 문제와만 연관되는 것이 아니다. 민사적, 행정적 문제는 물론 기관과 개인의 위신과도 연관될 수 있다. 민사절차상 증인신문에 대한 녹음제도가 시행되면서, 법원도 신문방법론에 더 큰 관심을 갖게 되었다(조은경 등, 2016). 녹음, 녹화 등 전자적 기록의 위력을 실감하게 하는 사례다. 한편, 경찰청은 2018년부터 피의자에게 '영상녹화 요청권'을 부여했다. 즉, 영상녹화 여부에 대한 결정권 중 일부가 피면담자에게 넘어갔다. 또한, 검찰청은 2021년부터 특정 피의자 신문을 '전면 녹화'하기로 했다. 국내에서 이 분야가 걸어온 길을 반추해보면, 이 분야의 미래를 어렵지 않게 짐작할 수 있을 것이다.

둘째, 면담방법론 전문가, 즉 연구자와 교수자의 수요가 증가할 것이다. 우선, 사회가 날로 투명해질 것이기 때문이다. 비단 수사기관뿐만 아니라 민간기업에서 인권경영이 강조되고 있다는 점도 주목을 요하는 부분이다. 저자는 민간기업에서 강의를 하면서 몇 가지 경향을 감지한 바 있다. 민간기업에서 발생한 '불미'스러운 사건이 세간에 알려진 시점에 강의 요청이 빈번하다는 점, 한 기업에서 강의를 요청하면 다른 기업에서도 연쇄적으로 강의를 요청한다는 점 등이 그것이다. 향후에는 민간기업의 경영도, 이를 뒷받침하기 위한 감사도 인권보호에 충실한 방향으로 이루어질 것으로 전망한다. 그러기 위해서는 면담방법론이 특정 사건 수습을 위한 도구로 활용되어서는 안 된다. 평소에 효과성과 적법성 기준을 충족하는 면담방법론을 채택하고, 이를 연마해야 한다. 수사기관의 경우에도 연구자와 교수자의 수요가 증가할 것이다. 수사기관에는 상대적으로 다수의 면담실무자가 있지만, 연구자 또는 교수자의 역할을 수행할 실무자는 많지 않기 때문이다. 앞서 전문과정 위주의 교육 운영, 입문 단계에서의 교육 부재 또는 미흡, 교육기회의 절대적 부족 등 수사기관 교육의 문제점을 지적한 바 있다. 이와 같은 문제점과 영상녹화의 확대라는 환경 변화를 함께 고려하면, 더 많은 교육과 더 많은 교수자가 필요해질 것임을 어렵지 않게 짐작할 수 있다.

셋째, 앞서와 같은 변화에도 불구하고 면담방법론의 기본 구조와 핵심 원리는 크게 변하지 않을 것이다. 일반적으로 면담방법론은 사람의 기억, 생각, 행동 등에 관한 심리학 연구에 기반하고 있기 때문이다. 관련 연구는 지속되겠지만 연구의 대상인 기억, 생각, 행동 등의 기제는 좀처럼 쉽게 바뀌는 것이 아니다. 1992년에 개발된 인지면담의 현재적 효용에 관한 김시업 교수의 평가를 통해서도 이러한 특성을 알 수 있다. 따라서 면담방법론은 저자와 같이 조금 '게으른' 사람에게도 적합한 분야가 될 것 같다. 저자는 한때 실무자가 연구 분야를 선택할 때 고려해야 할 네 가지 기준을 설정한 바 있다. 자신이 속한 기관의 업무와 연관될 것(관련성), 자신이 담당하는 업무와 연관될 것(전문성), 그 분야에 필요한 지식이 하나의 학(學) 또는 론(論)으로 집적되어 있을 것(학문성), 자신이 속한 기관 외에서도 수요가 있을 것(확장성) 등이 그것이었다. 면담실무자가 네 가지 기준을 모두 충족하는 분야를 찾기는 쉽지 않다. 아마도 면담방법론이 네 가지 기준을 모두 충족하는 유일한 분야가 아닐까 싶다.

6. 지피지기

지금까지 면담방법론의 과거와 현재, 그리고 미래에 관한 이야기를 했다. '너'에 대해 알아본 것이다. 이제는 면담방법론을 학습할 '나'에 대해 알아보자. '지피지기백전불태(知彼知己百戰不殆)'라고 하지 않았던가. 이윤 박사는 그의 박사학위 논문을 통해 면담유형 분류척도를 제안한 바 있다(이 윤, 2015). 여기에서는 이윤 박사가 제안한 면담유형 분류척도를 소개하고, 이에 따라 독자 스스로 각자의 면담유형을 진단해보는 시간을 갖고자 한다.[24]

면담유형은 '목적(자백획득 · 정보수집)' 차원과 '태도(인간적 · 강압적)' 차원의 조합에 따라 '책략형', '탐색형', '투우형', '사무형'으로 분류된다. 가령, '자백획득'과 '인간적' 차원이 결합되면 '책략형'으로 분류된다. 목적 차원과 태도 차원의 조합에 따른 면담유형 분류의 체계는 〈표 4〉와 같다. 자백획득(C) 차원은 '유도질문, 설득적, 웅변적, 대면적, 유죄추정, 끼어들기, 암시적, 헛된 노력, 범행 최대화 또는 최소화, 수사관이 말이 많음'을 특징으로 한다. 정보수집(I) 차원은 '개방형 질문, 구체적 질문, 비대면적, 비추정적, 유연성, 끼어들지 않음, 비암시적, 증거 제시, 모순점 강조, 용의자가 말이 많음'을 특징으로 한다. 인간적(H) 차원은 '공감적, 협력적, 환심을 사려함, 조력적, 친근함, 면담의 개인화, 이해, 긍정적, 자애로움, 친절함, 피해자와 중재 시도'를 특징으로 한다. 강압적(D) 차원은 '꾸짖고 비난하기, 공격적, 업무적, 냉정, 불친절, 서두름, 무관심, 무감정, 고집스러움, 위협적, 반복 질문'을 특징으로 한다. 각 차원을 개별적으로 이해하면 면담유형을 평면적으로만 파악할 수 있다. 반면, 각 차원을 종합적으로 이해하면 면담유형을 보다 입체적으로 파악할 수 있다.

---

24 이윤 박사로부터 인용 허락을 받았음.

표 4   면담유형의 CHID* 모델

		목적	
		자백획득(C)	정보수집(I)
태 도	인간적(H)	책략형(CH)	탐색형(IH)
	강압적(D)	투우형(CD)	사무형(ID)

출처: 이　윤 (2015). 수사관의 용의자 면담유형 분류 및 수사면담유형 평가척도의 개발. 한림대학교 심리학박사학위논문, p. 35. 원저자의 인용 허락을 받았음. 원저자의 모든 권리가 보호됨. 저자가 내용 일부를 편집하였음. *CHID: Confession obtaining, Humanitarian, Information gathering, Dominant.

　　책략형(CH)은 '자백획득'과 '인간적' 차원이 결합된 면담유형이다. 피면담자를 인간적으로 대하면서도 자백을 얻으려고 한다는 점에 주목하여 '책략형'이라는 명칭을 붙였다. 탐색형(IH)은 '정보수집'과 '인간적' 차원이 결합된 면담유형이다. 피면담자를 인간적으로 대하면서 중립적인 입장에서 정보를 수집하려고 한다는 점에 주목하여 '탐색형'이라는 명칭을 붙였다. 투우형(CD)은 '자백획득'과 '강압적' 차원이 결합된 면담유형이다. 면담자가 면담을 주도함으로써 자백을 얻으려 한다는 점에 주목하여 '투우형'이라는 명칭을 붙였다. 사무형(ID)은 '정보수집'과 '강압적' 차원이 결합된 면담유형이다. 면담자가 면담을 주도하되 자백을 얻으려 하기보다 필요한 정보를 수집하는 데 집중한다는 점에 주목하여 '사무형'이라는 명칭을 붙였다. 이윤 박사는 효과성과 적법성을 고려할 때 탐색형이 가장 바람직한 면담유형이라고 설명한다(이　윤, 2016).

　　독자들은 어떤 면담유형에 속하는가. 면담실무자가 아닌 독자라면 평소 자신의 대화 습관을 되짚어 보아도 좋을 것 같다. 이제 각자의 면담유형을 진단해보자. 진단은 ① 면담유형 진단문항에 응답하기, ② 문항 차원별로 응답점수의 평균 구하기, ③ 목적 차원별, 태도 차원별로 평균점수 대비하기, ④ 목적 차원 대비점수와 태도 차원 대비점수를 조합하여 면담유형 좌표에 표시하기, ⑤ 면담유형별 보완방향 도출하기 순으로 진행한다. ① 면담유형 진단문항에 응답하기 단계에서는 〈부록 1〉에 수록된 39개의 면담유형 진단문항을 읽고 '전혀 아니다(1점)'부터 '매우 그렇다(5점)'까지의 선택지 중 하나를 선택한다. 자신의 면담 경험을 회상하면서 솔직하게 응답해야 한다. 판단이 잘 서지 않는 문항이 있으면 주변의 동료, 선후배에게 자신의 평소 습관을 물어보고 이를 참고하여 응답해도 좋다. 그러나 최종적인 판단은 자신의 몫이다. 이 면담유형 분류척도는 '자기보고(self report)' 방식에 입각하고 있기 때문이다. 자신과 관련 없는 일부 문항은 응답하지 않아도 좋다. 최종적인 진단은 응답점수의 평균치에 따라 이루어질 것이기 때문이다. ② 문항 차원별로 응답점수의 평균 구하기 단계에서는 〈부록 1〉의 주에 있는 문항 차원별로 앞의 응답점수를 합한 후 평균을 구한다. 즉, C에 해당하는 13개의 문항, H에 해당하는 11개의 문항, I에 해당하는 6개의 문항, D에 해당하는 9개의 문항 각각을 합한 후 평균을 구한다. C, H, I, D 각각에 대하여 4개의 평균점수가 나와야 한다. 저자가 해보니 2.5점, 4점, 4.5점, 2점의 평균점수가 나온다. ③ 목적 차원별, 태도 차원별로 평균점수 대비하기 단계에서는 차원을 같이 하는 C와 I의 평균을 대비하고, H와 D의 평균을 대비해야 한다. 이 단계에서 이윤 박사는 전문적인 통계적 분석을 적용하고 있는데, 여기에서는 독자의 이해를 돕기 위해 좀 더 간이한 방식을 안내하고자 한다. 즉, '목적 차원 대비 = I − C', '태도 차원 대비 = H − D'라는 공식을 적용하기로 한다. 'I − C'의 값이 '+'인 경우는 정보수집형에 가깝고, '−'인 경우는 자백획득형에 가까운 것으로 볼 수 있다. 'H − D'의 값의 '+'인 경우는 인간적인 형에 가깝고, '−'인 경우는 강압적인 형에 가깝다. 저자가 해보니 두 가지 모두 2점이 나온다. ④ 면담유형 좌표에 표시하기 단계에서는 앞의 두 점수를 조합하여 〈그림 1〉의 한 지점에 점을 찍어 표시한다. 먼저 'I − C'의 값을 상하를 잇는 선상의 한 지점에 표시하고, 다음으로 'H − D'의 값을 좌우를 잇는 선상의 한 지점에 표시한 후, 최종적으로 두 지점이 만나는 곳에 점을 찍으면 된다. 저자는 탐색형 분면의 중간 지점에 점을 찍었다. ⑤ 면담유형별 보완방향 도출하기는 탐색형, 즉 IH를 지향점으로 삼고 부족한 부분을 보완하는 방식을 취하면 된다. 가령, 사무형(ID)은 강압적 태도를 줄이고 인간적 태도를 함양해야 하고, 책략형(CH)은 자백획득 목적을 줄이고 정보수집에 충실해야 하며, 투우형(CD)은 두 가지 노력을 모두 기울어야 한다. 지금까지 각자의 면담유형을 진단해 보았다. 자신이 속한 면담유형과 보완방향을 모두 확인하고 이해하였는가. 앞서 이 면담유형 분류척도는 '자기보고(self report)' 방식에 입각하고 있다는 점,

여기에서는 원래의 분석 방식이 아니라 좀 더 간이한 분석 방식을 채택했다는 점 등을 설명한 바 있다. 이러한 제약점을 고려하여 여기에서 확인한 수치를 절대적 기준치로 생각하기보다 면담방법론 학습에 있어서의 참고치 또는 가늠자 정도로 삼아주기 바란다. 독자들 모두가 그렇게 해줄 것으로 생각한다.

그림 1 면담유형 좌표

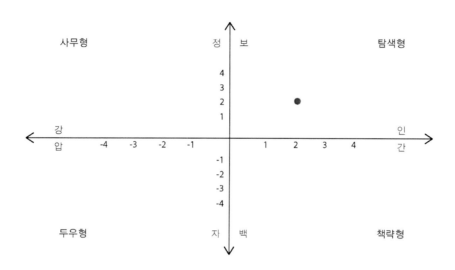

제2장

기초이론

제**2**장 기초이론

1. 면담의 목적, 수단, 그리고 조건

법심리학적 면담방법론은 "일정한 규범하에서 면담자가 주로 피면담자의 진술을 청취하여 과거에 있었던 사건을 재구성하는 방법론"을 의미한다. 여기에서 키워드는 '규범', '진술', '재구성'이며, 각각 법심리학적 면담방법론의 '조건', '수단', '목적'으로 기능한다. 즉, 법심리학적 면담방법론의 특징은 '규범적 요구의 충족을 조건으로, 주로 진술을 수단으로 사용하여, 과거 사건을 재구성하는 것을 목적으로 한다'라는 점에 있다. 규범적 요구로부터 자유롭고 진실의 발견과 거리가 있는 상담방법론이나 다른 종류의 대화방법론과 다른 점이다. 따라서 면담실무자, 면담교육자, 면담연구자는 법심리학적 면담방법론의 조건, 수단, 목적에 관한 기초이론을 정확히 이해하고 적용할 수 있어야 한다.

먼저, 법심리학적 면담방법론은 과거 사건의 재구성을 목적으로 한다. 과거 사건의 재구성 작업에는 진술 이외에도 다양한 수단들이 사용된다. 거래내역, 통신내역, 로그기록, CCTV 영상 등의 정보와 지문, 족적, 혈흔, DNA 등의 물적 증거가 여기에 포함된다. '재구성'이라는 키워드에서 독자들이 염두에 두어야 할 점이 두 가지 있다. 하나는 과거를 재구성하는 작업은 언제나 불완전하다는 점이고, 다른 하나는 재구성을 최적화하기 위해서는 진술과 진술 이외의 수단이 조화를 이루어야 한다는 점이다. 기억은 본질적으로 취약하기 때문에 이에 기초한 진술도 필연적으로 취약성을 띤다. 거짓말은 하는 것도 어렵지만 밝히는 것도 어렵다. 제1장에서 훈련된 수사관의 진실성 평가 역량이 '우연히 맞추는 수준(50% 내외)'이라는 사실을 확인하지 않았는가. 또한, 각종 정보는 고유의 기능과 제약을 갖는다. 가령, 통신내역은 통신을 했다는 사실을 증명해 주지만 그 내용이 무엇이었는지를 증명해 주지는 못하고,

CCTV 영상은 촬영된 내용의 존재는 증명해 주지만 그 동기나 원인이 무엇이었는지를 정확히 증명해 주지는 못한다. 전국적으로 800만대 이상의 CCTV가 설치되어 있음에도 모든 범죄를 예방하거나 모든 범인을 검거하지 못하는 이유가 여기에 있다. 따라서 법심리학적 면담방법론의 학습자, 교수자, 연구자는 면담방법론이 도깨비 방망이나 알라딘의 요술램프가 아니라는 사실을 인식하고 재구성의 최적화를 면담의 목적으로 삼아야 한다. 아쉽게도 항상 진실을 밝힐 수 있는 면담방법론은 존재하지 않는다. 또한, 다른 분야와의 협업이나 다른 방법론의 접목을 주저해서도 안 된다. SUE 기법이 면담방법론에 증거 활용 기법을 접목하여 적지 않은 성과를 거두었다는 사실을 상기해 보라.

다음으로, 법심리학적 면담방법론은 진술을 주된 수단으로 한다. '주된' 수단이라고 표현한 것은 진술을 청취하는 것이 주된 방법이지만 보조적으로 행동을 관찰하는 방법도 사용되기 때문이다. 제1장에서 인지기반 행동분석이라는 방법론을 장바구니에 담았던 것을 기억하는가. 사람의 행동은 크게 언어적 행동과 비언어적 행동으로 나뉘는데, 전자가 진술이고 후자가 협의의 행동, 즉 통상적인 의미에서의 행동이다. 진술은 기억과 사고의 산물이다. 법심리학적 면담방법론에서 특히 의미 있는 사고는 '기만', 즉 거짓말의 심리다. 따라서 '진술'이라는 키워드에서 독자들은 그 기초가 되는 기억과 거짓말을 이해하는 것이 무엇보다 중요하다는 사실을 염두에 두어야 한다. 사람의 기억은 통상 1시간이 지나면 50% 정도가 소실되는 것으로 알려져 있다 (Ebbinghaus, 1885). '설마 그럴까'라고 생각할 수 있을 것 같다. 정말 그렇다. 저자는 기억에 관한 강의를 할 때 수강자들에게 짧은 동영상을 보여준 후 동영상에 포함된 정보에 대해 질문하는 실험을 하곤 한다. 물론 질문을 할 것이라는 사실은 비밀로 한 채 동영상을 보도록 한다. 질문에 대해 50% 이상의 정답이 돌아오는 경우가 오히려 드물다. 기억은 망각 이외에도 다양한 취약성을 갖는다. 제2절에서 자세히 살펴볼 것이다. 또한, 앞서 거짓말은 하는 것도 어렵지만 밝히는 것도 어렵다고 하였다. 그러나 그 특성을 알면 밝히는 것이 불가능하지 않다. 아니 한층 수월해질 것이라고 해두자. 다른 분야와의 협업 또는 다른 방법론의 접목까지 고려하면 거짓말을 밝혀낼 가능성이 현저히 더 높아지기 때문이다. 조선 시대의 범죄자는 목격자만 없으면 대체로 안심할 수 있었다. 그러나 현대의 범죄자는 문명의 이기(예: 통신내역, CCTV 영상)를 모두 극복해야 비로소 안심할 수 있다. 통신수사나 CCTV 수사를 잘 하자는 말이 아니다. 면담과정에서 이러한 요소를 십분 활용하자는 말이다. 자백률에 가장 큰 영향을 미치는 요인이 증거의 존재에 대한 용의자의 자각(60%)이었다는 사실을 상기해 보라. 이를 위해서는 먼저 거짓말의 특성에 대한 이해가 선행되어야 한다. 제3절에서 자세히 살펴볼 것이다. 한편, 피면담자뿐만 아니라 면담자도 기억의 취약성과 기만의 유혹으로부터 자유롭지 못하다는 사실을 알아야 한다. 가령, 국내외를 막론하고 이와 같은 면담자 요인이 세간에 알려진 오심 사건의 공통된 원인 중 하나였다. 따라서 제2절과 제3절에서 진술의 기초가 되는 기억과 거짓말의 특성을 학습함에 있어서는 피면담자 측면에서의 의미뿐만 아니라 면담자 측면에서의 의미까지 이해해야 한다. 함께 살펴볼 것이다.

끝으로, 법심리학적 면담방법론은 규범적 요구의 충족을 조건으로 한다. '그렇게 하기보다 이렇게 해야한다'라고 주문하기 위한 두 가지 조건을 기억하는가. 효과성과 적법성이었다. 기억과 거짓말에 대한 이해가 효과성 기준과 연관된다면, 규범적 요구의 충족은 적법성 기준과 연관된다. 제1장에서 형사절차에 관한 법령의 기준이 면담을 규율하는 잣대 중에 가장 엄격하고 보수적이라는 점, 그래서 이 기준에 맞추는 것이 과할 수는 있어도 부족할 가능성은 거의 없다는 점 등을 설명한 바 있다. 형사절차에 관한 법령은 면담의 수행, 면담내용의 기록, 면담기록의 평가, 면담자의 법정증언 등을 촘촘하게 규율하고 있다. 특히, 법심리학적 면담방법론의 학습자, 교수자, 연구자는 '면담의 수행 또는 면담내용의 기록 단계에서 법령 위반이 있으면 면담기록의 평가 또는 법정증언 단계에서 제약이 따르게 된다'라는 점을 염두에 두어야 한다. 독자들이 알아야 할 것들이 너무 많은 것 같다. 과유불급이라고 하지 않았던가. 우선순위를 좀 정해보자. 첫째, 면담의 수행, 면담내용의 기록, 법정증언에 관한 규정의 이해를 우선순위의 앞에 두기로 하자. 면담실무자가 직접 수행해야 하는 부분을 규율하는 규정이기 때문이다. 그래도 적지 않은 것 같다. 저자가 요점을 추출하여 제3장의 핵심기술 안에 친절하게 녹여넬 것을 약속한다. 둘째, 면담기록의 평가에 관한 규정을 우선순위의 뒤에 두기로 하자. 면담실무자가 직접 수행해야 하는 부분을 규율하는 규정이 아니기 때문이다. 셋째, 다만 관련 법령의 전체적인 구조와 체계는 우선순위와 상관없이 알아두

자. 전체를 조망해야 부분을 더 잘 이해할 수 있고, 평가의 기준을 알아야 평가에 잘 대비할 수 있기 때문이다. 수험생에게 출제자의 의도 파악이 중요한 것처럼 말이다. 제4절에서 조망할 것이다.

2. 기억

독자들은 자신의 기억력에 대해 얼마나 자신하는가. 고교 시절 중간고사나 기말고사를 보았던 때로 한번 돌아가 보자. 분명히 책에서 보았던 내용임에도 불구하고 좀처럼 그 내용이 떠오르지 않았던 경험, 서브노트까지 만들어서 외웠는데 목차 하나를 기억해 내지 못해 해당 항목 전부를 쓰지 못했던 경험이 있을 것이다. 100을 보고 100을 기억하는 사람이 있겠는가. 대략 80 정도를 기억한다고 가정해 보자. 오늘 기억하는 80을 한 달 뒤에도 그대로 유지하는 사람이 있겠는가. 대략 60 정도를 유지한다고 가정해 보자. 현재 기억 속에 있는 60을 전부 말하거나 쓸 수 있는 사람이 있겠는가. 아쉽지만 그렇게 할 수 있는 사람은 거의 없다.

법심리학적 면담방법론이 요구되는 상황, 즉 범죄수사, 감사 또는 조사의 맥락에서는 문제가 좀 더 복잡해진다. 시험 맥락에서는 수험생이 처음부터 관심을 두었던 부분, 즉 출제범위 내에서의 기억이 문제 되는 반면, 범죄수사, 감사 또는 조사의 맥락에서는 진술을 해야 할 사람의 관심사와 진술을 얻어야 할 사람의 관심사가 다른 경우가 많기 때문이다. 가령, 쇼핑몰에서 발생한 절도사건의 목격자로부터 진술을 청취하는 상황을 가정해 보자. 수사관이 목격자에게 쇼핑몰에 가게 된 경위를 물었을 때 "왠지 그곳에서 절도사건이 날 것만 같아서 절도사건을 목격하기 위해 갔습니다."라고 대답하는 경우가 있겠는가. 이와 같이 목격 당시를 기준으로 놓고 보면, 향후 수사관이 필요로 할 정보에 집중하고 있었을 목격자는 오히려 드물다.

반면, 범죄자의 경우라면 목격자와 달리 향후 수사관이 필요로 할 정보에 집중하고 있었을 것이다. 관점만 다를 뿐 범죄자와 수사관의 관심사는 공히 범죄행위이기 때문이다. 그러나 범죄자의 경우에도 통상 범행 시점에 정서적, 인지적 각성을 경험하기 때문에 자신에게 필요할 수 있는 모든 정보를 기억하기는 어렵다. 그래서 제발등 찍는 진술로 수사관을 속칭 '웃프게' 하는 범죄자를 종종 보게 된다. 한편, 피면담자뿐만 아니라 면담자도 기억의 문제에서 자유롭지 못하다. 망각은 피면담자와 면담자를 가리지 않을 뿐만 아니라, 면담자의 경우에는 확증편향과 같은 또 다른 마인드 버그의 유혹에도 노출되어 있기 때문이다. '기억', '망각', '편향'이라는 단어가 눈에 띈다. 눈에 띄지는 않지만 '부호화', '저장', '인출', '주의'라는 개념이 등장했다. 모두 심리학의 주요 연구대상들이다. 하나씩 살펴보자.

1) 기억의 구조

기억은 "시간에 걸쳐 정보를 저장하고 인출하는 능력"을 의미한다(Schacter et al., 2015). 기억은 일반의 통념보다는 좀 더 복잡한 구조를 띠고 있다. 가령, 앞의 정의 안에 이미 '부호화', '저장', '인출'이라는 세 가지 요소가 포함되어 있다. 또한, 부호화는 '감각' 및 '지각'을 거쳐서 이루어지고, 인출은 '말' 또는 '글'로 표현되어야 한다. 아울러 어떤 정보를 인출 단서 없이 기억해 내는 '회상'과 인출 단서를 토대로 기억해 내는 '재인'은 서로 다른 심리적 처리 절차에 의해 이루어지는 것으로 알려져 있다(Wilcock et al., 2008). 면담자는 피면담자가 정보를 부호화하고 저장하는 단계에 관여할 수 없다. 가령, 누군가에게 "왠지 여기에서 절도사건이 날 것만 같으니 잘 좀 지켜봐 주세요."라고 요청하거나, 피면담자에게 "기억이 소실될 수 있으니 조사를 받을 때까지 아무 일도 하지 말고 혼자 있어 주세요."라고 요구할 수 없다는 것이다. 따라서 기억의 단계 중 면담자가 관여할 수 있는 지점은 정보의 인출 단계에 국한된다. 그러나 인출 단계에 잘 관여하기 위해서는 선행하는 단계까지 잘 이해하고 있어야 한다. 기억의 일반적인 구조를 면담방법론의 맥락에 접목하면 〈표 5〉와 같다.

감각과 지각

감각은 "외부의 자극을 감각기관이 단순히 자각하는 단계"이고, 지각은 "정신적 표상의 형성을 위해 감각을 해석, 조직하는 단계"다. 인지심리학에서는 양자를 구분하지만, 현실에서는 감각과 지각이 부지불식간에 그리고 거의 동시에 이루어지며 사람은 두 단계를 구분하여 인식하기 어렵다. 따라서 독자들은 감각 단계와 지각 단계를 통합하여 '어떤 사건을 감지하는 단계로서 기억의 기초가 되는 국면' 정도로 이해하면 될 것 같다. 면담방법론의 맥락에서 이 단계의 주요 쟁점은 '주의'의 문제다. 주의는 "외부 또는 내부의 자극 중 특정한 자극에만 선택적으로 반응 또는 집중하는 심리 활동 또는 상태"를 의미한다. 여기에서 키워드는 '선택적'이다. 통상 사람은 모든 자극에 고르게 반응하지 않는다. 앞서와 같이 쇼핑몰에서 발생한 절도사건의 목격자로부터 진술을 청취해야 하는 상황이라면, 주의의 '선택성'이 피면담자와 면담자 모두에게 적지 않은 애로를 줄 것이다. 통상 쇼핑몰 방문자의 관심은 쇼핑에 있지 절도사건의 목격에 있지 않을 것이기 때문이다. 반면, 절도범의 경우에는 절도행위에 집중하느라 주변 상황에 충분한 주의를 기울이지 못했을 가능성이 높다. 따라서 면담자는 목격자가 모든 것을 알 것이라고 가정해서도 안 되고, 범죄자가 주변의 상황까지 충분히 살피고 빈틈없이 범행했을 것이라고 속단해서도 안 된다.

표 5   면담방법론의 맥락에서 본 기억의 구조

사 건	사 건	사회적으로 문제 되거나 주목을 받을 만한 뜻밖의 사건
	↓	
	감 각	외부의 자극을 감각기관이 단순히 자각하는 단계
감 지	↓	
	지 각	정신적 표상의 형성을 위해 감각을 해석, 조직하는 단계
	↓	
	부호화	지각한 것을 지속적 기억으로 변환하는 단계
	↓	
기 억	저 장	시간에 걸쳐 기억 속에 정보를 유지하는 단계
	↓	
	인 출	부호화하고 저장했던 정보를 다시 마음에 불러오는 단계
	↓	
진 술	진 술	마음에 불러온 정보를 말 또는 글로 표현하는 단계

출처: 이형근 (2018). 수사면담기법론. 아산: 경찰대학, p. 203. 저자가 내용 일부를 편집하였음.

부호화

부호화는 "지각한 것을 지속적 기억으로 변환하는 단계"다. 부호화는 어떤 방식으로 이루어지는 것일까. 사진을 찍는 것과 비슷한 방식일까. 컴퓨터처럼 0과 1로 코딩하는 것일까. 사람의 뇌는 지금 새롭게 지각된 정보를 기존의 정보와 결합하여 기억으로 변환하기 때문에 부호화는 이보다 훨씬 더 복잡한 방식으로 이루어진다. 즉, 부호화는 단순한 기록 작업이 아니라 일종의 구성 작업이다. 단순히 지각을 통해 경험한 바를 사본하는 것 이상이라는 말이다. 부호화의 방식에는 ① '정교 부호화', ② '시각적 심상 부호화', ③ '조직적 부호화' 등이 포함된다(Melton, 1963). ① 정교 부호화는 "새로운 정보를 기존의 지식과 능동적으로 결합하여 기억으로 변환하는 방식의 부호화"를 의미한다. 즉, 사람이 새로운 정보를 접했을 때 우선 그 정보를 자신의 지식 범위 내에서 최대한 해석하여 기억하려고 하는 경향과 연관되는 부호화의 원리다. 따라서 자신의 지식 범위 밖에 있는 새로운 정보를 부호화하는 일은 자신의 지식 범위 내에 있는 새로운 정보를 부호화하는 일보다 상대적으로 더 어렵다. 고교 시절 중간고사나 기말고사를 보았던 때로 한번 돌아가 보자. 이해하는 데 많은 시간을 투자할수록 암기하는 데 적은 시간이 소요되었던 경험이 있을 것이다. '아는 만큼 보인다'라고 하지 않았던가. 부호화 단계에서도 이 격언이 잘 들어맞는 것 같다.

② 시각적 심상 부호화는 "새로운 정보를 정신적 그림으로 바꾸어 기억으로 변환하는 방식의 부호화"를 의미한다. 말과 글, 즉 진술은 텍스트 형태에 가깝다. 그러나 그 기초가 되는 기억은 텍스트 형태와 거리가 있다. 오히려 이미지 형태에 가까운 것 같다. 정보의 정리와 학습에 활용되는 '마인드맵'을 상기해 보라. 마인드맵의 모양새는 글보다 그림을 많이 닮아있다. 그 외에도 세간에 알려진 기억법 중 다수는 시각적 심상 부호화의 원리에 입각하고 있다(예: 장소법[25]). ③ 조직적 부호화는 "일련의 정보들을 분류하고 범주화하여 기억으로 변환하는 방식의 부호화"를 의미한다. 조직적 부호화의 대표적 예가 '군집화(chunking)'다. 군집화는 "기억해야 할 정보들을 일정한 기준에 따라 묶

---

25 기억해야 할 정보들을 자신에게 친숙한 일련의 장소들과 연합하여 부호화하는 기억법.

어서 기억으로 변환하는 부호화의 방식"이다. '피리, 초밥, 자전거, 식혜, 지하철, 탕수육, 탬버린, 트럭, 피아노'라는 9개의 단어를 기억해야 한다고 가정해 보자. 독자들은 어떤 부호화 전략을 사용하겠는가. 만약 9개의 단어를 '피리, 탬버린, 피아노(이상 악기)', '초밥, 식혜, 탕수육(이상 음식)', '자전거, 지하철, 트럭(이상 교통수단)'으로 나누어 기억하고자 하였다면, 그것이 바로 군집화 전략이다. 이와 같이 정보의 부호화는 일반의 통념보다 더 다양하고 복잡한 방식으로 이루어진다. 따라서 면담실무자는 이와 같은 부호화의 원리와 특성을 이해하고 면담에 적용할 수 있어야 한다. 그런데 부호화의 원리와 특성을 어떻게 면담에 적용하라는 말인가. '각자'가 알아서 '적절히' 적용하라는 것인가. 저자는 그 정도로 불친절하지 못하다. 제3장에서 구체적인 적용 방법을 저자가 안내할 것이다. 가령, 정교 부호화와 연관되는 '개인적 전문성의 고려', 시각적 심상 부호화와 연관되는 '이미지 코드의 탐지' 등이 그것이다.

저장

저장은 "시간에 걸쳐 기억 속에 정보를 유지하는 단계"다. 저장은 어떤 방식으로 이루어지는 것일까. 컴퓨터처럼 하드디스크 드라이브에 데이터를 저장했다가 필요할 때마다 메모리나 CUP로 옮겨 사용하는 방식일까. 아니면 또 다른 모습일까. 사람과 컴퓨터의 정보 저장 방식에는 비슷한 점도 있고 다른 점도 있다. 즉, 다양한 층위의 기억 저장소를 가지고 있다는 점은 비슷하나, 정보가 저장되는 구체적 방식에 있어서는 차이가 있다. 가령, 연구자는 하나의 연구와 관련된 다양한 정보를 하나의 폴더에 저장할 수 있지만, 정작 자신의 뇌에는 그렇게 저장할 수 없다. 사람의 뇌는 정보의 종류에 따라 저장할 장소를 다르게 설정하고 있는 것으로 보이기 때문이다(Fisher & Geiselman, 1992). 이 문제는 보다 심층적인 학습을 요하는 쟁점이다. 여기에서는 세 가지 기억 저장소의 특성을 이해하고, 면담방법론의 맥락에서 그 함의를 음미해 보는 선에서 학습하기로 하자. 세 가지 기억 저장소는 ① '감각 기억 저장소', ② '단기 기억 저장소', ③ '장기 기억 저장소'로 구성된다(Atkinson & Shiffrin, 1968). ① 감각 기억 저장소는 "감각 정보가 수 초 동안만 머무는 기억 저장소"다. 영상 정보는 통상 1초 이내에 사라지고, 음향 정보는 통상 5초 이내에 사라지는 것으로 알려져 있다(Darwin et al., 1972). 그래서 감각 기억 저장소를 '감각 등록기'라고 부르기도 한다. 정보가 저장되는 곳이라기보다 잠시 등록 절차를 밟는 곳이라는 의미에서 말이다.

② 단기 기억 저장소는 "비감각 정보가 좀 더 긴 시간(15 ~ 20초 정도) 동안 머무는 기억 저장소"다. 감각 기억 저장소에서 등록 절차를 밟은 정보는 리허설 과정을 거쳐 이곳에 저장된다. 또한, 앞서 소개한 군집화 과정을 통해 좀 더 긴 시간 동안 이곳에 머물 수 있다. 114 안내원이 말로 안내하는 전화번호(0415387××××)를 기억하는 과정을 한번 상기해 보라. 메모를 하지 않는다고 가정해 보자. 아마도 먼저 전화번호 11자리를 수차례 되뇔 것이다. 리허설 과정이다. 그리고 전화번호 11자리를 '041', '5387', '××××'으로 묶어서 기억하려고 할 수도 있을 것이다. 군집화 과정이다. 군집화는 단기 기억을 강화 또는 연장하는 방법 중 하나이며, 사람은 통상 단기 기억 저장소 내에 7개 정도의 군집을 유지할 수 있는 것으로 알려져 있다(Miller, 1956). ③ 장기 기억 저장소는 "정보가 수 시간부터 수 년까지의 기간 동안 머무는 기억 저장소"다. 장기 기억 저장소는 다른 기억 저장소와 달리 저장 용량에 제한이 없는 것으로 알려져 있다(Bahrick, 2000). 다만, 사람이 자신에게 주어진 장기 기억 저장소를 모두 활용하는 경우가 드물고, 장기 기억 저장소에서는 지속적으로 정보의 부호화가 망각이 반복되기 때문에 마치 저장 용량에 제한이 있는 것처럼 느껴질 뿐이다. 통상 기억이라고 하면 장기 기억 저장소에 보관된 기억을 의미한다. 피면담자가 면담자에게 제공하는 거의 대부분의 진술도 이곳에 저장된 정보에 기초하는 것이라고 보면 된다. 따라서 면담실무자는 정보 저장소, 특히 장기 기억 저장소의 특성을 이해하고 면담에 적용할 수 있어야 한다. 가령, 정보의 종류에 따라 기억 저장소가 다르다는 사실을 고려하여, 회상에 어려움을 겪는 피면담자에게 '다양한 인출의 시도'를 안내할 수 있어야 한다. 또는 군집화 전략을 면담자 자신의 기억을 돕기 위한 도구, 가령 '면담자의 메모' 등에 적용할 수 있어야 한다. 제3장에서 설명할 것이다.

인출

인출은 "부호화하고 저장했던 정보를 다시 단기 기억 저장소로 불러오는 단계”다. 심리학에서는 통상 기억의 세 단계 중 인출 단계를 가장 중요한 국면으로 보는 경향이 있고(Roediger, 2000), 법심리학적 면담방법론 분야의 경우에는 이러한 경향이 더 강한 것 같다(Fisher & Geiselman, 1992). 인출 단계는 부호화 단계나 저장 단계에 비해 상대적으로 의식적 통제와 개선이 용이한 지점이기 때문이다. 따라서 면담실무자에게 있어 부호화 단계와 저장 단계가 '고려'의 대상에 해당한다면, 인출 단계는 '공략'의 대상에 해당한다. 정보의 인출을 개선하기 위해 고안된 다양한 방법론들이 있다. 여기에서는 이해의 출발점으로 ① '회상과 재인', 인출에 영향을 미치는 요인으로 ② '인출의 단서', ③ '부호화의 특수성'을 이해하고, 면담방법론의 맥락에서 그 함의를 음미해 보는 선에서 학습하기로 하자. ① 회상은 "과거에 경험한 사실에 대한 기억을 아무런 단서 없이 인출하는 과업"을 의미하고, 재인은 "과거에 경험한 사실에 대한 기억과 현재 제시된 정보의 동일성을 판단하는 과업"을 의미한다(Wilcock et al., 2008). 시험 맥락에 대입해 보면, 회상은 자유서술형 문항에 응답하는 것에 가깝고, 재인은 선택형 문항에 응답하는 것에 가깝다. 회상과 재인은 서로 다른 심리적 처리 절차에 의해 이루어지는 것으로 알려져 있으며, 심리학에서는 전자가 후자보다 상대적으로 더 어려운 과업이라고 알려져 있다(Freund et al., 1969; Postman, 1950). 다만, 아직까지 이러한 차이의 정확한 원인이 밝혀진 것은 아니다. 따라서 독자들은 통상 주관식 문제가 객관식 문제보다 어려운 것과 비슷한 이치 정도로 이해하면 될 것 같다.

② 인출 단서는 "정보의 인출에 영향을 미치는 – 당해 정보 이외의 – 외적 정보"를 의미한다(Tulving & Pearlstone, 1966). 시험 맥락에 대입해 보면, 선택형 문항의 경우에는 제시된 각 선택지가 인출 단서가 될 것이고, 자유서술형 문항의 경우에는 지문 중 특정 부분이 인출 단서로 기능할 수 있을 것이다. 전자가 노골적 인출 단서라면, 후자는 다소 은밀한 인출 단서가 될 것 같다. 인출 단서와 관련하여 몇몇 흥미로운 실험들이 수행된 바 있다. 가령, 학생들에게 '테이블, 복숭아, 침대, 사과, 의자, 포도, 책상' 등의 단어를 암기하여 기억하는 모든 단어를 회상하도록 하고, 더 이상 회상할 단어가 없음을 확인한 후, '가구' 또는 '과일'이라는 단서를 제공했더니 학생들이 단어를 추가로 회상해 냈다(Tulving & Pearlstone, 1996). 여기에서 가구나 과일은 회상해야 할 정보 자체가 아니라 그 정보가 속하는 범주이기 때문에 '외적 정보'에 해당한

다. 또한, 정보의 인출에 정적(+) 영향을 미쳤기 때문에 '인출 단서'에 해당한다. 한편, 단어의 의미를 생각하면서 단어를 암기한 집단이 단어의 음을 생각하면서 단어를 암기한 집단보다 암기한 단어를 더 잘 회상하는 것이 일반적이나, 회상할 단어(예: brain)와 음이 비슷한 단어(예: train)를 단서로 제공했을 때에는 그 반대의 결과가 나타났다(Fisher & Craik, 1977). 여기에서 'train'은 회상해야 할 정보 자체가 아니라 그 정보와 음이 비슷한 다른 단어이기 때문에 '외적 정보'에 해당한다. 또한, 정보의 인출에 정적(+) 영향을 미쳤기 때문에 '인출 단서'에 해당한다. 면담방법론 맥락에 대입해 보면, 면담자의 발언이 피면담자의 회상에 인출 단서로 작용할 수 있을 것임을 어렵지 않게 짐작할 수 있다.

③ 부호화 특수성의 원리는 "어떤 정보를 인출할 때 그 정보를 부호화했을 때와 같은 맥락하에서 하면, 인출이 더 잘 이루어지는 현상"을 의미한다(Tulving & Thomson, 1973). 부호화 특수성의 원리는 앞서 살펴본 인출 단서의 다양한 발현형 중 하나다. 즉, '동일한 맥락'이 인출 단서로 작용하여 정보의 인출에 정적(+) 영향을 미친다는 것이다. 맥락에는 시각, 청각, 촉각 등의 외적 정보뿐만 아니라 부호화의 방식(예: 군집화)도 포함된다. 부호화 특수성의 원리에 관한 흥미로운 실험 하나를 살펴보자(Godden & Baddely, 1975). 이 실험은 잠수부들을 대상으로 한 단어 회상 실험이었다. 먼저, 잠수부들을 두 집단으로 나눈 후, 한 집단은 수중에서 단어를 암기하도록 하고, 다른 한 집단은 지상에서 단어를 암기하도록 했다. 다음으로, 각 집단을 다시 두 집단으로 나눈 후, 한 집단은 수중에서 단어를 회상하도록 하고, 다른 한 집단은 지상에서 단어를 회상하도록 했다. 부호화 맥락과 인출 맥락을 조합하면 '수중암기 · 수중회상, 수중암기 · 지상회상, 지상암기 · 수중회상, 지상암기 · 지상회상'이라는 네 가지 조건이 형성된다. 복잡해 보이지만 심리학 연구에서 빈번하게 사용되는 '2×2 설계'다. 실험 결과, 수중에서 단어를 암기한 집단은 수중에서 더 많은 단어를 회상해 냈고, 지상에서 단어를 암기한 집단은 지상에서 더 많은 단어를 회상해 냈다. '수중' 또는 '지상'이라는 물리적 맥락이 인출 단서로 작용한 것이다. 시험장에 갈 때 평소에 쓰던 방석을 가지고 가는 것이 단지 미신이나 징크스만은 아닐 수도 있겠다. 또한, 금연을 실천 중인 사람에게 식후 시간이 힘겨운 것도 어쩌면 당연한 일일 수 있겠다. 앞서 기억의 단

계 중 면담자가 관여할 수 있는 지점은 정보의 인출 단계에 국한된다고 하였다. 따라서 면담실무자는 이와 같은 인출의 원리와 특성을 이해하고 면담에 적용할 수 있어야 한다. 가령, 인출 단서의 특성과 기능을 고려하여 올바른 '질문유형' 및 '질문방식'을 사용할 수 있어야 하고, 부호화 특수성의 원리를 응용하여 면담과정에 '맥락회복' 기법을 적용할 수 있어야 한다. 제3장에서 설명할 것이다.

진술

부호화, 저장, 인출의 단계를 거쳐 피면담자의 단기 기억 저장소에 위치하는 정보는 최종적으로 피면담자에 의해 가시화 − 보다 정확히는 가청화(auralization) − 되어야 한다. 즉, 단기 기억 저장소에 위치하는 정보가 해독 가능한 진술로 전환되어야 한다. 앞서, 사람의 행동은 언어적 행동과 비언어적 행동으로 나뉘고, 언어적 행동은 진술의 다른 명칭 중 하나라고 하였다. 혹자는 사람의 행동을 언어적 행동, 준언어적 행동, 비언어적 행동으로 구분하기도 한다. 이와 같이 구분하는 경우 '어조, 억양, 성량, 강세, 속도' 등이 준언어적 행동에 포함된다. 즉, 진술에 접착되어 있는 요소이나 진술 자체는 아닌 것을 말한다. 그런데 각 유형의 행동을 지배하는 뇌의 영역이 다르고, 각 유형의 행동에 대한 사람의 통제력에도 차이가 있는 것으로 알려져 있다(Vrij, 2008). 즉, 언어적 행동에서 비언어적 행동으로 갈수록 통제력이 약화되는 경향이 있다는 것이다. 가령, 몹시 화가 나는 상황에서 "괜찮다."라고 말할 수는 있어도, 자애로운 말투와 표정까지 유지하는 일은 좀처럼 쉽지 않다. 따라서 통제력이 약하다는 것은 그만큼 진실하다는 의미가 된다. 앞의 예에서 "괜찮다."라는 말이 진심인가, 아니면 불쾌한 말투와 표정이 진심인가. 면담방법론의 맥락에서도 '통제력'과 '진실성'이 반비례의 관계에 있을 수 있다는 점에 유의해야 한다. 특히, 피면담자가 거짓말을 하는 경우에는 더욱 그러하다.

그렇다면 법심리학적 면담방법론은 왜 더 진실한 비언어적 행동이 아니라 덜 진실한 언어적 행동, 즉 진술을 면담의 주된 수단으로 하는 것일까. 그 이유는 인간 능력의 한계와 사회적 약속, 즉 법제에 있다. 먼저, 비언어적 행동이나 준언어적 행동이 언어적 행동보다 더 진실한 것이 사실이라고 하더라도 인간은 그 의미를 온전히 이해하지 못한다. 가령, '모든 사람은 거짓말을 할 때 얼굴이 붉어진다'라는 명제가 참이라고 가정해 보자. 그렇다고 하더라도 '지금 내 앞에 얼굴이 붉어진 채 앉아 있는 누군가가 거짓말을 하고 있다'라고 확증할 수는 없다. 거짓말이 사람의 얼굴을 붉어지게 만드는 유일한 요인이 아닐테니 말이다. 어떤 명제가 참일 때 그 역명제가 반드시 참인 것은 아닌 이치와 같다. 따라서 올바른 면담방법론은 과학적으로 검증된 방법론의 범위 내에서만 비언어적 행동과 준언어적 행동을 면담의 수단으로 고려해야 한다. 저자가 제1장에서 SCAN 준거, CBCA 준거, 인지기반 행동분석을 면담의 보조도구로 평가한 것도 이와 같은 이유 때문이다.

다음으로, 국내외를 막론하고 면담을 규율하는 규범은 진술을 면담의 주된 수단으로 규정하고 있다. 가령, 형사소송법은 수사기관에 '진술을 들을 수 있는 권한'을 부여하고 있다. 그러나 '행동을 관찰할 수 있는 권한'에 관한 조항은 없다. 다만, 영상녹화를 하는 경우에는 진술과 진술 이외의 행동이 함께 기록되고, 영상녹화를 하지 않는 경우에도 피면담자의 태도가 조서에 기록되는 예(예: 묵묵부답)가 종종 있다. 현장검증에 있어서도 피의자가 범행을 재연하는 경우에는 그 부분이 언어적 행동, 진술로 평가된다.[26] 요컨대, 면담을 규율하는 규범은 진술을 면담의 주된 수단으로 규정하면서도, 달리 진술 이외의 행동에 대한 관찰이나 기록을 금지하고 있지는 않다. 다만, 진술 이외의 행동이 증거로서의 자격을 인정받을 여지가 극히 낮을 뿐이다. 면담을 규율하는 규범은 왜 진술을 면담의 주된 수단으로 설정하고 있는 것일까. 우선, 규범학자들은 비언어적 행동이나 준언어적 행동이 언어적 행동보다 더 진실하다는 사실을 몰랐던 것 같다. 심리학과 규범학의 학제간 연구가 시작된 것이 그리 오래되지 않은 일이기 때문이다. 또한, 규범학자들은 이와 같은 사실을 알았더라도 '진실성'보다 '통제력'에 더 큰 가치를 부여했을 것 같다. 즉, 자유의지로 통제할 수 있는 진술이 – 설사 그것이 덜 진실하다고 하더라도 – 인간의 기억과 사고를 확인하는 수단으로써 가장 적합하다고 생각했을 것이다. 규범학자들은 자유의지를 책임의 실체법적, 절차법적 기초로 여기기 때문이다.

---

26 대법원 1981. 4. 14. 선고 81도343 판결.

책임무능력자의 불벌, 진술거부권의 보장, 자백배제법칙[27]의 채택 등을 통해 이와 같은 규범학자들의 관점을 엿볼 수 있다. 앞서 법심리학적 면담방법론을 "일정한 규범하에서 면담자가 주로 피면담자의 진술을 청취하여 과거에 있었던 사건을 재구성하는 방법론"이라고 정의한 것도 이와 같은 이유 때문이다. 따라서 올바른 면담방법론은 언어적 행동, 즉 진술을 면담의 주된 수단으로 활용하고, 과학적으로 검증된 방법론의 범위 내에서만 비언어적 행동과 준언어적 행동을 면담의 보조 수단으로 사용해야 한다.

2) 기억의 취약성

지금까지 면담방법론의 맥락에서 본 기억의 구조를 살펴보았다. 이를 통해 기억에는 강점과 취약점이 병존한다는 사실을 알 수 있었다. 가령, 장기 기억 저장소의 저장 용량은 무제한에 가깝지만, 외부 또는 내부의 자극 중 특정한 자극만이 기억 저장소에 보관된다. 그런데 기억에는 이보다 더 다양한 종류의 취약성이 존재한다. 따라서 면담실무자는 기억의 취약성을 이해하고 면담에서 이를 고려할 수 있어야 한다. Daniel L. Schacter는 기억의 취약성을 7가지로 분류하고, 이것은 '기억의 7대 죄악'이라고 명명한 바 있다(Schacter, 1999). 기억의 7대 죄악에는 ① '일시성', ② '방심', ③ '차단', ④ '오귀인', ⑤ '피암시성', ⑥ '편향', ⑦ '집착'이 포함된다. 하나씩 살펴보자.

일시성

일시성은 "어떤 정보가 부호화된 후 인출되기 전 저장 단계에서 망각되는 기억의 취약성"이다. 앞서 감각 기억은 수 초 동안만, 단기 기억은 수십 초 동안만 유지된다고 하였다. 반면, 장기 기억은 수 시간부터 수 년까지 유지된다고 하였다. 아울러 장기 기억 저장소에서는 지속적으로 정보의 부호화와 망각이 반복된다는 설명도 하였다. 그렇다면 장기 기억은 어느 정도의 일시성을 갖는 것일까. 세간에 널리 알려진 Hermann Ebbinghaus의 망각곡선에 의하

---

27 자백이 임의성이 없거나 임의성이 의심스러운 경우에는 증거능력이 부정된다는 원칙.

면, 사람은 통상 1시간 이내에 기억의 50% 이상을 망각하고, 이틀이 지나면 기억의 80% 정도를 망각하는 것으로 확인된다(Ebbinghaus, 1885). 아울러 그 이후부터는 망각이 진행되는 속도가 점차 잦아든다는 사실도 확인할 수 있다. 기억의 일시성에는 기억의 일반화 경향도 포함된다. 기억의 일반화 경향은 "시간이 지남에 따라 구체적 기억이 일반적, 추상적 기억으로 변질되는 경향"을 말한다(Brewer, 1996). 가령, "당신은 공부를 할 때 군집화의 원리를 적용하지 않기 때문에 시험성적이 나쁜 것 같군요."라는 지적을 받았던 기억이 시간이 지남에 따라 '학습법' 또는 '시험성적'에 관한 지적을 받았던 기억으로 일반화, 추상화된다는 말이다.

　또한, 외부 정보에 의한 간섭이 기억의 일시성을 부추기기도 한다. 간섭은 기억의 대상이 되는 정보보다 먼저 부호화된 것일 수도 있고, 나중에 부호화된 것일 수도 있다. 전자를 순행 간섭이라고 하고, 후자를 역행 간섭이라고 한다. 즉, 순행 간섭은 "먼저 습득된 정보가 나중에 습득된 정보에 대한 기억을 손상시키는 현상"을 말하고, 역행 간섭은 "나중에 습득된 정보가 먼저 습득된 정보에 대한 기억을 손상시키는 현상"을 말한다(Postman & Underwood, 1973). 가령, 학창 시절 동창생의 이름이 − 그 동창과 아주 친하지는 않았다고 가정하자 − 직장 생활을 하면서 만난 동명이인의 이름 때문에 가물가물했던 경험이 있을 수 있겠다. 이와 같이 기억은 일시성을 본질적 특성으로 할 뿐만 아니라, 외부의 간섭이 있을 경우에는 이러한 특성이 더 가속된다. 따라서 면담실무자는 기억의 일시성을 이해하고 면담에서 이를 고려할 수 있어야 한다. 가령, 기억의 일반화 경향을 고려하여 피면담자에게 '초점화된 집중'을 안내할 수 있어야 하고, 역행 간섭의 가능성을 고려하여 올바른 '질문유형' 및 '질문방식'을 사용할 수 있어야 한다. 제3장에서 설명할 것이다.

🔨 아동 진술의 정확성

기억은 일시성을 본질적 특성으로 하며, 여기에는 기억의 일반화 경향도 포함된다고 하였다. 기억의 일시성은 남녀노소를 가리지 않는다. 그렇다면 아동의 진술은, 또는 그 기초가 되는 기억은 얼마나 정확하고 구체적일까. Jean Piaget는 아동의 인지 발달 단계를 감각 운동기(출생 ~ 2세), 전 조작기(2 ~ 6세), 구체적 조작기

(6 ~ 11세), 형식적 조작기(11세 ~)로 구분한 바 있다(Piaget, 1954). Piaget에 의하면 구체적 조작기의 아동은 사물과 사건에 대해 논리적으로 사고할 수 있고, 형식적 조작기의 아동은 추상적 명제와 가설에 대해 논리적으로 사고할 수 있다고 한다. 피면담자의 연령이 진술의 정확성과 구체성에 영향을 미치는 요인임은 틀림없으나, 미취학 아동도 인지적 과제를 충분히 잘 수행할 수 있다는 사실(Ceci & Williams, 1997), 아동의 진술 능력은 기억 자체의 문제라기보다 기억 인출의 문제라는 사실(Lamb et al., 2008) 등이 확인되고 있다. 따라서 아동은 범죄수사, 감사 또는 조사에서 중요한 정보 제공자가 될 수 있다. 제1장에서 NICHD 프로토콜이라는 면담방법론을 장바구니에 담았던 것도 이와 같은 이유 때문이다.

방심

방심은 "주의의 감소 또는 분산으로 인해 부호화에 실패하는 기억의 취약성"이다. 그래서 방심을 '분리된 주의'라고 부르기도 한다. 운전을 하면서 통화를 해 본 적이 있는가. 그렇다면 통화 직후에 전방의 사물이 확연히 더 선명하게 느껴졌던 경험이 있을 것이다. 이것은 통화 중 시각 정보와 청각 정보에 분리되어 있었던 주의가 통화 직후 시각 정보에 집중되었기 때문에 발생하는 현상이다. 핸즈프리 기능을 사용하더라도 분리된 주의의 문제로부터 완전히 자유로울 수는 없다. 운전 중 통화를 – 핸즈프리 기능을 사용하더라도 – 전면 금지하는 나라가 있는데, 분리된 주의로 인한 사고의 가능성을 줄이기 위한 조치로 볼 수 있다. 앞서 주의는 기본적으로 '선택성'을 띤다고 하였다. 즉, 사람은 통상 외부 또는 내부의 자극 중 특정한 자극에만 선택적으로 반응 또는 집중하는 경향이 있다는 것이다. 굳이 특정한 자극에 집중하지 않았을 경우에도 말이다. 그런데 특정한 자극에 집중했을 경우에는 주의의 선택성이 더 강해진다. '의식적 분리'의 문제다.

동영상 포털 ○○○튜브를 통해 널리 알려진 '선택적 주의 테스트' 영상을 보면(Simons & Chabris, 1999), 의식적 분리의 효과를 체험할 수 있다. 영상에는 흰색 티셔츠를 입은 사람 세 명과 검은색 티셔츠를 입은 사람 세 명이 등장하는데, 이들은 같은 색깔의 티셔츠를 입은 사람들끼리 농구공을 주고받는다. 시청자는 영상을 보고 흰색 티셔츠를 입은 사람들이 농구공을 주고받은 횟수를 알아맞혀야 한다. 이러한 요구는 영상을 보기 전에 이루어진다. 정답은 열다섯 번이다. 이어서 시청자는 "고릴라를 보았는가?"라는 질문을 받는다. 영상의 중간 지점에서 고릴라 분장을 한 누군가가 여섯 명의 사람들 사이를 가로질러 갔기 때문이다. 저자는 기억에 관한 강의를 할 때 수강자들에게 이 영상을 보여주곤 한다. "열다섯 번"이라고 정답을 맞히는 수강생은 적지 않으나, "고릴라를 보았다."라고 대답하는 수강생은 드물다. 고릴라 분장을 한 누군가가 아주 천천히, 그리고 가슴까지 두드리면서 지나갔음에도 말이다. 이와 같은 결과는 '흰색 티셔츠를 입은 사람들이 농구공을 주고받은 횟수를 알아맞혀야 한다'라는 요구를 영상 시청 전에 했기 때문에 발생하는 것이다. 즉, 이러한 요구로 인해 시청자는 검은색 티셔츠를 입은 사람이나 고릴라의 존재에는 주의를 기울이지 않았을 것이라는 말이다. 이와 같이 사람의 주의는 선택성을 본질적 특성으로 할 뿐만 아니라, 의식적 분리가 있을 경우에는 이러한 특성이 더 강화된다. 따라서 면담실무자는 주의의 선택성을 이해하고 면담에서 이를 고려할 수 있어야 한다. 특히, 이러한 고려는 피면담자의 측면뿐만 아니라 면담자의 측면에서도 이루어져야 한다. 가령, 면담실무자는 스스로의 분리된 주의를 경계하면서, '적극적 청취'에 힘쓰고 올바른 '질문유형' 및 '질문방식'을 사용하며 '조서작성'에도 주의를 기울여야 한다. 제3장에서 설명할 것이다.

차단

차단은 "어떤 정보가 기억 저장소 안에 있음에도 불구하고 그 정보를 인출하지 못하는 기억의 취약성"이다. 기억 저장소 안에 있는 정보를 도대체 왜 인출하지 못한다는 말인가. 일상에서 한 번쯤 경험해보는 '설단현상'이 차단의 대표적 예다. 설단현상은 "어떤 정보가 혀끝에서 맴돌지만 말로 표현되지 않는 현상"을 말한다.(Cohen, 1990). 저자는 영화 글래디에이터의 주연 배우 '러쎌 크로우'의 이름을 차단당한 적이 있다. 결국 포털 사이트의 도움 없이 그의 이름을 생각해냈기 때문에 그의 이름은 저자의 기억 저장소 안에 있었던 정보임에 틀림없다. 따라서 차단은 정보의 일시적 인출 불능 상태다. 차단 현상을 극복하는 몇 가지 방법이 있다. 먼저, 리허설이 도움이 될 수 있다.

앞서 감각 기억 저장소에서 등록 절차를 밟은 정보는 리허설 과정을 거쳐 단기 기억 저장소에 저장된다는 사실을 확인하였다. 리허설은 정보의 저장 단계뿐만 아니라 정보의 인출 단계에서도 유용한 기능을 한다. 가령, 저자는 '러쎌 크로우'의 이름을 생각해내기 위해 기억의 편린을 이용하여 다음과 같이 되뇌었다. '○○크랙스', '○○크룩스', '○○크로올'… 통상 차단 상태에 있더라도 정보의 일부, 발음의 대강 또는 음절의 수 등이 떠오르는 경우가 많다. 이러한 조각 정보를 이용하여 리허설을 수차례 반복하면 차단되었던 정보가 인출될 수 있다.

다음으로, 인출 단서가 도움이 될 수 있다. 앞서 정보의 범주(예: 가구, 과일), 정보의 음(예: train), 물리적 맥락(예: 수중, 지상) 등이 인출 단서가 될 수 있음을 확인하였다. 기억에 실패하는 이유 중 일부는 기억의 부재이고, 다른 일부는 기억의 차단이다. 기억의 차단은 인출 단서를 통해 효과적으로 극복될 수 있다(Tulving, 1974). 끝으로, 시간의 경과가 도움이 될 수 있다. 시간이 지남에 따라 차단되었던 정보가 자연스럽게 인출되는 경우가 적지 않기 때문이다. 제1장에서 소개한 PEACE 모델이 '향후 새로운 기억, 생각 또는 추가로 진술할 것이 있으면 언제든지 연락하라'라는 안내를 한 후에 비로소 면담을 종료하도록 하는 것도 이와 같은 이유 때문이다. 차단의 본질과 특성을 고려할 때, 차단은 기억의 취약성 중에서 상대적으로 극복하기 쉬운 종류의 것이라고 생각한다. 따라서 면담실무자는 피면담자가 차단을 경험할 때 도움을 줄 수 있어야 한다. 가령, '다양한 인출의 시도'를 안내하거나, '맥락회복' 기법을 적용할 수 있어야 한다. 다만, 면담자의 안내나 기법이 피암시성을 유발하지 않도록 각별히 유의해야 한다. 제3장에서 설명할 것이다.

오귀인

오귀인은 "잘못된 출처에 기억이나 생각을 할당하는 기억의 취약성"이다. 즉, 인출한 정보의 내용은 정확하지만 인출한 정보의 출처가 부정확한 경우의 문제다. 가령, TV에서 본 것을 실제로 경험한 것으로 착각하는 경우가 여기에 해당한다. 이러한 형태의 오귀인은 주로 아동의 기억에서 문제 되는 것으로 여겨지고 있지만, 성인의 기억도 여기에서 자유롭지 못하다. 가령, 어떤 성폭행

피해자가 성폭행 직전에 TV 프로그램에서 본 심리학자를 강간범으로 잘못 지목한 사건이 있었다(Thomson, 1998). 결국 무죄임이 밝혀졌지만 그 심리학자는 강간혐의로 기소되는 고초를 겪어야 했다. 통상 출처에 대한 기억은 내용에 대한 기억보다 취약한 경향이 있다. 가령, 길거리에서 낯익은 사람과 마주쳤을 때, '분명히 아는 사람인데 어디에서 보았더라'라고 생각해 본 경험이 한두 번쯤은 있을 것이다. 오귀인은 기억의 취약성 중에서 상대적으로 덜 빈번한 종류의 것이라고 생각한다. 그러나 면담실무자는 오귀인의 가능성을 늘 염두에 두고 면담에 임해야 한다. 특히, 이에 대한 고려는 피면담자의 측면뿐만 아니라 면담자의 측면에서도 이루어져야 한다. 가령, 면담실무자는 당해 면담과정에서 청취한 진술과 그 이전의 면담과정에서 청취한 진술을 구분하고, 전자만을 조서에 기재할 수 있어야 한다. 조서를 증거로 사용하기 위해서는 '진술과 조서 간의 동일성'이 인정되어야 하기 때문이다. 제3장에서 설명할 것이다.

피암시성

피암시성은 "기억 저장소 안에 있는 정보가 부적절한 외부 정보에 의해 왜곡되는 기억의 취약성"이다. 순행 간섭이나 역행 간섭이 중립적인 외부 정보에 의해 발생하는 것이라면, 피암시성은 부적절한 외부 정보에 의해 발생하는 것으로 볼 수 있다. 다만, 어떤 정보가 중립적인 것인지 또는 부적절한 것인지 여부는 다분히 상황의존적인 것 같다. 또한, 오귀인은 부적절한 외부 정보 없이 발생하는 현상인 반면, 피암시성은 부절적한 외부 정보에 의해 발생하는 현상이라는 점에서 차이가 있다. 정도의 차이는 있겠으나 일상에서 타인으로부터 암시를 ‒ 그냥 영향이라고 해도 좋겠다 ‒ 받지 않는 사람은 없다. 개인이 선택할 문제이므로 크게 탓할 수 없을 것 같다. 반면, 면담방법론의 맥락에서는 반드시 피면담자의 피암시성이 고려되고 최소화되어야 한다. 일정한 규범하에서 피면담자의 진술을 청취하여 과거에 있었던 일을 재구성하기 위해서는 ‒ 이것이 법심리학적 면담방법론의 목적, 수단, 조건이다 ‒ 피면담자로부터 왜곡되지 않은 진술을 청취해야 하기 때문이다. 피암시성은 주로 아동의 기억에서 문제 되는 것으로 여겨지고 있지만, 성인의 기억도 여기에서 자유롭지 못하다. 심지어 한 연구에서는 반복적인 실험을 통해 성인으로 하여금 유년 시절에 경험하지 않은 일화를 경험한 것처럼 회상하도록 하는 소위 '기억 심기'에 성공한 바 있다(Hyman & Billings, 1998).

앞서 인출 단서가 정보의 인출에 정적(+) 영향을 미친다고 하였다. 다만, 인출 단서가 피암시성을 유발하지 않도록 각별히 유의해야 한다는 말과 함께 말이다. 또한, 어떤 정보가 중립적인 것인지 또는 부적절한 것인지 여부는 다분히 상황의존적이라고 하였다. 이와 같이 기억을 증진시키고자 하는 노력은 동시에 기억을 훼손하는 요인이 될 수 있다. 따라서 면담방법론의 맥락에서는 피면담자의 기억을 '그대로' 인출하는 것이 핵심이 되어야 하고, 기억을 '증진'하려는 시도는 앞의 가치에 부정적인 영향을 주지 않는 범위 내에서만 이루어져야 한다. 가령, 면담실무자는 피암시성을 줄이는 효과가 검증된 '면담규칙 설명', '면담규칙 훈련' 등을 면담과정에 적용할 수 있어야 하고, 올바른 '질문유형' 및 '질문방식'을 사용할 수 있어야 한다. 제3장에서 설명할 것이다.

🔎 아동의 피암시성

앞서 아동도 인지적 과제를 충분히 잘 수행할 수 있고, 아동의 진술 능력은 기억 자체의 문제라기보다 기억 인출의 문제라고 하였다. 아동의 기억 인출 단계에서 가장 문제 되는 것이 바로 피암시성이다. 아동은 일반적으로 다음과 같은 경향을 갖는다. △ 성인에게 잘 보이려는 경향, △ 질문을 퀴즈로 생각하는 경향, △ 몰라도 모른다고 하지 않는 경향, △ 상상해서 대답하려는 경향, △ 반복적으로 같은 질문을 받으면 자신의 대답이 틀렸다고 생각하는 경향 등이 그것이다(조은경, 2010). 그러나 이와 같은 아동의 경향은 적절한 장치를 통해 상당한 정도로 개선될 수 있다. 그 적절한 장치가 바로 '면담규칙 훈련', '질문유형' 및 '질문방식'의 적정화 등이다. 제1장에서 장바구니에 담았던 NICHD 프로토콜은 면담의 구조 안에 이와 같은 장치를 잘 구현하고 있다.

편향

편향은 "과거에 경험한 사실을 인출할 때 현재의 지식, 신념, 정서 등이 영향을 끼치는 기억의 취약성"이다. 부호화 단계에서는 개인의 지식이 정보의 부호화에 도움을 준다고 하였는데(예: 정교 부호화), 인출 단계에서는 개인의 지식이 정보의 인출에 방해가 되기도 한다니 혼란스럽기만 하다. 앞서 기억의 단계 중 면담자가 관여할 수 있는 지점은 정보의 인출 단계에 국한된다고 하였다. 우선 인출 단계에서의 편향에 집중하자. 편향은 피면담자 측면과 면담자 측면에서 조금 다르게 유형화할 수 있다. 가령, 피면담자의 측면에서는 편향을 과거를 현재에 맞게 대체하는 '일관성 편향', 과거와 현재의 차이를 과장하는 '전환 편향', 현재가 더 나아 보이도록 과거를 왜곡하는 '자기중심적 편향' 등으로 유형화할 수 있다(Schacter et al., 2015). 한편, 면담자의 측면에서는 편향을 특정한 대상에만 선택적으로 집중하는 '터널시야(tunnel vision)', 개인의 신념에 부합하는 정보만 탐색, 처리, 해석하는 '확증편향', 개인의 목적에 부합하는 방향으로 정보를 탐색, 처리, 해석하는 '동기적 편향' 등으로 유형화할 수 있다(Leo & Davis, 2010). 그러나 이와 같은 유형화가 절대적인 것은 아니며, 오히려 피면담자와 면담자 모두가 앞에 열거한 편향에서 자유롭지 못하다고 보아야 한다. 다만, 이와 같은 유형화의 실익은 특정 유형의 편향이 면담자에게 상대적으로 더 큰 의미를 갖는다는 사실을 이해하는 데 있다. 즉, 면담자는 터널시야, 확증편향, 동기적 편향에 좀 더 각별한 주의를 기울여야 한다. 이와 같은 유형의 편향이 세간에 알려진 오심 사건의 공통된 원인 중 하나였기 때문이다. 가령, 면담실무자는 면담과정에 '유연한 의사결정 규칙'을 적용해야 하고, '적극적 청취', 올바른 '질문유형' 및 '질문방식' 사용에 힘써야 한다. 아울러 '조서의 왜곡' 문제에도 각별한 주의를 기울여야 한다. 제3장에서 설명할 것이다.

집착

집착은 "인출하고 싶지 않은 정보가 의사에 반해 인출되는 기억의 취약성"이다. 의도하지 않은 생각이 머릿속에 들어온다는 의미에서 집착을 '침투적 회상'이라고 부르기도 한다. 침투적 회상은 통상 놀라운 사건이나 충격적인 사건에 대한 '섬광 기억'에 기인하는 것으로 알려져 있다(Brown & Kulik, 1977). 가령, "당신은 언제 어디에서 케네디 대통령의 암살 소식을 들었나요."라는 질문을 받은 미국인 40명 중 39명이 구체적이고 상세하게 시간과 장소를 대답했다고 한다(Brown & Kulik, 1977). 따라서 주로 범죄의 피해자나 목격자가 침투적 회상을 경험하게 될 가능성이 높다. 그러나 우발적인 범죄나 과실로 인한 범죄의 경우에는 범죄자도 충분히 이와 같은 경험을 할 수 있을 것이다. 면담방법론의 맥락에서 집착이라는 기억의 취약성은 오히려 반가운 것일지도 모르겠다. 다른 종류의 취약성은 주로 정보의 인출을 방해하는 기능을 하는 반면, 집착은 오히려 정보의 인출을 증진하는 면이 있기 때문이다. 그러나 섬광 기억은 정보 인출의 가능성을 높여주는 동시에 인출된 정보의 정확성을 떨어뜨리는 효과를 갖는 것으로 알려져 있다(Neisser & Harsch, 1992). 따라서 면담실무자는 충격적인 사건을 경험한 피면담자와의 면담과정에서 섬광 기억과 이에 따른 침투적 회상의 가능성을 고려해야 한다. 이러한 고려는 면담의 목적 달성이라는 측면뿐만 아니라 피면담자의 인권보호라는 측면에서도 이루어져야 한다. 면담이 피해자나 목격자에게 2차적 충격을 주어서는 안 되고, 면담이 범죄자를 정서적, 인지적으로 괴롭히는 수단이 되어서도 안 되기 때문이다. 가령, 면담실무자는 본격적인 면담에 앞서 면담의 '목적과 윤곽'을 친절하게 안내하고 '라포'를 형성해야 하며, 면담의 후반부에서 '피면담자의 권리' 등 필요한 정보를 제공하고 '감사의 표시'를 한 후에 비로소 면담을 종료해야 한다. 면담 후반부의 정보 제공과 감사 표시는 표면적인 기능 이외에도 피면담자를 면담에서 일상으로 연착륙하게끔 하는 기능을 한다. 따라서 이러한 조치를 통해 속칭 '현타'를 줄여줄 수 있다. 제1장에서 장바구니에 담았던 PEACE 모델은 면담의 구조 안에 이와 같은 조치를 잘 구현하고 있다. 제3장과 제4장에서 더 자세히 살펴볼 것이다.

기억의 7대 죄악?

Schacter는 그의 논문에서 기억의 7가지 취약성을 '기억의 7대 죄악'이라고 명명하였다(Schacter, 1999). 그런데 기억의 취약성을 죄악으로 보아야만 하는 것일까. 가령, '방심'과 '일시성'은 각각 불필요한 정보가 기억에 들어오는 것과 기억에 유지되는 것을 막아줄 수 있다. '차단'은 좀처럼 사용하지 않아서 향후에도 사용하지 않을 것 같은 정보를 기억 밖으로 내보내기 위한 준비 작업일 수 있다. '피암시성'과 '편향'은 공히 심리적 안녕감을 주는 – 가사 그 안

녕감이 객관적인 근거에 기반하는 것이 아니더라도 – 긍정적 착각일 수 있다. 이러한 점을 고려하여, Schacter는 그의 저서에서 기억의 7대 죄악을 "기억이 제공하는 많은 이점에 대한 대가로 지불하는 비용"이라고 설명하였다(Schacter, 2001). 또한, 기억의 취약성은 인간의 본성 중 하나이며, 인간과 인공지능을 구분해주는 요소 중 하나일 수 있겠다. 그렇다면 면담실무자는 기억의 취약성을 반드시 극복해야 할 '죄악'으로 보기보다 함께 공존하면서 고려해야 할 '본성'으로 보아야 할 것이다. 앞서 항상 진실을 밝힐 수 있는 면담방법론은 존재하지 않는다고 하였다. 따라서 면담실무자는 기억의 취약성을 고려하여 과거를 실제와 가장 가깝게 재구성해 내는 것, 즉 재구성의 '최적화'를 면담의 목적으로 삼아야 한다.

3. 거짓말

독자들은 자신의 거짓말 실력을 어떻게 평가하는가. 법심리학적 면담방법론의 학습자, 교수자, 연구자가 거짓말을 잘 할 필요는 없다. 그러나 거짓말을 잘 이해할 필요는 크다. 피면담자의 거짓말이 과거 사건의 재구성에 적지 않은 영향을 주기 때문이다. 저자는 면담방법론 실습 중 역할극을 할 때 – 역할극에서 피면담자는 거짓말을 해야 한다 – 수강자들에게 면담자의 역할을 하기보다 피면담자의 역할을 해 볼 것을 권하곤 한다. 면담실무자가 누군가를 면담할 일은 많겠지만, 누군가로부터 면담을 받으면서 거짓말을 할 일은 많지 않을 것이기 때문이다. 역할극 과정에서 거짓말을 해 본 수강자 중 다수는 거짓말을 하는 것이 결코 쉽지 않았다고 디브리핑한다. 사전에 약속된 거짓말을 했을 뿐이고 거짓말의 발각에 따른 불이익이 없었음에도 말이다. 생각건대, 역할극 과정에서 거짓말의 정서적 효과(예: 불편, 불안)는 별론으로 하더라도 거짓말의 인지적 효과(예: 인지부하)는 충분히 경험했기 때문일 것이다.

거짓말의 심리, 즉 기만이라는 사고는 기억의 취약성과 더불어 인간의 본성 중 하나다. 다만, 거짓말은 기억보다 좀 더 복잡한 양상을 띠는 것 같다. 거짓말은 과거에 경험한 일화에 대한 기억에 저항하면서 새로운 사고에 따라 진술하는 것이기 때문이다. 이와 같이 거짓말에는 기억의 특성(예: 집착)과 거짓말 고유의 특성이 병존하고, 거짓말을 하는 사람의 머릿속에는 진실한 기억과 거짓된 사고가 공존한다. 거짓말 고유의 특성에는 정서적 불편과 인지적 어려움이 포함된다. 가령, 거짓말을 해야 할 어떤 일화는 통상 비윤리적인 것이었거나 불법적인 것이었을 가능성이 높기 때문에 그 일화에 대한 기억을 떠올리는 것 자체가 적지 않은 정서적 불편함(예: 죄책감)을 야기하고, 그 일화에 대한 침투적 회상에 저항하면서 그럴법하게 그리고 발각되지 않게 진술을 이어가는 것은 인지적으로 결코 쉬운 일이 아니다. 요컨대, 거짓말을 하는 것은 어렵다.

인류는 끊임없이 거짓말을 밝힐 수 있는 방법을 강구해 왔다. 제1장에서 언급하였던 '고신'도 이러한 노력의 일환이었으며, 현재 수사기관에서 사용하고 있는 '폴리그래프 검사'도 이러한 노력의 일환이다. 앞서 거짓말은 기억보다 좀 더 복잡한 양상을 띤다고 하였다. 그렇다면 거짓말을 밝히는 것은 거짓말을 하는 것보다 더더욱 복잡한 양상을 띤다고 보아야 할 것 같다. 거짓말 탐지는 거짓말을 하는 사람의 심리적 특성과 거짓말을 밝히고자 하는 사람의 심리적 특성이 맞닿는 국면에서 이루어지기 때문이다. 이와 같이 면담자에게는 피면담자가 거짓말을 할 가능성을 염두에 두고 면담을 이어가면서, 자신의 기억에 내재하는 취약성 그리고 기만의 유혹도 극복해야 하는 고충이 있다. 거짓말을 밝히기 위한 인류의 노력이 큰 성과를 거두지 못한 것도 이런 이유 때문이 아닐까 생각한다. 요컨대, 거짓말을 밝히는 것은 어렵다. 그러나 포기하거나 간과할 수 있는 문제가 아니다. 앞서 법심리학적 면담방법론의 목적은 재구성의 '최적화'에 있다고 하였다. 따라서 면담실무자는 거짓말의 특성을 이해하고 면담에 적용할 수 있어야 한다. 이를 통해 거짓말을 밝히는 일이 한층 수월해질 것이기 때문이다. 먼저 거짓말의 특성을 살펴보고, 이를 기초로 거짓말 탐지의 문제를 살펴보자.

1) 거짓말

거짓말의 개념

거짓말의 사전적 의미는 "사실이 아닌 것을 사실인 것처럼 꾸며서 하는 말"이다. 그러나 면담방법론의 맥락에서 이 정의는 좀 더 정교화될 필요가 있다. 먼저, 거짓말을 '기억'에 반하는 진술로 볼 것인가, 아니면 '사실'에 반하는 진술로 볼 것인가라는 문제가 있다. 통상 기억에 반하는 진술은 사실에도 반한다. 그러나 어떤 진술은 기억에 반하지만 사실에는 반하지 않을 수 있고, 그 반대의 경우도 있을 수 있다(예: 착각). 따라서 면담방법론의 맥락에서는 기억에 반하는 진술과 사실에 반하는 진술을 구별할 필요가 있다. 사실에 반하지만 기억에 반하지 않는 진술을 할 때에는 정서적 불편과 인지적 어려움을 경험하지 않기 때문이다. 따라서 이 책에서는 기억에 반하는 진술을 '거짓말'로, 사실에 반하는 진술을 '허위진술'로 각각 명명하기로 하자. 위증의 개념에 관한 대법원의 입장도 이와 같다.[28] 즉, 어떤 증언이 사실에 반하더라도 기억에만 반하지 않는다면 위증죄로 처벌할 수 없다. 법심리학적 면담방법론은 거짓말과 허위진술 모두에 주목한다. 그러나 거짓말이 아닌 허위진술에 온전히 대응하기 위해서는 다른 분야와의 협업이나 다른 방법론의 접목이 요구된다(예: 증거). 진술을 하는 사람도 그 진술이 사실에 반한다는 사실을 모르기 때문이다.

　다음으로, 적극적으로 '꾸미는' 것만 거짓말로 볼 것인가, 아니면 소극적으로 '숨기는' 것도 거짓말로 볼 것인가라는 문제가 있다. 일반의 통념은 전자만을 '나쁜 것', 즉 거짓말로 생각하는 경향이 있는 것 같다. 그러나 소극적으로 숨기는 것도 만약 그 숨김이 의도적으로 이루어진 것이라면 거짓말로 보아야 한다. 특히, 개방형 질문에 대한 숨김은 더욱 그러하다. 따라서 면담방법론의 맥락에서는 꾸밈과 숨김이 모두 고려되어야 한다. 꾸미는 거짓말보다 숨기는 거짓말이 더 빈번하기 때문이다. 또한, 꾸미는 거짓말을 할 때뿐만 아니라 숨기는 거짓말을 할 때에도 정서적 불편과 인지적 어려움을 경험하기 때문이다. 따라서 이 책에서는 꾸밈과 숨김 모두를 거짓말에 포함하기로 하자. 위증의 개념에 관한 형사소송법의 입장도 이와 같다.[29] 즉, 어떤 증언이 기억에 반하는 것이라면 꾸밈뿐만 아니라 숨김도 위증죄로 처벌할 수 있다. 끝으로,

---

28　대법원 1984. 2. 28. 선고 84도114 판결.

29　형사소송법 §157 ① 선서는 선서서에 의하여야 한다. ② 선서서에는 "양심에 따라 '숨김'과 '보탬'이 없이 사실 그대로 말하고 만일 거짓말이 있으면 위증의 벌을 받기로 맹세합니다"라고 기재하여야 한다.

이 책에서는 기억에 반하는 '말'뿐만 아니라 '글'도 거짓말에 포함하기로 하자. 말과 글은 기억과 사고의 다른 표현형에 불과하기 때문이다. 이상을 종합하여, 이 책에서는 거짓말을 "기억에 반하여 과거에 경험한 사실을 꾸미거나 숨기는 말 또는 글"이라고 정의하자.

거짓말의 심리적 효과

앞서 거짓말을 하는 사람은 정서적 불편과 인지적 어려움을 경험한다고 하였다. 또한, 정서적 불편과 인지적 어려움은 서로에게 영향을 주기도 한다. 이것이 거짓말 고유의 특성, 즉 거짓말의 ① 정서적 효과, ② 인지적 효과, ③ 양자의 상호작용이다. 앞서 인류는 끊임없이 거짓말을 밝힐 수 있는 방법을 강구해 왔다고 하였다. 다양한 분야에서 이와 같은 노력이 이루어졌으나, 가장 집요한 노력이 이루어졌던 분야는 역시 범죄수사 분야다. 다만, 거짓말 탐지에 대한 과학적 접근이 이루어진 것은 그리 오래되지 않은 일이다. 과거 범죄수사에 관한 문제는 주로 법학자들에 의해 법리적 관점에서 다루어지는 경향이 있었고, 심리학과 법학의 학제간 연구가 이루어진 역사가 길지 않기 때문이다. 또한, 정서적 불편과 인지적 어려움, 즉 사람의 부정적 심리를 실증적 연구의 대상으로 삼는 것에 대한 윤리적 우려도 거짓말 연구에 애로로 작용하였다. 그래서 거짓말을 대상으로 한 실증적 연구가 기억을 대상으로 한 실증적 연구보다 상대적으로 더 적다. 소중한 거짓말 연구의 결과를 하나씩 살펴보자.

① 거짓말을 하는 사람이 경험하는 정서적 불편에는 '불안, 두려움, 고민, 피로, 스트레스' 등이 포함된다(Leo & Davis, 2010). 의사결정에 관한 연구의 결과에 의하면, 이와 같은 정서적 불편은 관련 정보의 탐색을 방해함으로써 의사결정에 부정적인 영향을 미치는 것으로 확인되었다(Kowalski-Trakofler et al., 2003). 또한, 범죄수사 맥락에서 정서적 불편은 용의자로 하여금 신문에서 최선(예: 무죄 증명)을 다하기보다 최악(예: 구속)을 면하려는 태도를 갖게 할 수 있다(Davis & O'Donohue, 2004). 한편, 거짓말을 하는 사람이 경험하는 정서적 불

편은 '회피적 응답, 일부 부인, 부인의 보강, 응답의 지체,[30] 조기 응답, 짧은 응답, 지우기 행동[31]' 등을 유발하는 것으로 알려져 있다(Inbau et al., 2013). 그러나 이와 같은 징후 중 다수는 거짓말과의 연관성이 확인되지 않았고, 일부(예: 짧은 답변)는 거짓말의 인지적 효과와도 연관된다는 사실이 확인되었다(Vrij, 2008). 거짓말을 하는 피면담자가 경험하는 정서적 불편과 이에 따른 행동 징후는 면담자에게 반가운 효과인가. 그렇게 보기는 어려울 것 같다. 거짓말 여부와 상관없이 모든 피면담자는 범죄수사, 감사 또는 조사 상황에서 일정한 정도의 정서적 불편을 경험하기 때문이다(Leo & Davis, 2010). 물론 거짓말을 하는 피면담자가 경험하는 정서적 불편이 사실대로 말하는 피면담자가 경험하는 정서적 불편보다 상대적으로 더 큰 것이 사실이지만(Ekman et al., 1999), 면담자는 양자가 경험하는 정서적 불편의 정도를 잘 알 수 없다. 거짓말과의 연관성이 확인된 행동 징후의 종류가 많지 않을 뿐만 아니라, 징후의 차이가 눈에 띌 정도로 뚜렷하지 않기 때문이다. 훈련된 수사관과 일반인의 거짓말 탐지 역량 간에 유의미한 차이가 없었다는 사실을 상기해 보라. 따라서 면담방법론의 맥락에서 거짓말의 정서적 효과를 활용하려면 피면담자의 정서적 불편을 증폭하여 행동 징후를 도드라지게 만들어야 한다. 그러나 면담 과정에서 피면담자의 정서적 불편을 가중하는 방법은 윤리적, 법적으로 허용되지 않는다. 또한, 연구과정에서 참여자의 정서적 불편을 가중하는 방법도 윤리적으로 허용되지 않을 가능성이 높다. 요컨대, 이와 같은 방법론은 연구도 어렵고 적용도 어렵다. 범죄수사 맥락에서 거짓말의 정서적 효과를 실증적으로 연구한 예가 드문 것도 이 때문이다.

② 거짓말을 하는 사람이 경험하는 인지적 어려움에는 '침투적 회상, 모순 회피의 부담, 역할극의 부담, 이로 인한 인지적 부하' 등이 포함된다(Vrij et al., 2010). 거짓말의 심리적 효과에 관한 연구의 결과에 의하면, 거짓말을 하는 사람과 사실대로 말하는 사람은 정서와 인지 모두에 있어 차이가 있으나, 일반적으로 고위협 상황(high stake)에 해당하는 범죄수사, 감사 또는 조사의 맥락에서는 사실대로 말하는 피면담자도 일정 수준의 정서적 불편을 경험할 수 있

---

30 질문의 마지막 단어와 답변의 첫 단어 간의 간극이 1.5초 이상 되는 경우.

31 진술에 이어지는 웃음, 기침, 목청 다듬기 등.

기 때문에 거짓말의 정서적 효과에 초점을 두는 방법은 오류의 위험이 높은 것으로 확인되었다(Vrij, 2008). 반면, 거짓말의 인지적 효과에 초점을 두는 방법은 상대적으로 오류의 위험이 낮은 것으로 알려져 있다. 한편, 거짓말을 하는 사람이 경험하는 인지적 어려움은 '짧은 응답, 추상적 응답, 느린 응답, 응답 간 모순' 등을 유발하는 것으로 확인되었다(Vrij, 2008). 즉, 실증적 연구를 통해 거짓말과 이와 같은 징후 간의 관계가 검증되었다는 말이다. 앞서 거짓말의 정서적 효과에 따른 징후로 거론되는 것 중 다수는 거짓말과의 관계가 검증되지 않았다고 하였다. 이와 같은 차이의 원인은 무엇일까. 면담자가 거짓말을 하는 피면담자가 경험하는 인지적 어려움과 사실대로 말하는 피면담자가 경험하는 인지적 어려움 간의 차이를 단순한 관찰만으로 알기 어렵다는 점은 정서적 효과의 경우와 같다. 그래서 거짓말의 인지적 효과를 활용하려면 피면담자의 인지적 어려움을 증폭하여 행동 징후를 도드라지게 만들어야 한다는 점도 정서적 효과의 경우와 같다. 다만, 이와 같은 방법론의 연구 가능성과 적용 가능성은 정서적 효과의 경우와 다르다. 즉, 면담과정에서 피면담자의 인지적 어려움을 가중하는 방법은 윤리적, 법적 문제로부터 비교적 자유롭다. 가령, 피면담자에게 상세한 진술을 요구하는 것을 - 이것은 인지적 부하를 유발한다 - 금지하는 나라는 없다. 또한, 연구과정에서 참여자의 인지적 어려움을 가중하는 방법도 윤리적 문제로부터 비교적 자유롭다. 가령, 실험 환경에서 참여자에게 진실성을 처치한 후(예: 모의범죄 경험, 알리바이 경험), 거짓 집단과 진실 집단의 인지적 역량을 비교하는 연구가 널리 수행되고 있다(Caso et al., 2005; Strömwall et al., 2006). 거짓말을 하는 피면담자가 경험하는 인지적 어려움과 이에 따른 행동 징후는 면담자에게 반가운 효과인가. 굳이 반가워 할 일은 아니지만, 면담실무자가 반드시 이해하고 고려해야 할 점이라고 생각한다. 제1장에서 인지기반 행동분석이라는 방법론을 장바구니에 담았던 것도 이와 같은 이유 때문이다.

③ 거짓말의 정서적 효과와 인지적 효과는 서로에게 영향을 준다. 가령, 정서적 각성이 가중되면 인지적 어려움이 유발될 수 있고, 인지적 각성이 가중되면 정서적 불편함이 유발될 수 있다. 충격적인 말을 듣고 머릿속이 하얘진 경험, 어려운 시험 문제를 접하고 가슴이 쿵쾅거렸던 경험을 한 번쯤 해보았을 것이다. James A. Easterbrook는 불안, 두려움, 고민, 피로, 스트레스

등이 정서뿐만 아니라 인지에도 영향을 미친다고 보았다(Easterbrook, 1959). 그는 '단서 활성화(cue utilization)'라는 개념에 입각하여 정서적 각성이 인지적 과업 수행에 미치는 영향을 연구하였는데, 연구 결과 적절한 수준의 정서적 각성은 인지적 과업 수행에 도움이 되지만 과도한 수준의 정서적 각성은 인지적 과업 수행을 저해한다는 사실이 확인되었다. 이는 정서적 각성이 인지적 과업 수행에 필요한 단서의 활성화에 영향을 미치기 때문인 것으로 알려져 있다(Hebb, 1955). 가령, 각성 수준이 너무 낮으면 과업 수행과 무관한 단서까지 활성화되어 과업 수행에 집중하지 못하고, 각성 수준이 적절하면 과업 수행과 관련된 단서만 활성화되어 최적의 과업 수행이 가능해지며, 각성 수준이 너무 높으면 과업 수행과 관련된 단서마저 활성화되지 않아 과업 수행에 방해가 된다. 거짓말의 정서적 효과와 인지적 효과 간의 상호작용은 면담자에게 어떤 의미를 갖는가. 피해자, 목격자 등에게는 적절한 수준의 정서적 각성을 유도하여 기억을 증진하고, 피의자 등에게는 낮은 또는 높은 수준의 정서적 각성을 유도하여 거짓말을 방해해야 할 것인가. 이와 같은 방법은 사실적으로 불가능하거나 규범적으로 허용되지 않을 가능성이 높다. 가령, 피의자가 낮은 수준의 정서적 각성 상태에 있기를 기대하기는 어렵고, 피면담자의 정서적 각성 수준에 개입하는 방법은 윤리적, 법적 문제로부터 자유롭지 못하다. 따라서 면담실무자는 피면담자의 정서적 불편을 가중하는 방법의 문제점(예: 고유의 효과 및 상호작용의 효과)을 정확히 인식하고, 피면담자의 인지적 어려움을 '적절히' 활용하는 방법에 주목해야 한다. 정서적 각성의 가중으로 유발되는 인지적 어려움에 대한 문제 제기는 있으나, 인지적 각성의 가중으로 인해 유발되는 정서적 불편함에 대한 문제 제기를 발견하기는 어렵기 때문이다. 면담자가 거짓말의 정서적 효과와 인지적 효과 간의 상호작용을 모두 이해하고 고려하기는 어렵다. 그러나 면담실무자는 최소한 피면담자의 정서적 불편을 직접 가중하는 방법을 사용해서는 안 된다.

🔨 피면담자의 규범적 지위와 진실성

일반의 통념에 의하면, 피해자나 목격자는 진실한 사람으로, 피의자는 거짓되거나 적어도 거짓말을 할 가능성이 있는 사람으로 인식된다. 그런데 피면담자의 규범적 지위, 즉 피해자, 목격자, 피의자라는 신분과 피면담자의 진실성 간에는 필연적 연관성이 없다. 가령, 수사기관에서 입건한 사건의 불기소율이 40% 정도에 달하고, 기소한 사건의 무죄율도 3% 내외에 이른다. 불기소 또는 무죄의 이유에는 범죄의 불구성, 증거의 불충분뿐만 아니라 피해자의 억지나 거짓말도 포함된다. 이 경우 피의자는 진실을 말했다고 보아야 한다. 따라서 거짓말의 정서적 효과, 인지적 효과, 양자의 상호작용에 대한 고려가 피면담자의 규범적 지위에 따라 달라져서는 안 된다. 또한, 이에 대한 고려가 진실한 것처럼 보이는 피면담자와 거짓된 것처럼 보이는 피면담자 간에 달라져서도 안 된다. 피면담자의 진실성에 관한 수사기관의 판단은 실증적으로 부정확하고, 규범적으로 잠정적인 것이기 때문이다. 즉, 피면담자의 진실성에 대한 판단은 최종적으로 법원에서 이루어져야 한다는 것이 우리 사회의 약속이다. 따라서 면담실무자는 피면담자의 규범적 지위를 떠나 모든 면담과정에서 피면담자가 경험할 수 있는 거짓말의 정서적 효과, 인지적 효과, 양자의 상호작용을 고려해야 한다.

거짓말의 종류

앞서 거짓말을 "기억에 반하여 과거에 경험한 사실을 꾸미거나 숨기는 말 또는 글"이라고 정의한 바 있다. 이 정의를 통해 거짓말에는 꾸밈의 형태와 숨김의 형태가 있음을 알 수 있다. 지금부터는 이 두 가지 형태를 ① '조작'과 '생략'이라고 부르기로 하자. 또한, 거짓말은 과거에 경험한 사실 자체에 관한 것일 수도 있고, 그 사실에 대한 경험자의 주관에 관한 것일 수도 있다. 전자와 후자를 각각 ② '객관적 거짓말', '주관적 거짓말'이라고 부르기로 하자. 사실에 대한 경험자의 고의, 목적 등이 주관적 거짓말의 대상이 된다. 아울러 거짓말은 일화의 구성요소에 따라 ③ '주체, 시간, 공간, 행위, 이유, 방법'에 대한 거짓말로 분류될 수 있다. 거짓말의 종류별 특성을 한번 살펴보자.

① 조작 형태의 거짓말에는 '경험한 사실을 실제와 다르게 꾸미는 것(협의의 조작)'과 '경험하지 않은 사실을 경험한 것처럼 꾸미는 것(추가)'이 포함된다. 생략 형태의 거짓말에는 '경험한 사실 전부를 숨기는 것(전부 생략)'과 '경험한 사실 중 일부를 숨기는 것(일부 생략)'이 포함된다. 사람들은 조작 형태의 거짓말보다 생략 형태의 거짓말을 더 빈번하게 한다. 독자들 마음속에 있는 말 못

할 사연 중 일부는 아마 생략 형태의 거짓말일 것이다. 생략 형태의 거짓말이 더 빈번한 이유는 '부작위 편향'이라는 개념을 통해 쉽게 이해할 수 있다. 부작위 편향은 "적극적 작위에 의해 어떤 해악을 야기하는 것보다 소극적 부작위에 의해 동일한 해악을 야기하는 것을 도덕적 죄책감 또는 비난가능성 측면에서 덜 부담스러운 일로 여기는 현상"을 말한다(Spranca et al, 1991). 가령, 사람들은 조작 형태의 거짓말을 할 때보다 생략 형태의 거짓말을 할 때 정서적으로 덜 불편하고 인지적으로 덜 어렵다. 따라서 생략 형태의 거짓말은 무의식적 편향의 산물이라기보다 '의식적 전략'의 산물이라고 보아야 한다(DeScioli et al., 2011). 앞서 "소극적으로 숨기는 것도 만약 그 숨김이 의도적으로 이루어진 것이라면 거짓말로 보아야 한다"라고 평가한 것도 이와 같은 이유 때문이다. 한편, 면담자 측면에서는 생략 형태의 거짓말을 탐지하는 것이 조작 형태의 거짓말을 탐지하는 것보다 상대적으로 더 어렵다(Wells, 2008). 생략 형태의 거짓말을 할 때 정서적, 인지적 행동 징후가 적거나 약할 뿐만 아니라, 생략은 본질적으로 '즉각적'인 탐지가 어려운 종류의 거짓말이기 때문이다. 가령, 생략을 탐지하기 위해서는 진술을 끝까지 청취한 후에 모든 진술을 종합하여 생략된 부분을 점검해야 한다(Wells, 2008). 요컨대, 조작 형태의 거짓말보다 생략 형태의 거짓말이 더 빈번하나, 전자보다 후자를 탐지하는 것이 더 어렵다.

② 객관적 거짓말은 과거 경험의 객관적 구성요소(예: 하지 않았다)에 관한 거짓말이고, 주관적 거짓말은 과거 경험의 주관적 구성요소(예: 고의로 한 것은 아니다)에 관한 거짓말이다. 법심리학적 면담방법론의 목적은 과거 사건을 재구성하는 데 있고, 이를 위해서는 통상 경험한 사실 자체에 관한 진술이 필요하다. 그러나 범죄수사, 감사 또는 조사의 맥락에서는 그 사실에 대한 경험자의 주관에 관한 진술이 반드시 필요한 경우가 있다. 가령, 어떤 범죄의 혐의를 확증하기 위해서는 고의 또는 과실의 유무나 목적의 유무(예: 문서위조)[32]를 확인해야 한다. 사람들은 객관적 거짓말을 할 때보다 주관적 거짓말을 할 때 정서적으로 덜 불편하고 인지적으로 덜 어렵다. 거짓말의 대상이 주관적, 추

---

32 형법상 문서위조죄는 '행사할 목적'을 주관적 구성요건 요소로 한다. 즉, 행사할 목적이 있는 경우에만 문서위조죄로 처벌할 수 있다.

상적이기 때문에 죄책감이 덜 할 뿐만 아니라, 모순이 드러나거나 발각될 가능성도 높지 않기 때문이다. 반면, 면담자 측면에서는 주관적 거짓말을 탐지하는 것이 객관적 거짓말을 탐지하는 것보다 상대적으로 더 어렵다. 주관적 거짓말을 할 때 정서적, 인지적 행동 징후가 적거나 약할 뿐만 아니라, 주관적 거짓말은 본질적으로 '직접적'인 탐지가 어려운 종류의 거짓말이기 때문이다. 가령, 고의나 목적의 증명은 피의자의 시인을 통해 직접적으로 증명되는 경우보다, 수사사항의 종합을 통해 간접적으로 확인되는 경우가 더 많다. 요컨대, 객관적 거짓말보다 주관적 거짓말을 탐지하는 것이 더 어렵다.

③ 거짓말은 일화의 구성요소 전부에 대한 것일 수도 있고, 그 중 일부에 대한 것일 수도 있다. 일화의 구성요소 일부에 대한 거짓말은 '주체, 시간, 공간, 행위, 이유, 방법' 중 하나 또는 둘 이상을 속이는 것이다. 이 유형의 거짓말을 '숨겨진 거짓말'이라고 부르자. 사람들은 일화의 모든 구성요소를 속이는 경우보다 숨겨진 거짓말을 하는 경우가 더 많다. 일화의 모든 구성요소에 대해 거짓말을 하는 것은 정서적, 인지적으로 어려운 일일 뿐만 아니라, 현명한 거짓말 전략도 아니기 때문이다. 즉, 일화의 구성요소 중 다수를 속이고자 하면 할수록 조작할 것과 생략할 것이 많아지고, 모순이 드러나거나 발각될 가능성도 높아진다. 이 세상에서 일화의 모든 구성요소에 대한 거짓말이 필요한 사람은 소설가나 각본가뿐일 것이다. 또한, 사람들은 일화의 구성요소 중 '시간'과 '공간'을 속이는 거짓말을 애용하는 경향이 있다. 가령, 누군가가 '지난' 주말에 캠핑을 했던 이야기를 아주 상세하고 길게 이야기하고 있으나 – 그래서 도무지 거짓말이라고 믿을 수 없을 정도라고 가정해 보자 – 그것이 거짓말이라면, 그 사람은 '지지난' 주말에 캠핑을 했던 기억을 바탕으로 이야기를 이어가고 있을 가능성이 높다. 지지난 주말을 지난 주말로 속인, 즉 시간을 속인 숨겨진 거짓말의 예다. 사람들은 일화의 모든 구성요소를 속일 때보다 숨겨진 거짓말을 할 때 정서적으로 덜 불편하고 인지적으로 덜 어렵다. 조작하고 생략하고 발각에 대비해야 할 범위가 좁기 때문이다. 반면, 면담자 측면에서는 숨겨진 거짓말을 탐지하는 일이 만만치 않다. 진술만을 놓고 보면 거짓말이라고 믿기 어려울 정도로 자연스러운 경우가 많기 때문이다. 그러나 다른 분야와의 협업이나 다른 방법론의 접목을 통해 숨겨진 거짓말을 효과적으로 탐지할 수 있다(예: 증거). 가령, 앞의 캠핑 이야기는 등장인물 중 일부가

지난 주말에 다른 장소에 있었는지 여부를 확인함으로써 그 진위를 가릴 수 있다. 조선 시대의 범죄자는 목격자만 없으면 대체로 안심할 수 있었던 반면, 현대의 범죄자는 문명의 이기(예: 통신내역, CCTV 영상)를 모두 극복해야 비로소 안심할 수 있다는 말을 상기해 보라. 요컨대, 일화의 모든 구성요소를 속이는 경우보다 숨겨진 거짓말을 하는 경우가 더 빈번하나, 진술만으로는 후자를 탐지하는 것이 어렵기 때문에 면담과정에서 다른 정보의 활용을 적극 고려해야 한다. 이상을 종합하면, 면담실무자는 거짓말의 종류별 특성을 이해하고 면담에서 이를 고려할 수 있어야 함을 알 수 있다. 가령, 면담실무자는 생략 형태의 거짓말에 대응하여 올바른 '질문유형'을 사용할 수 있어야 하고, 주관적 거짓말에 대응하여 '상호작용 탐지'를 할 수 있어야 하며, 숨겨진 거짓말에 대응하여 '현재적, 잠재적 증거'를 활용할 수 있어야 한다. 제3장에서 설명할 것이다.

2) 거짓말 탐지

앞서 인류는 끊임없이 거짓말을 밝힐 수 있는 방법을 강구해 왔으나, 거짓말 탐지에 대한 과학적 접근이 이루어진 것은 그리 오래되지 않은 일이라고 하였다. 거짓말 탐지에 대한 과학적 접근의 연혁은 '관찰법에서 개입법으로의 변천', '정서기반 개입법에서 인지기반 개입법으로의 변천'으로 요약된다(〈표 6〉 참고). 앞서 거짓말을 하는 사람은 정서적 불편과 인지적 어려움을 경험하고, 이러한 경험은 다양한 행동 징후로 나타난다고 하였다. 관찰법은 거짓말에 수반되는 행동 징후를 개입 없이 '관찰'하여 거짓말을 탐지하고자 하는 방법론이다. 그러나 앞서 확인한 바와 같이 거짓말에 수반되는 행동 징후는 눈에 띌 정도로 뚜렷하지 않다. 관찰법에서 개입법으로의 변천이 이루어진 이유가 여기에 있다. 개입법은 거짓말에 수반되는 행동 징후를 개입을 통해 '증폭'하여 거짓말을 탐지하고자 하는 방법론이다. 개입은 주로 특정한 발언 또는 질문에 의해 이루어진다. 두 명의 사람이 서로 다른 강도로 사이클링머신을 타고 있고, 두 사람 모두 약한 강도에서 사이클링머신을 타고 있는 것처럼 가장하기 위해 편안한 표정을 짓고 있다고 가정해 보자. 누가 편안함을 가장하고 있는지를 밝힐 수 있는 가장 손쉬운 방법은 무엇일까. "두 사람 모두 강도를 한 단계씩 올려주세요."라고 몇 차례 반복하면서, 먼저 표정이 일그러지는 사람을 지목하면 될 것이다. 이것이 바로 개입법의 원리다. 정서기반 개입법 은 피면담자의 정서적 불편을 증폭하여 행동 징후를 도드라지게 하는 방법론 이고, 인지기반 개입법은 면담자의 인지적 어려움을 증폭하여 행동 징후를 도 드라지게 하는 방법론이다. 앞서 정서적 불편을 증폭하는 방법론은 연구도 어 렵고, 적용도 어려우며, 효과도 온전히 검증되지 못했다고 하였다. 정서기반 개입법에서 인지기반 개입법으로의 변천이 이루어진 이유가 여기에 있다. 따 라서 면담실무자는 거짓말 탐지에 대한 접근법 중 인기기반 개입법을 이해하 고 면담에 적용하면 된다. 다만, 거짓말과 거짓말 탐지에 대한 전반적 이해의 수준을 높이고, 인지기반 개입법의 상대적 우수성에 대한 이해와 공감의 수준 을 높일 필요가 있으므로, 관찰법과 정서기반 개입법의 주요 내용도 함께 살 펴보고자 한다.

표 6 거짓말 탐지 방법론

관찰법	개입법	
	정서기반 개입법	인지기반 개입법
얼굴표정은 통제할 수 없다. 미세 표정으로 속이는 사람의 진심을 확 인할 수 있다. (Ekman, 2004)	거짓말은 불안과 두려움을 유발한 다. 이를 증폭함으로써 거짓말을 밝 힐 수 있다. (Inbau et al., 2013)	거짓말은 인지적 부하를 유발한다. 이를 증폭함으로써 거짓말을 가늠 할 수 있다. (Vrij, 2008)

출처: 이형근 (2018). 수사면담기법론. 아산: 경찰대학, p. 260. 저자가 내용 일부를 편집하였음.

관찰법

관찰법의 대표적 연구자는 Paul Ekman이다. 국내에 소개된 저서로는 '거 짓말 까발리기(이미숙 역, 2003)',[33] '얼굴의 심리학(이민아 역, 2006)'[34] 등이 있다. 또한, 미국 드라마 중에는 그의 연구와 활동을 모티브로 제작된 'Lie to Me'

---

33 원제는 'Telling Lies(1992)'다. '텔링라이즈(이민주 역, 2012)'로 번역된 책도 있다.

34 원제는 'Emotion Revealed(2004)'다. '표정의 심리학(허우성 역, 2020)'으로 번역된 책도 있다.

라는 시리즈물이 있다. 한편, 그는 미국심리학회가 선정하는 '20세기 가장 영향력 있는 심리학자', 타임지가 선정하는 '세계에서 가장 영향력 있는 100인'에 각각 선정된 바 있다. 한마디로 유명인사다. Ekman은 거짓말에 수반되는 행동 징후, 특히 얼굴표정에 주목했으며, 1978년에는 거짓말에 따른 얼굴의 움직임에 관한 연구를 종합하여 '얼굴 움직임 부호화 체계(FACS: Facial Action Coding System)'를 제안했다(Ekman, 1978). 이 방법론의 효과성도 일정 부분 검증되었다(Ekman & O'Sullivan, 1991; Ekman et al., 1999). 그런데 이 방법론은 왜 쇠락의 길을 걷게 되었을까. 먼저, 이 방법론의 '효과성'에 대한 의문이 제기되었다. 가령, 얼굴 움직임 부호화 체계상의 미세표정 중 일부만이 거짓말과 연관되고, 그 일부 중 일부는 진실한 사람의 얼굴에서도 발견된다는 사실이 확인되었다(Vrij et al., 2010). 다음으로, 이 방법론의 '효율성'에 대한 의문이 제기되었다. 가령, 이 방법론에 효과가 있다고 하더라도, 얼굴 움직임 부호화 체계를 온전히 학습하고 적용하는 데에는 많은 시간과 노력이 필요하다는 지적이 있었다. 속칭 '가성비'가 떨어지는 방법론이라는 것이다. 저자도 대학원 시절에 'FACS'의 실물(사본)을 본 적이 있는데, 무엇보다 그 방대한 분량에 압도되었던 기억이 생생하다. 요컨대, 효과성에 대한 의문과 효율성의 결여가 이 방법론을 쇠락의 길로 인도한 주요 원인이었다.

정서기반 개입법

앞서 거짓말을 하는 사람은 '불안, 두려움, 고민, 피로, 스트레스' 등의 부정적 정서를 경험하고, 이러한 부정적 정서는 '회피적 응답, 일부 부인, 부인의 보강, 응답의 지체, 조기 응답, 짧은 응답, 지우기 행동' 등의 징후를 유발하는 것으로 알려져 있다고 하였다. 정서기반 개입법은 바로 이 부분, 즉 거짓말에 따르는 부정적 정서와 행동 징후에 주목하는 방법론이다. 제1장에서 살펴보았던 REID 테크닉의 행동분석면담이 정서기반 개입법의 대표적 예다. 여기에서는 앞의 행동 징후들에 대한 정서기반 개입법 진영의 설명을 들어 보고, 이 방법론의 의의를 음미해 보기로 하자. 각 행동 징후들에 대한 설명은 다음과 같다(Inbau et al., 2013). ① 진실한 사람은 직접적으로 응답하는 반면, 거짓된 사람은 회피적으로 응답한다. 가령, "저는 훔치지 않았습니다."라고 대답하면 진실일 가능성이 높고, "제가 왜 그런 무모한 짓을 했겠습니까?"라고 대답하면 거짓일 가능성이 높다. 마찬가지로 "앞서 말씀드렸듯이", "진술서에 썼듯이"라는 첨언은 회피적 응답으로 거짓의 징후에 포함된다. ② 진실한 사람은 폭넓게 부인하는 반면, 거짓된 사람은 특정 부분만 부인한다. 가령, "저는 아무것도 훔치지 않았습니다."라고 대답하면 진실일 가능성이 높고, "저는 그 물건을 가지고 있지 않습니다."라고 대답하면 거짓일 가능성이 높다. 다른 물건을 훔쳤을 가능성 또는 그 물건을 훔친 후 처분했을 가능성이 숨겨져 있기 때문이다. 마찬가지로 "단언하건대", "결단코"라는 첨언은 폭넓은 부인으로 진실의 징후에 포함된다. ③ 거짓된 사람은 부인을 보강하는 언급을 덧붙이는 경향이 있다. 가령, "믿지 않으시겠지만", "미친 소리처럼 들리시겠지만" 등의 첨언은 부인의 보강으로 거짓의 징후에 포함된다. ④ 진실한 사람은 응답의 지체가 없는 반면, 거짓된 사람은 응답의 지체가 있다. 가령, 질문의 마지막 단어와 답변의 첫 단어 간의 간극이 0.5초 정도면 진실일 가능성이 높고, 1.5초 이상이면 거짓일 가능성이 높다. 마찬가지로 질문의 내용이나 취지를 반문하는 것은 응답 지체의 틈을 메우기 위한 것으로 거짓의 징후에 포함된다. ⑤ 거짓된 사람은 질문이 끝나기 전에 응답하는 경향이 있다. 면담의 후반부에서 특히 그러하다. 면담자가 어떤 질문을 하든 피면담자의 대답은 부인이기 때문이다. 속칭 '답정너' 식이다. ⑥ 진실한 사람은 길게 응답하는 반면, 거짓된 사람은 짧게 응답한다. 거짓된 사람은 길게 대답하더라도 거기에 주제에서 벗어난 말이 많이 포함되어 있다. 거짓말을 길게 하는 것은 정서적으로 불편한 일이기 때문이다. ⑦ 거짓된 사람은 거짓말 직후에 웃음, 기침, 목청 다듬기 등을 덧붙이는 경향이 있다. 거짓말에 따르는 정서적 불편을 줄이기 위한 행동들이다.

이와 같은 설명에 대한 독자들의 평가는 어떠한가. 독자 중 다수는 '그럴 수도 있겠다'라는 생각과 함께 '반드시 그럴까'라는 의문을 갖게 되었을 것으로 생각한다. 이 방법론에 대한 저자의 평가와 선행연구의 평가도 크게 다르지 않다. 앞서 확인한 바와 같이 앞의 행동 징후들 중 다수는 거짓말과의 연관성이 확인되지 않았고, 일부는 거짓말의 인지적 효과와도 연관된다(Vrij, 2008). 즉, 앞의 행동 징후들을 거짓말의 효과 또는 거짓말의 정서적 효과로 볼 근거가 부족하다는 것이다. 따라서 이 징후들의 원인과 효과에 대한 정밀한 검증이 필요할 것으로 생각한다(김민지, 2013). 또한, 범죄수사, 감사 또는 조사의 맥락에서 정서적 불편이 피면담자로 하여금 면담에서 최선을 다하기보다 최악을 면하려는 태도를 갖게 할 수 있다는 점도 주목을 요하는 부분이다(Davis & O'Donohue, 2004). 가령, 앞의 행동 징후들을 증폭하려는 시도는 피면담자의 자유의지와 이에 기초하는 진술의 임의성을 훼손할 수 있다는 비판을 피하기 어렵다. 요컨대, 제1장에서부터 저자가 거듭 강조해 왔던 효과성과 적법성 기준의 불충족이라는 문제가 이 방법론을 쇠락의 길로 인도한 주요 원인이었다.

인지기반 개입법

앞서 거짓말을 하는 사람은 '침투적 회상, 모순 회피의 부담, 역할극의 부담, 이로 인한 인지적 부하' 등의 인지적 어려움을 경험하고, 이러한 인지적 어려움은 '짧은 응답, 추상적 응답, 느린 응답, 응답 간 모순' 등의 징후를 유발하는 것으로 알려져 있다고 하였다. 인지기반 개입법은 바로 이 부분, 즉 거짓말에 따르는 인지적 어려움과 행동 징후에 주목하는 방법론이다. 제1장에서 살펴보았던 인지기반 행동분석이 인지기반 개입법의 대표적 예다. 여기에서는 앞의 행동 징후들에 대한 인지기반 개입법 진영의 설명을 들어보고, 이 방법론의 의의를 음미해 보기로 하자. 각 행동 징후들에 대한 설명은 다음과 같다(Vrij, 2008). ① 진실한 사람은 길게 응답하는 반면, 거짓된 사람은 짧게 응답한다. 거짓말을 길게 하는 것은 인지적으로 어려운 일이기 때문이다.[35] ② 진실한 사람은 구체적으로 상세하게 응답하는 반면, 거짓된 사람은 추상적으로 간략하게 응답한다. 거짓말을 구체적으로 하면 발각될 가능성이 높아지기 때문이다. ③ 거짓된 사람은 응답의 속도가 느린 경향이 있다. 거짓말을 하는 사람의 머릿속에는 진실한 기억과 거짓된 사고가 공존하는데, 전자에 대한 침투적 회상이 후자에 대한 집중을 방해하기 때문이다. ④ 거짓된 사람의 응답 안에는 서로 모순되는 내용이 있을 확률이 높다. 특히, 피면담자가

---

35 거짓말과 짧은 응답 간의 연관성에 관한 설명은 정서기반 개입법 진영의 설명과 같다. 다만, 이와 같은 연관성의 원인에 대한 설명은 정서기반 개입법 진영의 설명과 다르다.

진실을 가장하기 위해 길게 응답한 경우에는 더욱 그러하다. 거짓말을 하는 경우에 있어 응답의 구체성과 발각의 가능성은 정비례 관계에 있기 때문이다. ⑤ 거짓된 사람은 조작 형태의 거짓말보다 생략 형태의 거짓말을 더 빈번하게 한다. 전자에 따르는 인지적 부하가 후자에 따르는 인지적 부하보다 상대적으로 더 크기 때문이다.

이와 같은 설명에 대한 독자들의 평가는 어떠한가. 독자 중 일부는 동의하지 않을 수 있겠으나, 인지기반 개입법은 효과성과 적법성 기준을 충족한다. 즉, 앞서 확인한 바와 같이 앞의 행동 징후들은 거짓말과의 연관성이 검증되었다(Caso et al., 2005; Strömwall et al., 2006, Vrij, 2008). 또한, 범죄수사, 감사 또는 조사의 맥락에서 피면담자의 인지적 어려움을 가중하는 방법(예: 상세한 진술 요구)을 금지하는 나라가 없다는 점도 주목을 요하는 부분이다. 즉, 인지기반 개입법은 윤리적, 법적 문제로부터 비교적 자유롭다. 다만, 면담실무자는 인지기반 개입법을 면담의 보조도구로만 활용해야 한다. 가령, 인지기반 행동분석의 결과가 증거로 사용되어서는 안 된다. 우리 사회가 사람의 자유의지로 통제할 수 있는 진술을 기억과 사고 확인의 주된 수단으로 채택했기 때문이다. 인지기반 개입법 진영에서도 이 방법론이 면담에 통찰을 제공하고 면담의 방향을 안내하는 도구로 개발된 것임을 명확히 하고 있다(Vrij, 2008). 제3장에서 구체적인 활용 방법을 저자가 안내할 것이다.

🔨 폴리그래프 검사

폴리그래프 검사(속칭 '거짓말탐지기 검사')는 "거짓말에 따르는 감정의 변화와 이에 따르는 생리적 변화를 호흡 활동, 피부전기 활동, 심장혈관 활동을 측정하는 폴리그래프를 활용하여 분석하는 검사"를 말한다(박판규, 2010). 다수를 의미하는 'poly'와 기록을 의미하는 'graph'의 합성어다. 이와 같이 폴리그래프는 셋 이상의 생리적 활동을 측정하여 피검사자의 감정 상태를 분석하는 기계 장치다. 최근에는 앞의 세 가지 생리적 활동 이외에 팔, 다리, 엉덩이의 움직임까지 측정하는 폴리그래프가 사용되고 있다. 또한, 감정 상태를 파악하는 검사(CQT) 이외에 범죄 지식 유무를 파악하는 검사(GKT)도 이루어지고 있다.[36] 따라서 폴리그래프 검사는 정서기반 개입법과 인지기반 개입법을 병용하고 있는 것으로 볼 수 있다. 한편, 폴리그래프 검사를 통해 진범을 가려낼 확률은 80%에 이르는 것으로 알려져 있다(National Research Council, 2003). 그런데 폴리그래프 검사의 결과는 왜 증거능력이 없을까. 정확히 말하자면, 폴리그래프 검사의 결과가 증거능력이 없는 것이 아니라, 지금까지의 폴리그래프 검사가 증거능력 인정 요건[37]을 충족하지 못하고 있는 것이다. 향후 폴리그래프 검사가 눈부신 발전을 거듭하여 이와 같은 요건을 갖출 수 있을까. 생각건대, 쉽지 않은 일이 될 것 같다. 앞의 요건 중 어느 하나도 만만한 것이 없기 때문이다. 가령, 폴리그래프 검사를 통해 진범을 가려낼 확률 80% 뒤에는 무고한 사람을 범인으로 판정할 확률 15%가 숨어 있다. 여기에서 15%는 1종 오류이기 때문에 진범을 가려낼 확률이 100%에 이르지 못하는 것, 즉 2종 오류와 차원을 달리하는 문제다. 만약 이 15%를 1% 미만으로 끌어내리려면 진범을 가려낼 확률을 20% 미만까지 양보해야 한다(National Research Council, 2003). 앞으로도 거짓말 탐지는 - 사람에 의한 것이든 기계에 의한 것이든 - 면담방법론의 보조도구로만 활용해야 할 것 같다.

거짓말이 더 난제?

지금까지 거짓말의 특성과 거짓말 탐지 방법론의 내용을 살펴보았다. 거짓말이 기억보다 더 복잡한 양상을 띤다는 사실과 거짓말을 밝히는 일이 결코 쉽지 않다는 사실을 체감하였는가. 진실한 기억과 거짓된 사고의 공존, 거짓 징후의 희미함, 진실을 가장하기 위한 각종 전략(예: 생략, 숨겨진 거짓말) 등을 고려할 때, 법심리학적 면담방법론의 학습자, 교수자, 연구자에게 기억보다 거짓말이 더 난제인 것은 틀림없어 보인다. 그러나 저자는 독자들에게 '반

---

36 통제질문검사(CQT: Control Question Test)에서는 범죄와 무관한 질문과 범죄와 연관된 질문을 번갈아 하면서 각 질문에 대한 생리 변화를 측정, 분석한다. 죄지식검사(GKT: Guilty Knowledge Test)에서는 진범만 알 수 있는 범죄 관련 정보를 제시하고 이에 따른 생리 변화를 측정, 분석한다.

37 대법원 2005. 5. 26. 선고 2005도130 판결. 판결은 거짓말을 하면 반드시 일정한 심리 상태의 변동이 일어날 것, 그 심리 상태의 변동이 반드시 일정한 생리적 반응을 일으킬 것, 그 생리적 반응을 통해 피검사자의 진실성을 정확히 판정할 수 있을 것을 폴리그래프 검사 결과의 증거능력 인정 요건으로 설정하고 있다.

드시 그러한 것은 아니다'라고 말하고 싶다. 피면담자가 인출할 수 없는 정보(예: 망각)는 면담자와 피면담자 모두에게 '불가지(不可知)'의 영역이지만, 피면담자가 인출하지 않는 정보(예: 생략)는 적어도 피면담자의 입장에서는 '가지(可知)'의 영역이기 때문이다. 따라서 면담자는 질문을 통해 면담자만이 알고 있는 이 영역에 얼마든지 접근할 수 있다. 문제는 '어떻게' 접근할 것인지에 있다. 독자들이 이 책을 읽고 있는 이유가 여기에 있다.

4. 규범

이제 법심리학적 면담방법론에 요구되는 규범적 기준을 알아볼 차례다. 앞서 형사절차에 관한 법령의 기준이 면담을 규율하는 잣대 중에 가장 엄격하고 보수적이라는 점, 그래서 이 기준에 맞추는 것이 과할 수는 있어도 부족할 가능성은 거의 없다는 점 등을 설명한 바 있다. 따라서 여기에서는 형사절차에 관한 법령에 따라 법심리학적 면담방법론에 요구되는 규범적 기준을 설명할 것이다. 범죄수사 업무를 수행하는 독자는 여기에서 설명하는 기준을 모두 이해하고 준수해야 할 것이며, 감사 또는 조사 업무를 수행하는 독자는 여기에서 설명하는 기준을 모두 이해하고 그 중 일부를 취사할 수 있을 것이다. 가령, 재판과정에서는 원진술자가 내용을 부인하는 조서를 증거로 사용할 수 없지만, 그 이외의 의사결정(예: 징계)에 있어서는 원진술자의 내용 부인에도 불구하고 조서를 의사결정의 근거로 삼을 수 있다. 전부를 알면 부분을 더 잘 이해할 수 있는 반면, 부분만 알면 그 부분마저 온전히 이해하기 어려운 경우가 많은 것 같다. 독자들 모두가 여기에서 설명하는 기준을 이해하고 각자의 입장에서 '응용'해 줄 것으로 생각한다.

1) 관련 법제 개관

증거능력과 증명력

증거능력은 어떤 자료를 증거로 삼기 위한 '자격'으로 가부 판단의 대상이고, 증명력은 어떤 증거의 실질적 '가치'로 정도 판단의 대상이다. 한편, 증명력 평가는 증거능력 평가의 관문을 통과한 증거에 대해서만 이루어진다(신동운, 2014). 법학자들은 양자의 차이를 어떤 반찬을 '밥상에 올리는 것'과 그 반찬을 '실제로 먹는 것'의 차이에 비유하곤 한다. 형사소송법은 각 자료의 증거능력 인정 요건을 상세히 규정하고 있는 반면, 증거능력 평가의 관문을 통과한 증거에 대한 증명력 평가는 법관의 자유로운 심증에 맡기고 있다(제308조). 면담실무자는 우선 피면담자의 진술이 – 통상 피면담자의 진술이 기록된 조서가 – 증거능력을 인정받을 수 있도록 해야 하고, 또한 그 진술에 대한 증명력 평가도 염두에 두어야 한다. 앞서 법심리학적 면담방법론은 규범적 요구의 충족을 조건으로 한다고 설명한 것도 이와 같은 이유 때문이다. 형사소송법은 면담의 수행, 면담내용의 기록, 면담기록의 평가, 면담자의 법정증언 등에 관한 조항을 두고 있다. 앞의 두 지점에서 실수가 없어야 뒤의 두 지점에서 문제가 발생하지 않는다. 발생 가능한 문제는 증거능력에 대한 다툼일 수도 있고 증명력에 대한 탄핵일 수도 있다.

진술증거의 규율 체계

앞서 증거능력 인정 요건은 형사소송법에 법정되어 있다고 하였다. 진술증거에 관한 증거능력 평가의 관문은 다수의 크고 작은 관문으로 구성되어 있다. 위법수집증거배제법칙의 관문, 자백배제법칙의 관문, 자백보강법칙의 관문, 전문법칙의 관문, 임의성 기준의 관문 등이 그것이다(신동운, 2014). 명칭만으로도 위압적인 관문들이다. 하나씩 살펴보자. ① 위법수집증거배제법칙은 "적법한 절차에 따르지 아니하고 수집한 증거는 증거로 할 수 없다."라는 원칙이다(제308조의2). 모든 절차상 하자가 여기에 해당하는 것은 아니고, 일정 범위의 하자만 여기에 해당한다. 가령, 피의자 신문에 앞서 진술거부권과 변호인 조력권을 고지하지 않은 경우가 여기에 해당한다. ② 자백배제법칙은 "고문, 폭행, 협박, 신체구속의 부당한 장기화 또는 기망 기타의 방법으로 인해 자백의 임의성이 의심스러울 때에는 증거로 할 수 없다."라는 원칙이다(제309조). 현대의 면담방법론에 있어서는 특히 '기망 기타의 방법'이라는 부분에 주의를 기울여야 할 것으로 생각한다. 가령, 증거의 존재에 대한 피의자의 착오가 면담자에 의해 유발된 경우가 여기에 해당할 수 있겠다. ③ 자백보강법칙은 "자백이 유일한 불이익 증거인 때에는 증거로 할 수 없다."라는 원칙이다(제310조). 즉, 자백을 증거로 하기 위해서는 보강증거가 있어야 한다는 것이다. 다만, 보강증거는 직접증거뿐만 아니라 간접증거 또는 정황증거라도 무방하다.[38] ④ 전문법칙은 "타인의 진술을 내용으로 하는 진술은 '원칙적으로' 증거로 할 수 없다."라는 원칙이다(제310조의2). 전문법칙은 '전문증거는 증거로 되지 않는다(Hearsay is no evidence)'라는 법리에서 유래한다. 그런데 면담과정에서 청취한 진술은 통상 전문의 형태(예: 조서, 면담자의 증언)로 법원에 전달된다. 형사소송법은 면담과정에서 청취한 진술을 증거로 할 수 있는 예외를 규정하고 있다(제312조, 제316조). ⑤ 임의성 기준은 "임의성이 증명되지 않은 진술은 증거로 할 수 없다."라는 원칙이다(제317조). 자백배제법칙이 '자백'에 한정되는 임의성 평가의 관문이라면, 임의성 기준은 '모든 진술'에 대한 임의성 평가의 관문이다. 면담과정에서 청취한 진술은 이상의 관문을 모두 통과해야 비로소 법관의 밥상, 즉 자유심증의 영역에 들어갈 수 있다. 면담방법론의 맥락에서 중요하지 않은 관문이 없겠으나, 저자는 특히 전문법칙의 관문과 임의성 기준의 관문에 주목해야 한다고 생각한다. 다른 관문에 비해 규정도 복잡하고 이에 대한 해석도 분분하기 때문이다.

2) 전문법칙

앞서 면담과정에서 청취한 진술은 통상 전문의 형태로 법원에 전달되고, 형사소송법은 이를 증거로 할 수 있는 예외를 규정하고 있다고 하였다. 법정 요건을 갖춘 조서와 면담자의 증언이 증거로 할 수 있는 예외, 즉 전문법칙의 예외다. 법정 요건을 하나씩 살펴보자. 현행 형사소송법상 ① 검사가 작성한 피의자신문조서의 증거능력 인정 요건은 '적법한 절차와 방식의 준수', '피고인의 실질적 진정성립 인정', '특신상태의 증명'이고(제312조 제1항), ② 사법경찰관이 작성한 피의자신문조서의 증거능력 인정 요건

---

38 대법원 1998. 12. 22. 선고 98도2890 판결.

은 '적법한 절차와 방식의 준수', '피고인 또는 변호인의 내용인정'이며(제312조 제3항), ③ 검사와 사법경찰관이 작성한 진술조서(피해자, 참고인 등)의 증거능력 인정 요건은 '적법한 절차와 방식의 준수', '실질적 진정성립의 인정 또는 증명', '특신상태의 증명', '반대 신문권의 보장'이다(제312조 제4항), 면담자와 피면담자에 따라 조서의 증거능력 인정 요건을 달리 설정하고 있음을 알 수 있다. 2020년 개정 형사소송법[39]은 면담자에 따른 조서의 증거능력 인정 요건 간 차등을 철폐하였다. 즉, 검사와 사법경찰관이 작성한 피의자신문조서의 증거능력 인정 요건을 '적법한 절차와 방식의 준수' '피고인 또는 변호인의 내용인정'으로 단일화하였다(제312조 제1항, 제3항). 2020년 개정 형사소송법은 진술조서의 증거능력 인정 요건에 손대지 않았으므로, 2022년 이후에는 피면담자에 따른 조서의 증거능력 인정 요건 간 차이만 남게 되었다. 현행 형사소송법상 ④ 조사자 증언[40]의 증거능력 인정 요건은 '특신상태의 증명'이다. 2020년 개정 형사소송법은 이 부분에 손대지 않았다. 한편, 형사소송법은 ⑤ 이상의 요건을 충족하지 못해 증거(본증)로 할 수 없는 조서나 진술이라도 탄핵증거로는 사용할 수 있도록 하고 있다(제318조의2). 통상 '증거로 할 수 있다'라고 할 때의 증거는 본증, 즉 혐의의 유무를 가리는 데 사용할 수 있는 증거를 말한다. 반면, 탄핵증거는 원진술자의 법정진술의 신빙성을 다투기 위해 사용할 수 있는 증거를 말한다(예: 진술번복 증명 → 신빙성 감쇄). 적지 않은 법정 요건들이 거론되었다. 머리가 아파 오는 독자가 있을 수 있겠다. 그러나 요건별로 정리하면 다섯 가지로 요약될 뿐만 아니라, 독자들이 신경 써야 할 요건은 세 가지에 불과하다(〈표 7〉 참고).

---

39 2020. 2. 4. 일부개정 법률 제16924호(2022. 1. 1. 시행 예정).

40 면담, 조사, 신문을 수행한 사람과 그 과정에 참여한 사람이 조사자에 포함된다. 법조계에서는 조사자가 면담, 조사, 신문의 과정에서 들은 바를 공판정에 구두로 전달하는 것을 '조사자 증언'이라고 부른다. 따라서 여기에서의 조사자 증언은 '면담자의 법정증언'을 의미한다.

표 7　조서와 면담자의 증언에 관한 전문법칙 도해

	적법한 절차와 방식의 준수	실질적 진정 성립의 충족	특신상태의 충족	내용인정	반대 신문권의 보장
피의자신문조서 (검사)*	○	○	○		
피의자신문조서 (사법경찰관)	○			○	
진술조서	○	○	○		○
조사자 증언			○		
탄핵증거		(○)**			

주. *2022. 1. 1.부터는 검사 작성 피의자신문조서의 증거능력 인정 요건이 사법경찰관 작성 피의자신문
　　조서의 증거능력 인정 요건과 같아짐. **탄핵증거로 사용하기 위해서는 최소한 성립의 진정이 증명
　　되어야 한다는 것이 학계의 일반적 견해임(신동운, 2014).

　　먼저, 내용인정과 반대 신문권의 보장은 면담실무자가 좌우할 수 없는 요
건이다(〈표 7〉에서 음영 처리한 부분). 내용인정 여부는 전적으로 피고인 또는 변
호인의 의사에 달려 있고, 반대 신문권의 보장 여부는 원진술자의 법정증언
가능성에 달려 있기 때문이다. 즉, 면담과정에서 고려해야 할 요건이 아니다.
따라서 면담실무자는 적법한 절차와 방식의 준수, 실질적 진정성립의 충족,
특신상태의 충족이라는 세 가지 요건에 집중하면 된다. ① 적법한 절차와 방
식의 준수는 "조서작성 과정에서 지켜야 할 진술거부권의 고지 등 형사소송
법이 정한 제반 절차를 준수하고 조서의 작성 방식에도 어긋남이 없어야 한
다"라는 요건이다.[41] 여기에는 면담자와 참여자의 적법성(제200조, 제221조, 제
243조), 변호인 참여권의 보장(제243조의2), 진술거부권 등의 고지(제244조의3),
이익되는 사실을 진술할 기회의 보장(제242조), 조서작성 원칙 규정의 준수(제
244조 제1항), 조서 열람 및 정정권의 보장(제244조 제2항), 간인, 기명날인 또는
서명의 진정성(제57조, 제244조 제3항), 수사과정의 기록(제244조의4) 등이 포함된
다. 적법한 절차와 방식 위반의 효과는 당해 조서 '전체'의 증거능력 불인정이

41　대법원 2013. 3. 28. 선고 2010도3359 판결.

다.[42] 또한, 일정 유형의 위반은 전문법칙뿐만 아니라 위법수집증거배제원칙에도 저촉되어 탄핵증거로도 사용할 수 없고, 피고인이나 변호인이 증거로 함에 동의하더라도 증거로 할 수 없다.[43] 가령, 변호인 참여권의 제한, 진술거부권의 불고지 등이 여기에 해당할 수 있다. 다시 머리가 아파 오는 독자가 있을 수 있겠다. 사실 적법한 절차와 방식의 준수에 포함되는 하위 요건은 앞에 열거한 것보다 더 많다. 그러나 크게 걱정할 필요는 없다. 한 번 익혀두면 실수할 일이 거의 없는 형식적 준수 사항들이기 때문이다. 제3장에서 구체적인 적용 방법을 저자가 안내할 것이다.

② 실질적 진정성립은 "피면담자가 적극적으로 진술한 내용이 그 진술대로 기재되어 있어야 한다는 것뿐 아니라 진술하지 않은 내용이 진술한 것처럼 기재되어 있지 않아야 한다"라는 요건이다.[44] 따라서 조서에는 피면담자가 적극적으로 진술한 내용이 조서에 '생략' 없이 기재되어야 하고, 피면담자가 진술한 내용이 조서에 '조작(본질적 변경)' 없이 기재되어야 하며, 피면담자가 진술하지 않은 내용이 조서에 '추가'되어서는 안 된다. 다만, 피면담자의 모든 진술이 문제 되는 것이 아니라 "구성요건적 사실이나 핵심적 정상"에 관한 피면담자의 진술이 문제 된다.[45] 여기에서 구성요건적 사실은 범죄수사, 감사 또는 조사의 내용적 대상이 되는 혐의사실 정도의 의미로 새기면 되겠다. 따라서 면담실무자는 혐의사실 또는 중요한 정상에 관한 피면담자의 진술이 서면화 과정에서 생략, 조작, 추가되지 않도록 각별히 유의해야 한다. 실질적 진정성립 불충족의 효과는 당해 진술 '부분'의 증거능력 불인정이다.[46]. 적법한 절차와 방식 위반의 경우에는 당해 조서 전체의 증거능력이 부정되는 것과 다르다. 적법한 절차와 방식보다는 만만한 요건이라고 생각하는 독자가 있을 수 있겠다. 서면화 과정에서 생략, 조작, 추가만 하지 않으면 되고, 증거능력도 부분적으로만 부정되니 말이다. 그러나 결코 그렇지 않다. 실질적 진정

---

42 대법원 2013. 3. 28. 선고 2010도3359 판결.

43 대법원 2011. 4. 28. 선고 2009도2109 판결.

44 대법원 2013. 3. 14. 선고 2011도8325 판결.

45 대법원 2014. 8. 26. 선고 2011도603 판결.

46 대법원 2005. 1. 14. 선고 2004도6646 판결, 대법원 2013. 3. 14. 선고 2011도8325 판결.

성립은 조서의 왜곡이라는 문제와 맞닿는 요건이고, 조서의 왜곡은 그 원인이 복합적일 뿐만 아니라, 그 효과도 광범위하기 때문이다. 즉, 면담자의 편향, 인지적 역량, 조서작성 습관 등이 조서 왜곡의 원인이 될 수 있고, 그 효과가 증거법적 문제뿐만 아니라 형사, 민사,[47] 행정적 문제에까지 미칠 수 있다. 증거법적 평가에 있어 조서의 왜곡은 실질적 진정성립의 증명뿐만 아니라 적법한 절차와 방식의 준수, 특신상태의 증명,[48] 임의성의 증명에 부정적 영향을 줄 수 있고, 나아가 증명력 평가에도 부정적 영향을 줄 수 있다(이형근, 백윤석, 2019). 충분히 이해한 독자라면 눈치챘겠지만, 실질적 진정성립 불충족은 직간접적으로 조사자 증언 및 탄핵증거 사용의 제약 사유가 될 수 있다. 조사자 증언은 특신상태의 증명을 요건으로 하고(제316조), 탄핵증거 사용은 성립의 진정을 요건으로 하는데(신동운, 2014), 이 두 가지 요건이 실질적 진정성립과 연관되기 때문이다. 그러나 크게 걱정할 필요는 없다. 제3장과 제4장에서 구체적인 적용 방법을 저자가 안내할 것이다.

③ 특신상태는 "진술내용이나 조서작성에 허위개입의 여지가 거의 없고, 진술내용의 신빙성이나 임의성을 담보할 구체적이고 외부적인 정황이 있어야 한다"라는 요건이다.[49] 실무에서는 변호인과 자유롭게 접견했는지 여부, 변호인의 참여가 정당한 이유 없이 배제되었는지 여부, 조사의 내용에 비추어 합리적인 조사 시간을 넘어서 조사가 이루어졌는지 여부, 구속 상태에서 별다른 조사를 하지 않으면서 매일 소환하여 같은 질문을 반복하였는지 여부 등을 특신상태 평가의 고려 요소로 삼고 있다(법원행정처, 2014). 이 고려 요소들은 형사소송법과 하위 법령에 의해 이미 규율되고 있는 사항들이어서 특신상태뿐만 아니라 적법한 절차와 방식 요건과도 연관된다. 한편, 조서의 왜곡을 실질적 진정성립 불충족 사유가 아니라 특신상태 불충족 사유로 본 대법원 판례가 있어 주목을 요한다.[50] 특신상태 불충족의 효과는 조서의 증거능력 불인정 및 조사자 증언의 불허다. 특신상태는 전문법칙 요건 중 가장 추상적, 다의적 특

---

47 대법원 2020. 4. 29. 선고 2015다224797 판결.

48 대법원 2014. 8. 26. 선고 2011도6035 판결.

49 대법원 2012. 7. 26. 선고 2012도2937 판결.

50 대법원 2014. 8. 26. 선고 2011도6035 판결.

성을 띤다(이형근, 2019). 그러나 크게 걱정할 필요는 없다. 고문, 폭행, 협박, 기망 등의 저급한 방법을 사용하지만 않는다면, 적법한 절차와 방식의 준수와 실질적 진정성립의 충족이 특신상태의 충족을 일정 수준 이상 담보해줄 것이기 때문이다. 제3장과 제4장에서 구체적인 유의점을 저자가 안내할 것이다.

　면담과정에서는 피면담자의 진술이 어떤 형태로 법원에 전달될지(예: 조서, 면담자의 증언), 어떤 자격으로 법원에서 사용될지(예: 본증, 탄핵증거)를 가늠하기 어렵다. 또한, 면담의 수행 및 면담내용의 기록 단계에서 발생한 오류의 파급효과가 어디까지 미칠지를 가늠하기도 어렵다. 따라서 면담실무자는 전문법칙의 세 가지 요건 모두를 이해하고 고려할 수 있어야 한다. 가능한 모든 경우의 수에 대비해야 하기 때문이다. 가령, '2022년부터는 형사소송법 제312조 제1항에서 실질적 진성성립과 특신상태 요건이 삭제되기 때문에 더 이상 이 두 가지 요건에 신경 쓸 필요가 없다'라고 생각하는 검사나 사법경찰관이 있어서는 안 된다. 이 두 가지 요건이 조사자 증언 및 탄핵증거 사용의 제약사유가 될 수 있기 때문이다. 앞서 법심리학적 면담방법론의 목적은 재구성의 '최적화'에 있다고 하였다. 실체의 규명뿐만 아니라 절차의 준수에도 이와 같은 기준이 적용되어야 할 것으로 생각한다.

3) 임의성 기준

　임의성은 "진술이 강압이나 기망 없이 자유롭게 이루어져야 한다"라는 요건이다.[51] 여기에서 '자유롭게'는 '자유의지에 따라'라는 의미다. 우리 사회가 사람의 자유의지로 통제할 수 있는 진술을 기억과 사고 확인의 주된 수단으로 채택했다는 사실을 상기해 보라. 따라서 피면담자의 진술은 자유로운 상태하에서 이루어져야 하고, 피면담자가 진술의 대상 및 진술의 효과를 잘 아는 상태하에서 이루어져야 한다(제317조 제1항). 또한, 조서의 작성은 앞의 요건에 더하여 피면담자가 기재의 대상 및 기재의 효과를 잘 아는 상태하에서 이루어져야 한다(제317조 제2항). 이것을 '이중의 임의성 요청'이라고 한다(신동운, 2014). 임의성 기준 불충족의 효과는 당해 진술 또는 조서의 증거능력 불인정

51　대법원 2006. 11. 23. 선고 2004도7900 판결.

이다. 전문법칙 위반의 경우와 달리 당해 진술 또는 조서를 탄핵증거로 사용할 수 없고, 피고인이나 변호인이 증거로 함에 동의하더라도 증거로 할 수 없다.[52] 이와 같이 임의성 기준에는 전문법칙에 못지않게 중요한 내용들이 포함되어 있다. 그러한 실무에서는 임의성 기준을 이와 같이 정밀하게 이해하는 경우가 오히려 드문 것 같다. 특히, 피면담자가 진술의 대상과 조서 기재의 대상을 어느 정도로 잘 알아야 하는지는 쉽지 않은 문제다. 그러나 크게 걱정할 필요는 없다. 제3장과 제4장에서의 안내가 임의성 기준의 충족을 일정 수준 이상 담보해줄 것이기 때문이다.

4) 증명력의 문제

증명력은 "혐의사실의 인정을 위한 증거의 실질적 가치"를 의미한다(신동운, 2014). 앞서 설명한 바와 같이 형사소송법은 증거능력 평가의 관문을 통과한 증거에 대한 증명력 평가를 법관의 자유심증에 일임하고 있다(제308조). 따라서 증명력 평가의 기준은 증거능력 평가의 기준과 달리 법정되어 있지 않다. 그러나 법관의 자유로운 판단이 무제한적으로 인정되는 것은 아니다. 가령, 대법원은 "증거의 증명력에 대한 법관의 판단은 논리와 경험칙에 합치하여야 하고 … 증명력이 있는 것으로 인정되는 증거를 합리적인 근거가 없는 의심을 일으켜 배척하는 것은 자유심증주의의 한계를 벗어나는 것으로 허용될 수 없다"라고 판시한 바 있다.[53] 따라서 법관은 논리와 경험칙에 따라 공판정에서의 진술보다 공판정 이외(예: 수사기관)에서의 진술을 더 신뢰할 수도 있고,[54] 유리한 타인의 진술보다 불리한 본인의 진술(예: 자백)을 더 신뢰할 수도 있다.[55] 따라서 법심리학적 면담방법론의 학습자, 교수자, 연구자는 자신이 적용, 교육, 연구하는 면담방법론이 '논리, 경험칙, 합리적 근거'라는 기준에 부합하도록 노력해야 한다. 구체성이 떨어지는 기준이라고 생각할 독자가

---

52 대법원 2006. 11. 23. 선고 2004도7900 판결.

53 대법원 2011. 1. 27. 선고 2010도12728 판결.

54 대법원 1984. 8. 14. 선고 84도1139 판결.

55 대법원 1995. 12. 8. 선고 95도2043 판결.

있을 수 있겠다. 그러나 크게 걱정할 필요는 없다. 증거능력과 달리 증명력은 '가부' 평가의 대상이 아니라 '정도' 평가의 대상이기 때문이다. 따라서 각자가 이해하고 실행할 수 있는 범위에서 최선을 다하면 된다. 아울러 앞서 살펴본 증거능력 평가의 관문을 '다툼 없이' 통과하는 것, 제3장과 제4장에서의 안내를 충분히 이해하고 적용하는 것이 증명력 평가에서의 좋은 성적을 일정 수준 이상으로 담보해줄 것이다. 증거능력 평가 관문에서의 다툼은 증명력 감쇄의 주요 원인 중 하나이기 때문이다.

5. 그리고 면담

면담의 목적, 수단, 조건에 관한 설명에 적지 않은 지면을 할애하였다. 이를 통해 독자들은 무엇을 이해하였고, 또 어떠한 생각에 이르게 되었는가. 면담의 목적에 관하여는, 항상 진실을 밝힐 수 있는 면담방법론이 존재하지 않는다는 사실, 그래서 독자들은 재구성의 '최적화'를 면담의 목적으로 삼아야 한다는 사실을 확인하였다. 재구성의 최적화는 면담의 목적임과 동시에 면담의 수단과 조건을 올바르게 이해하고 적용하기 위한 기준이기도 하다. 면담의 수단에 관하여는, 진술의 기초가 되는 기억과 사고가 상당히 복잡하고 취약하며 역동적인 특성을 띤다는 사실, 피면담자뿐만 아니라 면담자도 기억과 사고의 이러한 특성으로부터 자유롭지 못하다는 사실, 그래서 독자들은 과학적으로 '검증'된 방법론에 따라 이러한 특성에 접근해야 한다는 사실을 확인하였다. 세간에 알려진 방법론 중에는 단지 그럴법한 것들이 적지 않다. 독자들은 그 명칭과 겉모양에 현혹되지 않고 옥석을 가릴 수 있어야 한다. 면담의 조건에 관하여는, 면담방법론에 요구되는 규범적 기준이 다양하고 촘촘하다는 사실, 이 기준들을 잘 통과하지 못하면 애써 청취한 진술의 증거 자격이 박탈되거나 증거 가치가 감쇄될 수 있다는 사실, 그래서 독자들은 가장 '엄격한' 잣대를 이해하고 각자의 입장에서 응용할 수 있어야 한다는 사실을 확인하였다. 규범적 기준 중에는 실무에서 비교적 잘 지켜지는 것도 있고 그렇지 못한 것도 있다. 영화 베테랑에서 배우 유아인은 "문제를 삼지 않으면 문제가 되지 않는데, 문제를 삼으면 문제가 된다."라고 하였다. 저자는 독자들에게 "문제를 삼아도 문제가 되지 않아야 한다."라는 기준을 제시해야 할 것 같다. 내가 안전해야 남을 도울 수 있기 때문이다. 규범적 요구 불충족의 효과가 증거법적 문제뿐만 아니라 형사, 민사, 행정적 문제에까지 미칠 수 있다는 사실을 상기해 보라.

그런데 과학적으로 검증된 방법론과 규범적 기준은 어떤 관계에 있을까. 둘의 관계는 마치 실체적 진실주의와 적법절차의 원칙 간의 길항(拮抗) 및 견련(牽聯)을 연상케 한다. 즉, 서로 대립하는 측면도 있고 조화하는 측면도 있다는 것이다. 심리학과 법학의 학제간 연구가 이루어진 역사가 길지는 않으나, 현재는 과학적으로 검증된 방법론과 규범적 기준 간의 길항 관계가 많이 줄어든 상태다. 가령, 심리학 연구를 통해 도출된 '54.9 : 68.9 = 41.2 : 29.4' 라는 비례식(Geiselman et al., 1985)이 둘의 견련 관계를 잘 설명해준다. 비례식의 앞은 질문의 수 대비이고, 비례식의 뒤는 수집되는 정확한 정보의 양 대비다. 비례식을 문장으로 표현하면 '질문의 수가 많을수록 수집되는 정확한 정보의 양이 줄어든다'가 된다. 쉽게 이해하기 어려운 비례식이다. 정보를 많이 얻으려면 오히려 질문을 많이 해야 할 것 같기 때문이다. 이해의 실마리는 질문의 수와 질문유형의 관계에 있다. 어떤 면담에서 질문의 수가 많았다는 것은 그 면담에서 폐쇄형 질문이 많이 사용되었음을 의미한다. 개방형 질문 위주의 면담에서는 질문의 수가 좀처럼 많아지기 어렵다. 피면담자 주도의 진술이 이루어지기 때문이다. 심리학 연구에서는 폐쇄형 질문보다 개방형 질문을 더 올바른 질문유형으로 본다. 그래서 개방형 질문을 '먼저' 그리고 '많이' 사용할 것을 권장한다. 폐쇄형 질문, 특히 연속되는 폐쇄형 질문은 피면담자의 기억과 거짓말 전략에 영향을 줄 수 있기 때문이다. 기억을 훼손하고 거짓말 전략을 돕는 질문유형을 빈번하게 사용한다면 수집되는 정확한 정보의 양이 줄어들게 될 것임을 어렵지 않게 짐작할 수 있다. 따라서 앞의 비례식은 '질문유형이 올바르지 못하면 수집되는 정확한 정보의 양이 줄어든다'라고 새겨야 한다. 질문의 주된 기능은 정보의 '요구'다. 그런데 질문은 정보를 '제공'하는 부작용도 갖는다(예: 피암시성, 눈치). 개방형 질문은 질문의 주된 기능을 강화하고 부작용을 최소화하는 질문유형이다. PEACE 매뉴얼이 개방형 질문의 '애용'과 다른 질문유형의 '지양'을 요청하는 것도 이와 같은 이유 때문이다.

앞의 비례식은 규범적 기준과 어떤 관계에 있을까. 전문법칙, 임의성 기준 및 증명력 평가의 문제와 연계하여 생각해보자. ① 전문법칙 중 실질적 진정 성립 요건은 조서의 왜곡과 직접적으로 연관된다. 조서의 왜곡은 면담자가 피면담자의 진술을 조서에 그대로 기재하지 않거나(예: 편향), 그대로 기재하지 못해서(예: 인지적 역량) 발생하는 문제다. 후자의 문제는 차치하더라도, 면담자는 왜 피면담자의 진술을 조서에 그대로 기재하지 않는 것일까. 이 문제에도 다양한 원인이 있겠지만, 여기에서는 '단문장답'의 권장과 '문답전환'의 관행에 주목해 보자. 범죄수사 업무를 수행하는 독자들은 선배들로부터 "조서는 단문장답으로 꾸며야 한다."라는 조언을 한 번쯤 들어보았을 것이다. 즉, 질문은 짧게, 답변은 길게 조서를 작성하라는 말이다. 여기에서 짧은 질문은 개방형 질문을, 긴 답변은 개방형 질문에 따른 덩이 형태의 진술을 각각 의미한다. 과연 이 조언이 타당한 것일까. 절반은 그러하고 절반은 그러하지 못하다. 가령, 면담에서의 단문장답이 조서에서 단문장답으로 구현되는 것은 바람직한 일이겠지만, 면담에서의 장문단답이 조서에서 단문장답으로 탈바꿈하는 것은 지극히 경계해야 할 일이다. 후자는 면담자의 질문이 피면담자의 답변으로 둔갑하는 소위 '문답전환' 형태의 조서 왜곡에 해당하기 때문이다. 문답전환 형태의 조서 왜곡은 조서의 증거법적 평가에 부정적 영향을 줄 뿐만 아니라 민사적 문제까지 야기할 수 있다. 가령, 대법원은 문답전환 형태의 조서 왜곡으로 인해 피면담자가 구속된 사안에 대하여 국가의 손해배상 책임을 인정한 바 있다.[56] 그렇다면 질문유형이 올바르지 못한 면담실무자는 어떤 선택을 해야 할까. 생각건대, 예쁘지만 위험한 조서와 안전하지만 못난 조서 중 하나를 선택해야 할 것이다. 영상녹화의 확대, 피면담자의 영상녹화 요청권 등을 고려하면 전자보다 후자가 더 현명한 선택이 될 것 같다. 이와 같은 딜레마는 올바른 면담방법론, 특히 올바른 질문유형의 체득을 통해 극복할 수 있을 것이고, 그 결과는 예쁘고 안전한 조서가 될 것이다.

② 전문법칙 중 특신상태 요건과 임의성 기준은 면담과정의 임의성과 청취한 진술의 신빙성을 요구한다. 특히, 임의성 기준은 피면담자가 진술의 대상 및 진술의 효과를, 조서를 작성하는 경우에는 기재의 대상 및 기재의 효과까지 잘 아는 상태하에서 면담이 이루어져야 충족되는 요건이다. 쉽지 않은

---

56 대법원 2020. 4. 29. 선고 2015다224797 판결.

문제다. 그러나 크게 걱정할 필요는 없다고 하였다. 실체의 규명뿐만 아니라 절차의 준수에도 '최적화'라는 기준을 적용하면 될 것이기 때문이다. 임의성 담보를 최적화하기 위한 방법 중 하나가 바로 올바른 질문유형의 적용이다. 이를 통해 피면담자의 기억, 사고와 자유의지에 최소한의 영향만을 주면서 그의 진술을 청취할 수 있을 것이기 때문이다. 다만, 피면담자가 진술 또는 기재의 효과까지 잘 알아야 한다는 요구는 정보의 제공과 권리의 고지 등을 통해 보완되어야 할 것이다. ③ 증명력 평가는 법관의 자유심증에 일임되어 있으나, 법관의 자유로운 판단에도 '논리, 경험칙, 합리적 근거'라는 제약이 따른다고 하였다. 또한, 증명력 평가 단계에서는 '가부'의 재단이 아니라 '정도'의 음미가 이루어진다고 하였다. 따라서 올바른 질문유형의 적용은 증명력 평가에서의 좋은 성적을 일정 수준 이상으로 담보해준다. 가령, 피면담자가 '그곳에 갔다'라는 사실이 폐쇄형 질문에 따른 단답을 통해 확인되는 경우보다 개방형 질문에 따른 장답을 통해 확인되는 경우가 상대적으로 더 높은 정도의 증명력을 인정받을 것이다. 어떤 사실에 대해 소극적으로 긍정하거나 단지 부정하지 않는 것보다 적극적으로 진술하는 것을 더 진실하고 강한 메시지로 보는 것이 경험칙에 부합하기 때문이다. 여기에서 문답전환 형태의 조서 왜곡을 부정적으로 평가해야 할 이유를 하나 더 발견할 수 있다. 문답전환 형태의 조서 왜곡은 마땅히 낮은 정도의 증명력을 인정받아야 할 단답을 장답으로 둔갑시켜 부당하게 높은 정도의 증명력을 인정받도록 하기 때문이다. 앞서 문답전환 형태의 조서 왜곡은 증거능력 평가뿐만 아니라 증명력 평가에도 부정적 영향을 준다고 하였던 것도 이와 같은 이유 때문이다. 이상의 정리를 통해 심리학 연구에서 도출된 비례식이 규범적 기준과 깊은 견련 관계에 있음을 알 수 있다. 즉, 앞의 비례식에는 '질문유형이 올바르지 못하면 규범적 기준을 충족하기 어렵다'라는 교훈도 포함되어 있다.

다만, 규범적 기준은 여전히 최선의 지향보다는 최악의 지양에 초점을 두고 있고, 이러한 경향은 앞으로도 쉽게 변하지 않을 것 같다. 아울러 과학적 방법론도 이러한 경향을 존중할 것으로 생각한다. 법심리학적 면담방법론은 존엄한 인간의 자유의지에 따른 진술을 수단으로 그의 기억과 사고에 접근하는 민감한 방법론이기 때문이다. 저자가 제1장에서부터 '그렇게 하기보다 이렇게 해야한다'라고 주문하기 위한 두 가지 조건으로 효과성과 적법성을 제시한 것도 이와 같은 이유 때문이다. 지금까지를 읽고 독자들이 '중요하다는 것은 알겠는데, 도대체 어떻게 하라는 것인가'라는 생각에 이르게 되었는지 모르겠다. 모쪼록 그랬으면 좋겠다. 독자들이 지금까지를 읽고 따라와 준 것에 대해서 감사를 표한다. 아울러 핵심기술과 면담의 구조화에 관한 본격적인 학습의 장으로 들어오게 된 것에 대해서 환영을 표한다.

제3장

핵심기술

1. 관점의 설정

제1장에서 현대의 면담방법론이 크게 자백획득형과 정보수집형으로 나뉜다는 사실을 확인하였다. 제2장에서는 기억의 취약성, 거짓말의 역동성, 관련규범의 보수성을 확인하였다. 이제 제2장에서 학습한 내용에 따라 제1장에서개관한 방법론 중 하나를 '기본'으로 선택하고, 여기에 다소간의 '조정'을 가하여 제3장부터 제5장까지에 적용할 '관점'을 설정할 시간이다. 먼저, ① 정보수집형 면담방법론을 기본으로 선택하도록 하자. 효과성과 적법성 측면에서이상적 면담방법론의 필요조건을 갖추었기 때문이다. 가령, 이 면담방법론은피면담자의 기억을 훼손하거나 거짓말 전략을 도울 가능성이 낮고, 청취한 진술의 임의성과 신빙성을 높여준다.

다만, 정보수집형 면담방법론의 대표적 예로 꼽히는 PEACE 모델의 내용중 일부는 다음과 같은 조정이 필요할 것으로 생각한다. ② PEACE 모델은 협조적인 피면담자에게는 자유회상형을 적용하고 비협조적인 피면담자에게는대화관리형을 적용하는데, 이 책에서는 이와 같은 구분 없이 모든 피면담자에게 동일한 면담방법론을 적용하기로 하자. 협조적 또는 비협조적이라는 개념 자체가 주관적일 뿐만 아니라, 모든 피면담자가 적어도 규범적으로는 동일하게 취급받아야 온당하기 때문이다. 같은 취지에서 피면담자의 진실성(진실 : 거짓)이나 규범적 지위(피해자 : 피의자)의 구분 없이 모든 피면담자에게 동일한면담방법론을 적용하기로 하자. 수사관과 일반인의 진실성 평가 역량은 공히'우연히 맞추는 수준'에 불과하고, 피면담자의 규범적 지위와 진실성 간에는필연적 연관성이 없기 때문이다. 요컨대, 피면담자의 태도, 진실성, 규범적지위를 막론하고 동일한 면담방법론을 적용하기로 하자. 면담의 주제와 상황에 따라 적용되어야 할 세부 기법에 일정한 차이가 있을 수 있음은 물론이다.

가령, 피면담자의 진술 상호 간 또는 피면담자의 진술과 다른 증거 간에 모순이 없는 경우에는 설명요구 단계를 생략할 수 있다.

③ PEACE 모델은 질문의 종류를 개방형 질문, 폐쇄형 질문, 유도질문, 복합질문, 반복질문의 1차원으로 분류하는데, 이 책에서는 질문의 종류를 질문유형과 질문방식의 2차원으로 분류하기로 하자. 2차원으로 분류하면 개방형 질문과 폐쇄형 질문은 질문유형에, 유도질문과 복합질문 등은 질문방식에 각각 포함된다. 1차원적 질문 분류 방식에 의하면 하나의 질문이 둘 이상의 질문으로 분류될 수 있기 때문에 2차원적 질문 분류 방식을 취하고자 하는 것이다. 가령, "타인의 돈이 착오로 송금된 사실을 알고도 이를 인출하여 사용했나요?"라는 질문은 폐쇄형 질문이자 복합질문에 해당한다. 즉, "타인의 돈이 착오로 송금된 사실을 알았나요?"라는 폐쇄형 질문과 "이를 알고도 [돈을] 인출하여 사용했나요?"라는 폐쇄형 질문이 결합된 복합질문이다. 따라서 법심리학적 면담방법론에서 사용되는 질문은 질문의 개방성 차원에 따른 '질문유형'과 질문의 암시성·부적절성 차원에 따른 '질문방식'으로 분류될 필요가 있다. 아울러 PEACE 모델은 TED 형태의 질문과 WH 형태의 질문 모두를 개방형 질문으로 분류하고 있는데, 이 부분도 좀 더 정치화할 필요가 있다. 가령, "여기에 온 방법을 말해보세요."라는 TED 질문과 "여기를 어떻게 찾아오셨어요?"라는 WH 질문의 개방성은 유사하나, "여기로 출발한 시각이 언제인가요?"라는 WH 질문은 앞의 두 질문보다 개방성이 낮다. 후술하겠지만 개방성이 높은 질문에 대하여는 긴 답변이 예상되는 반면, 개방성이 낮은 질문에 대하여는 짧은 답변이 예상된다. "여기를 어떻게 찾아오셨어요?"라는 질문에 대한 답변이 "여기로 출발한 시각이 언제인가요?"라는 질문에 대한 답변보다 더 길 것임을 어렵지 않게 짐작할 수 있다. 요컨대, 질문의 종류를 질문유형과 질문방식의 2차원으로 분류하고, 세부 기준을 좀 더 정치화하기로 하자.

아울러, PEACE 모델에 다음과 같은 관점 또는 방법론을 접목할 필요가 있을 것으로 생각한다. ④ 인지면담의 세부 기법 중 일부를 접목하기로 하자. PEACE 모델에는 맥락회복, 다양한 인출시도 등의 인지면담 기법이 포함되어 있다. 이 책에서도 인지면담의 구조 전체가 아니라 세부 기법 중 일부를 포섭하는 것이 좋겠다. 인지면담은 기본적으로 면담에 저항하지 않는 피면담자(예: 진실한 피면담자)와의 면담을 전제로 개발된 방법론인 관계로(김시업 역, 2011), 비협조적이거나 거짓된 피면담자와의 면담에도 적용할 수 있는 범용 면담방법론에 그 전체를 수용하기는 어렵다. 또한, 인지면담의 세부 기법 중에는 국내외에서 효과성이 충분히 검증된 것도 있지만(예: 맥락회복), 상대적으로 검증의 정도가 덜한 것도 있다. 요컨대, 인지면담의 구조 전체가 아니라 세부 기법 중 효과성이 검증된 것을 접목하기로 하자. 같은 취지에서 NICHD 프로토콜(예: 면담규칙 설명)과 ABE 가이드(예: 질문유형)도 구조 전체가 아니라 세부 기법 중 일부를 접목하기로 하자.

⑤ 진술분석과 행동분석의 준거 중 일부를 접목하기로 하자. 진술분석 방법론 중 SCAN과 인지기반 행동분석은 분석의 결과를 증거로 사용하기 위해 개발된 것이 아닌 반면, 진술분석 방법론 중 CBCA는 분석의 결과를 증거로 사용하기 위해 개발된 것이다. 이 책에서는 SCAN, CBCA, 인지기반 행동분석의 준거 중 일부를 − 증거로 사용할 목적이 아니라 − 면담 및 조사 방향 설정의 목적으로 사용하는 것이 좋겠다. CBCA 분석의 결과를 증거로 사용해서는 안 된다는 주장(Vrij, 2008)의 타당성과는 별론으로 이 책은 진술의 '분석'이 아니라 '청취'에 초점을 두고 있기 때문이다. 면담 및 조사 방향 설정의 목적으로 사용한다는 것은 '질문 − 답변 − 동시 분석 − 취약한 특정 부분 발견 − 해당 부분 추가 질문(면담중) / 해당 부분 사실 확인(면담후)' 순의 활용을 의미한다. 요컨대, 진술분석과 행동분석의 준거 중 일부를 면담 및 조사 방향 설정의 목적으로 사용하기로 하자.

⑥ 증거활용 기법 중 일부를 접목하기로 하자. 법심리학적 면담방법론은 범죄수사, 감사 또는 조사라는 일련의 과정 중간에 위치하고, 그 전후에는 통상 현재적 또는 잠재적 증거가 존재하기 때문이다. 가령, 피해자가 제공한 진술과 자료는 전자에 해당하고, 피면담자의 진술에 따라 확인한 사실(예: 알리바이)은 후자에 해당한다. 범죄수사, 감사 또는 조사에서 증거가 갖는 기능은 상당하다. 또한, 증거의 존재에 대한 피면담자의 자각은 자백률에 가장 큰 영향을 미치는 요인이다(60%). 따라서 면담실무자는 현재적, 잠재적 증거를 가장 효과적으로, 그리고 적법하게 활용할 수 있어야 한다. SUE 기법과 TIM 기법은 현재적 증거의 활용에 관한 것이다. 즉, 면담 전에 수집한 증거가 있다면 그 증거를 면담과정 중 가장 적합한 시점에 가장 적합한 방법으로 제시해야 한다는 것을 핵심으로 한다. 이 책은 여기에 더하여 잠재적 증거, 즉 면담

후에 수집할 증거를 올바르게 활용할 방법을 제안할 것이다. 요컨대, 현재적 증거 및 잠재적 증거의 활용 기법을 접목하기로 하자.

⑦ 진술의 기록 문제를 포함하기로 하자. 형사소송법상 피의자의 진술은 조서라는 서면에 기록하는 것이 원칙이고(제244조 제1항), 피의자가 아닌 피면담자의 진술도 조서에 기록하는 것이 일반적이며, 수사기관뿐만 아니라 다른 공공기관 또는 민간기업에서 감사 또는 조사를 할 때에도 피면담자의 진술을 서면에 기록하는 경우가 많기 때문이다. 또한, 피면담자의 진술은 관련 규범이 정한 절차와 방식에 따라 기록되어야 하고, 그 진술대로 기록되어야 하며, 진술의 기록에 있어 하자가 있으면 당해 기록의 전부 또는 일부를 증거로 할 수 없다. 민간기업의 경우에는 진술의 기록상 하자가 올바른 의사결정에 부정적 영향을 미칠 것이다. 특히, 수사기관의 경우에는 진술의 기록상 하자가 증거법적 평가의 문제뿐만 아니라 민사적(예: 손해배상), 형사적(예: 허위공문서작성죄) 문제와도 연관될 수 있어 각별한 주의가 필요하다. 요컨대, 적법한 절차와 방식에 따라 기록하기, 피면담자의 진술대로 기록하기 등 진술의 기록에 관한 주요 쟁점을 포함하기로 하자.

⑧ 법정증언 문제를 포함하기로 하자. 형사소송법의 개정으로 2022년 1월 1일부터 모든 수사기관에서 작성한 피의자신문조서는 피고인 또는 변호인이 그 내용을 인정할 때에 한하여 증거로 할 수 있게 되는데(제312조 제1항, 제3항), 수사기관이 이와 같은 환경 변화에 대응할 수 있는 핵심적 수단이 바로 조사자 증언이기 때문이다(제316조). 조사자 증언은 2007년 개정 형사소송법을 통해 도입된 제도이지만, 피고인 또는 변호인이 내용을 부인하더라도 검사 작성 피의자신문조서를 증거로 할 수 있었기 때문에, 굳이 이 제도를 활용할 실익이 적었다. 그러나 형사소송법 제312조 제1항의 개정 규정이 시행되는 2022년 1월 1일 이후에는 이 제도가 보다 빈번하게 활용될 것으로 전망된다. 한편, 다른 공공기관 또는 민간기업에서 감사 또는 조사 업무를 수행하는 면담실무자도 사안에 따라 법정증언 또는 이와 유사한 상황(예: 위원회에서의 증언)에 대응해야 할 경우가 있을 수 있다. 면담실무자는 면담 단계에서 청취한 진술이 향후 어떤 방식(예: 서면의 형태, 증언의 형태)으로 활용될지 가늠하기 어렵다. 따라서 가능한 모든 경우에 대응할 수 있는 역량을 갖출 필요가 있다. 요컨대, 면담 단계에서 청취한 진술을 증언의 형태로 전달할 경우에 대비하여 법정증언 문제를 포함하기로 하자. 감사 또는 조사 업무를 수행하는 독자들은

'응용적 관점'에서 해당 부분을 읽으면 될 것이다.

⑨ 유연한 의사결정 규칙을 적용하기로 하자. 제2장에서 피면담자뿐만 아니라 면담자도 기억의 취약성, 특히 편향으로부터 자유롭지 못하다는 사실을 확인하였다. 이 책은 무엇을 묻고 들을지에 관한 것보다 상대적으로 어떻게 묻고 들을 것인지에 관한 것에 더 초점을 두고 있고, 후자는 전자보다 상대적으로 더 일반적이다. 지금까지 설정한 관점은 법심리학적 면담방법론에 있어 가장 일반적 또는 보편적 사항이므로, 관점의 이해와 체득을 통해 편향이라는 문제로부터 어느 정도 자유로워질 수 있을 것으로 생각한다. 저자는 독자들에게 '그렇게 하기보다 이렇게 해야 한다'라고 주문하기 위해 효과성과 적법성이라는 요건을 충족하는 방법론을 선별하여 제안하려고 노력하였다. 그러나 범죄수사, 감사 또는 조사의 맥락에는 다양한 변인이 공존하기 때문에 이 책에서 설정한 관점을 이해하고 체득하려고 노력하되, 늘 유연한 의사결정 규칙을 견지할 필요가 있다. 앞서 도깨비 방망이나 알라딘의 요술램프 같은 면담방법론을 존재하지 않는다고 하였다. 저자가 제안하는 면담방법론도 예외가 아니다. 요컨대, 재구성의 최적화를 위해서는 저자가 제안하는 면담방법론에 독자들 나름의 유연한 의사결정 규칙을 접목할 필요가 있다. 다만, 유연함의 추구가 관점과 방법론의 본질을 훼손하지 않도록 유의하자. 지금까지 설정한 관점을 요약하면 〈표 8〉과 같다.

표 8   법심리학적 면담방법론의 관점

연 번	관 점
1	정보수집형 면담방법론의 채택
2	범용 면담방법론의 지향
3	2차원적 질문 분류 방식 채택
4	인지면담의 세부 기법 접목
5	진술분석과 행동분석의 세부 준거 접목
6	현재적, 잠재적 증거의 활용 접목
7	진술의 기록 문제 포섭
8	법정증언 문제 포섭
9	유연한 의사결정 규칙 적용

제3장부터 제5장까지에 적용할 관점을 설정하였으니, 핵심기술의 세부를 학습할 준비가 완료되었다. 수사기관의 면담방법론 매뉴얼과 민간에 소개된 면담방법론 도서는 대체로 '라포형성 – 면담규칙 설명 – 청취기법 – 질문기법' 순으로 핵심기술을 소개하고 있다. 통상적인 면담의 흐름이 그러하기 때문이다. 그러나 이 책에서는 독자들의 학습 동기를 높이기 위해 통상적인 순서의 역순에 따라 핵심기술을 설명하고자 한다. 질문기법을 온전히 이해해야 청취기법의 중요성을 알게 되고, 질문기법과 청취기법을 온전히 이해해야 라포형성과 면담규칙 설명의 중요성을 알게 되는 경향이 있기 때문이다. 저자의 경우에도 면담방법론 학습에서 가장 먼저 접했던 라포형성의 의미와 기능을 한참 뒤에야 깨달았던 경험이 있다. 또한, 제3장에서 통상적인 순서의 역순에 따라 핵심기술을 학습하더라도 제4장에서는 통상적인 순서에 따른 면담의 구조화 방법론을 학습할 것이므로, 역순 학습에 따르는 부작용은 크지 않을 것으로 생각한다. 요컨대, 이 책은 '질문기법 – 청취기법 – 라포형성 및 면담규칙 설명' 순으로 핵심기술을 설명할 것이다.

　관점의 설정에서 접목 또는 포섭하기로 한 사항은 다음과 같이 편성하고자 한다. ① 인지면담의 세부 기법은 '질문기법'의 절에 편성할 것이다. 인지면담의 구조 전체가 아니라 세부 기법 중 일부를 접목할 것이므로 별도의 절로 두기보다 핵심기술 중 어느 하나에 관한 절에 편성하고자 하는 것이다. 또한, 인지면담은 다양한 핵심기술과 연관되지만 기억 증진을 위한 면담자의 안내가 핵심이라는 점을 고려하여 질문기법의 절에 편성하고자 하는 것이다. ② 진술분석과 행동분석의 세부 준거는 '청취기법'의 절에 편성할 것이다. 분석의 결과를 면담 방향 설정의 목적으로 활용할 것이므로 별도의 절로 두기보다 핵심기술 중 어느 하나에 관한 절에 편성하고자 하는 것이다. 또한, 진술분석과 행동분석은 피면담자의 언어적 행동(진술)과 비언어적 행동을 대상으로 한다는 점을 고려하여 청취기법의 절에 편성하고자 하는 것이다. ③ 현재적, 잠재적 증거의 활용은 '질문기법'의 절에 편성할 것이다. 현재적 증거의 활용은 어떻게 물을지에 관한 문제이고, 잠재적 증거의 활용은 무엇(예: 상호작용)을 물을지에 관한 문제이기 때문이다. ④ 진술의 기록 및 법정증언의 문제는 '별도의 절'로 편성할 것이다. 두 가지 문제 모두 다른 핵심기술과는 본질적으로 다른 쟁점을 포함하고 있기 때문이다. 요컨대, '질문기법(인지면담, 증거활용 편성) – 청취기법(진술분석, 행동분석 편성) – 라포형성 및 면담규칙 설명 – 진술의 기록 – 법정증언'의 체계에 따라 핵심기술을 설명할 것이다.

2. 질문기법[57]

1) 종래의 1차원적 질문 분류

앞서 PEACE 모델은 질문의 종류를 개방형 질문, 폐쇄형 질문, 유도질문, 복합질문, 반복질문의 1차원으로 분류한다고 하였다. 국내외에 알려진 다른 면담방법론들도 대체로 질문의 종류를 1차원으로 분류하고 있다. 다만, 세부 분류 항목에 있어 다소간의 차이가 있다. 가령, 인지면담에서는 질문의 종류를 개방형 질문과 폐쇄형 질문 두 가지로 분류하고(김시업 역, 2011), 아동면담에서는 질문의 종류를 개방형 질문, 초점화 질문, 폐쇄형 질문, 유도질문, 반복질문으로 분류하며(김태경, 이영호, 2010), ABE 가이드에서는 질문의 종류를 개방형 질문, 구체적 폐쇄형 질문, 강요된 선택형 질문, 유도질문, 복합질문으로 분류한다(김면기, 이정원, 2020). 세부 분류 항목에 있어 차이가 있으나 모두 1차원적 질문 분류 방식을 채택하고 있음을 알 수 있다. 앞서 설명한 바와 같이 1차원적 질문 분류 방식에 의하면 하나의 질문이 둘 이상의 질문으로 분류될 수 있다. 학습자에게 적지 않은 불편함을 주는 부분이다. 저자도 처음 면담방법론을 학습할 때 하나의 질문이 둘 이성의 질문으로 분류될 수 있나는 교수자의 설명을 듣고 당혹스러웠던 기억이 있다. 따라서 질문의 종류를 질문 유형과 질문방식의 2차원으로 분류할 필요가 있다.

또한, 각 면담방법론에서 동일한 질문을 서로 다른 항목으로 포섭하는 경우도 발견된다. 가령, "그 장소가 어디인가요?"라는 질문(WH 형태의 질문)을 PEACE 모델은 개방형 질문으로 분류하고, 인지면담에서는 폐쇄형 질문으로 분류하며, 아동면담과 ABE 가이드에서는 각각 초점화 질문 및 구체적 폐쇄형 질문으로 분류한다. 통상 개방형 질문은 "그곳에서 있었던 일을 모두 말해

---

57 질문기법 부분은 「이형근 (2021b). 질문의 유형과 방식에 관한 연구: 2차원적 질문분류 방법론 제안. 범죄수사학연구, 7(1), 심사중」의 내용 중 일부를 바탕으로 하고 있음을 밝힘.

보세요."와 같은 질문(TED 형태의 질문)을 의미한다. 따라서 PEACE 모델의 질문 분류는 너무 리버럴하다. 통상 폐쇄형 질문은 "그곳에 간 사실이 있나요?"와 같은 질문(Y/N 형태의 질문)을 의미한다. 따라서 인지면담의 질문분류는 너무 보수적이다. 한편, 아동면담에서 사용하는 '초점화 질문'이라는 용어는 통상 WH 형태의 구체적 질문과 Y/N 형태의 폐쇄형 질문을 아우르는 개념으로 사용되고 있고, ABE 가이드에서 사용하는 '구체적 폐쇄형 질문'이라는 용어는 널리 통용되는 개념이라고 보기 어렵다. 따라서 질문 분류의 세부 기준을 합리화, 정치화할 필요가 있다. 각 면담방법론의 질문 분류 방식을 요약하면 〈표 9〉와 같다.

표 9 각 면담방법론의 질문 분류 방식

	PEACE 모델	인지면담	아동면담	ABE 가이드
TED 질문	개방형 질문	개방형 질문	개방형 질문	개방형 질문
WH 질문	개방형 질문	폐쇄형 질문	초점화 질문	구체적 폐쇄형 질문
Y/N 질문	폐쇄형 질문	폐쇄형 질문	폐쇄형 질문	강요된 선택형 질문
암시질문	유도질문 복합질문 반복질문		유도질문 반복질문	유도질문 복합질문

2) 2차원적 질문 분류

2차원적 질문 분류는 "질문을 개방성 차원에 따른 질문유형과 암시성 · 부적절성 차원에 따른 질문방식으로 각각 분류하는 방식"을 말한다. 이 질문 분류 방식에 의하면 모든 질문은 하나의 질문유형과 하나 이상의 질문방식에 해당하게 된다. 앞서 예로 들었던 "타인의 돈이 착오로 송금된 사실을 알고도 이를 인출하여 사용했나요?"라는 질문은 질문유형의 측면에서는 폐쇄형 질문에 해당하고, 질문방식의 측면에서는 복합질문에 해당한다. 또한, 어떤 '사람'이 출입문 밖으로 '나갔다'라는 진술을 듣고, "그 남자가 어느 방향으로 도망 갔나요?"라고 질문하면, 이 질문은 질문유형의 측면에서는 구체적 질문에 해당하고, 질문방식의 측면에서는 유도질문에 해당한다. '어느'로 시작하는 질문은 WH 형태의 구체적 질문이고, 피면담자의 진술에 포함되어 있지 않은 정보 또는 표현을 포함하는 질문은 암시성이 있는 유도질문이기 때문이다. 앞의 질문례에서 '남자'와 '도망'은 피면담자의 진술에 포함되어 있지 않은 정보 또는 표현이다. 한편, 모든 질문은 오로지 하나의 질문유형에 해당하지만, 둘 이상의 질문방식에 해당할 수 있다. 가령, 앞의 질문례에 시간에 관한 내용을 추가하여 "그 남자가 몇 시에 어느 방향으로 도망갔나요?"라고 질문하면, 이 질문은 질문방식의 측면에서 유도질문이자 복합질문에 해당한다. 이를 통해 질문유형은 개방성의 '정도'에 따른 분류 기준으로 각 세부 항목이 중첩될 수 없는 반면, 질문방식은 암시성·부적절성의 '내용'에 따른 분류 기준으로 각 세부 항목이 중첩될 수 있음을 알 수 있다. 2차원적 질문 분류가 어렵다고 느낀 독자가 적지 않을 것으로 생각한다. 아직 각 세부 항목의 개념과 분류 기준(일종의 공식)을 학습하지 않았으므로, 새로운 분류가 어렵게 느껴지는 것은 당연한 일이다. 지금부터 질문유형과 질문방식에 포함된 세부 항목의 개념과 분류 기준을 학습해보자.

질문유형

질문유형은 "질문을 개방성의 정도에 따라 분류하는 기준"을 말한다. 개방성은 어떤 질문에 대하여 답변할 수 있는 정보의 범위에 관한 문제다. 즉, 개방성이 높은 질문에 대하여는 넓은 범위의 답변을 할 수 있는 반면, 개방성이 낮은 질문에 대하여는 좁은 범위의 답변만 할 수 있다. PEACE 모델과 인지면담의 경우 질문유형을 개방형 질문과 폐쇄형 질문으로 구분하고 있어(2유형 구분), WH 형태의 질문을 적절히 포섭하기 어렵다. 또한, 아동면담과 ABE 가이드의 경우 질문유형을 개방형 질문, 초점화 질문(≒구체적 폐쇄형 질문), 폐쇄형 질문(≒강요된 선택형 질문)으로 구분하고 있으나(가치함축적 3유형 구분), 초점화 질문, 구체적 폐쇄형 질문, 강요된 선택형 질문 등과 같이 널리 통용되지 않거나 오해의 소지가 있는 용어를 사용하고 있어 조정이 필요하다. 가령, 선택형 질문은 본질적으로 주어진 선택지 중 하나를 선택하도록 하는 형태의 질문인데, 여기에 '강요된'이라는 수식어가 붙어있어 암시적 또는 강압적 질문이라는 인상을 줄 우려가 있다. 선택형 질문이 권장되는 것은 아니지만 모든 선택형 질문이 암시적 또는 강압적 특성을 띠는 것은 아니므로 '강요된 선택형 질문'이라는 용어는 질문유형의 세부 항목으로 삼기에 부적절하다. 따라서이 책에서는 질문유형을 개방형 질문, 구체적 질문, 폐쇄형 질문으로 구분하고자 한다(가치중립적 3유형 구분). 이제 각 세부 항목의 특성과 분류 공식을 알아보자.

① 개방형 질문(open question)은 "답변의 범위가 설정되지 않은 또는 넓게설정된 유형의 질문"을 의미한다. 앞서 소개한 TED 형태의 질문, 즉 말해보세요(tell), 설명해보세요(explain), 묘사해보세요(describe) 등이 여기에 포함된다. 판례에서는 개방형 질문을 '진술권유(invitation)'라고 명명하기도 한다. 판례를 자주 접하는 독자들은 질문유형에 대한 다른 명칭도 알아둘 필요가 있겠다. 개방형 질문은 모든 또는 설정된 범위 내의 모든 정보를 요청하는 질문으로 세 가지 질문유형 중 개방성이 가장 높다. 개방형 질문을 준별하는 공식은 「마침표(.)로 끝나는 청유형」이다. 즉, 개방형 질문은 문어로 썼을 때 물음표 없이 마침표로 끝나는 진술 요청문의 형태를 띤다. 법심리학적 면담방법론에서는 개방형 질문을 '먼저', 그리고 '자주' 사용할 것을 권장한다. 피면담자의 기억이나 거짓말 전략에 거의 영향을 주지 않기 때문이다. 그러나 동일한개방형 질문을 무작정 반복해서는 곤란하다. 필요한 정보를 얻을 수 없을 뿐만 아니라 피면담자에게도 답답함과 불편함을 줄 수 있기 때문이다. 또한, 아무리 개방형 질문이라고 하더라도 무작정 반복하면 질문방식의 측면에서 반복질문이 된다. 따라서 개방형 질문의 하위 구성요소를 정확하게 알고 적용할수 있어야 한다.

개방형 질문은 다시 개관적 개방형 질문, 단서 제시 개방형 질문, 구간 제시 개방형 질문, 후속 개방형 질문으로 나뉜다. 개관적 개방형 질문은 "특정주제에 관하여 답변의 범위가 설정되지 않은 또는 넓게 설정된 유형의 개방형질문"을 의미한다. 가령, A라는 사건에 관하여 면담을 할 때, "A 사건에 관해모두 말해보세요.", "A 사건이 발생한 당일에 있었던 일을 모두 말해보세요."라고 묻는 것이 개관적 개방형 질문의 예에 속한다. 면담의 초기 또는 면담중 새로운 주제로 넘어갈 때에는 개관적 개방형 질문을 먼저 사용하는 것이좋다. 그러나 개관적 개방형 질문을 무분별하게 반복해서는 곤란하다. 개관적 개방형 질문은 청취한 진술 안에 포함된 일화 또는 쟁점이 둘 이상이 되기 이전까지만 사용하는 것이 원칙이다. 가령, "어제 있었던 일을 모두 말해보세요."라는 개관적 개방형 질문에 대하여 "별일 없었어요. 집에 있었으니까."라고 답변하면, "좀 더 자세히 말해보세요."라는 개관적 개방형 질문을 한 번 더 사용할 수 있다. 반면, "별일 없었다니까요. 오전엔 집에서 쉬고, 오후엔 잠깐 산책했어요."라는 답변이 나오면, 다른 개방형 질문을 사용할 준비를 해야 한다.

앞의 면담례에서는 단서 제시 개방형 질문을 사용하는 것이 좋을 것 같다. 단서 제시 개방형 질문은 "앞의 답변 안에 포함된 일화 또는 쟁점 중 하나가 답변의 범위로 설정된 유형의 개방형 질문"을 의미한다. 여기에서 단서는 피면담자의 영역이고 제시는 면담자의 영역이다. 즉, 답변의 범위는 반드시 피면담자의 이전 진술 안에 포함된 일화 또는 쟁점 중 하나를 지목하는 방식으로 설정해야 한다. 단서 제시 개방형 질문은 피면담자가 이미 진술한 내용 중 일부를 좀 더 자세히 듣고자 하는 것이기 때문에 암시성 시비로부터 자유롭다. 반면, 피면담자의 이전 진술 안에 포함되어 있지 않은 일화 또는 쟁점을 단서로 제시하면 유도질문이 되거나 비약적 질문이 된다. 전자는 바람직하지 못한 질문방식이고, 후자는 바람직하지 못한 면담전개 방법이다. 앞의 면담례에 이어질 올바른 단서 제시 개방형 질문의 예는 "오전에 집에서 있었던 일을 모두 말해보세요." 또는 "오후에 산책할 때 있었던 일을 모두 말해보세요."가 된다. 둘 중 어떤 단서 제시 개방형 질문을 할 것인지는 상황의존적이다. 특별히 고려할 상황이 없다면 연대기에 따라 질문하는 방법, 피면담자의 관점에서 좀 더 의미 있는 일화 또는 쟁점에 대해 먼저 질문하는 방법 등을 선택할 수 있다. 단서 제시 개방형 질문은 피면담자의 진술 안에 둘 이상의 일화 또는 쟁점이 포함되어 있을 때 언제든 사용할 수 있고, 다른 유형의 개방형 질문 또는 개방성이 낮은 유형의 질문이 필요할 때까지 사용하면 된다. 가령, 앞의 면담례에서 피면담자로부터 오전의 일화와 오후의 일화에 관하여 비교적 상세한 진술을 청취하였다면, 다른 질문유형을 사용하거나 다른 부분으로 넘어갈 준비를 해야 한다.

앞의 면담례에서 오전 일화의 끝 지점과 오후 일화의 시작 지점 간에 공백이 있다면, 구간 제시 개방형 질문을 사용할 수 있다. 구간 제시 개방형 질문은 "앞의 답변 안에 포함된 특정 지점(시점)부터 특정 지점(시점)까지가 답변의 범위로 설정된 유형의 개방형 질문"을 의미한다. 여기에서 각 지점과 공백은 피면담자의 영역이고 제시는 면담자의 영역이다. 즉, 답변의 범위는 반드시 피면담자의 이전 진술 안에 포함된 두 지점 간으로 설정해야 한다. 구간 제시 개방형 질문은 피면담자의 이전 진술 안에 포함되어 있지 않은 공백에 관하여 듣고자 하는 것이지만, 그 공백은 피면담자가 이미 진술한 주제의 범위 내에 속하기 때문에 암시성 시비로부터 자유롭다. 다만, 피면담자의 이전 진술 안에 포함되어 있지 않은 지점을 시작점 또는 종료점으로 설정해서는 안 된다. 자칫 유도질문이 되거나 비약적 질문이 될 수 있기 때문이다. 앞의 면담례에서 사용할 수 있는 구간 제시 개방형 질문의 예는 "집에서 나와 산책을 시작할 때까지 있었던 일을 모두 말해보세요."가 된다. 구간 제시 개방형 질문은 피면담자의 진술 안에 둘 이상의 지점이 포함 되어 있고 각 지점 간에 공백이 있을 때 언제든 사용할 수 있다. 단서 제시 개방형 질문의 경우와 마찬가지로 다른 유형의 개방형 질문 또는 개방성이 낮은 유형의 질문이 필요할 때까지 사용하면 된다. 가령, 앞의 면담례에서 피면담자로부터 집에서 나와 산책을 시작할 때까지의 상황에 관하여 비교적 상세한 진술을 청취하였다면, 다른 질문유형을 사용하거나 다른 부분으로 넘어갈 준비를 해야 한다.

앞의 면담례에서 산책을 한 이후의 상황을 확인할 필요가 있다면, 후속 개방형 질문을 사용할 수 있다. 후속 개방형 질문은 "앞의 답변 안에 포함된 특정 지점(시점) 이후가 답변의 범위로 설정된 유형의 개방형 질문"을 의미한다. 여기에서 특정 지점과 그 이후의 공백은 피면담자의 영역이고 이후라는 범위의 제시는 면담자의 영역이다. 즉, 답변의 범위는 반드시 피면담자의 이전 진술 안에 포함된 특정 지점 이후로 설정해야 한다. 구간 제시 개방형 질문의 경우와 마찬가지로 후속 개방형 질문을 통해 듣고자 하는 공백은 피면담자가 이미 진술한 주제의 범위 내에 속하기 때문에 암시성 시비로부터 자유롭다. 피면담자의 이전 진술 안에 포함되어 있지 않은 지점을 시작점으로 설정해서는 안 된다는 점, 그렇게 하면 자칫 유도질문이 되거나 비약적 질문이 될 수 있다는 점도 마찬가지다. 앞의 면담례에서 사용할 수 있는 후속 개방형 질문의 예는 "산책을 마친 이후에 있었던 일을 모두 말해보세요."가 된다. 후속 개방형 질문은 피면담자의 진술 안에 특정 지점이 있고 그 지점 이후에 공백이 있을 때 언제든 사용할 수 있다. 다른 개방형 질문의 경우와 마찬가지로 다른 질문유형이 필요하거나 다른 부분으로 넘어갈 필요가 있을 때까지 사용하면 된다.

지금까지 개방형 질문의 하위 구성요소로 개관적 개방형 질문, 단서 제시 개방형 질문, 구간 제시 개방형 질문, 후속 개방형 질문을 살펴보았다. 이제 개방형 질문 사용시의 유의점과 개방형 질문 사용의 1차적 종점을 알아보고, 개방형 질문에 관한 학습을 마무리하도록 하자. 먼저, 개방형 질문 상호 간에는 우선순위가 없다는 점에 유의해야 한다. 특히, 단서 제시 개방형 질문, 구간 제시 개방형 질문, 후속 개방형 질문의 사용 여부와 순서는 다분히 상황 의존적이다. 가령, 단서 제시 개방형 질문을 통해 둘 이상의 일화 또는 쟁점을 확인했다면, 일화 중 하나를 단서로 제시하면서 단서 제시 개방형 질문을 할 수도 있고, 한 일화의 종점과 다른 일화의 시점을 구간으로 제시하면서 구간 제시 개방형 질문을 할 수도 있다. 또한, 구간 제시 개방형 질문이나 후속 개방형 질문을 통해 둘 이상의 일화 또는 쟁점을 확인했다면, 일화 중 하나를 단서로 제시하면서 단서 제시 개방형 질문을 할 수도 있고, 한 일화의 종점과 다른 일화의 시점을 구간으로 제시하면서 구간 제시 개방형 질문을 할 수도 있으며, 마지막 일화의 이후 상황에 대하여 후속 개방형 질문을 할 수도 있다. 이와 같이 개방형 질문의 하위 구성요소를 유기적으로 능수능란하게 사용할 수 있어야 개방형 질문의 사용 빈도를 높일 수 있다. 다음으로, 개방형 질문은 개방성이 낮은 유형의 질문이 필요할 때까지 사용해야 한다. 즉, 구체적 질문이나 폐쇄형 질문이 필요할 때까지는 개방형 질문을 사용하기 위해 노력해야 한다. 그렇다면 구체적 질문이나 폐쇄형 질문이 필요한 때는 언제일까. 구체적 질문은 피면담자가 비교적 상세한 진술을 하면서도 WH에 해당하는 정보 중 하나 이상을 언급하지 않을 때 필요하다. 가령, 앞의 면담례에서 피면담자가 산책을 시작한 시각을 진술하지 않은 경우가 여기에 해당한다. 폐쇄형 질문은 피면담자가 비교적 상세한 진술을 하면서도 존재할 개연성이 있는 정보를 언급하지 않을 때 필요하다. 가령, 앞의 면담례에서 피면담자가 산책 중 다른 사람과 마주쳤을 개연성이 있어 그 여부를 물어볼 필요가 있는 경우가 여기에 해당한다. 이와 같은 면담 상황이 개방형 질문 사용의 1차적 종점이다. '1차적' 종점이라고 표현한 것은 구체적 질문이나 폐쇄형 질문에 대한 답변에 따라 다시 개방형 질문을 해야 할 경우가 있기 때문이다. 가령, 앞의 면담례에서 "혹시 산책 중 다른 사람과 마주친 사실이 있나요?"라는 폐쇄형 질문에 대하여 피면담자가 "예."라고 답변하면, "마주친 사람에 대해 자세히 말해보세요."라는 개방형 질문을 해야 한다. 지금까지 살펴본 개방형 질문의 하위 구성요소를 정리하면 〈표 10〉과 같다.

표 10   개방형 질문의 하위 구성요소

	개관적	단서 제시	구간 제시	후속
개념	특정 주제에 관하여 답변의 범위가 설정되지 않은 또는 넓게 설정된 유형의 개방형 질문	앞의 답변 안에 포함된 일화 또는 쟁점 중 하나가 답변의 범위로 설정된 유형의 개방형 질문	앞의 답변 안에 포함된 특정 지점부터 특정 지점까지가 답변의 범위로 설정된 유형의 개방형 질문	앞의 답변 안에 포함된 특정 지점(시점) 이후가 답변의 범위로 설정된 유형의 개방형 질문
예시	A 사건에 관해 모두 말해보세요. A 사건이 발생한 당일에 있었던 일을 모두 말해보세요.	오전에 집에서 있었던 일을 모두 말해보세요. 오후에 산책할 때 있었던 일을 모두 말해보세요.	집에서 나와 산책을 시작할 때까지 있었던 일을 모두 말해보세요.	산책을 마친 이후에 있었던 일을 모두 말해보세요.
시각화	( ) ↑	(○-△-□-) ↑ ↑ ↑	(○-△-□-) ↑ ↑	(○-△-□-) ↑

② 구체적 질문(specific question)은 "답변의 범위가 특정 정보에 한정된 유형의 질문"을 말한다. 앞서 소개한 WH 형태의 질문, 즉 누가(who), 언제(when), 어디서(where), 무엇을(what), 어떻게(how), 왜(why) 등으로 시작하는 질문이 여기에 포함된다. 판례에서는 구체적 질문을 '지시형 질문(directive question)'이라고 명명하거나, 구체적 질문과 폐쇄형 질문을 아울러 '초점화 질문(focused question)'이라고 명명하기도 한다. 구체적 질문은 특정 정보에 관한 답변을 요청하는 질문으로 세 가지 질문유형 중 개방성의 수준이 중간 정도 된다. 구체적 질문을 준별하는 공식은 「의문사가 포함된 의문형」이다. 즉, 구체적 질문은 문어로 썼을 때 의문사와 물음표(?)가 포함된 질문 형태를 띤다. 앞서 살펴본 바와 같이 PEACE 모델은 구체적 질문을 개방형 질문의 일종으로 보고 사용을 권장하는 반면, 인지면담이나 아동면담 등에서는 구체적 질문을 폐쇄형 질문 또는 그에 가까운 질문으로 보고 사용의 지양 또는 자제를 권장한다. 그러나 이와 같은 관점의 차이는 구체적 질문의 하위 구성요소 간에 존재하는 개방성의 차이에 대한 몰이해에서 비롯되는 것이다. 즉, 구체적 질문에 포함된 누가, 언제, 어디서, 무엇을, 어떻게, 왜 등의 의문사는 개방성이

다르기 때문에 모두를 권장하거나 모두를 자제시켜서는 곤란하다. 하나씩 살펴보자.

　구체적 질문 중 누가, 언제, 어디서 등의 의문사를 포함하는 것은 상대적으로 개방성이 낮다. 답변의 범위인 특정 정보 자체가 단순하기 때문이다. 가령, "점심 식사를 언제 했나요?"라는 구체적 질문이나 "점심 식사를 어디에서 했나요?"라는 구체적 질문에 대한 답변은 "12시쯤에요.", "구내식당에서요."라는 정도가 될 가능성이 높다. 반면, 구체적 질문 중 무엇을, 어떻게, 왜 등의 의문사를 포함하는 것은 상대적으로 개방성이 높다. 답변의 범위인 특정 정보가 단순하지 않기 때문이다. 가령, "점심 식사가 어땠나요?"라는 구체적 질문이나 "점심 식사를 왜 하지 않았나요?"라는 구체적 질문에 대한 답변은 앞의 예보다 길거나 상세할 가능성이 높다. 이와 같은 이치는 구체적 질문을 같은 취지의 개방형 질문으로 변환해보면 더 쉽게 알 수 있다. 가령, "오늘 무엇을 했나요?"라는 구체적 질문은 "오늘 한 일을 말해보세요."라는 개방형 질문으로, "그 일을 어떻게 처리했나요?"라는 구체적 질문은 "그 일을 처리한 방법을 말해보세요."라는 개방형 질문으로, "이 일은 왜 처리하지 않았나요?"라는 구체적 질문은 "이 일을 처리하지 않은 이유를 말해보세요."라는 개방형 질문으로 각각 변환할 수 있다. 전환 전후의 개방성에 큰 차이가 없음을 알 수 있다. 물론 개방성이 낮은 구체적 질문도 "시간을 말해보세요.", "장소를 말해보세요." 등과 같은 개방형 질문으로 전환할 수 있지만, 그 실질적 의미는 미미하다. 답변의 범위인 특정 정보 자체가 본질적으로 단순하기 때문이다. 따라서 저자는 개방성이 높은 구체적 질문은 개방형 질문에 이어 또는 개방형 질문에 준하여 좀 더 자유롭게 사용해도 무방하다고 본다. 다만, 초기 학습 단계에서는 각 질문유형을 준별하는 공식에 따라 모든 질문을 정확하게 분류할 수 있어야 한다. 즉, 개방성이 높은 구체적 질문도 '공식상' 구체적 질문에 해당한다는 사실을 명확하게 이해한 후, 이 유형의 질문이 '사실상' 개방형 질문에 가깝다는 해석과 응용 단계로 나아가야 한다는 말이다. 반면, 개방성이 낮은 구체적 질문은 '뒤에', 그리고 '신중하게' 사용할 것을 권장한다. 피면담자의 기억이나 거짓말 전략에 영향을 줄 가능성이 더 높기 때문이다.

지금까지 구체적 질문의 하위 구성요소로 누가, 언제, 어디서, 무엇을, 어떻게, 왜 등의 의문사를 포함하는 구체적 질문을 살펴보고, 구체적 질문 간에 존재하는 개방성의 차이를 확인하였다. 이제 개방성이 낮은 구체적 질문을 가급적 뒤에 사용해야 하는 이유를 좀 더 상세히 알아보고, 구체적 질문 사용 시의 유의점을 짚어 본 후 구체적 질문에 관한 학습을 마무리하도록 하자. 먼저, 개방성이 낮은 구체적 질문, 특히 시간과 공간을 묻는 질문을 가급적 면담 후반부에 해야 하는 이유는 거짓말의 특성과 연관된다. 제2장에서 학습한 '숨겨진 거짓말'이라는 개념을 기억하는가. 숨겨진 거짓말은 일화의 구성요소 중 일부에 대한 거짓말을 의미하고, 사람들은 일화의 구성요소 중 특히 '시간'과 '공간'을 속이는 거짓말을 애용하는 경향이 있다고 하였다. 시간을 속이는 거짓말, 가령 '지지난' 주말에 있었던 일을 '지난' 주말에 있었던 일처럼 속이려고 하는 사람에게 먼저 시간을 캐물으면 거짓말을 할 '맛'이 나겠는가. 아마도 다른 거짓말 전략을 구상할 가능성이 높다. 따라서 개방성이 낮은 구체적 질문은 ─ 질문유형의 측면에서도 거짓말 탐지의 측면에서도 면담의 후반부에 하는 것이 바람직하다. 다음으로, 구체적 질문은 ─ 특히 개방성이 낮은 구체적 질문은 ─ 가급적 연속해서 사용하지 않는 것이 좋다. 구체적 질문의 대상 정보가 중요한 쟁점이거나 기억하기 어려운 쟁점일 경우에는 더욱 그러하다. 진실한 피면담자의 경우에는 회상에 과부하를 주어 다른 쟁점의 회상에도 부정적 영향을 줄 우려가 있고, 거짓된 피면담자의 경우에는 거짓말의 구상에 유용한 정보를 한꺼번에 제공할 우려가 있기 때문이다. 따라서 일정한 간극을 두고 구체적 질문을 사용하거나, 구체적 질문 사이에 개방형 질문을 두는 것이 바람직하다. 끝으로, '왜'라는 의문사를 포함하는 구체적 질문을 사용할 때에는 약간의 주의가 필요하다. 이유라는 정보 자체가 본질적으로 주관성, 민감성을 띠기 때문이다. 가령, 일상에서 종종 듣게 되는 "도대체 왜!?"라는 질문에는 다분히 부정적인 정서가 묻어 있다. 따라서 구체적 질문으로 이유를 물을 때에는 질문의 뉘앙스가 비난조나 추궁조가 아니라 설명을 요청하는 것이 되도록 하여야 한다. 지금까지 살펴본 구체적 질문의 하위 구성요소를 정리하면 〈표 11〉과 같다.

표 11 구체적 질문의 하위 구성요소

	개방성 낮은			개방성 높은		
의문사	누가 who	언제 when	어디서 where	무엇을 what	어떻게 how	왜 why
예시	점심 식사를 누구와 했나요?	점심 식사를 언제 했나요?	점심 식사를 어디에서 했나요?	점심 식사 메뉴가 무엇이었나요?	점심 식사가 어땠나요?	점심 식사를 왜 하지 않았나요?

주. 초기 학습 단계에서는 국문을 영문으로 변환해보는 방법이 질문유형의 준별에 도움이 될 수 있음. 가령, "그 사람의 키가 얼마나 되던가요?"라는 구체적 질문에서 '얼마나'라는 의문사가 '누가, 언제, 어디서, 무엇을, 어떻게, 왜'에 포함되지 않아 이 질문이 구체적 질문에 해당한다는 사실을 아는 데 어려움을 겪는 학습자가 종종 있음. 이 경우 '키가 얼마나' 부분을 'how tall'로 변환해보면 이 질문이 구체적 질문에 해당한다는 사실을 쉽게 알 수 있음.

⚖ "누구랑 함께 왔나요?"라는 질문의 질문유형은?

"누구랑 함께 왔나요?"라는 질문은 얼핏 구체적 질문처럼 보인다. 그러나 문어로 적혀있는 이 질문의 질문유형을 정확히 파악하는 일을 쉽지 않다. 가령, 이 질문의 '누구랑' 부분을 강조하여 읽으면 '함께 온 사람이 누구인지'를 묻는 구체적 질문이 되는 반면, 이 질문의 '함께' 부분을 강조하여 읽으면 '누군가와 함께 왔는지 아니면 혼자 왔는지'를 묻는 폐쇄형 질문이 된다. "언제 시간이 날까요?"라는 질문도 마찬가지다. '언제' 부분을 강조하여 읽으면 구체적 질문이 되는 반면, '날까요' 부분을 강조하여 읽으면 폐쇄형 질문이 된다. 이와 같이 질문유형은 문어와 구어에서 다를 수 있고, 강조하는 부분에 따라 다를 수도 있다. 그러나 너무 걱정할 필요는 없다. 각 질문유형을 준별하는 공식을 정확히 이해하면, 이와 같이 특수한 또는 새로운 경우를 접하더라도 얼마든지 질문유형을 정확히 분류해 낼 수 있다.

③ 폐쇄형 질문(closed question)은 "답변의 범위가 특정한 선택지의 선택에 한정된 유형의 질문"을 말한다. 앞서 소개한 Y/N 형태의 질문, 즉 예 또는 아니오 중 하나를 선택하도록 하는 질문이 여기에 포함된다. 판례에서는 폐쇄형 질문을 '선택형 질문(option-posing question)'이라고 명명하거나, 구체적 질

문과 묶어 '초점화 질문'이라고 명명하기도 한다. 폐쇄형 질문은 면담자가 제공하는 선택지 중 하나를 선택하도록 요청하는 질문으로 세 가지 질문유형 중 개방성이 가장 낮다. 폐쇄형 질문을 준별하는 공식은 「반대의 또는 다른 선택지가 포함된 의문형」이다. 즉, 폐쇄형 질문은 문어로 썼을 때 둘 이상의 선택지와 물음표(?)가 포함된 질문 형태를 띤다. 법심리학적 면담방법론에서는 폐쇄형 질문을 '뒤에', 그리고 '최소한' 사용할 것을 권장한다. 피면담자의 기억이나 거짓말 전략에 영향을 줄 가능성이 높기 때문이다.

폐쇄형 질문은 다시 이분형 폐쇄형 질문, 양자택일형 폐쇄형 질문, 다중택일형 폐쇄형 질문으로 나뉜다. 이분형은 비록 면담자에 의해 두 개의 선택지가 제공되지만 그 선택지 안에 통상 모든 경우의 수가 포함되는 형태의 폐쇄형 질문이다. 가령, "점심 식사를 했나요?"라는 질문이 이분형의 예다. 이분형은 반대의 선택지가 노출되어 있지 않다. 즉, '했나요?' 뒤에 반대의 선택지인 '(안 했나요?)'가 숨겨져 있다. 이분형은 두 개의 선택지 안에 모든 경우의 수가 포함되어 있다. 가령, 앞의 질문례에서 가능한 선택지는 '했다' 또는 '안 했다' 중에 하나가 된다. '하는 둥 마는 둥 했다'라는 경우의 수까지는 고려하지 않기로 하자. 반면, 양자택일형과 다중택일형은 면담자에 의해 제공된 두 개 이상의 선택지 안에 통상 모든 경우의 수가 포함되어 있지 않다. 가령, 양자택일형의 예인 "커피로 드릴까요, 아니면 녹차로 드릴까요?"라는 질문상의 선택지에는 모든 음료가 포함되어 있지 않다. 앞의 질문례를 다중택일형으로 변환하여 "커피로 드릴까요, 녹차로 드릴까요, 아니면 콜라로 드릴까요?"라고 질문해도 마찬가지다. "생수로 주세요."라고 답변할 가능성이 있기 때문이다. 따라서 폐쇄형 질문 중에서도 양자택일형과 다중택일형은 좀 더 '신중하게', 그리고 '제한적'으로 사용할 것을 권장한다. 가령, 피면담자가 앞서 진술한 둘 이상의 모순되는 또는 부정확한 정보를 선택지로 제시하고, 그 중에 어떤 정보가 사실인지 또는 정확한지에 대한 진술을 요청하는 용도로 사용할 수 있을 것이다. 이와 같은 경우 이외에는 해당 질문을 개방성이 더 높은 다른 유형의 질문으로 바꾸어 사용해야 한다. 가령, 앞의 질문례는 "후식으로 무엇을 드릴까요?"라는 구체적 질문으로 바꿀 수 있다.

지금까지 폐쇄형 질문의 하위 구성요소로 이분형 폐쇄형 질문, 양자택일형 폐쇄형 질문, 다중택일형 폐쇄형 질문을 살펴보고, 각 폐쇄형 질문 안에 포함된 선택지의 완전성에 차이가 있음을 확인하였다. 이제 폐쇄형 질문 사용 시의 유의점과 폐쇄형 질문에 대한 오해를 짚어본 후 폐쇄형 질문에 관한 학습을 마무리하도록 하자. 먼저, 법심리학적 면담방법론에서는 폐쇄형 질문을 '뒤에', 그리고 '최소한' 사용할 것을 권장한다고 하였는데, 이와 같은 기준에 따라 폐쇄형 질문을 사용한 경우에는 이어서 개방형 질문을 사용하는 것이 바람직하다. 가령, "점심 식사를 했나요?"라는 폐쇄형 질문에 대하여 피면담자가 "예."라고 답변하면, "점심 식사를 할 때 있었던 일을 말해보세요." 또는 "점심 식사 메뉴에 대해서 말해보세요."라는 개방형 질문을 덧붙일 수 있다. 이와 같이 폐쇄형 질문에 대한 답변 뒤에 개방형 질문을 덧붙이는 것을 '페어링(pairing)'이라고 한다. 페어링은 폐쇄형 질문의 사용으로 인한 실증적, 법리적 측면에서의 부정적 영향을 만회하는 기능을 한다. 가령, 폐쇄형 질문에 대한 답변으로 해당 주제에 대한 면담을 마무리하는 것보다 그 뒤에 개방형 질문을 덧붙여 덩이 형태의 관련 진술을 청취하는 것이 "예."라는 답변, 즉 피면담자가 점심 식사를 하였다는 진술의 임의성과 신빙성을 더 높여 줄 수 있다. 다음으로, 다른 유형의 질문보다 폐쇄형 질문이 피면담자의 기억이나 거짓말 전략에 영향을 줄 가능성이 더 높은 것은 사실이지만, 모든 폐쇄형 질문이 암시성을 갖는 것은 아니다. 저자가 처음 면담방법론을 학습할 때 '폐쇄형 질문 = 암시적 질문'이라고 설명했던 교수자가 있었다. 이와 같은 설명은 질문유형에 관한 인지면담의 보수적 관점과 유사한 면이 있다. 그러나 폐쇄형 질문의 암시성은 상황의존적이라고 보아야 할 것 같다. 가령, 점심 식사를 했는지 여부에 관한 정보가 없는 상태에서 "점심 식사를 할 때 있었던 일을 말해보세요."라는 개방형 질문이나 "점심 심사를 언제 했나요?"라는 구체적 질문을 사용하게 되면, "점심 식사라니요?" 또는 "안 먹었는데요."라는 답변이 돌아올 수 있다. 따라서 이와 같은 경우에는 오히려 "점심 식사를 했나요?"라는 폐쇄형 질문을 먼저 사용하는 것이 적절하다. 물론 "예."라고 답변하면 "점심 식사를 할 때 있었던 일을 말해보세요."라는 개방형 질문을 덧붙여야 한다. 지금까지 살펴본 폐쇄형 질문의 하위 구성요소를 정리하면 〈표 12〉와 같다. 아울러 개방형 질문, 구체적 질문, 폐쇄형 질문 등 질문유형의 세부 항목을 요약하면 〈표 13〉과 같다.

표 12 폐쇄형 질문의 하위 구성요소

	이분형	양자택일형	다중택일형
완전성	모든 경우의 수 포함	모든 경우의 수 불포함	
예시	점심 식사를 했나요? (안 했나요?)	커피로 드릴까요, 아니면 녹차로 드릴까요?	커피로 드릴까요, 녹차로 드릴까요, 아니면 콜라로 드릴까요?

🔍 "좀 더 자세히 말해줄 수 있나요?"라는 질문의 질문유형은?

"좀 더 자세히 말해줄 수 있나요?"라는 질문의 '공식상' 분류는 폐쇄형 질문이다. 마침표로 끝나는 청유형(개방형 질문)이 아니고, 의문사가 포함된 의문형(구체적 질문)도 아니며, 반대의 선택지가 포함된 의문형(폐쇄형 질문 중 이분형)이기 때문이다. 즉, "좀 더 자세히 말해줄 수 있나요?"라는 질문 뒤에는 반대의 선택지인 '(없나요?)'가 숨겨져 있다. 따라서 이 질문이 '공식상' 폐쇄형 질문에 해당함은 틀림없다. 그러나 이 질문의 본질은 '좀 더 자세히 말해달라'라는 취지에 있다. 즉, 이 질문은 '폐쇄형 진술청유'로 볼 수 있다. 따라서 저자는 이와 같은 형태의 질문을 개방형 질문에 준하여 자유롭게 사용해도 무방하다고 본다. 다만, 초기 학습 단계에서는 - 개방성이 높은 구체적 질문의 경우와 마찬가지로 - 각 질문유형을 준별하는 공식에 따라 모든 질문을 정확하게 분류할 수 있어야 한다.

표 13 질문유형 요약

	개방형 질문		구체적 질문		폐쇄형 질문	
다른명칭	진술권유		지시형 질문 초점화 질문		선택형 질문	
준별공식	마침표로 끝나는 청유형		의문사가 포함된 의문형		반대의 또는 다른 선택지가 포함된 의문형	
하위유형	개관적	단서 제시 구간 제시 후속	무엇을 어떻게 왜	누가 언제 어디서	이분형	양자택일형 다중택일형
개 방 성	상		중		하	

질문방식

질문방식은 "질문을 암시성의 유무 또는 적절성의 여부에 따라 분류하는 기준"을 말한다. 암시성은 면담자의 질문이 피면담자에게 피암시성을 유발하는 특성을 의미한다. 제2장에서 기억의 취약성 중 하나로 "기억 저장소 안에 있는 정보가 부적절한 외부 정보에 의해 왜곡되는 기억의 취약성"인 피암시성을 학습하였다. 면담의 맥락에서 암시적 질문은 피암시성을 유발하는 '부적절한 외부 정보'가 될 수 있다. 암시성의 유무가 질문의 적절성을 평가하는 유일한 기준은 아니다. 가령, 한꺼번에 여러 가지를 묻는 '복합질문'도 바람직한 질문방식으로 보기 어렵다. 그 이유는 뒤에서 살펴볼 것이다. PEACE 모델은 유도질문, 복합질문, 반복질문을 부적절한 질문으로, 아동면담은 유도질문과 반복질문을 부적절한 질문으로, ABE 가이드는 유도질문과 복합질문을 부적절한 질문으로 각각 분류하고 있다. 다만, 이 면담방법론들이 공히 1차원적 질문 분류 방식에 따라 유도질문, 복합질문, 반복질문(질문방식)을 개방형 질문, 구체적 질문, 폐쇄형 질문(질문유형)과 동일한 차원 또는 선상에 두고 있음을 앞서 설명하였다. 이 책에서는 2차원적 질문 분류 방식에 따라 질문방식을 중립적 질문, 유도질문, 반복질문, 복합질문으로 구분하고자 한다(가치함축적 4유형 구분). 이제 각 세부 항목의 의미와 특성을 알아보자.

① 중립적 질문(neutral question)은 "새로운 정보나 가치함축적 표현을 포함하지 않는 방식의 질문"을 의미한다. 개방형 질문, 구체적 질문, 폐쇄형 질문에 새로운 정보나 가치함축적 표현이 포함되어 있지 않으면 질문방식의 측면에서는 중립적 질문이 된다. 중립적 질문에 대응하는 개념이 암시적 질문이다. 암시적 질문(suggestive question)은 "새로운 정보나 가치함축적 표현을 포함하는 방식의 질문"을 의미한다. 따라서 개방형 질문이라고 하더라도 질문 안에 새로운 정보나 가치함축적 표현이 포함되어 있으면 질문방식의 측면에서는 암시적 질문이 된다. 가령, 어떤 사람이 출입문 밖으로 '나갔다'라는 진술을 듣고, "그 남자에 대해 자세히 말해보세요."라고 질문하면 암시적 질문, 즉 유도질문에 해당한다. 출입문 밖으로 나간 사람의 성별은 피면담자의 진술에 포함되어 있지 않은 정보이기 때문이다. 한편, 법심리학적 면담방법론에서는 같은 것을 여러 번 묻는 '반복질문'도 암시적 질문으로 보고, 한꺼번에 여러 가지를 묻는 '복합질문'도 부적절한 질문으로 본다.

🔨 암시적 질문과 강압적 질문

"모든 목격자가 당신을 범인으로 지목하고 있는데, 진정 당신이 범인이 아니라는 말입니까?", "우리가 수사한 바에 의하면 당신이 범인이라는 점에 의심의 여지가 없으니, 자백을 하는 게 어떻겠습니까?"라는 등의 질문은 분명 암시적 질문이다. 목격자의 지목이나 수사의 결과는 피면담자의 진술에 포함되어 있지 않은 정보이기 때문이다. 또한, 의심의 여지가 없다거나 자백을 권하는 것은 가치함축적 표현임에 틀림없다. 나아가 이와 같은 질문은 강압적 질문으로도 볼 수 있다. 수사사항을 언급하면서 특정한 내용의 진술, 즉 자백을 강요하고 있기 때문이다. 자백획득형 면담방법론에서는 이를 '설득'이라고 부르지만, 권한 있는 자의 집요한 설득에는 분명 강압적 요소가 포함되어 있다. 따라서 강압적 질문은 특정한 진술을 하도록 하는 암시를 내포하는 암시적 질문이다. 다만, 이와 같은 강압적 질문은 상대적으로 면담자의 의식 하에 이루어지는 경우가 많은 반면, 그 이외의 암시적 질문은 상대적로 면담자의 무의식중에 이루어지는 경우가 더 많다. 가령, "모든 목격자가 당신을 범인으로 지목하고 있는데, 진정 당신이 범인이 아니라는 말입니까?"라고 질문하는 면담자는 자신이 피면담자에게 자백을 유도하고 있음을 인식하고 있을 가능성이 높은 반면, 어떤 사람이 출입문 밖으로 '나갔다'라는 진술을 듣고, "그 남자에 대해 자세히 말해보세요."라고 질문하는 면담자는 자신이 유도질문을 하고 있음을 인식하지 못하고 있을 가능성이 높다. 강압적 질문은 암시성과 강압성을 모두 갖기 때문에 그 이외의 암시적 질문보다 더 부적절한 질문방식임에 틀림없다. 그러나 현실에서는 부지불식간에 이루어지는 암시적 질문의 빈도와 악영향이 더 클 수 있다.

② 유도질문(leading question)은 "진실한 또는 진위를 알 수 없는 새로운 정보나 가치함축적 표현을 포함하는 방식의 질문"을 의미한다. 앞서 빈번하게 예로 들었던 어떤 '사람'이 출입문 밖으로 '나갔다'라는 진술을 듣고, "그 남자가 어느 방향으로 도망갔나요?"라고 질문하는 경우가 유도질문에 해당한다. '남자'와 '도망'은 피면담자의 진술에 포함되어 있지 않은 정보 또는 표현일뿐만 아니라 그 진위를 알 수 없는 정보 또는 평가이기 때문이다. 유도질문의 일종이지만 유도질문과 구분해야 할 질문방식이 오도질문이다. 오도질문(misleading queston)은 "거짓된 새로운 정보나 잘못된 가치함축적 표현을 포함하는 방식의 질문"이다. 가령, 앞의 질문례에서 출입문 밖으로 나간 사람이

'여자'라면, 또는 출입문 밖으로 나간 이유가 도망이 아니라 '피신' 또는 '귀가'라면 단지 유도질문이 아니라 오도질문이 된다. '남자'는 거짓된 새로운 정보이고, '도망'은 잘못된 가치함축적 표현이기 때문이다. 이와 같이 어떤 질문이 유도질문에 해당하는지 또는 오도질문에 해당하는지는 상황의존적이다. 따라서 면담 단계에서 어떤 질문이 유도질문과 오도질문 중 어디에 해당하는지가 명확한 경우도 있지만 불명확한 경우도 있다. 가령, 앞의 질문례에서 출입문 밖으로 나간 사람이 '도망'을 간 것인지, 아니면 '피신' 또는 '귀가'를 한 것인지는 수사의 종결 또는 판결의 확정 시점이 되어야 알 수 있다. 따라서 이 책에서는 협의의 유도질문과 오도질문을 합하여 유도질문으로 보기로 하자.

유도질문은 피면담자에게 피암시성을 유발하는 영향이 강하다. 또한, 유도질문 중 일부는 강압적 질문이 될 수 있다. 특히, 유도질문을 통해 왜곡된 피면담자의 기억 또는 수정된 피면담자의 거짓말 전략은 불가역적인 경우가 많다는 사실에 주목해야 한다. 가령, 컴퓨터 도난 현장에서 "누군가 뭔가를 들고 가는 것을 보았어요."라고 진술하는 목격자에게 "컴퓨터를 들고 간 사람이 한 명이었나요, 아니면 두 명이었나요?"라고 질문하면, 피면담자의 기억이 왜곡되고, 왜곡된 기억이 복원되지 못할 가능성이 있다. 앞의 질문례에서 피면담자의 진술 안에는 누군가가 들고 간 '뭔가'가 컴퓨터라는 정보가 없기 때문에, 그리고 그 '뭔가'가 컴퓨터인지 여부를 아직 알 수 없기 때문에 해당 질문은 유도질문이다. 이 질문을 받은 피면담자는 '나보다 더 많은 정보를 가지고 있을 수사관이 컴퓨터라고 하는 것을 보니 내가 본 것이 컴퓨터였나보다'라고 생각하고, 목격한 사람의 인원을 회상하는 데 집중할 가능성이 있다. 이와 같이 유도질문을 통해 왜곡된 기억은 절차의 후반으로 갈수록 굳어져 복원되기 어렵다. 한편, 유도질문은 피면담자의 거짓말 전략에 유용한 정보를 줄 수도 있다. 가령, 피면담자는 유도질문을 통해 면담자의 의도, 특정 사실에 대한 부지 등을 간파할 수 있다. 일종의 예방주사다. 따라서 면담실무자는 면담과정에서 유도질문을 사용하지 않도록 각별히 유의해야 한다. 유도질문을 통해 획득한 진술은 실증적 측면에서 그 정확성을 담보하기 어렵고, 가사 획득한 진술이 사실이더라도 법리적 측면에서 임의성과 신빙성을 인정받기 어렵다.

③ 반복질문(repeated question)은 "동일한 질문을 반복하는 방식의 질문"을 의미한다. 동일한 질문을 반복하는 것이 왜 암시적 질문이 되는지 의아해할 독

자가 있을 수 있겠다. 앞서 암시적 질문을 "새로운 정보나 가치함축적 표현을 포함하는 방식의 질문"으로 정의하였다. 동일한 질문의 반복은 – 상황의존적인 측면이 있으나 – 일정한 가치를 함축하고 있다. 가령, 어떤 질문에 대하여 답변을 하였는데 다시 동일한 질문을 받으면, 피면담자는 '나의 답변이 잘못되었나' 또는 '면담자가 원하는 답변이 아닌가'라는 생각을 할 수 있다. 나아가 '내가 어떻게 답변해야 저 사람이 만족할까'라고 생각할 수도 있다. 이와 같이 반복질문은 질문에 포함된 '내용'이 아니라 반복이라는 '방식'으로 인해 암시성을 갖는다. 반복질문과 구분해야 할 것이 중립적인 '다시 묻기'다. 다시 묻기는 "면담자가 피면담자의 진술을 잘 듣지 못하였거나, 피면담자의 진술이 부정확할 때 단지 한 번 더 묻는 것"을 의미한다. 반복질문도 피면담자에게 피암시성을 유발하는 영향이 있다. 또한, 반복질문이 혐의를 부인하는 피면담자를 압박하는 수단으로 사용되는 경우도 있다. 따라서 면담실무자는 면담과정에서 반복질문을 사용하지 않도록 유의해야 한다. 특히, 아동은 성인보다 높은 수준의 피암시성을 갖기 때문에 아동에게는 반복질문을 하면 안 된다.

④ 복합질문(multiple question)은 "하나 또는 둘 이상의 질문을 통해 둘 이상의 정보를 요구하는 방식의 질문"을 의미한다. 복합질문은 새로운 정보나 가치함축적 표현을 포함하지 않는 방식의 질문이기 때문에 암시성 문제로부터 비교적 자유롭다. 그러나 한꺼번에 여러 가지 정보를 요구하는 방식이 피면담자의 기억 또는 거짓말 전략에 영향을 줄 수 있다는 점에서 부적절한 질문방식으로 분류된다. 한꺼번에 여러 가지를 묻는 것이 왜 부적절한지 의아해할 독자가 있을 수 있겠다. 한번 살펴보자. 먼저, 복합질문은 진실한 피면담자의 회상에 과부하를 줄 수 있다. 과거를 회상하는 것은 적지 않은 인지적 에너지가 필요한 과업이다. 인지적 과부하는 복합질문이 요구하는 다수의 정보 모두 또는 그 중 우선순위의 뒤에 있는 정보의 회상에 부정적 영향을 줄 수 있다. 앞서 구체적 질문은 가급적 연속해서 사용하지 않아야 한다는 권장과 맥을 같이 한다. 다음으로, 복합질문은 거짓된 피면담자에게 거짓말 구상에 유용한 정보와 생략의 기회를 제공할 수 있다. 가령, 복합질문은 면담자가 중요하다고 생각하는 다수의 쟁점을 – 일부에 대한 답변도 듣지 않은 채 – 한꺼번에 노출하는 것이기 때문에 속칭 '패를 보여주는' 미숙한 질문방식이 될 수 있다. 또한, 거짓된 피면담자는 면담자가 요구하는 다수의 정보 중 거짓말이 불필요한 부분에 대하여만

유려하게 답변하고 다른 부분에 대한 답변을 생략하거나 축소할 기회를 갖게 된다. 물론 면담방법론의 고도화 단계에서는 계획적으로 복합질문의 이와 같은 특성을 이용하여 피면담자의 진술 중 취약한 부분을 가늠할 수도 있겠으나(예: 진술분석), 질문기법의 측면에서 복합질문은 바람직한 질문방식이 아니다. 따라서 면담실무자는 면담과정에서 복합질문을 사용하지 않도록 유의해야 한다.

한편, 비교적 최근 "두 개 이상의 질문이 하나의 질문으로 결합된 복합질문은 동시에 두 개 이상의 쟁점에 대한 답변을 요구하고 있어 답변하는 사람이 하나의 질문에 대하여만 답변하고 나머지 질문에 대하여는 답변을 하지 않아 어떤 질문에 답변한 것인지 여부를 불분명하게 만들 수 있는 위험성이 내포되어 있다."라는 판결이 나온 바 있어 주목을 요한다.[58] 이 판결에서 법원은 피의자의 자백이 복합질문을 통해 이루어졌다는 사유로 무죄를 선고하였다. 앞서 예로 들었던 "타인의 돈이 착오로 송금된 사실을 알고도 이를 인출하여 사용했나요?"라는 질문이 바로 문제의 질문이다. 이 질문은 "타인의 돈이 착오로 송금된 사실을 알았나요?"라는 폐쇄형 질문과 "이를 알고도 [돈을] 인출하여 사용했나요?"라는 폐쇄형 질문이 결합된 복합질문이다. 횡령죄의 구성요건상 두 가지 사실이 모두 인정되어야 유죄가 된다. 피의자는 이 질문에 대하여 "예."라고 답변하였다. 그러나 법원은 "어느 질문에 [긍정적인] 답변을 한 것인지 여부가 불분명"하다는 취지에서 무죄를 선고하였다. 향후 법원에서도 질문유형과 질문방식의 문제를 좀 더 눈여겨볼 것으로 전망된다. 지금까지 살펴본 중립적 질문, 유도질문, 반복질문, 복합질문 등 질문방식의 세부 항목을 요약하면 〈표 14〉와 같다.

표 14 질문방식 요약

대분류	중립적 질문	암시적 질문		복합질문
소분류	-	유도질문 (오도질문)	반복질문	-
비고	중립적, 적절	암시적		부적절

주. 질문방식은 암시성·부적절성의 '내용(유무)'에 따른 분류 기준으로 각 세부 항목이 중첩될 수 있음. 가령, 암시적 복합질문이 있을 수 있고, 유도질문이 반복되는 경우도 있을 수 있음.

---

58 의정부지방법원 2016. 3. 22. 선고 2014노2984 판결.

질문유형과 질문방식의 조합

2차원적 질문 분류 방식에 의하면 모든 질문은 하나의 질문유형과 하나 이상의 질문방식에 해당하게 된다. 지금까지의 학습을 통해 모든 독자들이 질문유형과 질문방식의 조합을 통해 형성되는 다양한 질문례를 준별하고, 나아가 각각의 예문을 제시할 수 있을 것으로 생각되나, 학습한 바를 정리하는 차원에서 질문유형과 질문방식의 조합을 통해 형성되는 질문례를 빠짐없이 점검해 보기로 하자. 질문유형과 질문방식의 조합을 통해 형성되는 경우의 수는 〈표 15〉와 같다.

표 15 질문유형과 질문방식의 조합 및 예시

		질문방식			
		중립적	유도질문	반복질문	복합질문
질문 유형	개방형	①	②	③	④
	구체적	⑤	⑥	⑦	⑧
	폐쇄형	⑨	⑩	⑪	⑫

① 목격한 바를 자세히 진술해 보세요.
② (범인의 성별을 진술하지 않았음에도) 그 남자의 인상착의를 자세히 진술해 보세요.
③ 목격한 바를 자세히 진술해 보세요. → 답변 → (설명 없이) 다시 한번 진술해 보세요.
④ 범인의 인상착의와 도주방향을 자세히 진술해 보세요.
⑤ 목격한 장소가 어디인가요?
⑥ (범인의 성별을 진술하지 않았음에도) 그 남자의 키가 얼마나 되던가요?
⑦ 목격한 시간이 언제인가요? → 답변 → (설명 없이) 그 시간이 언제인가요?
⑧ 그 시간에 그 장소에는 왜, 어떻게 가게 된 건가요?*
⑨ 범인을 목격했나요?
⑩ 야심한 시간인데 범인을 본 게 틀림없나요?
⑪ 범인을 본 게 틀림없나요? → (설명 없이) 범인을 본 게 틀림없나요?
⑫ 아무런 연고가 없는 곳에 야심한 시간에 가서 범인을 보게 되었다는 말인가요?**

주. *그 시간에 왜? 그 시간에 어떻게? 그 장소에 왜? 그 장소에 어떻게? 등의 정보 요구. **아무런 연고가 없는 곳인가? 야심한 시간에 갔는가? 범인을 보았는가? 등의 정보 요구.

질문유형과 질문방식에 관하여 설명한 내용을 저자는 「3 + 2 - 3」이라는 공식으로 요약하곤 한다. 앞의 '3'은 세 가지 질문유형을 의미한다. 면담실무자는 기본적으로 세 가지 질문유형을 능수능란하게 사용할 수 있어야 한다.

세 가지 질문유형을 머리로 이해하는 것은 어렵지 않은 일이다. 하지만 세 가지 질문유형을 체득하여 몸에서 즉각적으로 나오도록 하는 일은 좀처럼 쉽지 않다. 특히, 면담자가 질문의 내용에 몰입하면 할수록 질문유형이 부적절해지는 경향이 있다. 저자는 이러한 현상을 질문내용과 질문유형의 충돌 또는 '무엇을'과 '어떻게'의 길항관계라고 부른다. 부단한 훈련을 통해 양자를 조화하는 수밖에 없다. 제5장에서 질문유형 훈련의 다양한 방법론을 안내할 것이다. 중간의 '+ 2'는 요약과 페어링을 의미한다. 앞서 폐쇄형 질문에 대한 답변 뒤에 개방형 질문을 덧붙이는 것이 페어링임을 학습하였다. 요약은 "질문에 앞서 피면담자의 이전 진술을 그대로 또는 중립적으로 언급하는 것"을 의미한다. 요약은 집중, 이해, 지지와 더불어 적극적 청취를 구성하는 요소다. 청취기법 부분에서 자세히 살펴볼 것이다. 면담실무자는 세 가지 질문유형을 사용하면서 요약과 페어링을 적절히 접목할 수 있어야 한다. 요약과 페어링은 진술의 양을 증대시키고 폐쇄형 질문으로 인한 부정적 영향을 만회하는 등의 기능을 하기 때문이다. 뒤의 '- 3'은 유도질문, 복합질문, 반복질문을 의미한다. 면담실무자는 원칙적으로 이 세 가지 질문방식을 지양하고, 중립적 질문을 사용해야 한다.

3) 질문의 내용

지금까지 2차원적 질문 분류 방식에 따라 질문유형과 질문방식을 알아보았다. 질문유형과 질문방식은 공히 '어떻게' 물을지에 관한 문제다. 제1장에서 이 책은 무엇을 묻고 들을지보다 어떻게 묻고 들을지에 상대적으로 더 큰 비중을 두고 있다고 하였다. 그러나 모든 질문은 '무엇을'과 '어떻게'의 결합체이므로, 무엇을 물을지에 관한 최소한의 지적 정비가 필요하다. 어떻게 물을지의 문제를 지배하는 법심리학적 원리는 범죄수사, 감사, 조사 등 전문적인 면담의 경우뿐만 아니라 일상적 대화의 경우에 있어서도 크게 다르지 않다고 하였다. 반면, 무엇을 물을지의 문제는 분야와 사안에 따라 가변적이다. 가령, 범죄수사에서의 질문내용과 감사에서의 질문내용이 다르고, 범죄수사의 경우에도 죄종에 따라 질문내용이 다르며(예: 절도와 사기), 같은 죄종에 대한 수사의 경우에도 범죄사실에 따라 질문내용이 다르다(예: 차용사기와 투자사기). 요컨대, 질문내용은 각론적인 측면에서 가변적이고 제각각이다. 그러나 질문내용의 영역에도 무엇을 물을지에 관한 총론적 원리가 있다. 질문내용의 원천, 질문내용의 효과성과 타당성 등이 그것이다. 또한, 질문내용과 질문유형은 - 특히 초기 학습 단계에서는 - 서로 충돌하는 경향이 있는데, 이와 같은 충돌의 원인을 이해하고 양자를 조화할 수 있어야 한다. 먼저 질문내용과 질문유형의 충돌 문제를 살펴보고, 질문내용의 영역을 지배하는 총론적 공통 원리를 학습해보자.

'무엇을'과 '어떻게'의 길항관계

질문내용과 질문유형의 충돌 또는 '무엇을'과 '어떻게'의 길항관계는 면담자의 인지적 역량의 한계, 편향 등과 연관된다. 가령, 복잡한 사안에 관한 면담의 경우에는 무엇을 물을지에 집중하는 것도 쉽지 않은데, 동시에 어떻게 물을지에도 인지적 에너지를 투입해야 한다면 어느 하나 또는 양자 모두를 온전히 수행하기 어렵다(인지적 역량의 한계). 학습 초기 단계와 학습 완성 단계에 있어 질문내용과 질문유형의 관계를 시각적으로 표현하면 〈그림 2〉와 같다.

그림 2   학습 단계에 따른 질문내용과 질문유형의 관계 변화

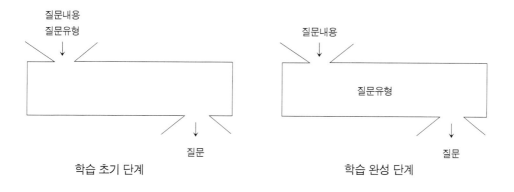

〈그림 2〉의 좌를 보면 질문내용과 질문유형이 함께 투입되어 질문으로 산출됨을 알 수 있다. 즉, 학습 초기 단계에서는 질문할 내용이 떠오를 때마다

그 내용을 어떤 질문유형에 담아야 할지를 함께 생각해야 한다. 평소에는 의식하지 않았던 질문의 구성요소, 즉 질문유형을 새롭게 학습했기 때문에 질문 내용과 질문유형을 조합하는 데 어려움을 겪게 된다. 학습 초기 단계에서의 이와 같은 어려움은 자연스러운 것이고 학습과 훈련에 따라 차차 개선된다. 〈그림 2〉의 우를 보면 질문내용은 투입되는 반면, 질문유형은 함수상자에 탑재되어 있음을 알 수 있다. 즉, 학습 완성 단계에서는 질문내용이 투입되면 자동적, 즉각적으로 질문유형과 결합하여 질문으로 산출된다. 워드프로세서를 처음 접할 때를 떠올려 보라. 타이핑 해야 할 '내용'과 익숙하지 않은 자판 '사용법'이 모두 독자들을 괴롭혔을 것이다. 하지만 워드프로세서 사용법에 익숙해진 이후에 타이핑을 하면서 자판의 위치와 순서를 의식하는 경우는 드물 것이다. 질문유형은 마치 워드프로세서의 자판 사용법과 유사하다. 처음에는 독자들에게 적지 않은 어려움을 주겠지만, 학습이 완성되면 특별히 의식하지 않더라도 질문유형을 능수능란하게 사용할 수 있다. 독자들 모두가 그렇게 될 것으로 믿는다.

한편, 범죄수사, 감사 또는 조사 업무의 경험치 증가에 따라 무엇을 물을지에 관한 역량이 향상되는 경향이 있는데, 학습과 훈련이 동반되지 않으면 부적절한 질문유형을 사용할 가능성이 높아진다(편향). 통상 면담 업무의 베테랑은 배경지식이 풍부하고, 그 배경지식에 따라 일종의 스케치를 머릿속에 구상한 후 스케치의 빈 곳을 채워 그림을 완성하는 방식으로 질문하는 경향이 있기 때문이다(박노섭, 2004). 배경지식이 풍부한 경우와 그렇지 못한 경우에 있어 질문내용과 질문유형의 관계를 시각적으로 표현하면 〈그림 3〉과 같다.

그림 3   배경지식의 수준에 따른 질문내용과 질문유형의 통상적 관계

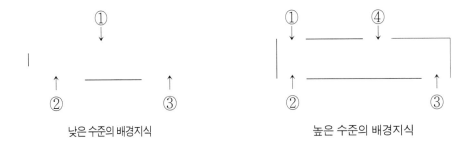

낮은 수준의 배경지식   높은 수준의 배경지식

〈그림 3〉의 좌를 보면 면담자의 스케치에 미완성 영역이 넓다(선이 없는 부분). 통상 해당 면담 분야의 경험치가 낮은 면담자의 스케치가 이와 같다. 면담자는 미완성 영역을 채우기 위해 질문을 해야 할 것인데, '어떻게' 질문할 가능성이 높을까. 이 경우 면담자가 선택할 수 있는 방법은 대략 두 가지 정도로 나뉜다. 하나는 각 미완성 영역에 대하여 개방형 질문을 하는 방법이고, 다른 하나는 각 미완성 영역을 구성하는 하위 요소에 대하여 다수의 구체적 질문과 폐쇄형 질문을 하는 방법이다. 면담자가 어떤 방법을 구사할지는 개인의 면담유형(예: CHID 모델)과 면담방법론 학습 여부 및 수준에 좌우될 것이다. 〈그림 3〉의 우를 보면 면담자의 스케치에 미완성 영역이 좁다. 통상 해당 면담 분야의 경험치가 높은 면담자의 스케치가 이와 같다. 역시 면담자는 미완성 영역을 채우기 위해 질문을 해야 할 것인데, '어떻게' 질문할 가능성이 높을까. 이 경우 면담방법론을 학습하지 않은 면담자는 각 미완성 영역에 대하여 구체적 질문과 폐쇄형 질문을 할 가능성이 높다. 미완성 영역의 범위가 넓지 않아 – 개방형 질문의 실증적, 법리적 가치를 모를 경우 – 굳이 개방형 질문을 사용할 필요를 느끼지 못할 것이기 때문이다. 이 문제는 학습 단계에 따른 질문내용과 질문유형의 변화 문제와 차원을 달리하는 문제다. 경험치와 배경지식의 증가는 분명 면담실무자에게 필요하고 중요한 덕목이기 때문이다. 따라서 면담실무자는 면담방법론 학습의 완성 단계 이후에도 배경지식이 올바른 질문유형의 사용을 잠식하지 않도록 부단히 경계해야 한다. 이 책에서 학습한 질문유형과 질문방식 등의 핵심기술이 이와 같은 문제를 어느 정도 방지해 줄 것으로 생각하지만, 종국적으로 편향을 극복하고 유연한 의사결정 규칙에 따라 학습한 면담방법론을 적용하고 유지하기 위해서는 독자들의 노력이 부가되어야 한다.

질문내용의 원천

질문내용의 1차적 원천은 규범이다. 좀 더 정확하게는 '실체규범'이다. 제2장에서 법심리학적 면담방법론은 규범적 요구의 충족을 조건으로 한다고 하였다. 여기에서의 규범은 '절차규범'을 의미한다. 실체규범은 "어떤 행위를 금지하거나 의무를 부과한 후(요건), 금지된 행위를 하거나 의무를 이행하지 않은 사람에 대하여 일정한 제재를 가하는(효과) 규범"을 의미하고, 절차규범은 "실체규범 위반 행위를 확인하고 그에 합당한 제재를 가하는 데에 있어 준수하여야 할 절차, 방식 및 기준을 정한 규범"을 의미한다. 법심리학적 면담방법론에 있어 절차규범은 주로 어떻게 물을지를 규율하는 반면, 실체규범은 무엇을 물을지의 1차적 원천이 된다. 범죄수사에 있어 대표적 절차규범은 '형사소송법'이고, 대표적 실체규범은 '형법'이다. 가령, 형법 제347조 제1항은 "사람을 기망하여 재물의 교부를 받거나 재산상의 이익을 취득한 자는 10년 이하의 징역 또는 2천만원 이하의 벌금에 처한다."라고 규정하고 있는데, 이에 따라 기망의 여부, 재물의 교부 또는 재산상 이익의 취득 여부 등이 사기죄에 관한 질문내용의 1차적 원천이 된다. 감사나 조사에 있어서도 실체규범이 존재한다. 가령, 공직자윤리법 제22조 제2호는 "재산등록, 변동사항 신고 등을 정당한 이유 없이 대통령령으로 정하는 기간 내에 마치지 아니한 경우 이를 사유로 해임 또는 징계의결을 요구할 수 있다."라고 규정하고 있는데, 재산등록 또는 변동사항 신고의 여부, 기간의 준수 여부, 정당한 사유의 유무 등이 공직윤리법위반 사건에 관한 질문내용의 1차적 원천이 된다. 이와 같이 질문내용의 1차적 원천은 분야와 실체규범에 따라 가변적이다.

질문내용의 2차적 원천은 특정 사건과 실체규범의 조합을 통해 형성되는 '사실관계'다. 실체규범이 동일하더라도 사실관계는 다를 수 있다. 가령, 형사소송법 제347조 제1항이 적용되는 사기죄의 사실관계는 갚기 어려운 액수의 돈을 빌린 '차용사기'일 수도 있고, 사업성이 불투명한 회사에 투자를 하도록 한 '투자사기'일 수도 있다. 또한, 공직자윤리법 제22조 제2호가 적용되는 재산미등록 사건의 사실관계는 '등록 자체'를 하지 않는 사안일 수도 있고, 등록은 하였으나 '기한 준수'를 하지 않은 사안일 수도 있다. 이와 같이 질문내용의 2차적 원천은 동일 분야, 동일 실체규범하에서도 가변적이다. 질문내용의 3차적 원천은 피면담자의 진술이다. 좀 더 정확하게는 피면담자의 '관련성 있는 진술'이다. 질문내용의 2차적 원천인 사실관계의 확정과 질문내용의 1차적 원천인 실체규범상 제재의 수준 결정에 필요한 진술이 관련성 있는 진술이다. 질문내용의 3차적 원천인 피면담자의 관련성 있는 진술은 '내용상' 질문내용의 2차적 원천인 사실관계와 대체로 일치한다. 반면, 피면담자의 관련성 있는 진술은 '순서상' 면담자가 구상한 잠정적 사실관계와 다를 수 있다. 면담자는 실체규범과 사실관계의 구상에 익숙한 반면, 통상 피면담자는 이와 같은 일에 익숙하지 않기 때문이다. 심지어 피면담자는 당해 면담의 주제와 관련된 진술도 하지만 관련성이 없는 진술도 하고, 주제와 관련된 정보 중 일부를 의식적 또는 무의식적으로 누락하기도 한다. 면담과정에서는 질문내용의 2차적 원천인 사실관계와 3차적 원천인 피면담자의 관련성 있는 진술을 모두 확인해야 한다. 문제는 질문의 순서를 어디에 맞추어야 하는지에 있다. 이 책은 원칙적으로 3차적 원천인 피면담자의 관련성 있는 진술에 포함된 정보의 순서에 따라 질문할 것을 권장한다. 이와 같은 순서의 질문이 피면담자의 기억과 거짓말 전략에 영향을 덜 주기 때문이다. 반면, 이와 같은 순서의 질문은 면담자의 높은 인지적 역량과 면담 역량을 요구한다. 청취기법, 면담자의 메모 등을 학습해야 하는 이유가 여기에 있다. 뒤에서 살펴볼 것이다.

질문내용의 효과성과 타당성

질문내용의 원천들을 '내용적' 기준으로 삼고, 피면담자의 관련성 있는 진술에 포함된 정보를 '순서'로 삼아 질문을 이어가는 것만으로 질문내용의 효과성과 타당성이 담보되는 것은 아니다. 여기에서는 질문내용의 효과성과 타당성을 높일 수 있는 몇 가지 방법을 안내하고자 한다. 첫째, 실체규범상 객관적 요소에 관한 질문을 먼저 해야 한다. 사기죄에 있어 재물의 교부 또는 재산상 이익의 취득은 객관적 요소이고, 기망은 주관적 요소다. 형법학에서는 기망을 사기죄의 객관적 구성요건 요소(행위) 중 하나로 파악하고 있으나, 여기에서는 기망을 주관적 요소로 보기로 하자. 재산미등록 사건에 있어 재산미등록의 사실은 객관적 요소이고, 정당한 사유는 주관적 요소다. 객관적 요소는 주관적 요소에 비해 상대적으로 다툼의 소지가 적고, 진술 이외의 증거가 존재하는 경우가 많기 때문에 면담 초기에 이를 먼저 확정함으로써, 면담 중반부와 후반부에서 다룰 주제의 범위를 좁히는 것이 바람직하다. 다만, 피면담자의 관련성 있는 진술에 포함된 정보의 순서가 우선이므로 피면담자가 주관적 요소에 관한 진술을 먼저 하는 경우에는 그 순서에 따라야 한다.

둘째, 실체규범상 객관적 요소를 직접 묻기보다 특정 사건과의 조합을 통해 형성되는 사실관계를 물어야 한다. 사기죄의 피의자 신문에 있어 "재물을 교부 받은 사실이 있나요?"라는 질문은 객관적 요소에 대한 직접적 물음이고, "○○만원을 계좌로 송금받은 사실이 있나요?"라는 질문은 사실관계에 관한 질문이다. 재산미등록 사건의 조사에 있어 "재산등록을 정해진 기간 내에 하였나요?"라는 질문은 객관적 요소에 대한 직접적 물음이고, "○○월 ○○일까지 재산등록 시스템을 통해 재산등록을 하였나요?"라는 질문은 사실관계에 관한 질문이다. 법심리학적 면담방법론은 과거 사건의 재구성을 목적으로 하기 때문에 면담과정에서의 질문내용은 가급적 추상적 실체규범의 내용보다 구체적인 사실관계의 내용을 바탕으로 해야 한다. 앞의 질문례에서 객관적 요소에 대한 질문과 사실관계에 대한 질문 간의 차이가 크지 않다고 생각될 수 있으나, 실체규범상 객관적 요소를 직접 묻는 습관이 누적되면 과거 사건의 재구성에 적지 않은 어려움을 겪게 된다. 또한, 실체규범에 따라 객관적 요소에 대한 질문과 사실관계에 대한 질문 간의 차이가 큰 경우도 있다. 가령, 살인죄나 폭행죄의 경우 "살해했나요?" 또는 "폭행했나요?"라는 질문보다는 살해나 폭행의 구체적 방법, 즉 사실관계(예: 어디를 어떻게 찌르거나 가격했는지)에 관한 질문을 해야 한다.

셋째, 주관적 요소는 실체규범에 있는 것 또는 필요최소한의 범위에서 물어야 한다. 사기죄에 있어 기망과 재산미등록 사건에 있어 정당한 사유는 주관적 요소다. 주관적 요소는 객관적 요소에 비해 상대적으로 다툼의 소지가 많고, 진술 이외의 증거가 존재하지 않는 경우가 많기 때문에 면담실무자에게 적지 않은 어려움을 준다. 저자는 면담방법론 실습 중 역할극을 할 때 면담자 역할의 수강자들이 어떤 행위의 의도나 목적에 질문을 집중하는 모습을 목격하곤 한다. 어떤 행위의 의도나 목적은 모든 사람이 궁금한 부분이다. 그러나 전문적 면담에서 의도나 목적과 같은 주관적 요소를 물을 때에는 절제의 미학이 발휘되어야 한다. 물론 사기죄와 재산미등록 사건에 있어 기망과 정당한 사유는 반드시 확인되어야 할 부분이다. 반면, 살인죄와 폭행죄에 있어 그 의도나 목적은 질문내용의 우선순위 뒤에 위치한다. 살인죄와 폭행죄에 관한 형법 제250조 제1항 및 제260조 제1항에 의도나 목적이 요건으로 포함되어 있지 않기 때문이다. 이 경우 의도와 목적은 제재의 수준을 결정하는 데 필요한 최소한의 범위에서 물어야 한다. 아울러, 제재의 수준을 결정하는 데 필요한 질문은 사실관계를 확정하는 데 필요한 질문보다 뒤에 하는 것이 바람직하다.

사실관계를 확인한 결과 제재를 가해야 할 사안이 아니라면 제재의 수준을 결정할 필요도 없기 때문이다.

넷째, 실체규범상 주관적 구성요건 요소를 직접 묻기보다 그것을 추론할 수 있는 외부적 사실관계를 물어야 한다. 사기죄에 있어 기망의 방법은 다양하고, 재산미등록 사건에 있어 정당한 사유는 다양하다. 또한, 어떤 행위나 사정이 기망에 해당하는지 또는 정당한 사유에 해당하는지에 대한 판단은 지극히 주관적이다. 따라서 실체규범상 주관적 구성요건 요소를 직접 물어서는 사실에 가까운 답변을 듣기 어렵다. 가령, 저자는 사기죄의 피의자를 신문하면서 "제가 피해자를 기망한 것이 맞습니다."라고 자백하는 경우를 본 적이 단 한 번도 없다. 그러나 저자는 면담방법론 실습 중 역할극을 할 때 면담자 역할의 수강자들이 실체규범상 주관적 구성요건 요소를 직접 묻는 모습을 빈번하게 목격한다. 가령, "처음부터 갚을 생각이 없었던 것이 아닌가요?", "고의로 그런 것이 아닌가요?" 등의 질문이 빈번하다. 그러나 이와 같은 질문내용은 바람직한 것이 못 된다. "처음부터 갚을 생각이 없었습니다.", "고의로 그런 것이 맞습니다."라고 답변할 사람이 극히 적을 뿐만 아니라, 가사 그렇게 답변하더라도 이후에 그 진술을 번복하기가 쉽다. 지극히 주관적인 판단에 관한 부분이기 때문이다. 따라서 면담과정에서는 실체규범상 주관적 구성요건 요소를 추론할 수 있는 외부적 사실관계를 물어야 한다.

저자는 면담방법론 실습 중 수강자들에게 '돈을 빌렸나요? – 예. – 갚았나요? – 아니요. – 왜 안 갚았나요?'의 순서로 묻기보다, '돈을 빌렸나요? – 예. – 갚았나요? – 아니요. – 어떻게 갚을 계획이었나요? – (변제계획 청취) – 그럼에도 불구하고 왜 못 갚았나요?'의 순서로 물을 것을 권장하곤 한다. 앞의 면담례와 뒤의 면담례 간의 중요한 차이점은 변제계획에 관한 질문의 유무와 시점에 있다. "왜 안 갚았나요?"라고 질문하면, "갚으려고 했는데 사정이 안 되었다.", "일부러 갚지 않은 것은 아니다."라는 등의 추상적 답변이 돌아올 가능성이 높다. 반면, "어떻게 갚을 계획이었나요?"라고 질문하면, "월급 중 일부를 모아서 갚으려고 했다.", "아르바이트를 해서 갚으려고 했다."라는 등의 구체적 답변이 돌아올 가능성이 높다. 변제계획에 관한 구체적 답변을 기초로 면담자는 월급의 규모, 월급 중 일부를 모았는지 여부, 모으지 못한 데 합당한 사유가 있는지 여부, 아르바이트를 구했는지 또는 구하려고 노력했는지 여부, 아르바이트 비용을 모았는지 여부, 모으지 못한 데 합당한 사유가 있는지 여부 등을 피면담자의 진술뿐만 아니라 진술 이외의 증거를 통해서도 확인할 수 있다. 이와 같이 실체규범상 주관적 구성요건 요소를 추론할 수 있는 외부적 사실관계에 관한 질문은 면담을 내용적으로 충실하게 해주고, 면담 과정을 통해 청취한 진술의 진위를 가릴 가능성을 높여준다.

다섯째, 현재적, 잠재적 증거의 존재를 고려하여 물어야 한다. 면담 국면은 범죄수사, 감사 또는 조사라는 일련의 과정 중간에 위치하고, 그 전후에는 통상 현재적 또는 잠재적 증거가 존재한다. 가령, 가해자를 조사하기 전에 피해자가 제공한 진술이나 자료가 있을 수 있고(현재적 증거), 가해자를 조사한 후에 추가로 사실관계를 확인할 수도 있다(잠재적 증거). 현재적 증거가 있는 경우에는 앞서 설정한 질문내용의 순서를 다소간 조정해야 한다. 현재적 증거가 면담과정 중 가장 적합한 시점에 활용되어야 하기 때문이다. 잠재적 증거를 확인해야 할 필요가 있는 경우에는 해당 사실관계에 관한 피면담자의 상세한 진술을 청취하여야 한다. 즉, '피면담자가 A라고 진술하니 면담 후에 확인해 보자'라고 생각하고 면담을 종료할 것이 아니라, A에 관한 피면담자의 상세한 진술을 청취한 후 면담을 종료해야 한다. 현재적, 잠재적 증거의 고려는 무엇을 물을지와 어떻게 물을지의 경계에 위치하는 쟁점이다. 뒤에서 현재적, 잠재적 증거의 활용 방법에 관해 상세히 살펴볼 것이다.

🔨 일시 · 장소와 기억

우리는 일상에서 '일시 · 장소'라는 표현을 많이 접한다. '일시 · 장소'는 일시 및 장소라는 의미로, 여기에는 시간 정보와 공간 정보가 포함되어 있다. 그러나 법심리학적 면담방법론의 측면에서는 '일시 · 장소'에 포함된 정보를 시간 정보와 공간 정보로 이분하기보다 좀 더 정밀한 관점에서 바라볼 필요가 있다. 기억, 좀 더 정확하게는 인출의 측면에서 보면 '일시 · 장소'에는 서로 다른 특성을 지닌 세 가지 정보가 포함되어 있다. '일', '시', '장소'가 그것이다. 1개월 이상 이전에 있었던 일화 하나를 떠올려 보라. 그 장소가 떠오르는가. 어렵지 않게 떠오를 것이다. 그 시각이 떠오르는가. 정확한 시각은 아니더라도 그때가 아침, 점심, 저녁 중 언제였는지 또는 밤이었는지 낮이었는지 정도는 어렵지 않게 떠오를 것이다. 그 날짜가 떠오르는가. 특별한 기념일이 아니었다면 좀처럼 쉽게 떠오르지 않을 것이다. 아마 요일을 떠올리는 것보다 날짜를 떠올리는 것이 더 어려울 것이다. 이와 같이 '일시·장소'에는 즉시 인출의 가능성이 다른 세 가지 정보가 포함되어 있다. 면담방법론 실습 중 수강자들이 1개월 이상 이전에 있었던 일화의 시간 정보를 확인할 때, "글쎄요. 오래전 일이라 잘 모르겠는데요. ○○월 말쯤이었던가."라는 답변을 듣고 좌절하는 모습을 빈번하게 목격한다. 이 경우에는 '일'뿐만 아니라 '시'에 관한 질문을 하여야 한다. 앞의 답변례에 이어 "그 시각을 정확히 말해보세요."라고 질문했더라면, 적어도 '아침', '점심시간', '밤중' 또는 '오후 2시에서 4시 사이'라는 정보를 얻을 수 있었을 것이다. 앞의 면담례에서 청취한 진술의 진위를 가리기 위해 추가로 사실관계를 확인해야 할 경우를 생각해보라. 어떤 면담자는 240시간(○○월 말 ≒ 10일)을 확인해야 하는 반면, 어떤 면담자는 20시간(14:00~16:00 × 10일)을 확인하면 된다. 따라서 면담실무자는 '일시·장소'에 포함된 각 정보의 즉시 인출 가능성 차이를 정확히 이해하고 적용할 수 있어야 한다.

4) 인지면담

인지면담은 기억에 관한 심리학 연구를 종합하여 만들어진 기억증진형 면담방법론이다(Fisher & Geiselman, 1992). 인지면담은 PEACE 모델, NICHD 프로토콜 등과 마찬가지로 구조화된 면담방법론이다. 즉, 인지면담은 '도입 – 개방형 진술 청취 – 기억코드 탐지 – 면담검토 – 면담종료'의 구조를 취하고 있다. 이 책에서는 인지면담의 구조 전체가 아니라 세부 기법 중 일부를 정보수집형 면담방법론에 접목하기로 하였다. 이는 인지면담이 기본적으로 진실한 피면담자와의 면담을 전제로 개발된 방법론이라는 점, 그래서 거짓된 피면담자와의 면담에도 적용할 수 있는 범용 방법론을 지향하는 이 책의 정보수집형 면담방법론에 그 구조 전체를 수용하기는 어렵다는 점 등을 고려한 것이다. 또한, 법심리학적 면담방법론은 존엄한 인간의 자유의지에 따른 진술을 수단으로 과거의 사건을 재구성하는 데 목적이 있으므로, 인지면담을 통한 기억의 증진은 어디까지나 차선이라는 점도 고려하였다. 따라서 인지면담의 세부 기법은 효과성이 충분히 검증된 것을 위주로 정확한 용법에 따라 사용되어야 한다.

앞서 인지면담은 기본적으로 진실한 피면담자와의 면담을 전제로 개발된 방법론이라고 하였다. 그렇다면 거짓된 피면담자와의 면담도 전제하는 범용 면담방법론에 − 인지면담의 구조 전체가 아니라고 하더라도 − 인지면담의 세부 기법을 접목하는 것이 가능한지, 그리고 필요한지 의문이 들 수 있을 것 같다. 그러나 다음과 같은 이유에서 인지면담의 세부 기법을 접목하는 것은 가능하고 필요하다. 먼저, 면담자는 면담 단계에서 피면담자의 진실성을 정확히 파악할 수 없고, 피면담자의 진실성을 속단해서도 안 된다. 제2장에서 피면담자의 규범적 지위와 피면담자의 진실성 간에도 필연적 연관성이 없다고 하였다. 따라서 인지면담의 세부 기법은 효과성이 충분히 검증된 것을 위주로 정확한 용법에 따라 사용되기만 한다면 피해자나 목격자뿐만 아니라 피의자에게도 적용이 가능하고 필요하다. 다음으로, 거짓된 피면담자도 일화의 구성요소 전부에 대해 거짓말을 하는 경우보다 일화의 구성요소 일부에 대해 거짓말을 하는 경우, 즉 '숨겨진 거짓말'을 하는 경우가 더 많다. 따라서 인지면담의 세부 기법은 효과성이 충분히 검증된 것을 위주로 정확한 용법에 따라 사용되기만 한다면 진실한 피면담자뿐만 아니라 거짓된 피면담자에게도 적용이 가능하고 필요하다. 다만, 피면담자가 거짓말을 하는 지점에서 인지면담의 세부 기법을 적용하면, 피면담자의 저항으로 인해 그 효과를 보지 못하게 될 뿐이다. 요컨대, 인지면담의 적용 가능성과 필요성은 피면담자의 진실성이나 규범적 지위에 좌우되는 것이 아니라, 적용할 세부 기법의 종류와 용법에 좌우되는 것이다. 지금부터 범용 면담방법론에 접목할 수 있는 인지면담의 세부 원리와 기법을 살펴보기로 하자.

이미지 코드와 개념 코드

제2장에서 기억은 부호화, 저장, 인출의 세 단계로 구조화되어 있다는 사실, 기억은 다양한 종류의 취약성(예: 기억의 7대 죄악)을 띤다는 사실 등을 확인하였다. 또한, 기억은 이미지 코드의 형태로 존재하기도 하고, 개념 코드의 형태로 존재하기도 한다. 이미지 코드는 "정신적 그림이나 사진 형태의 기억"을 의미하고, 개념 코드는 "사전적 정의와 같은 형태의 기억"을 의미한다. '본 것에 대한 형상', '들은 것에 대한 음상(音象)' 등이 이미지 코드의 예에 해

당하고, '좋은 인상', '불친절한 말투' 등이 개념 코드의 예에 해당한다. 개념 코드는 이미지 코드에 비해 상대적으로 불완전하고 부정확하다. 경험한 사실에 대한 피면담자의 해석과 정의가 개입되어 있기 때문이다. 반면, 이미지 코드는 개념 코드에 비해 상대적으로 세부적이고 정확하다. 경험한 사실에 관한 상(象) 자체가 기억의 내용이기 때문이다. 반면, 이미지 코드는 개념 코드보다 접근 및 언어화가 어려운 특성을 갖는다. 즉, '좋은 인상'이라는 개념 코드에는 즉시 접근하여 "인상이 좋았어요."라고 진술할 수 있는 반면, '본 것에 대한 형상'이라는 이미지 코드에 접근하여 그것을 진술하기는 어렵다. 통상 경험한 사실은 개념 코드와 이미지 코드로 동시에 부호화, 저장된다. 따라서 면담실무자는 피면담자의 두 가지 코드를 모두 탐색해야 한다. 또한, 면담실무자는 원칙적으로 이미지 코드를 탐색한 후 개념 코드를 탐색해야 한다. 접근과 인출이 용이한 개념 코드를 먼저 탐지하게 되면, 접근과 인출이 어려운 이미지 코드 탐지가 추상화될 우려가 있기 때문이다(정도의 문제). 또한, 피면담자의 해석과 정의가 개입되어 있는 개념 코드에 관한 진술이 이미지 코드에 영향을 줄 우려도 있다(방향의 문제). 요컨대, 면담실무자는 피면담자의 이미지 코드와 개념 코드 모두를 탐색하되, 원칙적으로 전자를 먼저 탐색해야 한다.

세부성의 원리

기억 속에는 강도, 세부성 등이 다양한 정보들이 존재한다. 세부성의 원리는 "피면담자의 기억 속에 존재하는 정보들을 세부성의 정도에 따라 탐색해야 한다"라는 원리다. 즉, 피면담자의 상세한 기억을 먼저 탐색하고, 그렇지 않은 기억을 나중에 탐색하라는 것이다. 통상 상세한 기억을 먼저 탐색하는 것이 그 역순으로 탐색하는 것보다 더 정확하고 풍부한 진술을 얻는 데 유리하기 때문이다(Fisher & Geiselman, 1992). 기억 속에 존재하는 정보들 간의 세부성 차이는 확인된 사실관계를 통해 진단할 수도 있고, 피면담자의 진술을 통해 진단할 수도 있다. 가령, CCTV 영상을 통해 목격자가 범인을 두 번 바라보는 모습이 확인되었다면, 그 중 더 가까운 거리에서 범인을 바라보았을 때의 기억이 더 세부적일 가능성이 높다. 반면, 확인하고자 하는 정보가 범인의 신장이라면 더 먼 거리에서 범인을 바라보았을 때의 기억이 더 세부적일 수 있다. 또한, 확인된 사실관계와 별론으로 사건 당시 목격자의 주의, 두려움 등이 기억의 세부성에 영향을 줄 수 있다. 따라서 면담실무자는 확인된 사실관계와 피면담자의 진술을 종합하여 피면담자의 기억 속에 존재하는 정보들의 세부성 정도를 가늠한 후, 상세한 기억을 먼저 탐색해야 한다.

타성의 원리

통상 면담과정에서는 둘 이상의 일화에 관한 진술을 청취하거나, 하나의 일화에 관한 진술을 청취하더라도 둘 이상의 장면 또는 쟁점에 관한 진술을 청취하는 경우가 많다. 타성의 원리는 "현재 피면담자의 의식 속에 있는 장면 또는 쟁점에 관한 탐색을 모두 종료한 후 새로운 장면 또는 쟁점으로 전환해야 한다"라는 원리다. 즉, 피면담자가 회상을 통해 인출할 준비가 되어 있는 또는 현재 진술하고 있는 장면 또는 쟁점에 관한 탐색 중 새로운 장면 또는 쟁점에 관한 질문을 해서는 안 된다는 것이다. 과거에 경험한 사실을 회상하는 것은 기본적으로 상당한 인지적 에너지를 필요로 하는 과업인데, 잦은 장면 또는 쟁점 전환으로 피면담자의 인지적 부하를 가중해서는 안 되기 때문이다. 또한, 잦은 장면 또는 쟁점 전환은 ― 그렇게 하지 않았더라면 발생하지 않았을 ― 회상의 손실을 가져온다. 가령, 목격자로부터 범죄 현장의 전면과 후면에 관한 진술을 청취하는 경우를 생각해보자. 면담자는 확인된 사실관계와 피면담자의 진술을 종합하여 범죄 현장의 전면에 관한 목격자의 기억이 더 세부적이라고 판단하면, 세부성의 원리에 따라 범죄 현장의 전면에 관한 목격자의 기억을 먼저 탐색해야 한다. 이때 목격자가 회상을 통해 A, B, C 세 개의 명확한 정보를 인출할 준비를 하였고, D, E 두 개의 덜 명확한 정보를 인출할 준비를 하였다고 가정해보자. 이제 면담자는 타성의 원리에 따라 범죄 현장 전면에 관한 A, B, C, D, E 다섯 개의 정보를 탐색해야 한다. 만약 이때 면담자가 A(창문)에 관한 진술을 청취한 후, 범행 현장 후면에도 A(창문)가 있었는지를 질문한다면 그것은 타성의 원리 위반이다. 이 질문을 받은 목격자는 현재의 의식 속에 있는 범죄 현장 전면의 이미지를 의식 아래로 내리고, 의식 아래에 있는 범죄 현장 후면의 이미지를 현재의 의식으로 가져와야 한다. 인지적 부하를 불필요하게 가중하는 방법이다. 또한, 범죄 현장 전면에 관한 정보를 다시 탐색하고자 할 때 목격자가 전과 같은 양의 정보를 전과 같은 질로 회상해내지 못할 가능성이 있다. 특히, D, E와 같이 당초부터 덜 명확했던 정보는 새로운 회상의 과정에서 유실될 가능성이 더 높다. 타성의 원리를 위반하여 수시로 장면 또는 쟁점 전환을 한다고 가정해 보라. 그것은 아마도 피면담자와 면담자 모두에게 해로운 방법이 될 것이다. 앞서 질문내용의 3차적 원천인 피면담자의 관련성 있는 진술에 포함된 정보의 순서에 따라 면담을 이어갈 것을 권장했던 것도 타성의 원리와 맥을 같이 한다.

전문성의 원리

면담과정을 통해 만나게 되는 피면담자들 중에는 종종 전문 분야에 종사하는 사람이 있다. 전문 분야에 종사하지 않더라도 사람들의 관심사(예: 취미)는 다양하다. 전문성의 원리는 "피면담자의 전문성 또는 취향에 걸맞은 탐색을 활용해야 한다"라는 원리다. 가령, 미용사는 사람의 헤어스타일을 더 잘 기억할 것이고, 구두수선공은 사람의 신발 모양이나 특성을 더 잘 기억할 것이다. 또한, 평소 자동차에 관심이 많은 사람은 차량의 종류뿐만 아니라 연식이나 등급까지 기억할 가능성이 있고, 평소 패션 소품에 관심이 많은 사람은 액세서리의 종류뿐만 아니라 모델명이나 진품 여부까지 기억할 가능성이 있다. 그러나 남성은 자동차와 기계에 관심이 많고, 여성은 의류와 소품에 관심이 많다는 통념은 지양해야 한다. 피면담자의 전문성과 취향을 확인할 수 있는 가장 좋은 원천은 직업과 취미에 관한 피면담자의 진술이다. 면담자는 라포형성 과정을 통해 피면담자의 직업과 취미를 확인할 수 있다. 앞서 질문기법과 청취기법을 온전히 이해해야 라포형성의 중요성을 알게 되는 경향이 있다고 하였다. 전문성의 원리를 학습하면서 라포형성이 필요한 이유 하나를 확인하였다. 뒤에서 라포형성의 의미, 기능, 방법에 관해 상세히 살펴볼 것이다.

맥락회복

지금까지 인지면담의 주요 원리와 이를 통해 도출되는 일반적 준수사항을 살펴보았다. 지금부터는 인지면담의 주요 기법을 학습해보기로 하자. 첫 번째 기법은 맥락회복이다. 제2장에서 학습한 부호화 특수성의 원리를 기억하는가. 부호화 특수성의 원리는 "어떤 정보를 인출할 때 그 정보를 부호화했을 때와 같은 맥락하에서 하면, 인출이 더 잘 이루어지는 현상"을 의미한다 (Tulving & Thomson, 1973). 맥락회복은 부호화 특수성의 원리를 면담과정에 적용하는 기억증진 기법이다. 맥락회복은 "물리적 또는 정신적으로 피면담자를 기억의 부호화 단계로 안내함으로써 인출 역량을 증진시키는 인지면담 기법"이다. 제2장에서 소개한 잠수부 대상 단어 회상 실험은 물리적 맥락회복의 효과를 검증한 연구다. 물리적 맥락회복(PCR: physical context reinstatement)은 "물리적으로 피면담자를 기억의 부호화 단계로 안내하는 방법"이다. 범죄수사, 감사 또는 조사의 과정에 물리적 맥락회복을 적용하려면, 피면담자를 범죄 현장 또는 관련 정보를 최초로 부호화한 장소로 데리고 가야 한다. 그러나 범죄수사, 감사 또는 조사에 있어 물리적 맥락회복은 사실적으로 불가능하거나 법리적·실증적으로 바람직하지 못한 경우가 많다. 가령, 범죄 현장이 변경되었거나, 면담장소와 너무 멀리 떨어져 있거나, 그곳에 다시 가는 것이 피면담자에게 불안 또는 불편을 야기할 수 있다. 또한, 피면담자가 원래의 기억이 아니라 물리적 맥락회복 과정에서의 기억(학습)을 토대로 진술을 할 우려도 있다. 따라서 범죄수사, 감사 또는 조사의 과정에서는 정신적 맥락회복을 적용하는 것이 바람직하다. 정신적 맥락회복(MCR: mental context reinstatement)은 "정신적으로 피면담자를 기억의 부호화 단계로 안내하는 방법"이다. 범죄수사, 감사 또는 조사의 과정에 정신적 맥락회복을 적용하는 일반적인 방법은 기억의 부호화 단계로 돌아가도록 하는 '지시문' 또는 '질문'이다. 정신적 맥락회복은 사실적 가능성 및 법리적·실증적 타당성의 측면에서 물리적 맥락회복보다 더 권장되는 맥락회복 기법이다. 또한, 기억은 외부적 환경보다 정신적 사고에 더 큰 영향을 받기 때문에 물리적 맥락회복보다 정신적 맥락회복의 효과가 더 큰 것으로 알려져 있다(Fisher & Geiselman, 1992).

맥락회복 지시문은 "기억의 부호화 단계로 돌아갈 것을 요청하는 발언"이다. 가령, "이 사건을 목격했던 상황으로 돌아가 보세요.", "A가 출입문으로 들어오던 시점으로 돌아가 보세요." 등이 맥락회복 지시문의 예다. 맥락회복 질문은 "기억의 부호화 단계로 돌아가도록 하는 질문"이다. 가령, "그 당시 당신은 어디에 서 있었나요?", "그 당시 당신은 무슨 생각을 하고 있었나요?"

등이 맥락회복 질문의 예다. 면담자는 맥락회복 지시문과 맥락회복 질문을 적절히 조합하여 사용할 수 있어야 한다. 맥락회복 지시문과 맥락회복 질문 뒤에는 맥락회복에 필요한 충분한 시간을 제공해야 한다. 사안에 따라 차이가 있겠으나, 인지면담에서는 통상 5~10초 정도의 시간을 제공할 것을 권장한다. 맥락회복이 완료되면 통상 피면담자는 면담자와 다시 눈을 맞추거나, 머리를 끄덕이거나, "예."와 같이 진술할 준비가 되었음을 시사하는 발언을 한다. 이제 면담자는 앞서 학습한 바에 따라 올바른 질문유형과 질문방식을 사용하여 필요한 질문을 하면 된다.

맥락회복의 기억증진 효과는 부호화 특수성의 원리 이외의 요소로도 설명될 수 있다. 가령, 일정 수준 이상의 기억이나 생각을 필요로 하는 질문을 받았을 때 사람들의 시선을 보면 그 단서를 찾을 수 있다. 이러한 질문을 받았을 때 사람들은 통상 질문을 한 사람과의 시선 접촉을 잠시 끊는다. 즉, 시선이 상하좌우 또는 정면이 아닌 다른 방향을 향한다. 이것은 그 사람이 회상을 위해 노력하고 있다는 신호다. 회상이 완료되면 시선이 다시 정면으로 향한다. 이것은 그 사람이 진술을 할 준비가 되었다는 신호다. 이와 같이 일정 수준 이상의 기억이나 생각을 필요로 하는 질문을 받았을 때 피면담자는 '회상'과 '진술'이라는 구별되는 행위를 순차적으로 한다. 그러나 면담자뿐만 아니라 피면담자도 자신의 답변 안에 이와 같이 구별되는 두 개의 행위가 있음을 알지 못한다. 맥락회복은 진술에 앞서 피면담자를 기억의 부호화 단계로 안내함으로써 회상과 진술을 구분 짓고, 각각에 필요한 충분한 시간을 제공하는 기능을 한다. 회상과 진술의 분리, 이것이 맥락회복의 기억증진 효과를 설명해주는 또 다른 요소가 될 수 있다. 앞서 복합질문의 사용을 지양할 것을 권장했던 것도 기억과 진술의 이와 같은 관계와 연관된다. 즉, 복합질문은 회상과 진술을 구분 짓고, 각각에 필요한 충분한 시간을 제공하는 데 부적절한 질문방식이다.

맥락회복은 기본적으로 피면담자를 기억의 '부호화' 단계로 안내하는 것을 내용으로 하지만, 상황에 따라서는 피면담자를 그 기억의 '다른 인출' 단계로 안내하는 방법도 포함한다. 가령, 어떤 피면담자는 특정 사건을 경험한 후 그 사건에 관한 대화를 다른 사람(예: 가족, 지인)과 나누었을 가능성이 있다. 또한, 피면담자는 그 사건을 직접 회상하는 것보다 그 사건에 관하여 나누었던 대화를 회상하는 것을 더 쉽게 느낄 수 있다. 이 경우 면담자는 피면담자를 기억의 다른 인출 단계, 즉 성공적 회상 시점으로 안내할 수 있다. 가령, "○○과 이 사건에 관하여 대화했던 상황으로 돌아가 보세요."라고 요청할 수 있다. 그러나 기억의 다른 인출 단계에는 이미 사건에 대한 피면담자의 해석과 정의가 개입되어 있기 때문에 이 방법은 어디까지나 차선으로 사용되어야 한다. 한편, 인지면담의 개발자는 암시적 또는 유도적 특성이 없는 것이어야 한다는 전제하에 사건에 관한 그림이나 사진을 인출의 단서로 제공할 수 있다고 설명하고 있으나(Fisher & Geiselman, 1992), 바람직한 방법이라고 볼 수 없을 것 같다. 오히려 인지기반 행동분석에서 제안하는 바와 같이 피면담자로 하여금 스스로 그림을 그리면서 진술하게 하는 방법이 보다 바람직할 것으로 생각한다(Vrij, 2008).

순서 바꾸기

인지면담은 기억증진 기법의 일환으로 다양한 인출 시도를 권장하고 있다. 다양한 인출 시도 중 대표적인 것이 '순서 바꾸기'와 '관점 바꾸기'다. 여기에서는 인지면담의 두 번째 기법으로 순서 바꾸기를 학습해보자. 순서 바꾸기는 "피면담자로 하여금 통상적 연대기의 역순으로 회상할 것을 안내함으써 인출 역량을 증진시키는 인지면담 기법"이다. 순서 바꾸기는 연대기 순으로 회상했을 때 인출되지 않았던 정보가 그 역순으로 회상했을 때 인출되는 경향이 있다는 연구의 결과에 기반한다(Burns, 1982; Geiselman et al., 1986). 순서 바꾸기는 어떤 사건의 끝 시점에서 시작하여 첫 시점으로 진행하도록 안내할 수도 있고, 특징적인 중간 시점에서 시작하여 차차 그 앞의 시점으로 나아가도록 안내할 수도 있다. 유의할 점은 역순 회상이 연대기 순의 회상보다 더 많은 정보를 인출하는 효과를 갖는 것이 아니라, 연대기 순의 회상에서 인출되지 않았던 정보를 추가로 인출하게 하는 효과를 갖는다는 점이다. 따라서 역순 회상은 보조적으로 사용해야 한다. 또한, 피면담자가 순서 바꾸기를 일종의 놀이로 생각하거나 자신을 테스트하기 위한 도구로 생각하지 않도록 각별히 유의해야 한다. 만약 피면담자가 순서 바꾸기를 하는 이유를 물으면 "연대기 순으로 회상했을 때 인출되지 않았던 정보가 인출될 수 있기 때문입니다."

라고 정확하게 설명해 주어야 한다. 그래야 피면담자의 불필요한 오해를 줄일 수 있기 때문이다. 한편, 인지기반 행동분석에서는 역순 회상을 진술의 진실성 또는 취약성 평가의 유용한 도구로 보고 있다. 청취기법 부분에서 상세히 살펴볼 것이다.

관점 바꾸기

인지면담이 기억증진 기법의 일환으로 권장하고 있는 다양한 인출 시도 중 관점 바꾸기를 인지면담의 세 번째 기법으로 학습해보자. 관점 바꾸기는 "피면담자로 하여금 타인의 관점에서 회상할 것을 안내함으로써 인출 역량을 증진시키는 인지면담 기법"이다. 관점 바꾸기는 통상 자신의 관점에 따라 과거를 회상하는 일반적인 경향을 보완하기 위해 제안된 기법이다. 그러나 관점 바꾸기는 순서 바꾸기보다 좀 더 신중하게 사용해야 한다. 순서 바꾸기는 자신의 관점에서 '순서'만 바꾸어 회상하는 방법인 반면, 관점 바꾸기는 자신의 관점을 잠시 버리고 타인의 '입장'에 서서 회상하는 방법인 관계로, 피면담자의 기억에 부정적 영향을 줄 우려가 있기 때문이다. 따라서 관점 바꾸기를 사용할 때에는 다음과 같은 점에 유의해야 한다. 첫째, 관점을 차용할 타인은 반드시 사건 현장에 있었던 사람이어야 한다. 사건 현장에 없었던 사람의 관점에서 회상하라는 것은 상상을 요구하는 것과 마찬가지이기 때문이다. 둘째, 타인의 관점을 차용하되, 반드시 피면담자가 직접 경험한 것만 회상하도록 안내해야 한다. 이와 같이 안내하지 않으면 피면담자가 관점 바꾸기를 '지어내기'로 오해할 수 있다. 셋째, 관점 바꾸기는 성인에게만 사용해야 한다. 관점 바꾸기의 효과는 성인 대상 면담에서만 확인되었고(Flavell, 1986; Geiselman & Padilla, 1988), 아동의 경우에는 관점 바꾸기가 피암시성을 유발할 수 있기 때문이다. 넷째, 순서 바꾸기의 경우와 마찬가지로 피면담자가 관점 바꾸기를 놀이의 일종으로 생각하거나 자신을 테스트하기 위한 도구로 생각하지 않도록 각별히 유의해야 한다. 또한, 피면담자가 관점 바꾸기를 하는 이유를 물으면 "자신의 관점에서 회상했을 때 인출되지 않았던 정보가 인출될 수 있기 때문입니다. 그러나 반드시 당신이 경험한 것만 회상해야 하고 경험하지 않는 것을 지어내서는 안 됩니다."라고 정확히 설명해 주어야 한다. 이와 같이 관점 바꾸기는 순서 바꾸기보다 많은 제약이 따르는 기법이다. 신중한 사용이 요구된다.

적합한 정보 저장소 탐색

통상 사람의 감각은 '오감'으로 일컬어진다. 그런데 심리학에서는 하나의 사건에 수반되는 다양한 감각 정보가 뇌의 서로 다른 영역에 저장되는 것으로 알려져 있다(Damasio, 1989; Squire & Kandel, 1999). 가령, 어떤 사건의 현장에서 본 것은 시각 피질에 저장되고, 들은 것은 청각 피질에 저장되는 식이다. 문제는 사람들이 과거에 있었던 일을 회상할 때 모든 감각 저장소를 고르게 탐색하지 않는다는 사실이다. 가령, 사람들은 동일한 사건을 회상함에 있어 청각 정보보다 시각 정보를 빈번하게 인출하는 경향이 있고, 촉각, 후각 및 미각 정보는 좀처럼 인출하지 않는 경향이 있다(Rock & Harris, 1967). 제2장에서 학습한 바와 같이 인출 불능 또는 곤란이 반드시 기억의 부재를 의미하는 것은 아니다. 따라서 피면담자는 면담자의 적절한 안내를 통해 스스로 인출하지 못했던 정보를 인출할 수 있다. 인지면담의 네 번째 기법으로 학습할 적합한 정보 저장소 탐색은 기억의 이러한 특성에 착안한 기법이다. 즉, 적합한 정보 저장소 탐색은 "피면담자가 정보의 특성에 걸맞은 정보 저장소를 탐색할 수 있도록 안내함으로써 인출 역량을 증진시키는 인지면담 기법"이다. 어떤 정보의 인출을 안내함에 있어 그 정보가 있음직한 정보 저장소를 특정하기 위해서는 무엇보다 정밀한 진술 청취가 필요하다. 확인된 사실관계와 피면담자의 진술을 종합해야 사건 당시 피면담자가 부호화했을 가능성이 있는 정보의 종류(예: 시각, 청각, 촉각)를 식별할 수 있기 때문이다.

어두운 방에 침입하여 성폭행을 시도하다가 미수에 그치고 도주한 범인의 인상착의를 피해자로부터 확인해야 할 경우를 가정해 보자. 피해자는 범인의 인상착의에 관한 면담자의 질문에 "어두워서 아무 것도 보지 못했다."라고 답변할 가능성이 높다. 만약 범인이 범행 당시 피해자를 협박했다면 범인의 목소리에 관해 진술하겠지만, 그마저도 없었다면 달리 범인의 특성에 관한 진술을 하기가 어려운 것이 사실이다. 이 경우 면담자는 피해자로 하여금 범인의 행동을 묘사하게 하여야 한다. 가령, "범인이 침입했음을 알아챈 후부터 범인이 도주할 때까지 범인이 했던 행동을 자세히 묘사해보세요."라고 요청할 수 있을 것이다. 이후에는 앞서 학습한 「3 + 2 - 3」의 공식에 따라 피해자가 경험한 모든 사실을 청취해야 한다. 그 과정에서 피해자로부터 "범인이 양팔로 저의 가슴을 눌러서 저는 범인의 손목을 비틀어 뿌리쳤어요."라는 진술을 청취했다고 가정해 보자. 이 경우 면담자는 피해자가 범인의 손목을 비틀어 뿌리칠 때 촉각 정보를 부호화했을 가능성을 포착해야 한다. 먼저, 맥락회복 기법을 적용하여 "범인의 손목을 비틀어 뿌리칠 때로 돌아가 손에 느껴졌던 감각에 집중해 보세요."라고 요청한 후, 개방형 질문으로 "그때 손을 통해 느꼈던 것을 자세히 말해보세요."라고 질문할 수 있을 것이다. 이와 같은 안내를 통해 피면담자는 - 이와 같은 안내가 없었더라면 기억해 내지 못했을 - 범인 팔에 난 **빽빽한** 털, 범인이 차고 있던 큼지막한 시계 등을 기억해 낼 수 있다. 만약, 이와 같은 안내를 통해 범인이 오른손에 시계를 차고 있었다는 사실을 확인해 낸다면 얼마나 중요한 정보가 되겠는가. 적합한 정보 저장소 탐색을 위해서는 올바른 질문기법의 사용과 더불어 적극적 청취가 필요하다. 적극적 청취의 의미, 기능, 방법은 청취기법 부분에서 상세히 살펴볼 것이다.

5) 증거의 활용

종래에 법심리학적 면담방법론의 관심은 조사실 안에서의 행위에 집중되어 있었다. 즉, 어떤 질문유형이 정보의 양 또는 질을 높여주는지, 어떤 기법이 피의자의 진실성을 보다 정확히 판단하게 해주는지 등이 주된 연구물음이었다. 그런데 면담은 범죄수사, 감사 또는 조사라는 일련의 과정 중간에 위치할 뿐만 아니라 그 전후에는 통상 현재적 또는 잠재적 증거가 존재한다는 점에 대한 인식이 확산되고, 면담자의 증거 활용 방법과 피면담자의 증거에 대한 자각이 면담의 성패에 큰 영향을 미친다는 연구결과가 나오면서(Hartwig, 2005; van der Sleen, 2009), 이러한 경향에 변화가 왔다. 조사실 외에서 수집한 또는 수집할 증거를 면담과정에서 십분 활용하려는 시도가 이와 같은 변화의 중심에 있다. 통상 법심리학적 면담방법론에서 증거의 활용이라는 이슈는 현재적 증거, 즉 면담 이전에 이미 '수집한' 증거의 효과적 활용에 관한 논의를 의미한다. 전략적 증거 사용(SUE), 전략적 면담 모델(TIM) 등이 여기에 포함된다. 한편, 경찰수사연수원과 경찰대학에서 채택하고 있는 정보수집형 면담방법론은 '상호작용 탐지'라는 도구를 접목하고 있는데, 상호작용 탐지는 잠재적 증거, 즉 조사실 외에서 '수집할' 증거의 효과적 활용을 위한 도구다. 증거의 존재, 증거에 대한 자각, 증거의 공개 시점, 증거의 공개 방법 등이 법심리학적 면담방법론에서 중요한 쟁점으로 자리매김하고 있는 만큼, 현재적 증거의 활용뿐만 아니라 잠재적 증거의 활용까지 학습할 필요가 있을 것으로 생각한다.

현재적 증거의 활용

현재적 증거의 활용에 관한 대표적 방법론에는 전략적 증거 사용과 전략적 면담 모델이 있다. 전자는 증거 제시의 '시점'을 강조하는 방법론인 반면, 후자는 증거에 대한 변명의 '예측 및 대응'을 강조하는 방법론이다. 하나씩 살펴보자. ① 전략적 증거 사용(SUE: Strategic Use of Evidence)은 "면담 중 가장 적합한 시점에 증거를 제시하는 것을 내용으로 하는 현재적 증거 활용 방법"이다. 제1장에서 전략적 증거 사용의 요지를 설명하였다. 여기에서는 그 원리와 구체적 적용 방법을 학습해보도록 하자. 종래에 범죄수사 실무에서는 가용한 증거를 면담 초기에 한꺼번에 제시하고 피면담자를 압박하는 방법이 빈번하게 사용되었다. 이와 같은 방법을 통해 효과를 보는 경우도 있었고(예: 자백), 효과를 보지 못하는 경우도 있었으며(예: 부인), 부정적 효과를 보는 경우도 있었다(예: 정보 노출). 면담실무자들은 본인만의 노하우를 적용하여 실패한 경우보다 성공한 경우에 더 높은 가치를 부여하는 경향이 있다. 무용담이라는 것이 항상 어느 정도의 과장을 내포하고 있는 것과 마찬가지 이치일 것이다. 문제는 가용한 증거를 면담 초기에 한꺼번에 제시하고 피면담자를 압박하는 방법을 통해 효과를 본 경우, 그 효과가 증거의 제시 '방법'에 기인하는 것인지, 아니면 증거의 존재 '자체'나 증거에 대한 피면담자의 '자각'에 기인하는 것인지를 검증할 방법이 마땅치 않다는 데 있다. 또한, 이와 같은 방법을 통해 일부 효과를 본 경우가 있다고 하더라도, 부정적인 효과를 본 경우를 감안하면 가용한 증거의 활용은 좀 더 과학적인 방법으로 이루어질 필요가 있다. Hartwig과 그의 동료들은 다음과 같은 소재와 방법론을 활용하여 전략적 증거 사용의 효과를 검증하였다(Hartwig et al., 2006).

A는 가방을 사기 위해 상점에 들렀다. A는 자신의 가방을 상점 진열대에 올려두고 상점에 진열된 물건들을 구경하였다. 구입한 물건 값을 지불하려던 A는 자신의 가방 속에 있던 지갑이 없어졌다는 사실을 알게 되었다. 현장감식 결과 A의 가방에서 지문이 발견되었는데 그 지문은 A의 것이 아니었다. 이후 그 지문은 같은 날 상점에 방문했던 손님 B의 것으로 확인되었다. 이제 담당 수사관은 B를 상대로 면담을 하고자 한다.

전략적 증거 사용을 적용하기 위해서는 먼저 면담을 세 개의 국면으로 분할해야 한다. 증거나 단서 제시 없이 '질문'하기 국면(Q: question), 증거를 연상케 하는 '단서'를 포함하여 질문하기 국면(C: cue), '증거'를 제시하고 설명 요구하기 국면(E: Evidence)이 전략적 증거 사용의 세 국면이다. Q 국면에서는 피면담자에게 증거나 단서를 제시 또는 언급하지 않고 사건 당일에 관한 진술을 청취해야 한다. 앞의 사례에서 증거는 '지문'이고, 단서는 '상점'과 '가방'이다. 상점과 가방에 대한 면담자의 언급이 지문을 남겼을 가능성에 대한 피면담자의 자각으로 연결될 수 있다는 점에서 이 두 가지가 단서로 기능하는 것이다. 통상 피면담자에게 출석을 요구할 때에는 사건의 요지와 출석을 요구하는 사유를 알려주어야 한다. 사례의 경우 담당 수사관은 출석요구 단계에서 피면담자에게 "○○ 상점에서 발생한 도난 사건의 수사를 위해 당일 그 상점에 방문했던 손님들의 진술을 청취하고자 한다."라고 사건의 요지와 출석요구의 취지를 고지해야 한다. 이제 가용한 단서는 '가방' 하나만 남았다. '상점'이라는 단서를 출석요구 단계에서 언급해버렸기 때문이다. 또는 피면담자가 수사관의 전화를 받고 먼저 "○○ 상점에서 발생한 도난 사건 때문에 연락하셨군요."라고 말할 수도 있다. 이와 같이 규범적, 사실적 사유로 인해 가용한 단서의 범위가 줄어들 수도 있다. 면담자는 Q 국면에서 지문이나 가방을 먼저 언급하지 않고, 앞서 학습한 「3 + 2 - 3」의 공식에 따라 사건 당일 ○○ 상점에서 이루어진 피면담자의 모든 행위를 확인해야 한다. 특히, 피면담자에게 '최대한 자세히, 사실대로, 빠짐없이' 진술해야 한다는 면담규칙을 설명해주어야 한다. 이때 피면담자가 범인이 아니라면 A의 가방을 만진 사실을 포함하여 자신의 모든 행위를 진술하는 경향이 있는 반면, 피면담자가 범인이라면 A의 가방을 만진 사실을 제외한 자신의 행위를 진술하는 경향이 있다(Colwell et al., 2006). 제2장에서 거짓말에는 조작의 형태와 생략의 형태가 있고, 사람들은 전자보다 후자의 거짓말을 더 빈번하게 한다는 사실을 확인한 바 있다. 어떤 피면담자가 Q 국면에서 'A의 가방을 만진 사실을 제외'하고 진술한다면 생략 형태의 거짓말일 가능성이 있다. 물론 피면담자가 실수로 또는 그 진술이 중요함을 모르고 누락했을 가능성도 있다. 이 경우 면담자는 C 국면으로 넘어가야 한다. 만약 피면담자가 A의 가방을 만진 사실을 스스로 진술한다면, 통상의 정보수집형 면담방법론에 따라 면담을 이어가면 된다.

C 국면에서는 피면담자에게 단서를 제시 또는 언급하고, 단서와 피면담자의 연관성을 확인해야 한다. 즉, A의 가방을 본 사실 또는 만진 사실이 있는지를 물어야 한다. 이때 피면담자가 범인이 아니라면 A의 가방을 만진 사실을 인정하는 경향이 있는 반면, 피면담자가 범인이라면 A의 가방을 만진 사실을 부인하는 경향이 있다(Granhag & Strömwall, 2002). 이와 같은 경향은 Q 국면에서 했던 생략 형태의 거짓말에 기인한다. 즉, Q 국면에서 실수로 또는 그 진술의 중요함을 모르고 누락했을 경우에는 가방을 만진 사실의 인정이 단지 실수나 오해의 정정으로 인식되는 반면, 의도적으로 그 진술을 생략했을 경우에는 가방을 만진 사실의 인정이 진술의 번복으로 인식되기 때문이다. 또한, Q 국면에서 피면담자에게 '최대한 자세히, 사실대로, 빠짐없이'라는 면담규칙을 설명해주었던 것이 이와 같은 경향을 더 강화한다. 여기에서 유의할 것은 단서까지만 제시 또는 언급하고, 증거를 제시 또는 언급해서는 안 된다는 점이다. 이 시점에서 증거를 제시 또는 언급하면, 피면담자의 인정 또는 부인 경향에 큰 영향을 미치기 때문이다. 가령, A의 가방을 본 사실 또는 만진 사실이 있는지를 물으면 인정할지 또는 부인할지를 고민하게 되고, 거기에 Q 국면에서 했던 생략 형태의 거짓말이 갖는 효과와 면담규칙 설명의 효과가 작용하여 원래의 경향이 유지되는 반면, A의 가방에서 피면담자의 지문이 발견되었다는 사실을 알려주면 이와 같은 고민 없이 A의 가방을 만진 사실을 인정하고 나름의 해명 또는 변명을 할 가능성이 높다. 따라서 C 국면에서는 단서까지만 제시 또는 언급하고, 증거의 제시 또는 언급은 반드시 E 국면에서 해야 한다. 전략적 증거 사용은 '질문(Q)'과 '증거(E)'의 조합에 관한 문제이지만,

전략적 증거 사용의 무게 추는 '단서(C)' 제시 국면에 있다. 앞서 질문은 피면담자의 기억과 거짓말 전략에 영향을 덜 주는 유형, 방식, 내용이어야 한다고 하였다. 전략적 증거 사용을 적용함에 있어 면담을 세 개의 국면으로 분할하고, 각 국면을 순차적으로 수행하는 것도 이와 동일한 기준의 적용으로 볼 수 있다. 어떤 피면담자가 Q 국면과 C 국면 모두에서 A의 가방을 만진 사실을 진술 또는 인정하지 않는다면 범인일 가능성이 높다. A의 가방에서 발견된 피면담자의 지문을 달리 설명할 방법이 적기 때문이다. 또한, Q 국면의 경우와 달리 C 국면에서의 부인은 피면담자의 실수 또는 오해에 기인하는 것일 가능성이 낮다. Q 국면에서는 피면담자의 전반적 행위를 물었던 반면, C 국면에서는 A의 가방을 본 사실 또는 만진 사실이 있는지를 직접 물었기 때문이다. 이 경우 면담자는 E 국면으로 넘어가야 한다. 만약 피면담자가 A의 가방을 만진 사실을 시인한다면, 통상의 정보수집형 면담방법론에 따라 면담을 이어가면 된다.

E 국면에서는 피면담자에게 증거를 제시 또는 언급하고, 증거와 피면담자의 진술 간 모순의 이유를 확인해야 한다. 즉, 피면담자는 A의 가방을 만진 사실이 없다고 하였는데, A의 가방에서 피면담자의 지문이 발견된 이유를 물어야 한다. 이 국면은 PEACE 모델의 설명요구 국면과 정확히 일치한다. 따라서 설명요구는 추궁 또는 비난의 방식이 되어서는 안 된다. 이때 피면담자가 택할 수 있는 선택지는 통상 두 가지로 좁혀진다. 하나는 절취 혐의를 인정하는 것이고, 다른 하나는 A의 가방에서 자신의 지문이 발견된 이유 또는 A의 가방을 만진 사실이 없다고 한 이유에 관한 해명 또는 변명을 하는 것이다. 여기까지가 전략적 증거 사용의 영역이다. 피면담자가 절취 혐의를 부인하면서 제시하는 해명과 변명의 진실성에 대한 최종적 판단은 후속 면담, 수사, 재판 단계의 몫이다. 여기에서 유의할 것은 증거와 피면담자의 진술 간에 모순이 있다고 해서 피면담자를 범인으로 단정해서는 안 된다는 점이다. 사람의 기억은 본질적으로 취약하고 사람이 거짓말을 하는 이유는 각양각색이기 때문이다. 가령, 어떤 피면담자는 범인이 아님에도 Q 국면에서 들었던 면담규칙 - 특히 '빠짐없이' - 때문에 C 국면에서 A의 가방을 만진 사실을 부인할 수 있다. 유연한 의사결정 규칙의 적용이 필요한 대목이다.

전략적 증거 사용의 핵심은 진술과 증거의 조합을 통해 증거의 '증명력'을 높이는 데 있다. 증거의 증거능력은 규범의존적 또는 기준의존적인 특성이 강한 반면, 증거의 증명력은 상황의존적인 특성이 강하다. 가령, 우리나라에서 지문은 12개 이상의 특징점이 일치할 때 동일성이 인정된다. 즉, 앞의 사례에서 'A의 가방에서 지문이 발견되었는데 … B의 것으로 확인되었다'라는 서술은 가방에서 발견된 지문과 B의 손가락에서 현출한 ─ 성인의 경우 지문자동검색시스템(AFIS: Automated Fingerprint Identification Systems)에 저장된 ─ 지문의 특징점이 12개 이상 일치했다는 의미다. 이 경우 지문은 B가 A의 가방에 접촉했다는 사실을 증명하는 증거가 될 수 있다. 즉, 증거능력이 있다. 그러나 지문의 증명력은 지문이 발견된 장소, 상황 등에 따라 가변적이다. 가령, 주택에서 발견된 불상자의 지문은 절도죄를 증명하는 강력한 증거가 되는 반면, 상점에서 발견된 고객의 지문은 그 정도로 강력한 증명력을 갖지 못한다. 상점에서 고객이 지문을 남길 수 있는 경우의 수가 다양하기 때문이다. 그렇다고 수사기관에서 지문이 발견된 장소, 상황 등을 조작할 수는 없는 노릇이다. 그러나 수사관은 전략적 증거 사용을 적용하여 지문의 증명력을 높일 수 있다. 앞의 사례를 보면, 지문이 Q 단계에서 제시되었을 경우보다 E 단계에서 제시되었을 경우 더 강력한 증명력을 갖는다는 사실을 알 수 있다. 지문뿐만 아니라 다른 증거도 마찬가지다. 따라서 현재적 증거는 「Q ─ C ─ E」의 공식에 따라 활용되어야 한다. 만약 규범적, 사실적 사유로 인해 가용한 단서가 없는 경우에는 「Q ─ E」의 공식이 적용되어야 한다. 요컨대, 증거는 가급적 면담의 후반부에 제시하는 것이 바람직하다.

　② 전략적 면담 모델(TIM: Tactical Interview Model)은 "가용한 증거에 대해 피면담자가 할 수 있는 설명 또는 변명을 사전에 예측하여 대응하는 것을 내용으로 하는 현재적 증거 활용 방법"이다. 제1장에서 전략적 면담 모델의 요지를 설명하였다. 여기에서는 그 원리와 구체적 적용 방법을 학습해보도록 하자. 전략적 증거 사용은 피면담자가 진술과 증거 간의 모순에 대하여 해명 또는 변명을 하는 경우를 전제하고 있으나, 피면담자의 해명 또는 변명을 '중립적'으로 청취하여 그 진위를 판단하고자 한다. 전략적 면담 모델은 여기에서 한걸음 나아가 피면담자의 해명 또는 변명을 '적극적'으로 예측하고 대응하여 피면담자의 진실성을 판단하고자 한다. 앞의 사례에서 A의 가방에서 B의 지문이 발견된 점에 대하여 B가 절취 혐의를 부인하면서 할 수 있는 설명

에는 어떤 것들이 있을까. 그럴법한 것부터 궁색한 것까지 생각해보자면 다음과 같은 설명들이 가능할 것으로 생각한다. 첫째, 상점에서 물건을 구경하는데 진열대 위에 가방이 올려져 있어 옆으로 옮겨놓은 과정에서 가방을 만지게 되었다고 설명할 가능성이 있다. 가장 그럴법한 설명이 될 것으로 생각한다. 만약 전략적 증거 사용의 Q 국면 또는 C 국면에서 피면담자가 이와 같은 설명을 한다면, 피면담자가 범인이라고 하더라도 그의 혐의를 증명하기가 매우 어려울 것이다. 다른 결정적 증거나 자백이 없다면 말이다. 이와 같은 설명의 가능성에 대비하여 - 전략적 증거 사용에서와 마찬가지로 - B가 A의 가방에 접촉한 사실을 미리 확인, 배제하는 대응이 필요하다. 둘째, 도난 사건이 발생하기 이전에 그 가방을 만진 사실이 있다고 설명할 가능성이 있다. 가능한 설명이지만 부연 또는 증명이 필요한 설명이 될 것으로 생각한다. 사건 전에 A를 만났을 수 있는 개연성, A의 가방을 만졌을 수 있는 개연성 등을 합리적으로 설명 또는 증명할 수 있어야 하기 때문이다. 이와 같은 설명의 가능성에 대비하자면, B가 사건 전에 A를 만나거나 A의 가방에 접촉한 사실을 미리 확인, 배제하는 대응이 필요하다. 셋째, 술이나 약물에 취해 기억이 나지 않는다고 설명할 가능성이 있다. 궁색한 설명이지만, 지푸라기라도 잡고 싶은 상황에서는 이런 설명이 나올 수도 있을 것이다. 심신상실 또는 심신미약 등을 주장하면서 말이다. 이와 같은 설명의 가능성에 대비하자면, 사건 당일 술이나 약물을 복용한 사실을 미리 확인, 배제하는 대응이 필요하다.

전략적 면담 모델의 핵심은 증거에 대한 해명 또는 변명을 '미리' 예측하고 대응하는 데 있다. 다만, 전략적 면담 모델을 적용할 때에는 다음과 같은 점에 유의해야 한다. 첫째, 전략적 증거 사용에 접목하여 적용해야 한다. 증거에 대한 설명을 예측하고 대응하는 것과 별론으로 증거 제시의 시점은 증거의 활용에서 중요한 요소이기 때문이다. 또한, 전략적 증거 사용의 C 국면은 증거에 대한 설명을 예측하고 대응하는 기능을 내포하고 있으므로 전략적 면담 모델과 잘 조화할 수 있다. 둘째, 어떤 사실의 존부를 확인하고 배제할 때에는 반드시 「3 + 2 - 3」의 공식이 적용되어야 한다. 즉, 이때 사용하는 질문은 피면담자의 기억과 거짓말 전략에 영향을 덜 주는 유형과 방식이어야 한다. 앞서 예로 들었던 "상점에서 물건을 구경하는데 진열대 위에 가방이 올려져 있어 옆으로 옮겨놓는 과정에서 가방을 만지게 되었다."라는 식의 설명은 진실한 피면담자뿐만 아니라 거짓된 피면담자도 얼마든지 할 수 있기 때문이다. 피면담자가 확인 질문의 목적을 간파했을 경우에는 더욱 그러하다. 저자는 「3 + 2 - 3」의 공식이 그 가능성을 줄여줄 것으로 생각한다. 셋째, 전략적 면담 모델을 적용한 진실성 판단은 어디까지나 잠정적인 것이어야 한다. 전략적 증거 사용에서 설명했던 바와 마찬가지로 사람의 기억은 본질적으로 취약하고 사람이 거짓말을 하는 이유는 다양하기 때문이다. 따라서 면담자는 유연한 의사결정 규칙을 적용하고, 가능한 모든 경우의 수를 고려해야 한다.

잠재적 증거의 활용

지금까지 현재적 증거, 즉 면담 이전에 이미 '수집한' 증거의 효과적 활용 방법을 살펴보았다. 이제 잠재적 증거, 즉 면담 이후에 '수집할' 증거의 효과적 활용 방법을 살펴보기로 하자. 사안과 상황에 따라 면담과정에서 활용할 수 있는 증거는 현재적 증거가 더 많은 경우도 있고 잠재적 증거가 더 많은 경우도 있다. 또한, 현재적 증거가 많은 경우보다는 잠재적 증거가 많은 경우에 면담방법론의 의미와 효용이 더 큰 경향이 있다. 법심리학적 면담방법론은 과거 사건의 재구성을 목적으로 하고, 과거 사건의 재구성에는 진술증거와 그 이외의 증거가 수단으로 사용되는 바, 현재적 증거가 적으면 그만큼 진술 증거를 통한 잠재적 증거의 발견이 더 중요해지기 때문이다. 그런데 면담 시점에 아직 수집되어 있지 않은 증거, 즉 잠재적 증거를 어떻게 면담과정에서 효과적으로 활용한다는 것일까. 잠재적 증거의 활용은 피면담자의 특정 진술을 바탕으로 당해 진술의 진위를 가릴 당해 진술 이외의 증거를 '추론'하는 것과 추론되는 증거를 고려하여 피면담자의 '관련 진술'을 상세히 청취하는 것을 핵심으로 한다. 가령, 피면담자가 "저는 그날 할머니 댁에 갔었어요."라고 진술하면, 면담자는 피면담자가 할머니 댁에 갔었는지 여부를 증명할 증거를 '조용히' 추론해야 한다. 이 경우 추론은 '할머니와 어떻게 연락을 했을까', '이동 수단은 무엇이었을까'. '할머니의 주거 형태는 어떠하고, 그곳에 또는 그 주변에 사람의 왕래를 확인할 수 있는 수단이 있을까' 등의 사고를 통해 이루어져야 한다. 또한, 면담자는 이와 같은 의문을 해소하는 데 필요한 피면담자의 진술, 즉 관련 진술을 상세히 청취해야 한다. 여기에서 유의할 것은 '할머니 집에 갔다고 하니 나중에 확인해보면 되겠군'이라고 생각하고 면담을 종료하거나 다른 일화 또는 쟁점으로 넘어가서는 안 된다는 점이다. 면담 이후에 할머니의 진술 또는 할머니 집앞에 설치된 CCTV 영상을 통해 피면담자가 그날 할머니 집에 간 사실이 없음을 확인했다고 가정해보자. 면담과정에서 피면담자의 관련 진술을 상세히 청취해 두었다면 쉽게 진술을 번복하지 못할 것이나, 나중에 확인해볼 요량으로 상세한 진술을 청취해 두지 않았다면 진술을 번복할 가능성이 높다(예: 날짜를 착각했다는 등). 범죄수사, 감사 또는 조사의 과정뿐만 아니라 그 결과에 대한 의사결정자의 판단에 있어서도 이와 같은 원리가 작용한다. 즉, 상세한 진술과 모순되는 증거의 조합은 의사결정자로 하여금 피면담자의 번복 진술을 덜 신뢰하게 할 것인 반면, 단순한 '언급'과 모순되는 증거의 조합은 의사결정자로 하여금 '날짜를 착각했을 가능성도 없지 않겠군'이라는 생각을 하게 할 가능성이 높다. 요컨대, 잠재적 증거의 활용에 있어서는 진술을 통한 증거의 추론뿐만 아니라 관련 진술의 상세한 청취가 중요하다. 이와 같이 잠재적 증거의 활용은 추론되는 잠재적 증거를 염두에 둔 진술 청취, 즉 '잠재적 증거의 고려'를 의미한다.

앞서 경찰수사연수원과 경찰대학에서 채택하고 있는 정보수집형 면담방법론은 '상호작용 탐지'라는 도구를 접목하고 있다고 하였다. 상호작용 탐지는 "면담의 초점을 증명 가능한 상호작용의 확인에 두어야 한다"라는 원칙을 의미한다. 여기에서 상호작용은 단독작용에 대응하는 개념이다. 상호작용에는 사람과의 상호작용뿐만 아니라 문명과 기술의 발전에 따라 개발된 매체와의 상호작용이 포함된다. 가령, 휴대전화, 컴퓨터, 신용카드, 네비게이션, 하이패스의 사용이나 CCTV, 블랙박스가 설치된 곳으로의 왕래 등이 상호작용에 해당한다. 상호작용 탐지는 잠재적 증거 활용의 핵심을 이룬다. 진술을 통한 증거의 추론과 관련 진술의 상세한 청취는 '증명 가능성'에 의해 뒷받침될 때 비로소 온전한 효과를 발휘할 수 있기 때문이다. 따라서 잠재적 증거의 활용은 진술을 통해 증명 가능한 증거를 추론하고 관련 진술을 상세히 청취하는 방법이 되어야 한다. 다만, 상호작용을 탐지할 때에는 상호작용의 다음과 같은 특성을 이해하고 주의를 기울여야 한다. 먼저, 상호작용에 관한 질문은 거짓된 피면담자의 진술을 위축시킬 우려가 있다. 법심리학적 면담방법론을 학습하지 않은 사람도 상호작용에 관한 진술(예: 신용카드 사용)을 하면 그 진술의 진위가 쉽게 확인될 것임을 짐작할 수 있기 때문이다. 저자는 면담방법론 실습 중 피면담자 역할의 수강자들이 '외식'을 거짓말의 주제로 삼았을 때, 비용의 지불 방법을 공히 '현금'이라고 진술하는 것을 목격하곤 한다. 이와 같이 상호작용 탐지는 증명의 가능성을 높이는 기능과 함께 진술의 양과 질을 떨어뜨리는 부작용을 갖는다. 다음으로, 상호작용에 관한 고려는 면담자의 질문유형을 훼손시킬 우려가 있다. 앞서 학습하였던 '무엇을'과 '어떻게'의 길항관계를 기억하는가. 상호작용은 증명 가능한 것에 대한 물음이고 그것은 가장 강력한 '무엇을'에 해당하기 때문에 '어떻게'에 해당하는 질문유형에 부정적 영향을 미칠 수 있다. 가령, 앞의 면담례에서 '이동 수단은 무엇이었을까'라는 상호작용에 관한 고려는, 자칫 "차 있지요?", "차에 네비게이션 있지요?", "그럼 할머니 집에 갈 때 네비게이션 썼겠네요?"라는 일련의 질문으로 이어질 수 있다. 이 질문은 모두 폐쇄형 질문이고 상황에 따라서는 유도질문으로 평가될 수도 있다. 따라서 면담자는 상호작용을 탐지할 때 반드시 「3 + 2 − 3」의 공식에 따라 질문해야 한다. 「3 + 2 − 3」의 공식은 어떤 질문이 피면담자의 기억과 거짓말 전략에 주는 영향을 최소화해주기 때문이다. 또한, 중요한 상호작용의 탐지는 면담의 후반부에서 수행할 필요가 있다. 이는 시간과 공간을 묻는 질문을 가급적 면담의 후반부에 해야 하는 것과 맥을 같이 한다. 상호작용에 관한 질문과 시간·공간에 관한 질문은 공히 피면담자에게 증명 가능성에 대한 우려를 야기할 수 있기 때문이다.

면담자가 상호작용에 관한 질문을 했을 때 거짓된 피면담자는 어떤 선택을 해야 할까. 생각건대, 피면담자에게 가용한 선택지는 대략 두 가지로 좁혀질 것이다. 하나는 상호작용에 관한 진술을 회피함으로써 당장 의심을 받을지언정 향후 거짓말이 발각될 가능성을 낮추는 것이고, 다른 하나는 상호작용에 관한 진술을 함으로써 당장의 의심은 피하되 향후 거짓말이 발각될 가능성을 감수하는 것이다. 저자는 이와 같은 피면담자의 딜레마를 '시소효과(seesaw effect)'라고 명명한 바 있다(이형근, 2018). 시소효과는 "거짓말을 하는 사람이 면담과정에서 그럴법해 보이려고 하면 할수록 이후의 사실확인 과정에서 들키기 쉽고, 사실확인 과정에서 들키지 않으려고 애쓰면 애쓸수록 면담과정에서 거짓 징후를 보이기 쉬운 피면담자의 딜레마"를 의미한다. 상호작용 탐지는 피면담자의 이와 같은 심리를 면담방법론에 응용한 것이다. 피면담자의 입장에서 어떤 선택지가 더 현명할까. 생각건대, 당장 의심을 받을지언정 향후 거짓말이 발각될 가능성을 낮추는 것이 현명한 방법이 될 것 같다. 면담과정 에서의 거짓 징후가 증거로 채택될 여지는 적은 반면, 면담과정에서의 진술과 다른 증거 간의 모순이 증거로 채택될 여지는 적지 않기 때문이다. 그렇다면 면담자의 입장에서는 어떤 선택지가 더 반가운 것일까. 생각건대, 피면담자 가 당장의 의심은 피하되 향후 거짓말이 발각될 가능성을 감수하는 선택지를 고르는 것이 반가운 일이 될 것 같다. 따라서 면담자는 면담과정에서 피면담 자의 거짓 징후를 살피는 데 집중하기 보다 향후 증명의 가능성을 염두에 두 고 상세한 진술을 청취하는 데 집중해야 한다. 조선 시대의 범죄자는 목격자 만 없으면 대체로 안심할 수 있었던 반면, 현대의 범죄자는 문명의 이기를 모 두 극복해야 비로소 안심할 수 있다는 말을 상기해 보라. 상호작용에 관한 질 문은 그 자체로 충분히 민감하다. 따라서 면담자는 피면담자의 정서적, 인지 적 징후를 '증폭'하려고 하기보다 상세한 진술을 '조심스럽게' 청취하려고 해 야 한다.

현재적 증거의 활용과 잠재적 증거의 활용은 면담실무자에게 모두 중요하 고 유용한 방법론이다. 그러나 저자는 다음과 같은 이유에서 잠재적 증거의 활용이 갖는 의미와 기능에 좀 더 큰 무게를 둔다. 첫째, 실무에서 현재적 증 거의 활용보다 잠재적 증거의 활용이 상대적으로 더 부적정한 경향이 있다. 종래에는 가용한 증거를 면담 초기에 한꺼번에 제시하고 피면담자를 압박하 는 방법이 빈번하게 사용되었으나, 현재는 이와 같은 방법을 사용하는 경우 가 드물다. 「Q - C - E」 정도는 아니더라도 「Q - E」 정도는 이루어지는 것 이 현재의 실무다. 즉, 현재적 증거의 활용은 상대적으로 적정하게 이루어지 고 있다. 반면, 앞의 사례에서 예시하였던 것과 같이 "차 있지요?", "차에 네 비게이션 있지요?", "그럼 네비게이션 썼겠네요?"라는 식의 방법은 현재에도 빈번하다. 즉, 잠재적 증거의 활용이 상대적으로 더 부적정하게 이루어지고 있다. 둘째, 현재적 증거의 활용보다 잠재적 증거의 활용을 적용하는 것이 상 대적으로 더 어려운 경향이 있다. 현재적 증거의 활용에 있어서는 가용한 증 거가 구체적, 가시적이고 적용할 공식이 명확한 반면(예: 이미 수집한 지문에 「Q - C - E」 적용), 잠재적 증거의 활용에 있어서는 가용한 증거가 추상적, 가변적 이고 적용할 공식이 상대적으로 불명확하기 때문이다(예: 향후 수집할 다양한 매체에 '추론 및 청취' 적용). 셋째, 현재적 증거의 활용보다 잠재적 증거의 활용이 법심리학적 면담방법론의 중심부에 더 가깝다. 현재적 증거의 활용은 증거 제시의 '시점', 증거에 대한 변명의 '예측 및 대응'에 관한 것이어서 무엇을 물을지와 어떻게 물을지 간의 충돌이 격한 영역이 아닌 반면, 잠재적 증거의 활용은 증명 가능한 것을 올바른 질문유형에 따라 물어야 한다는 것이어서 '무엇을'과 '어떻게'의 길항관계가 극을 이루는 영역이기 때문이다. 잠재적 증거 활용의 이와 같은 특성은 앞서 언급한 적용상의 어려움과도 연관된다. 저자는 법심리학적 면담방법론의 수강자들에게 "상호작용 탐지는 핵심기술의 종합이다."라고 말하곤 한다. 무엇을 물을지와 어떻게 물을지가 맞닿는 영역일 뿐만 아니라 질문기법과 청취기법이 맞닿은 영역이기 때문이다. 따라서 면담실무자는 힘들고 어려워도 상호작용 탐지를 이해하고 적용할 수 있어야 한다.

🔨 등장인물이 있는 거짓말

거짓으로 꾸며낸 이야기 속에는 말하는 사람 이외의 등장인물이 있는 경우도 있고 없는 경우도 있다. 등장인물의 부류와 수도 다양하다. 가령, 누군가는 가족 또는 친구로 구성된 소수의 인물만을 등장시키는가 하면, 누군가는 넓은 범위의 지인으로 구성된 다수의 인물을 등장시키기도 한다. 거짓말이 탄로나지 않게 하려면 등장인물이 없는 거짓말을 하는 것이 유리할 것인데, 사람들은 왜 거짓말 안에 다른 사람을 등장시키는 것일까. 아마도 등장인물이 거짓말을 그럴법하게 만들어 줄 것이라는 생각, '하루 종일 혼자 집에 있었다'라는 식의 거짓말은 너무 뻔해 보일 것이라는 생각, 몇몇 등장인물 정도는 사전 또는 사후에 입을 맞추면 될 것이라는 생각 등이 작용할 것으로 생각한다. 그러나 이와 같은 생각은 대체로 현명한 생각이 아니다. 특히, '몇몇 등장인물 정도는 사전 또는 사후에 입을 맞추면 될 것'이라는 생각은 더욱 그러하다. 앞서 학습한 상호작용의 특성과 상호작용 탐지의 기능에 그 이유가 있다. 가령, 피면담자가 자신의 거짓말 안에 등장하는 인물 모두와 입을 맞추고 면담에 임하는 상황을 가정해 보자. 상호작용 탐지를 학습한 면담자라면 먼저 피면담자가 진술하는 일화 안에서 당해 진술의 진위를 가릴 당해 진술 이외의 증거를 '조용히' 추론할 것이다. 그리고 이에 관한 상세한 진술을 청취할 것이다. 아마도 피면담자는 등장인물들과 입을 맞춘 바에 따라 진술을 할 것이다. 그리고 향후에 대처할 요량으로 미처 입을 맞추지 못한 부분에 관한 진술을 할 수도 있을 것이다. 어느 하나에 답변을 하면서 유사한 다른 하나를 모른다고 답변하는 것은 좀처럼 쉽지 않은 일이다. 법심리학적 면담방법론을 잘 학습한 면담자라면 면담 후반부에서 일화의 일시와 장소를 확인한 후 면담을 마무리할 것이다. 향후 피면담자의 거짓말이 밝혀질 확률이 어느 정도나 될까. 생각건대, 피면담자의 거짓말이 밝혀질 확률은 거짓말 안에 등장하는 사람의 수에 비례하여 높아질 것이다. 이러한 확률은 피면담자가 등장인물들과 사전 또는 사후에 입을 맞추는 것에 크게 영향을 받지 않는다. 왜냐하면 피면담자뿐만 아니라 등장인물들도 모두 제각각 상호작용을 하면서 살아가는 존재이기 때문이다. 가령, 등장인물 A는 거짓 일화의 시각에 다른 장소에서 휴대전화를 사용했을 수 있고, 등장인물 B는 그 시각에 다른 장소에 신용카드를 사용했거나 인터넷에 접속했을 수 있다. 등장인물들이 이와 같은 상호작용을 했다는 것은 피면담자의 진술이 거짓이었음을 시사하는 강력한 증거가 된다. 이와 같은 결론에 이르게 될 확률이 등장인물의 수에 비례하여 높아질 것임을 어렵지 않게 짐작할 수 있다. 조선 시대의 범죄자는 목격자만 없으면 대체로 안심할 수 있었던 반면, 현대의 범죄자는 문명의 이기를 모두 극복해야 비로소 안심할 수 있다는 말의 의미를 더욱 실감하게 되는 대목이다.

3. 청취기법

1) 진술의 두 가지 기능

피면담자가 제공하는 진술의 첫 번째 기능은 범죄수사, 감사 또는 조사에 필요한 정보의 원천이 된다는 데 있다. 이것은 진술의 '내용적' 기능이다. 피면담자가 제공하는 진술의 두 번째 기능은 면담의 방향을 정해주는 이정표가 된다는 데 있다. 이것은 진술의 '절차적' 기능이다. 면담실무자는 진술의 내용적 기능뿐만 아니라 진술의 절차적 기능까지 잘 이해하고 활용할 수 있어야 한다. 전자는 누구나 '아는' 중요한 기능인 반면, 후자는 학습하지 않으면 잘 '모르는' 중요한 기능이기 때문이다. 앞서 질문내용의 3차적 원천이 피면담자의 진술이라는 점, 질문의 순서는 2차적 원천인 사실관계보다 3차적 원천인 피면담자의 진술에 포함된 정보의 순서에 따라야 한다는 점을 설명하였다. 이와 같이 피면담자가 제공하는 진술은 면담자가 행할 질문의 '내용'과 '순서'를 정해주는 '절차적' 기능을 한다. 저자는 이 기능을 진술의 '목차 기능'이라고 부르곤 한다. 목차라고 부를만한 이유가 있는지 한번 살펴보자. 면담자가 "어제 있었던 일을 모두 말해보세요."라고 질문하자, 피면담자가 "오전엔 집에서 쉬고, 오후엔 잠깐 산책했어요."라고 답변했다고 가정해 보자. 이어서 면담자가 "오후에 산책할 때 있었던 일을 모두 말해보세요."라고 질문하자, 피면담자가 "늦은 오후에 친구들과 공원에서 이야기를 하면서 산책을 했어요."라고 답변했다고 가정해 보자. 이후 면담자는 어떻게 면담을 이끌어가야 할까. 피면담자의 진술을 〈표 16〉과 같이 도해해보자.

표 16   목차 기능에 따른 진술 도해

일화	A	B					
일화	오전엔 집에서 쉬었어요.	오후엔 잠깐 산책했어요.					
쟁점	-	언제	어디서	누구와	무엇을	어떻게	왜
쟁점		늦은 오후	공원	친구들	이야기 산책	-	-
순서	⑦	④	③	②	①	⑤	⑥

이와 같은 도해에 따라 면담자는 다음과 같이 면담을 이끌어가야 한다. 첫째, 일화 B에 관한 진술 "늦은 오후에 친구들과 공원에서 이야기를 하면서 산책을 했어요."라는 진술을 청취한 면담자는 이 진술 안에 '언제, 어디서, 누구와, 무엇을'이라는 정보는 포함되어 있는 반면, '어떻게, 왜'라는 정보는 포함되어 있지 않다는 사실을 즉시 파악해야 한다. 그리고 목차에 포함되어 있는 앞의 정보를 먼저 구체화한 후에 목차에 포함되어 있지 않은 뒤의 정보를 확인하는 순서를 취해야 한다. 질문의 순서는 3차적 원천인 피면담자의 진술에 포함된 정보의 순서에 따르는 것이 바람직하기 때문이다. 둘째, 일정한 기준에 따라 목차에 포함되어 있는 앞의 정보에 대한 질문의 순서를 정해야 한다. '누구와, 무엇을' 부분을 먼저 구체화하고 '언제, 어디서' 부분을 그 다음에 구

체화해야 함은 비교적 자명하다. 질문유형의 측면에서도 거짓말 탐지의 측면에서도 시간과 공간에 관한 질문은 면담의 후반부에 하는 것이 바람직하기 때문이다. '누구와'라는 정보와 '무엇을'이라는 정보는 어느 것을 먼저 구체화해도 무방하나, 사례에서는 '무엇을' 부분을 먼저 묻고(①), 그 다음에 '누구와' 부분을 물은 것이 좋겠다(②). 통상적 면담에서는 '무엇을'이라는 정보가 – 적어도 표면적으로는 – 면담자와 피면담자의 주된 관심사일 뿐만 아니라, '누구와'라는 정보는 대인적 상호작용에 관한 것이기 때문에 '무엇을' 부분을 '누구와' 부분보다 먼저 물을 것을 권장하는 것이다. 앞서 상호작용의 탐지는 면담의 후반부에 수행할 필요가 있다고 설명한 바 있다. 따라서 사안과 상황에 따라서는 '누구와' 부분의 구체화를 이보다 더 뒤에 배치해야 할 경우도 있을 수 있다. '언제'라는 정보와 '어디서'라는 정보는 어느 것을 먼저 구체화해도 무방하나, 사례에서는 '어디서' 부분을 먼저 묻고(③), 그 다음에 '언제' 부분을 묻는 것이 좋겠다(④). 통상 사람들은 거짓말을 할 때 평소에 가본 적이 있는 장소를 무대로 설정하는 경향이 있고, 이 경우 시간에 관한 진술을 할 때보다 공간에 관한 진술을 할 때 정서적, 인지적 어려움을 덜 느낀다. 즉, 양적·질적으로 더 풍부한 진술을 할 수 있다. 따라서 시간 정보와 공간 정보의 중요도가 동률이라면, 후자를 먼저 묻는 것이 일반적으로 더 바람직하다. 만약 피면담자의 진술이 진실이라면 양자의 순서에 특별한 의미가 없을 뿐이다. 시간과 공간에 관한 질문에 있어 유의할 것은 사안과 상황에 따라 이 부분의 구체화를 목차 밖의 정보(예: 어떻게, 왜) 확인보다 더 뒤에 배치해야 할 경우가 있다는 점이다. 가령, 진술분석 또는 행동분석 결과 시간과 공간에 관한 진술이 현저하게 취약하다고 판단될 때에는 이를 구체화하는 질문의 순서를 조정할 필요가 있다. 셋째, 목차에 포함되어 있지 않은 뒤의 정보를 확인해야 한다. '어떻게'라는 정보와 '왜'라는 정보는 어느 것을 먼저 확인해도 무방하나, 사례에서는 '어떻게' 부분을 먼저 묻고(⑤), 그 다음에 '왜' 부분을 묻는 것이 좋겠다(⑥). 친구끼리 함께 산책을 하는 데에 반드시 특별한 이유가 있어야 하는 것은 아니고, '왜'라는 의문사가 본질적으로 주관성, 민감성을 띠기 때문이다. 또한, 이유를 물을 때에는 추궁조가 아니라 설명을 요청하는 것이 되도록 하여야 한다. 넷째, 일화 B에 관한 진술 청취가 완료되었으면, 일화 A에 관한 개방형 질문으로 넘어가야 한다(⑦). 면담자가 "오전에 집에서 있었던 일을 모두 말해보세요."라고 질문하면, 피면담자는 앞서와 같이 새로운 '목차'를 제공할 것이다. 이제 면담자는 일화 B에 관한 진술을 청취했을 때와 동일한 기준 및 순서에 따라 면담을 이끌어 가면 된다.

산책이라는 일화에 관하여 '이와 같은 도해와 접근이 필요한 것일까'라고 생각하는 독자가 있을 것 같다. 이와 같은 정밀한 접근의 필요성은 일화 '자체'에 있는 것이 아니라 일화가 위치하는 '맥락'에 있다. 가령, "오후엔 잠깐 산책했어요."라는 진술이 살인 혐의에 관한 피의자의 알리바이 진술이라고 가정해 보면, 정밀한 접근의 필요성을 부정하기 어려울 것이다. 그렇다면 사안에 따라 이와 같은 접근법을 적용하면 되지 않을까. 그러나 평소에 이와 같은 접근법을 적용하지 않던 면담자가 중요한 사안에 관한 면담에서 이와 같은 접근법을 온전히 적용할 것으로 기대하기는 어렵다. 또한, 간단한 사안에 관한 면담의 경우에도 이와 같은 접근이 면담을 보다 조직화, 체계화해줄 뿐 면담을 복잡하게 만들지는 않는다. 따라서 면담실무자는 평소 간단한 사안에 관한 면담을 할 때에도 피면담자의 진술을 목차로 음미하고 활용하는 마인드를 형성해 둘 필요가 있다. 이와 같은 훈련을 거듭함에 따라 〈표 16〉과 같이 진술을 도해하고 면담을 이끌어 가는 데 소요되는 시간과 노력이 점차 줄어들 것이라고 저자는 확신한다.

2) 적극적 청취

앞서 살펴본 진술의 '목차 기능'을 잘 활용하려면 무엇보다 먼저 피면담자의 진술을 잘 들을 수 있어야 한다. '잘 들어야 한다'라고 표현하지 않고 '잘 들을 수 있어야 한다'라고 표현한 것은 잘 듣는 일이 일반의 통념처럼 쉽지 않음을 강조하기 위한 것이다. 평소 '다른 사람의 말을 경청하라'라는 말을 종종 들어보았을 것이다. 법심리학적 면담방법론에서는 경청을 '적극적 청취'라고 표현한다. 그러나 법심리학적 면담방법론에서의 적극적 청취는 단지 '잘 듣는' 또는 '들어주는' 것의 범위를 넘는다. 피면담자의 진술에 포함된 것과 생략된 것을 구분해야 하고, 거기에서 질문할 내용과 순서를 정해야 하며, 일련의 질문이 완료되면 돌아가야 할 지점(예: 새로운 쟁점 또는 일화)을 기억하고 있어야 하고, 현재적 증거와 잠재적 증거를 늘 고려하고 있어야 하기 때문이다.

적극적 청취의 이와 같은 복잡성은 '진실의 발견'이라는 법심리학적 면담방법론의 목적과 '진술'이라는 법심리학적 면담방법론의 주된 수단에 기인하는 것이다. 즉, 면담실무자는 취약하고 복잡한 기억과 사고의 산물인 진술을 수단으로 진실 발견이라는 엄정한 임무를 수행해야 하기 때문에 보다 적극적, 기능적 청취를 할 수 있어야 한다. 이와 같은 청취기법이 바로 적극적 청취다. 통상 적극적 청취에는 '집중, 이해, 지지, 요약'이라는 네 가지 요소가 포함되는 것으로 알려져 있다(Centrex, 2004). 저자는 여기에 적절한 '침묵'을 더하여 적극적 청취를 설명하고자 한다.

① 집중은 주의를 기울여 피면담자의 진술에 머무는 것을 의미한다. 단지 피면담자의 진술에 머무는 것은 그리 어려운 일이 아닌 것처럼 생각된다. 그러나 범죄수사, 감사 또는 조사의 맥락에서 면담자가 피면담자의 진술에 온전히 머무는 것은 결코 쉬운 일이 아니다. 무의식적으로 피면담자의 진술을 의심하거나 다음 질문을 구상하는 등의 '방황'이 일어날 수 있기 때문이다. 의심과 구상은 집중 이후의 단계에서 이루어져야 한다. 집중 단계에서는 피면담자의 진술을 연대기 또는 쟁점에 따라 조직화하는 데 주력해야 한다. 이때 메모를 하는 것은 무방하지만 메모가 피면담자의 진술과 면담자의 청취를 방해하지 않도록 유의해야 한다. ② 이해는 집중하여 청취한 피면담자의 진술을 정밀하게 분석하여 이해하는 단계다. 적극적 청취에서 가장 중요한 단계라고 볼 수 있다. 이 단계에서는 피면담자의 진술을 사실에 관한 부분과 의견에 관한 부분으로 나누어 이해해야 한다. 또한, 피면담자의 진술에 포함된 정보와 생략된 정보, 충분한 정보와 불충분한 정보를 구분해서 이해해야 한다. 앞서 살펴본 진술의 '목차 기능'은 대부분 이 단계와 연관된 것이다. 따라서 면담자는 온전한 이해를 통해서만 면담을 잘 이끌어 갈 수 있다. ③ 지지는 피면담자에게 격려와 신뢰의 메시지를 보내는 것을 의미한다. 뻔히 거짓말을 하는 것처럼 보이는 피면담자에게 왜, 그리고 어떻게 신뢰의 메시지를 보내라는 말인가. 거짓말은 피면담자, 좀 더 정확하게는 모든 사람의 권리다. 거짓말의 결과가 법이 정한 일정한 효과로 귀결되지 않는다면 말이다(예: 사기죄, 명예훼손죄). 누군가의 거짓말에도 불구하고 진실을 밝혀야 하는 것은 면담자의 업(業)이다. 따라서 면담자는 늘 피면담자에게 직업적 또는 전문적 의미의 신뢰를 보낼 수 있어야 한다. 신뢰의 메시지는 열린 자세, 시선 접촉, 고개 끄덕임 등

의 행동일 수도 있고, "지금 이 자리에서 진실을 아는 것은 오로지 당신입니다."라는 말일 수도 있다. ④ 요약은 피면담자의 진술을 그대로 또는 중립적으로 축약하여 들려주는 것을 의미한다. 진술이 짧은 경우에는 그대로 들려주면 되고, 진술이 긴 경우에는 중립적으로 축약하여 들려주어야 한다. 피면담자 스스로 진술한 내용을 – 그래서 피면담자 스스로가 가장 잘 알고 있을 내용을 – 왜 다시 들려주라는 것인가. 통상 요약은 면담자의 집중을 돕는 기능, 면담자의 이해를 돕는 기능, 피면담자에게 면담자의 지지적 메시지를 보내는 기능 등을 하는 것으로 알려져 있다(Centrex, 2004). 즉, 피면담자의 진술을 요약하기 위해서는 면담자의 집중이 반드시 필요하고, 요약과 이에 대한 피면담자의 확인 또는 정정 과정을 통해 면담자의 이해가 제고될 수 있으며, 피면담자의 진술을 요약해서 들려주는 것 자체가 존중과 지지의 메시지가 될 수 있다. 이와 같이 요약에는 집중, 이해, 지지 등 적극적 청취의 다른 구성요소가 모두 응축되어 있다. 앞서 질문유형과 질문방식에 관하여 「3 + 2 – 3」의 공식을 제안하고, 중간의 '+ 2'가 요약과 페어링을 의미한다고 하였다. 이와 같이 요약은 청취기법의 핵심 구성요소임과 동시에 질문기법의 중요 구성요소이기도 하다.

⑤ 적절한 침묵은 질문에 앞서 또는 답변에 이어 약간의 휴지(休止: pause)를 두는 것을 의미한다. 휴지의 기간은 1~2초 정도로 족하다. 그러나 실제로 휴지 두기를 적용해보면 1~2초가 결코 짧은 시간이 아니라는 느낌이 들 것이다. 범죄수사, 감사 또는 조사를 위한 면담뿐만 아니라 일상적 면담에 있어서도 사람들은 상대방의 답변이 끝나기 전에 자신의 질문거리를 구상하거나 심지어 구상한 질문을 입 밖으로 내어놓는 경향이 있기 때문에 오롯이 1~2초 정도의 휴지를 두는 것이 아주 긴 침묵처럼 느껴지는 것이다. 면담실무자는 자칫 어색하게 느껴질 수 있는 침묵의 시간에 철저하게 익숙해져야 한다. 왜냐하면 적절한 침묵이 적극적 청취의 각 구성요소에 직간접적으로 도움을 주기 때문이다. 먼저, 적절한 침묵은 집중, 이해, 지지에 직접적으로 도움을 준다. 침묵은 피면담자의 답변이 끝나기 전에 질문거리를 구상하는 것을 방지하거나 적어도 그 시점을 늦추기 때문에 면담자의 집중과 이해를 돕고, 피면담자의 답변이 끝나기 전에 질문하는 것을 방지하기 때문에 지지의 메시지가 단지 형식적, 사무적인 것으로 인식될 가능성을 줄여준다. 다음으로, 적절한 침

묵은 요약에 간접적으로 도움을 준다. 침묵이 면담자의 온전한 이해를 돕고, 그 이해가 중립적 요약으로 이어지기 때문이다. 한편, 적절한 침묵은 – 그 침묵이 없었더라면 행해지지 않았을 – 추가 진술의 여지를 높여준다. 범죄수사, 감사 또는 조사에 관한 면담뿐만 아니라 일상적 면담에 있어서도 사람들이 답변의 종료 지점에서 말끝을 흐리거나 무언가를 입 안에서 곱씹는 경우를 볼 수 있다. 이때 사람들이 입 밖으로 내어놓지 않는 정보는 통상 정확하지 않거나(예: 기억의 문제), 유불리의 판단이 어렵거나(예: 거짓말 전략), 스스로 중요하지 않다고 생각하는(예: 법리적 지식 부족) 정보다. 기억의 인출은 전문적인 면담방법론을 통해 향상될 수 있고, 피면담자의 입장에서 유불리의 판단이 어려운 정보는 면담자의 입장에서 오히려 유용한 정보가 될 수 있음을 의미하며, 어떤 정보의 중요성 판단은 면담자가 또는 면담자와 피면담자가 함께 하는 것이 바람직하므로, 적절한 침묵을 통해 확보되는 추가 진술은 적어도 면담자의 입장에서는 반가운 것이 아닐 수 없다. 단지 1~2초 정도의 침묵을 통해 이 모든 유익함을 누릴 수 있다.

  적극적 청취는 대화의 주제를 식별해주고 대화를 관리해주는 기능, 피면담자의 진술에 대한 면담자의 관심과 지지를 전달해주는 기능, 중요한 증거적 정보를 준별해주는 기능 등을 하는 것으로 알려져 있다(Centrex, 2004). 또한, 적극적 청취는 다음과 같은 중요한 기능을 더 포함하고 있다. 하나는 진술의 양과 질을 증대해주는 기능이고, 다른 하나는 면담 초기에 형성한 라포를 유지해주는 기능이다. 특히, 요약이 갖는 진술 증대 기능과 라포 형성 및 유지 기능이 크다. 가령, 피면담자로부터 "늦은 오후에 친구들과 공원에서 이야기를 하면서 산책을 했어요."라는 진술을 청취했다고 가정해 보자. 이 경우 면담자는 단지 "어떤 이야기를 나누었나요?"라고 묻기보다 "'친구들과 이야기를 하면서 산책을 했다'라고 진술했는데 어떤 이야기를 나누었나요?"라고 물어야 하고, 단지 "그때가 언제인가요?"라고 묻기보다 "'늦은 오후에 산책을 했다'라고 진술했는데 그때가 언제인가요?"라고 물어야 한다. 앞의 질문례에서 '친구들과 이야기를 하면서 산책을 했다' 부분과 '늦은 오후에 산책을 했다' 부분이 요약에 해당한다. 이와 같이 요약을 하면 피면담자에게 '당신이 '이야기'를 했다고 하므로 나는 그 이야기의 내용이 궁금하다'라는 메시지 또는 '당신이 '늦은 오후'라고 하므로 나는 그 시각이 궁금하다'라는 메시지를 줄 수 있다. 즉, 면담자가 행하는 질문의 원천이 다름 아닌 피면담자의 이전 진술임을 상기시킬 수 있다. 이와 같은 요약의 '내용적' 상기 기능이 진술 증대의 기제가 된다. 또한, 요약은 피면담자에게 '나는 당신의 진술에 집중하고 있고, 당신의 진술을 정확하게 이해하고자 노력하고 있으며, 당신의 진술이 중요하기 때문에 이렇게 요약까지 하고 있다'라는 메시지를 줄 수 있다. 즉, 현재 진행 중인 면담의 중심에 피면담자가 있음을 상기시킬 수 있다. 이와 같은 요약의 '관계적' 상기 기능이 라포 형성 및 유지의 기제가 된다. 특히, 범죄수사, 감사 또는 조사의 맥락에서 라포형성에 충분한 시간을 할애하기 어려운 경우도 있어(예: 업무량, 면담일정), 요약이 갖는 라포 형성 및 유지 효과의 의미가 더욱 크다.

적극적 청취의 핵심 구성요소인 요약이 진술 증대 기능과 라포 형성 및 유지 기능을 하는 것은 맞지만, 면담과정에서 피면담자의 진술을 요약할 때에는 몇 가지 유의할 점이 있다. 첫째, 요약은 피면담자의 진술을 '그대로' 또는 '중립적'으로 축약하여 들려주는 것이어야 한다. 피면담자의 진술에 새로운 정보를 추가하거나 피면담자의 표현을 다른 가치함축적 표현으로 대체하면 유도 질문이 될 수 있기 때문이다. 따라서 요약을 할 때에는 집중과 이해의 부재에서 오는 오류뿐만 아니라 편향에서 오는 오류도 경계하여야 한다. 둘째, 피면담자가 요약을 면담에 수반되는 '의례(儀禮)'로 생각하지 않도록 유의해야 한다. 이러한 현상은 면담자가 피면담자의 진술을 기계적, 반복적으로 요약할 때 발생한다. 면담과정에서 피면담자가 면담자의 모든 진술을 앵무새처럼 요약하면, 요약의 내용적, 관계적 상기 기능이 제대로 발현되지 못할 뿐만 아니라 면담의 진행마저 부자연스러워질 수 있다. 따라서 면담자는 피면담자의 진술 중에서 쟁점이 되는 부분을 정확하고도 진중하게 요약하고, 그 쟁점에 관한 질문을 해야 한다. 다만, 피면담자의 진술을 몇 차례 요약하는 것이 혹시 의례로 비치지 않을까 걱정하지 않아도 된다. 면담과정에서 요약을 적용해 보면 요약이라는 것이 일반의 통념보다 청취 및 질문과 잘 조화할 뿐만 아니라 좀처럼 어색하게 느껴지지 않는다는 사실을 알 수 있다. 셋째, 요약의 내용적 상기 기능이 진술의 강요가 되지 않도록 유의해야 한다. 요약은 분명 피면담자에게 '당신이 어떠한 진술을 하므로 내가 추가 질문을 하는 것이다'라는 메시지를 준다. 그러나 이와 같은 메시지가 '당신이 어떠한 진술을 하였으므로 당신은 추가 진술을 해야 한다'라는 메시지로 변질되어서는 안 된다. 이와 같은 메시지는 피면담자의 기억과 거짓말 전략에 영향을 줄 수 있고, 요약의 관계적 상기 기능을 훼손할 수 있기 때문이다. 따라서 면담자는 요약에 수반되는 메시지에 초점을 두기보다 요약이라는 행위 자체에 초점을 두어야 한다. 집중, 이해, 지지 등 적극적 청취의 모든 구성요소가 응축되어 있는 요약은 그 자체로 이미 충분한 의미와 기능을 갖기 때문이다.

🥄 근접학(proxemics)

근접학은 "인간과 공간의 관계, 사람들 간의 적절한 거리를 연구하는 학문"이다. Edward T. Hall은 사람들이 대략 46cm까지를 친밀한 거리로, 46cm부터 1.2m까지를 개인적 거리로, 1.2m부터 3.6m까지를 사회적 거리로, 3.6m 이상을 공공의 거리로 인식한다는 사실을 확인하였다(Hall, 1966). 통상 친밀한 거리는 연인의 영역으로, 개인적 거리는 친구의 영역으로, 사회적 거리는 타인의 영역으로, 공공의 거리는 청중의 영역으로 각각 일컬어진다. 지하철 안에서 사람들이 7개의 좌석에 앉는 순서를 한번 상기해 보라. 누군가가 왼쪽 끝 좌석에 앉으면 다음 사람은 통상 오른쪽 끝 좌석에 앉을 것이다. 다음 사람은 통상 '망설임 없이' 가운데 좌석에 앉는 반면, 그 다음 사람은 '좌우를 살핀 후' 남아 있는 네 개의 좌석 중 하나에 앉을 것이다. 또한, 엘리베이터 안에서 사람들이 서 있는 위치와 방향을 한번 상기해 보라. 누군가가 새롭게 탑승할 때마다 조금씩 자리를 양보하며 타인의 공간을 확보해 줄 것이다. 이것은 타인의 공간을 확보해주는 '배려'이기도 하지만 자신의 공간을 확보하고자 하는 '욕구'의 표현이기도 하다. 물론 이와 같은 경향이 조금 수정될 수는 있을 것이다. 그러나 현저한 수정은 불편하고 부적합한 것이 될 수 있다. 가령, 아무도 없는 지하철 객실에 두 번째로 들어선 사람이 첫 번째로 들어선 사람 바로 옆 좌석에 앉거나, 아무도 없는 엘리베이터에 두 번째로 들어선 사람이 첫 번째로 들어선 사람과 마주 보고 선다면 위험한 오해에 휩싸일 수 있을 것이다. 면담자와 피면담자 간의 적절한 거리를 설정함에 있어서도 근접학적 관점을 고려할 필요가 있다. 통상 범죄수사, 감사 또는 조사를 위한 면담은 사회적 거리(1.2 ~ 3.6m)의 범위에서 이루어지는 것이 바람직하다(Centrex, 2004). 따라서 REID 테크닉의 주의 환기와 유지 단계에서 사용되는 '의자 당겨 앉기'는 근접학적 관점에서 바람직한 방법이 아니다. 저자는 눈의 위치를 기준으로 2m 내외를 면담자와 피면담자 간의 일반적 거리로 보고 있다.

3) 면담자의 메모

제2장에서 피면담자뿐만 아니라 면담자도 기억의 문제로부터 자유롭지 못하다는 사실을 확인하였다. 또한, 본장에서 질문의 순서는 2차적 원천인 사실관계보다 3차적 원천인 피면담자의 진술에 포함된 정보의 순서에 따라야 한다고 하였으며, 질문을 할 때에는 피면담자의 진술을 그대로 또는 중립적으로 축약하여 들려주어야 한다고 하였다. 특히, 사실관계보다 피면담자의 진술에 포함된 정보의 순서에 따라 질문을 하는 것은 상당한 인지적 에너지를 요구하는 과업이다. 통상 범죄수사, 감사 또는 조사의 경험치가 높은 면담실무자는 사안을 통상적 사실관계(예: 결과보고서의 범죄사실 또는 혐의사실)에 따라 파악하는 경향이 있고, 피면담자의 진술이 면담자의 머리 속에 있는 사실관계의 순서 및 내용과 일치하는 경우는 오히려 드물기 때문이다. 따라서 적극적 청취와 올바른 질문, 특히 '내용적'으로 올바른 질문을 하기 위해서는 메모가 필요하다. 앞서 적극적 청취에 있어 메모를 하는 것은 무방하지만 메모가 피면담자의 진술과 면담자의 청취를 방해하지 않도록 유의해야 한다고 하였다. 여기에서는 메모의 구체적 방법과 메모시의 유의점을 살펴보기로 하자.

면담자의 메모에 정형화된 방법은 없다. 따라서 면담자의 메모는 피면담자의 진술에 포함된 정보의 순서에 따라 면담을 이어감에 있어 사실관계 확인에 필요한 내용을 누락하지 않을 수 있는 방법이라면 어떠한 형태라도 좋다. 저자는 통상 연대기적 메모와 도해적 메모 중 하나를 사용하거나 양자를 병행할 것을 권장한다. 연대기적 메모는 피면담자의 진술을 시간의 흐름에 따라 정리하면서 이미 확인된 정보와 앞으로 확인할 정보를 '글'로 기록해 나가는 방식의 메모다. 도해적 메모는 피면담자의 진술을 주요 쟁점에 따라 구획 짓고 각 쟁점에 관한 정보를 글과 '도형' 등으로 채워 나가는 방식의 메모다. 연대기적 메모는 일상에서 빈번하게 접하는 문서와 같이 평면적 모양새를 띠기 때문에 작성이 용이하나, 사람들이 현상을 이해하는 인지적 방식과 거리가 있다. 사람들은 통상 일화를 텍스트가 아니라 이미지로 이해하는 경향이 있기 때문이다. 반면, 도해적 메모는 스케치 또는 구조도와 같이 입체적 모양새를 띠기 때문에 사람들이 현상을 이해하는 인지적 방식에 좀 더 가까우나, 작성에 일정한 요령과 약간의 연습이 필요하다. 앞서 진술의 '목차 기능'을 설명하면서 사용했던 면담례를 차용하여 두 가지 메모의 방법을 이해해 보자. 이 면담례에 관한 연대기적 메모의 예는 〈그림 4〉와 같다.

그림 4   연대기적 메모의 예

메모 시작	메모 진행
- 오전, 집, 휴식. → (확인 필요) -오후, 산책. → 늦은 오후, 친구들, 이야기, 공원. (방법, 이유 확인 필요)	-오전, 집, 휴식. 1. 행위 2. 상호작용과 시각 -오후, 산책. → 늦은 오후, 친구들, 이야기, 공원. 1. 이야기 내용 2. 산책 경로 3. 친구의 수와 이름 4. 공원 이름 5. 산책 시각 6. 연락 방법 7. 산책 이유

면담자는 "오전엔 집에서 쉬고, 오후엔 잠깐 산책했어요."라는 피면담자의 진술을 청취하고, 메모의 상단에 '오전, 집, 휴식'이라는 키워드를, 메모의 하단에 '오후, 산책'이라는 키워드를 적었다. 면담자는 오후의 일화를 먼저 확인하기로 하고, "늦은 오후에 친구들과 공원에서 이야기를 하면서 산책을 했어요."라는 피면담자의 진술에 따라 '늦은 오후, 친구들, 이야기, 공원'이라는 진술(목차) 내 키워드와 '방법, 이유'라는 진술(목차) 외 키워드를 적었다. 면담자는 키워드와 적합한 질문 순서를 고려하여 '1. 이야기 내용, 2. 산책 경로, 3. 친구의 수와 이름, 4. 공원 이름, 5. 산책 시각, 6. 연락 방법, 7. 산책 이유' 순으로 면담을 이어가고자 한다. 물론 피면담자가 '1. 이야기 내용'에 관한

진술을 하면서 친구의 이름 중 일부를 언급하면 자연스럽게 '3. 친구의 수와 이름'을 먼저 확인할 수도 있다. 오후의 일화를 모두 확인한 후 면담자는 오전의 일화를 확인할 예정이다. 물론 오후의 일화를 확인하던 중 새로운 일화가 발견되면(예: 산책 후 친구들과의 저녁 식사), 새로운 일화를 먼저 확인한 후 오전의 일화를 확인할 수도 있다. 이와 같이 연대기적 메모는 기본적으로 평면적 모양새를 띠지만 가변적, 유동적이다. 따라서 메모의 각 키워드 간에는 – 워드프로세서를 사용하는 경우가 아니라면 – 충분한 간극을 두어야 한다. 특히 '무엇을'에 해당하는 키워드 인근에는 많은 공간을 비워두는 것이 좋다. 면담례에서 '1. 이야기 내용'과 '2. 산책 경로' 등이 여기에 해당한다. 그럼에도 불구하고 메모할 공간이 부족한 경우에는 해당 키워드 또는 메모 옆에 일정한 표식(예: ⓐ, ①)을 붙인 후에 별지를 사용해야 한다. 면담례에서 '6. 연락 방법'에 관한 진술이 길어서 키워드 인근에 모두 메모할 수 없다면, '6. 연락 방법 … ⓐ'라고 표시하고 … 이후의 내용을 별지에 기록할 수 있을 것이다. 같은 면담례에 관한 도해적 메모의 예는 〈그림 5〉와 같다.

그림 5   도해적 메모의 예

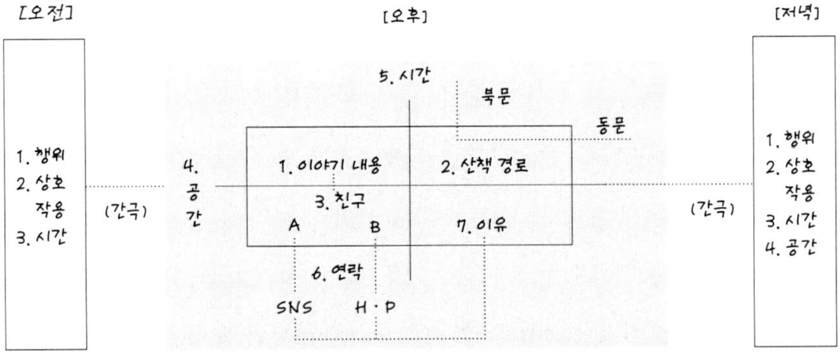

면담자는 "오전엔 집에서 쉬고, 오후엔 잠깐 산책했어요."라는 피면담자의 진술을 청취하고, 일화를 오전, 오후, 저녁으로 나누었다. 오후에 관한 진술이 자연스럽게 저녁에 관한 진술로 이어지지 않을 경우 저녁의 일화 확인을 누락하지 않기 위해 미리 '저녁' 란을 마련해 놓은 것이다. 면담자는 오후의 일화를 먼저 확인하기로 하고, 오전 란과 저녁 란은 메모의 좌우에 배치하였다. 또한, 오전 란과 저녁 란에는 대강 '행위, 상호작용, 시간' 등의 키워드를 적어두었다. 면담자는 "늦은 오후에 친구들과 공원에서 이야기를 하면서 산책을 했어요."라는 피면담자의 진술에 따라 '늦은 오후, 친구들, 이야기, 공원'이라는 진술(목차) 내 쟁점과 '방법, 이유'라는 진술(목차) 외 쟁점을 구상한 후, 각각의 쟁점을 오전 란의 적의 장소에 배치하였다. 우선 '늦은 오후'라는 쟁점을 '5. 시간'이라는 키워드로 전환하여 상하를 잇는 선상에 기록한 것과 '공원'이라는 쟁점을 '4. 공간'이라는 키워드로 전환하여 좌우를 잇는 선상에 기록한 것이 눈에 띈다. 이것은 시간과 공간에 관한 질문을 면담의 후반부에 하면서도 누락하지 않기 위한 장치다. 좌표의 가운데를 가로지르는 키워드를 간과할 가능성은 거의 없기 때문이다. 면담자는 좌표의 각 분면 적의 장소에 '1. 이야기 내용, 2. 산책 경로, 3. 친구, 6. 연락, 7. 이유'라는 키워드를 적었다. 면담자는 산책 경로를 확인하면서 피면담자의 진술에 따라 경로를 그림으로 기록할 수 있다. 가령, 〈그림 5〉에서 산책 경로 인근에 표시된 점선은 '공원의 북문으로 들어가서 공원의 동문으로 나왔음'을 의미한다. 면담자는 피면담자의 진술에 따라 질문의 순서를 조정할 수 있다. 가령, '1. 이야기 내용'에 관한 진술이 '2. 친구'에 관한 진술로, '2. 친구'에 관한 진술이 '6. 연락'에 관한 진술로, '6. 연락'에 관한 진술이 '7. 이유'에 관한 진술로 각각 이어질 수 있고, 이 경우 면담자는 피면담자의 진술에 따라 뒤의 키워드 확인을 앞으로 당겨올 수 있다. 〈그림 5〉에서 '이야기 내용 – 친구 – 연락 – 이유' 간을 잇는 점선이 이와 같은 가능성을 의미한다. 오후의 일화를 모두 확인한 후 면담자는 오전 또는 저녁의 일화를 확인할 예정이다. 오후에 관한 메모의 분량이 많아 오전 또는 저녁에 관한 메모를 할 공간이 부족한 경우에는 별지를 사용해야 한다. 별지의 중심에는 오전 또는 저녁에 관한 좌표가 – 오후 란의 예와 같이 – 만들어져야 한다. 메모 공간을 오전, 오후, 저녁 란으로 구획짓고 각 일화에 관한 정보를 글과 도형 등으로 채워 나가다 보면 각 시점 간에 간극 또는 공백이 감지되는 경우가 있다. 가령, 집에서 나와 공원에 도착하기까지의 간극, 산책을 마치고 다른 장소(예: 집, 식당)로 이동하기까지의 간극 등이 있을 수 있다. 〈그림 5〉에서 오전, 오후, 저녁 란 간을 잇는 점선이 이와 같은 간극을 의미한다. 간극 또는 공백의 감지는 도해적 메모의 이점 중 하나다. 이 경우 면담자는 '구간 제시' 개방형 질문을 통해 간극을 메워야 한다. 이와 같이 도해적 메모는 입체적 모양새를 띠고 있으며, 연대기적 메모보다 더 가변적, 유동적이다. 연대기적 메모의 가변성, 유동성은 도해적 메모의 입체성에 기인하는 것이라기보다 면담 자체의 가변성, 유동성에 기인하는 것이다. 따라서 도해적 메모는 면담자가 일화를 이해하는 인지적 방식 및 면담의 가변적, 유동적 특성과 잘 조화하는 메모 방식이다. 저자가 도해식 메모의 작성 요령을 예시하였으니, 독자들 모두가 예시를 참고하여 약간의 연습을 해줄 것으로 믿는다.

　지금까지 연대기적 메모와 도해적 메모에 관해 살펴보았다. 이제 메모시의 몇몇 유의점을 알아보고 면담자의 메모에 관한 학습을 마무리하도록 하자. 첫째, 조서를 작성하는 경우에도 메모는 필요하다. 조서는 기본적으로 연대기적 기록의 형태를 띠고 있고, 키워드 기록 방식이 아니라 문장 기록 방식인 관계로, 분량이 많아질 경우 사실관계 확인에 필요한 내용의 누락을 쉽게 식별할 수 없기 때문이다. 저자는 수사서류 작성 실습 중 결과보고서 작성 단계에서 조서상 중요 정보의 누락을 뒤늦게 발견하는 수강자를 종종 목격하곤 한다. 물론 조서 초안을 꼼꼼히 검토하면 누락된 내용을 발견할 수 있겠으나, 그렇게 하는 데에는 적지 않은 시간과 노력이 소요된다. 따라서 조서를 작성하는 경우에도 메모를 해야 한다. 다만, 메모는 면담과 조서작성을 방해하지 않도록 간이하게 하여야 한다(예: 키워드 기록). 둘째, 메모는 피면담자의 진술에 따라 수정, 점검되어야 한다. 피면담자가 면담자의 메모에 있는 순서 및 내용에 따라 진술하는 경우는 오히려 드물기 때문이다. 가령, 키워드의 순서를 조정해야 할 경우에는 키워드 앞의 숫자를 수정하는 방법이 가능할 것이다(예: ~~3.~~ 2. 친구). 또한, 이미 확인한 키워드 또는 내용에는 별도로 표시를 할 필요가 있다(예: ~~1. 이야기 내용~~ 또는 √1. 이야기 내용). 면담의 진도를 가늠하기 위한 조치다. 수정과 점검의 반복을 통해 메모에 빈 공간과 표시 없는 부분이 없어질 즈음이 되어야 비로소 면담의 종료를 고려할 수 있다. 셋째, 메모는 비망록의 형태로 관리, 활용되어야 한다. 즉, 메모는 공개할 대상도 아니고 공식적인 기록에 편철할 대상도 아니다. 면담자의 메모는 면담자의 면담 수행을 돕는 사실적 도구이기 때문이다. 따라서 면담자는 메모를 할 때 가급적 메모의 내용이 피면담자에게 노출되지 않도록 유의하여야 한다. 그러나 노출을 우려하여 메모를 가리거나 숨기는 모습을 보여서는 안 된다. 면담자와 피면담자 간의 신뢰 관계를 훼손하고, 피면담자의 진술을 방해할 수 있기 때문이다. 메모의 노출 문제는 키워드 기록 방식을 채택하는 것과 메모를 방치한 채 자리를 비우지 않는 것만으로도 충분히 방지할 수 있다. 아마도 통상의 피면담자는 면담자가 꼼꼼히 메모하는 모습을 보면서 '전략'을 세우고 있다는 느낌을 받기보다 '경청'을 하고 있다는 느낌을 받게 될 것이다. 한편, 메모는 일정 기간 이상 안정적으로 보관할 수 있는 곳에 작성해야 한다(예: 수첩, 노트). 메모는 공식적인 기록에 편철할 대상이 아니지만, 향후 법정증언을 할 때 유용한 참고자료가 될 수 있기 때문이다. 통상 면담자는 면담 단계에서 법정증언의 여부와 시점을 짐작하기 어렵다. 따라서 면담실무자는 면담의 시점과 시간적 간극이 상당한 시점에 법정증언을 해야 할 경우까지 고려하여 메모를 보존, 관리하여야 한다.

4) 진술분석과 행동분석

제1장에서 진술분석과 행동분석 중 일부를 장바구니에 담아두었다. 법심리학적 면담방법론의 보조도구로 활용하기 위함이었다. 본장 제1절에서 SCAN, CBCA, 인지기반 행동분석의 준거 중 일부를 면담 및 조사 방향 설정의 용도로 사용하기로 하였다. 진술 및 행동 분석의 결과를 증거로 사용하는 것에 대한 우려가 있을 뿐만 아니라(Vrij, 2008), 진술 청취의 방법론, 즉 면담방법론 자체에 이 책의 초점이 있기 때문에 진술분석 및 행동분석 준거의 용도를 이와 같이 설정한 것이다. SCAN, CBCA, 인지기반 행동분석의 준거 중 일부를 면담 및 조사 방향 설정의 용도로 사용하기 위해서는 먼저 각 도구의 온전한 모습을 이해할 필요가 있다. 따라서 각 도구의 구체적 내용을 개관한 후, 면담 및 조사 방향 설정에 쉽게 활용할 수 있는 간이화(案)을 제안해 보고자 한다.

SCAN

SCAN(Scientific Content Analysis: 과학적 내용분석)은 1987년 Sapir가 개발한 범용 진술분석 도구다. 즉, SCAN은 용의자, 피해자, 목격자 등 모든 피면담자의 진술을 분석하는 데 적용할 수 있다. SCAN은 다음과 같은 가정에 기반하고 있다(Driscoll, 1994; Smith, 2001). 첫째, 진실한 진술과 거짓된 진술 간에는 내용적, 구조적 차이가 있다. 따라서 진술을 분석할 때에는 내용적, 구조적 모순에 주목해야 한다. 둘째, 일련의 진술이 모두 거짓인 경우는 드물고 일련의 진술 중 일부만이 거짓인 경우가 일반적이다. 따라서 진술을 분석할 때에는 숨겨진 거짓말에 주목해야 한다. 셋째, 사람들은 각자의 언어 규칙을 가지고 있다. 따라서 진술을 분석할 때에는 진술자의 언어 규칙을 파악하고, 그 규칙에서 벗어나는 부분에 주목해야 한다. 요컨대, SCAN은 일련의 진술 중에서 내용적, 구조적 모순이 있거나 진술자의 언어 규칙에서 벗어나는 부분에 주목하여 숨겨진 거짓의 징후를 포착하고자 한다. 한편, SCAN은 다음과 같이 진술 청취의 유의점을 제시하고 있다(Sapir, 2000). 첫째, 순수한 상태의 진술을 확보하라. 기억의 취약성, 거짓말 전략의 역동성 등을 고려한 유의점이다. 올바른 질문유형 및 질문방식의 사용을 통해 이와 같은 요구를 일정 수준 이상 충족할 수 있을 것으로 생각한다. 둘째, 최대한 자세히 빠짐없이 모두 진술하도록 하라. 앞서 살펴본 적극적 청취와 뒤에서 살펴볼 면담규칙 설명을 통해 이와 같은 요구를 일정 수준 이상 충족할 수 있을 것으로 생각한다. 셋째, 진술자에게 기대를 표시하라. 따라서 진술자에게 "업무상 어쩔 수 없는 일이라서 부탁드립니다.", "그러니 대충이라도 진술해 보세요."라는 등의 발언을 해서는 안 된다. 아울러 면담규칙 설명에 이은 적극적 청취를 통해 이와 같은 요구를 일정 수준 이상 충족할 수 있을 것으로 생각한다. 넷째, 진술 중에 지시하거나 끼어들지 말라. 올바른 질문유형 및 질문방식의 사용, 적극적 청취, 특히 적절한 침묵을 통해 이와 같은 요구를 일정 수준 이상 충족할 수 있을 것으로 생각한다. 다섯째, 진술자가 면담과정 중 발언의 95%를 점하도록 하라. SCAN은 기본적으로 서면 진술을 분석하는 경우를 전제로 하고 있으나, 이와 같이 구두 진술을 분석하는 경우도 상정하고 있다. 올바른 질문유형의 사용, 특히 개방형 질문 위주의 면담을 통해 이와 같은 요구를 일정 수준 이상 충족할 수 있을 것으로 생각한다. 요컨대, SCAN을 적용하여 진술을 분석하기 위해서는 앞서 설명한 질문기법과 청취기법 모두를 온전히 구사할 수 있어야 한다. 지금부터 SCAN의 준거를 하나씩 살펴보자. SCAN의 13가지 준거는 〈표 17〉과 같다.

표 17 SCAN 준거

연 번	준 거	설 명
1	언어의 변화	• 호칭, 명칭의 변화는 심리적 거리의 변화를 의미할 수 있다.
2	정서표현의 내용과 위치	• 필요한 곳에 적합한 정서가 표현되는 것이 일반적이다. • 정서는 그 원인이 되는 경험 뒤에 표현되는 것이 일반적이다.
3	대명사의 부적절한 사용	• 일인칭 대명사의 생략은 책임의 회피를 의미할 수 있다. • 대명사의 변화는 언어의 변화와 유사한 의미를 갖는다.
4	확신과 기억의 부족	• 확신과 기억의 부족 중 일부는 생략 형태의 거짓말일 수 있다.
5	혐의 부인의 부재	• 무고한 사람은 혐의를 직접적으로 부인하는 것이 일반적이다.
6	흐름에서 벗어난 정보	• 흐름에서 벗어난 정보의 언급은 생략 형태의 거짓말에 따르는 공백을 메우기 위한 것일 수 있다.
7	사회적 소개의 부재와 순서	• 등장인물에 대한 약간의 설명이나 소개를 하는 것이 일반적이다. • 사회적으로 친한 사람을 먼저 언급하는 것이 일반적이다.
8	자발적 수정	• 자발적 수정은 전략의 변화, 인지적 부하의 신호일 수 있다.
9	진술의 구조	• 사건 전, 중, 후가 2 : 5 : 3의 비율을 이루는 것이 일반적이다.
10	시제의 변화	• 현재형 시제는 특정한 과거가 아니라 통상적인 경우를 진술할 때 사용되는 것이 일반적이다.
11	객관적 시간과 주관적 시간	• 객관적 시간은 언급된 시각, 주관적 시간은 진술량을 의미한다. • 객관적 시간과 주관적 시간의 부조화는 생략의 징후일 수 있다.
12	중요하지 않은 정보의 언급	• 중요하지 않은 정보의 언급은 생략 형태의 거짓말에 따르는 공백을 메우기 위한 것일 수 있다.
13	불필요한 연결	• 불필요한 연결어는 생략의 징후일 수 있다.

출처: Smith, N. (2001). Reading between the lines: An evaluation of the Scientific Content Analysis technique(SCAN). *Police Research Series Paper 135*, 2001, pp. 10-14. 저자가 내용 일부를 수정·보완하고 편집하였음.

① 언어의 변화는 "호칭, 명칭 등 진술 내에서 동일한 사람 또는 사물을 지칭하는 단어 또는 표현의 변화"를 의미한다. 가령, 어떤 사람을 '철수'라는 이름으로 명명하다가 '친구'라는 일반명사로 명명하는 경우가 여기에 해당한다. 또한, 언어의 변화는 'A → B'와 같이 단순한 경우도 있고 'A → B → C' 또는 'A → B → C → A'와 같이 복잡하거나 순환적인 경우도 있다. 언어의 변화는 통상 심리적 거리 또는 관계의 변화를 의미하는 것으로 이해되고 있다. 가령, 아내에 대한 호칭이 어떤 시점에 '안사람'에서 다른 시점에 '그 여자'로

바뀌었다면, 시간의 흐름에 따라 두 사람 간의 관계에 어떠한 변화가 있었음을 짐작해볼 수 있다. 그러나 언어의 변화를 유발하는 심리적 기제가 다양할 수 있기 때문에 면담자는 이와 같은 징후를 단지 면담의 이정표로 삼아야 한다. 따라서 이 준거로 피면담자의 진실성을 평가하거나 피면담자에게 변화의 이유를 캐물어서는 안 된다.

② 정서표현의 내용과 위치는 "진술 내 정서 언급의 유무와 언급된 정서의 종류, 정서 언급과 경험 언급의 순서에 관한 문제"다. 일정한 정서를 경험했을 법한 일화를 진술할 때에는 정서에 관한 언급이 적절히 수반되는 것이 일반적이다. 가령, 가족의 사망에 관한 진술을 하면서 슬픔뿐만 아니라 원망의 표현마저 없다면 부자연스럽게 느껴질 수 있다. 또한, 정서의 언급은 통상 그 정서의 원인이 되는 경험에 관한 언급 뒤에 이루어지는 것이 일반적이다. 가령, "어두운 골목을 혼자서 걸어가고 있는데 누군가 뒤에서 따라오니까(경험 언급), 정말이지 너무나 무서웠어요(정서 언급)."라고 진술하는 것이 자연스럽다. 그러나 정서표현의 정도와 방식은 사람마다 다양할 수 있고, 특히 경험 언급과 정서 언급의 순서가 뒤바뀌는 경우가 종종 있다. 따라서 면담자는 이와 같은 징후를 진실성 평가의 준거 또는 설명요구의 대상으로 삼기보다 탐색의 이정표로 삼아야 한다.

③ 대명사의 부적절한 사용은 "진술 내 대명사의 유무와 사용된 대명사의 종류, 대명사의 변화에 관한 문제"다. 대명사는 통상 책임, 소유, 관계를 설명해주는 요소로 이해되고 있다. 가령, 주격 대명사의 부재는 책임 또는 관계를 회피하고 싶은 심리를 반영하는 것일 수 있고, '그'보다는 '그이'가 상대적으로 더 가까운 심리적 거리를 반영하는 것일 수 있다. 다만, 영미와 달리 우리나라에서는 주격 대명사를 생략하거나 목적격 대명사를 명사로 대체하는 경우가 많기 때문에 대명사의 부재라는 준거를 적용할 때에는 주의가 필요하다. 즉, 대명사의 부재를 곧바로 책임, 소유, 관계 등으로 연결해서는 안 된다. 그러나 대명사의 변화는 의미 있는 준거임에 틀림없다. 가령, 어떤 시점에 주격 대명사를 꼬박꼬박 사용하다가 다른 시점에 주격 대명사를 전혀 사용하지 않는다면, 그 시점에 진술하는 내용과의 관계 또는 책임을 회피하고 싶은 심리를 반영하는 것일 수 있다. 따라서 면담자는 대명사 사용의 국가 간 차이, 개인 간 차이를 고려하여, 대명사 자체에 주목하기보다 그 변화에 주목해야 한다.

④ 확신과 기억의 부족은 "진술의 구체성 결여 또는 진술량 부족의 형태로 나타나는 진술의 취약성"을 의미한다. 확신과 기억의 부족은 "정확하지는 않지만", "잘 기억이 나지 않는데"라는 등의 언급과 함께 나타나기도 하고, 단지 양적 또는 질적으로 부실한 진술로 나타나기도 한다. 이 준거의 적용에 있어 주의할 것은 확신과 기억의 부족 중 단지 일부만이 거짓의 징후라는 점이다. 사람의 기억은 본질적으로 취약하기 때문에 모든 피면담자는 확신과 기억의 부족을 호소할 수 있다. 따라서 면담자는 진술의 대상이 되는 일화의 특성, 강도, 시점 등을 종합적으로 고려하여 피면담자가 호소하는 확신과 기억의 부족을 음미해야 한다. 가령, 오늘 벌어진 물건 도난 사건에 관하여 피면담자가 "정확하지는 않지만, 그 물건을 만진 사실이 없는 것 같은데요."라고 진술한다면 주목이 필요한 확신과 기억의 부족으로 볼 수 있다. 그러나 기억의 본질적 취약성이 언제, 어떤 형태로 발현될지 모른다는 점을 고려하여, 면담자는 이와 같은 징후를 단지 생략 형태의 거짓말이 존재할 개연성 정도로만 해석하여야 한다.

⑤ 혐의 부인의 부재는 "진술 내에 혐의를 직접적으로 부인하는 언급이 없는 경우"를 의미한다. SCAN에서는 혐의 부인의 부재를 무고한 사람의 일반적인 진술 경향에서 벗어나는 것으로 본다. 가령, 무고한 피면담자는 "나는 ○○을 하지 않았습니다."라고 진술하는 반면, 죄가 있는 피면담자는 자신의 혐의에 관한 진술을 하지 않거나 "어떻게 그런 일이 벌어질 수 있나요?"라는 우회적 진술을 한다는 것이다. 제1장에서 살펴보았던 리드테크닉의 행동분석면담(예: 반대 질문, 결과 질문)을 연상케 하는 준거다. 무고한 피면담자가 혐의를 직접적으로 부인하지 않을 수 있고, 반대로 죄가 있는 피면담자가 혐의를 직접적으로 부인할 수도 있다. 따라서 면담자는 면담의 전체적 맥락 속에서 혐의 부인의 부재가 갖는 의미를 음미해야 하며, 이를 쉽게 거짓의 징후로 보아서는 안 된다.

⑥ 흐름에서 벗어난 정보는 "진술의 주제에서 벗어나는 정보를 언급하는 경우"를 의미한다. 진술의 주제에서 '벗어나는' 정보를 언급하는 것이라는 점에서 진술의 '주제 내'에서 불필요한 또는 지엽적인 정보를 언급하는 '중요하지 않는 정보의 언급(⑫)'과 다르다. 가령, 어떤 사건에 관한 피면담자의 견해 또는 그 사건과 유사한 다른 사건에 관한 피면담자의 경험 등을 진술하는 것

이 여기에 해당한다. 물론 이와 같은 현상이 당해 사건의 재구성이라는 면담의 목적에 대한 몰이해에서 비롯되는 것일 수도 있으나, 생략 형태의 거짓말에 따르는 공백을 메우기 위한 것일 수 있다. 앞서 사람들은 조작 형태의 거짓말보다 생략 형태의 거짓말을 더 빈번하게 한다고 하였다. 생략 형태의 거짓말은 해당 부분 진술의 양적, 질적 부실을 가져온다. 피면담자는 그 공백 부분을 방치하기도 하지만 그 공백을 흐름에서 벗어난 정보로 채우기도 한다. 따라서 진술을 청취할 때에는 적극적 청취(예: 집중, 이해)를 통해 각각의 진술이 면담의 주제 내에 있는지 주제를 벗어나 있는지를 면밀하게 살펴야 한다. 흐름에서 벗어난 정보를 제거해야 생략된 부분이 선명하게 드러나기 때문이다. 다만, 면담자는 이와 같은 징후를 단지 생략 형태의 거짓말이 존재할 개연성 정도로만 해석하여야 한다.

⑦ 사회적 소개의 부재와 순서는 "진술 내에 등장하는 인물에 대한 소개의 유무와 소개의 순서에 관한 문제"다. 범죄수사, 감사 또는 조사에 관한 면담뿐만 아니라 일상적 대화에 있어서도 누군가를 언급할 때에는 약간의 설명이나 소개를 하는 것이 일반적이다. 가령, "직장동료 ○○○과", "친구 △△△과"라는 진술에서 '직장동료', '친구'가 사회적 설명 또는 소개에 해당한다. 이와 같은 설명 또는 소개 없이 처음부터 "○○○과" 또는 "△△△과"라고 진술한다면 부자연스러운 진술임에 틀림없다. 마찬가지로 "누군가와", "몇몇 사람들과"라는 진술도 주목을 요하는 부분이다. 굳이 피면담자의 진술 또는 등장인물의 연루 가능성을 의심하지 않더라도 반드시 확인이 필요한 지점이다. 한편, 둘 이상의 등장인물이 연이어 언급될 때 그 순서에는 사회적 의미가 깃들어 있을 가능성이 높다. 가령, "친구 A, B, C와"라는 진술을 통해서는 등장인물 중 A가 상대적으로 피면담자와 가장 친밀할 가능성이 있다고 추정해볼 수 있다. 물론 "부장님, 과장님, 김대리, 박대리와 함께"라는 진술에서와 같이 언급의 순서가 사회적 직책에 좌우될 수도 있다. 따라서 면담자는 아무런 설명 또는 소개 없이 언급되는 인물, 가장 나중에 언급되는 인물에 주목해야 한다. 다만, 면담자의 주목은 피면담자의 진술 또는 등장인물의 연루 가능성 등을 직접 의심하는 방식이 아니라, 해당 부분에 관한 추가 진술과 해당 등장인물의 행위에 관한 진술을 자연스럽게 청취하는 방식이 되어야 한다.

⑧ 자발적 수정은 "진술중 또는 면담중 스스로의 진술을 가감삭제하는 경

우"를 의미한다. SCAN에서는 자발적 수정을 거짓의 징후 또는 진실의 징후로 양단하지 않는다. 다만, 자발적 수정에는 반드시 어떤 이유가 있다고 본다. 그 이유는 사소한 오류의 정정에서부터 거짓말 전략의 변화에 이르기까지 다양한 것일 수 있다. 따라서 피면담자의 일회적, 불규칙적 수정에 주목할 필요는 없을 것으로 생각한다. 그러나 면담의 특정 지점에서 반복적, 규칙적으로 나타나는 수정에는 주목해야 한다. 인지적 부하, 거짓말 전략의 구상 또는 변경의 징후일 가능성을 배제할 수 없기 때문이다. 제2장에서 거짓말을 하는 사람은 정서적으로 불편하고 인지적으로 어려우며, 양자는 상호작용을 한다고 하였다. 인지적 부하는 면담에 관한 각종 과업의 수행에 부정적 영향을 미치는 바, 면담의 특정 지점에서 나타나는 반복적, 규칙적 수정은 인지적 부하의 신호일 수 있다. 따라서 면담자는 피면담자의 반복적, 규칙적 수정이 나타나는 지점에 주목해야 한다. 이때 면담자의 주목은 해당 부분에 관한 추가 진술을 자연스럽게 청취하는 방식이 되어야 한다.

⑨ 진술의 구조는 "진술 내에서 주제의 핵심(사건중)에 관한 언급이 차지하는 분량에 관한 문제"다. 통상 진술 내에서 주제의 핵심에 관한 언급이 50% 이상을 차지할 때 자연스러운 것으로 이해되고 있다. 나머지 50%는 핵심에 관한 언급 전후의 배경 설명, 견해 또는 평가 등에 할애될 수 있다는 것이다. 다만, 이와 같은 준거를 적용할 때에는 당해 진술의 전제가 되는 질문이 개방형 질문이라는 점이 담보되어야 한다. 가령, 면담자가 구체적 질문이나 폐쇄형 질문을 한 경우에는 진술의 구조를 분석하기 어렵고, 가사 분석을 했다고 하더라도 그 결과를 이와 같이 해석하기 어렵다. 진술의 범위를 피면담자 스스로 결정한 것이 아니기 때문이다. 서면 진술을 분석할 때에는 통상 진술의 행을 세는 방식으로 분량을 측정한다. 가령, 20행의 진술 중에서 '사건전에 관한 진술이 5행, 사건중에 관한 진술이 10행, 사건후에 관한 진술이 5행'이라는 식으로 분석한다. 구두 진술을 분석할 때에는 면담자가 피면담자의 진술을 세 가지 국면으로 구획짓고 각 국면에 해당하는 진술의 분량을 가늠해야 한다. 또한, 진술의 분량을 가늠할 때에는 앞서 설명한 '흐름에서 벗어난 정보 ⑥', 뒤에서 설명할 '중요하지 않은 정보의 부각(⑫)' 부분을 제거해야 한다. 그래야 '주제의 핵심에 관한 언급이 50% 이상 또는 이하'라는 분석의 결과가 갖는 의미가 온전해지기 때문이다. 구두 진술을 세 가지 국면으로 구획짓고,

각 국면에서 특정한 진술을 제거하는 일이 어렵게 느껴질 것으로 생각한다. 뒤에서 구두 진술의 분석에 적합하게 수정한 'SCAN 준거 간이화(案)'을 제안할 것이다. 면담자는 주제의 핵심에 관한 언급이 50%에 현저히 미치지 못하는 경우 그 주제에 주목해야 한다. 즉, 그 주제를 더 탐색해야 한다.

⑩ 시제의 변화는 "진술 내에서 동일한 시점을 서술하는 동사의 시제 변화 또는 차이"를 의미한다. 즉, 피면담자가 특정 시점의 행위에 대한 서술어로 "하였습니다."라는 과거형 시제를 사용하다가, "합니다."라는 현재형 시제를 사용하는 경우가 여기에 해당한다. 범죄수사, 감사 또는 조사에 관한 면담은 통상 과거에 있었던 일을 주제로 한다. 따라서 피면담자는 통상 과거형 시제를 사용한다. 그런데 실무에서 뿐만 아니라 면담방법론 실습 중에도 현재형 시제를 사용하는 경우가 적지 않게 발견된다. 현재형 시제는 '특정'한 과거가 아니라 '통상'적인 과거에 관해 진술할 때 사용되는 경향이 있다. 가령, "지난 토요일 저녁에 무엇을 했나요?"라는 질문에 대하여, "산책을 합니다."라고 답변했다면, 이 답변은 '저는 토요일 저녁엔 통상 산책을 합니다'라는 의미일 가능성이 높다. 현재형 시제는 진실한 피면담자가 특정한 과거를 – 기억 실패 때문이든 노력 부족 때문이든 – 회상하지 못해서 사용할 수도 있지만, 거짓된 피면담자가 특정한 과거에 관한 진술을 회피하기 위해 사용할 수도 있다. 어떤 경우이든 면담자는 현재형 시제가 확인되면, 그 부분을 더 탐색해야 한다.

⑪ 객관적 시간과 주관적 시간은 "진술 내에서 언급된 시각(객관적 시간)과 진술량(주관적 시간)의 관계에 관한 문제"다. 통상 객관적 시간과 주관적 시간이 일치하는 진술이 자연스러운 것으로 이해되고 있다. 가령, 긴 시간 동안 일어난 일에 관한 진술이 짧은 시간 동안 일어난 일에 관한 진술보다 상대적으로 더 길어야 한다는 것이다. 그러나 이와 같은 준거가 타당성을 갖기 위해서는 각 시간대의 사건 관련성 및 중요성이 동일하다는 점이 담보되어야 한다. 즉, 사건과의 관련성이 깊고 중요성이 높은 – 보다 정확하게는 피면담자가 그렇게 인식하는 – 부분에 관한 진술의 분량은 객관적 시간의 범위를 초과할 수 있다. 서면 진술을 분석할 때에는 통상 진술의 행을 세는 방식으로 주관적 시간을 측정한다. 가령, 1시간 동안 있었던 일에 관하여 10행 정도 진술하고 2시간 동안 있었던 일에 관하여 20행 정도 진술한 경우 객관적 시간과 주관적 시간이 일치하는 것으로 평가하는 식이다. 구두 진술을 분석할 때에는

면담자가 피면담자의 진술을 객관적 시점에 따라 구획짓고 각 시점에 해당하는 진술의 분량을 가늠해야 한다는 점, '흐름에서 벗어난 정보(⑥)', '중요하지 않은 정보의 부각(⑫)' 부분을 제거해야 한다는 점 등은 '진술의 구조(⑨)' 준거에서와 동일하다. 실무에서 피면담자가 객관적 시간을 모두 언급하는 경우는 드물다. 심지어 객관적 시간을 전혀 언급하지 않거나 시작 지점에서 한 번만 언급하는 경우도 많다. 그러나 면담자가 피면담자에게 객관적 시간을 모두 포함하여 진술할 것을 요청해서는 안 된다. 기억과 거짓말 전략, 특히 후자에 영향을 줄 가능성이 있기 때문이다. 이와 같이 객관적 시간과 주관적 시간 준거에는 일정한 기능적 제약이 있다. 따라서 독립적 준거로 활용하기보다 진술의 구조 준거와 병행하여 사용하는 것이 좋을 것으로 생각한다.

⑫ 중요하지 않은 정보의 언급은 "진술의 주제 내에서 불필요한 또는 지엽적인 정보를 언급하는 경우"를 의미한다. 진술의 '주제 내'에 머물러 있다는 점에서 '흐름에서 벗어난 정보(⑥)'와 다르다. 가령, 피면담자가 아침의 일화에 관하여 "저는 칫솔에 치약을 조금 발라서 이를 닦고, 비누와 바디워시를 섞어서 샤워를 하고, 드라이어의 냉풍으로 머리를 5분 정도 말리고, 스킨, 로션, 크림, 썬크림을 발랐습니다."라고 진술한다면 중요하지 않은 정보의 과도한 언급에 해당할 수 있다. 이와 같은 현상은 '흐름에서 벗어난 정보(⑥)'와 마찬가지로 면담의 목적에 대한 몰이해에서 비롯될 수도 있고 생략 형태의 거짓말에 따르는 공백을 메우기 위한 것일 수도 있다. 따라서 면담자는 적극적 청취(예: 집중, 이해)를 통해 각각의 진술이 갖는 사건 관련성 및 중요성을 면밀하게 살피고, 불필요한 채우기 뒤에 숨어 있는 생략을 식별해야 한다. 다만, 면담자는 이와 같은 징후를 생략 형태의 거짓말이 존재할 개연성 정도로만 해석하고, 해당 부분에 관한 추가 진술을 자연스럽게 청취해야 한다.

⑬ 불필요한 연결은 "빠짐없이 진술할 경우에 걸맞지 않은 연결어를 사용하는 경우"를 의미한다. SCAN에서는 이러한 연결어 전후에 생략된 정보가 있다고 본다. 가령, "그러다가", "그러던 중" 등의 연결어가 등장하면, '그러다(그러던)'에 해당하는 사건 또는 상황에 관한 진술이 누락되었을 수 있다는 것이다. 이 준거를 적용할 때에는 다음과 같은 점에 유의해야 한다. 먼저, 피면담자에게 '최대한 자세히, 사실대로, 빠짐없이'라는 면담규칙이 충분히 설명되어야 한다. 피면담자는 각자의 기준에 따라 사건 관련성 및 중요성이 없다

고 판단하는 부분을 진술하지 않을 수 있고, 이때 진술하지 않는 부분이 연결어로 대체될 수 있기 때문이다. 다음으로, 피면담자의 개인적 언어 습관이 고려되어야 한다. 가령, 어떤 사람은 습관적으로 연결어를 사용하는가 하면, 어떤 사람은 거의 연결어를 사용하지 않는다. 따라서 면담자는 라포형성 과정을 통해 피면담자의 언어 습관을 파악하여, 면담과정에서 등장하는 연결어가 언어 습관에 기인하는 것인지, 아니면 생략의 징후인지를 가늠해야 한다. 또한, 면담자는 연결어 사용의 변화에 주목해야 한다. 가령, 피면담자가 다른 시점에는 연결어를 전혀 사용하지 않다가 특정 시점에 연결어를 빈번하게 사용한다면, 그 시점을 더 탐색해야 한다.

지금까지 SCAN의 13가지 준거를 살펴보았다. SCAN이 구두 진술을 분석하는 경우를 상정하고 있음에도 불구하고 구두 진술에 각 준거를 적용하는 데에는 일정한 제약이 따르는 것이 사실이다. 가령, 구두 진술을 사건전, 사건중, 사건후로 구획짓고 각 국면에 해당하는 진술의 분량을 측정하는 일이나 (예: 진술의 구조), 구두 진술을 객관적 시점에 따라 구획짓고 각 시점에 해당하는 진술의 분량을 측정하는 일은(예: 객관적 시간과 주관적 시간) 쉽지 않은 과업이다. 나아가 이와 같이 측정한 진술량에서 흐름에서 벗어난 정보와 중요하지 않은 정보를 여과하여 관련성 있는 진술의 분량을 가늠한 후 생략의 징후를 파악하라고 하는 것은 면담자에게 과도한 요구임에 틀림없어 보인다. 따라서 법심리학적 면담방법론의 핵심기술인 청취기법에 접목할 준거는 좀 더 간이한 것이어야 할 것 같다. 앞서 SCAN의 13가지 준거를 살펴보면서, 각 준거가 개별적으로 존재하기보다 서로 연계되어 있음을 확인하였다. 가령, 언어의 변화, 대명사의 변화, 시제의 변화 등이 연계되어 있었고, 확신과 기억의 부족, 흐름에서 벗어난 정보, 사회적 소개의 부재, 진술의 구조, 중요하지 않은 정보의 언급, 불필요한 연결 등이 연계되어 있었다. 전자의 연계성을 관통하는 키워드는 '변화'이고, 후자의 연계성을 관통하는 키워드는 '생략'이다. 또한, 하나의 준거가 '변화'의 징후와 '생략'의 징후 모두에 해당하는 경우도 었었다. 가령, 불필요한 연결은 그 자체로 '생략'의 징후일 수 있으나, 특정 시점에만 연결어가 사용되는 경우에는 '변화'의 징후일 수도 있다. SCAN의 준거를 '변화'와 '생략'이라는 관점에서 정리하면 〈표 18〉과 같다.

표 18 SCAN 준거 간이화(案)

징후	준거	물음
변화	1. 언어의 변화	• 호칭, 명칭이 변하였는가?
	3. 대명사의 부적절한 사용	• 대명사가 변하였는가? • 진술 시점에 따라 주격 대명사의 사용에 차이가 있는가?
	8. 자발적 수정	• 진술 시점에 따라 자발적 수정에 차이가 있는가? 　(예: 특정 시점에 많이 수정)
	10. 시제의 변화	• 현재형 시제가 사용된 부분이 있는가?
	13. 불필요한 연결	• 진술 시점에 따라 연결어 사용에 차이가 있는가? 　(예: 특정 시점에 많이 사용)

〈중심 물음〉
언어 규칙에서 벗어난 부분이 있는가? (예: 명칭, 호칭, 대명사, 수정, 시제, 연결어)

징후	준거	물음
생략	2. 정서표현의 내용과 위치	• 필요한 곳에 적합한 정서표현이 없는가?
	4. 확신과 기억의 부족	• 경험칙에 부합하지 않는 확신과 기억의 부족을 호소하는가?
	5. 혐의 부인의 부재	• 면담의 전체적 맥락에서 부인하지 않음이 명백한가?
	6. 흐름에서 벗어난 정보	• 주제에서 벗어난 이야기를 하는가?
	7. 사회적 소개의 부재와 순서	• 등장인물에 대한 약간의 설명이나 소개가 없는가?
	9. 진술의 구조	• 주제의 핵심에 관한 언급이 50%에 이르지 못하는가?
	11. 객관적 시간과 주관적 시간	• 사건 관련성 및 중요성이 동일한 지점에서 객관적 시간과 주관적 시간의 부조화가 있는가? (예: 빈약한 진술)
	12. 중요하지 않은 정보의 언급	• 주제 내에서 불필요한 또는 지엽적인 정보를 언급하는가?
	13. 불필요한 연결	• 진술의 비약과 동반된 연결어가 있는가?

〈중심 물음〉
필요한 정보가 부족하거나, (예: 정서, 확신, 기억, 부인, 소개, 진술의 분량과 상세성)
불필요한 정보가 과다한 부분이 있는가? (예: 주제 외, 주제 내)

〈표 18〉은 SCAN의 준거를 변화와 생략으로 범주화한 후(좌), 두 범주에 해당하는 준거(중) 및 준거의 구체화를 위한 물음(우)을 제시하고 있다. 가령,

'대명사의 부적절한 사용(③)' 준거를 '변화'의 범주에 포섭하고(좌·중), 이 준거의 구체화를 위한 물음으로 '대명사가 변하였는가?'와 '진술 시점에 따라 주격 대명사의 사용에 차이가 있는가?'를 제시하고 있다(우). '불필요한 연결(⑬)'은 두 범주 모두에 포함되어 있다. 다만, '변화' 범주에서는 '진술 시점에 따라 연결어 사용에 차이가 있는가?'가, '생략' 범주에서는 '진술의 비약과 동반된 연결어가 있는가?'가 준거의 구체화를 위한 물음으로 제시되어 있다. 따라서 면담자는 각 준거의 의미와 내용을 모두 상기하지 않고도, 〈표 18〉의 우에 있는 일련의 물음을 점검함으로써 변화와 생략의 징후를 가늠할 수 있다. 그러나 피면담자의 모든 진술을 15개의 물음에 따라 일일이 점검하기는 어려울 것으로 생각한다. 저자는 이 문제에 대하여 세 가지 해법을 제시하고자 한다. 첫째, 〈표 18〉에 제시된 '중심 물음'을 활용하는 것이다. 중심 물음을 활용하면, 면담자는 '언어 규칙에서 벗어난 부분이 있는가?', '필요한 정보가 부족하거나 불필요한 정보가 과다한 부분이 있는가?'라는 두 가지 물음만 유지하면 된다. 둘째, 모든 하위 물음을 빠짐없이 점검하려고 하기보다 도드라지는 '핫스폿'에 집중하는 것이다. 가령, 현 시점에서 필요한 정보가 부족한지 여부를 점검하기 위해 정서, 확신, 기억, 부인, 소개, 진술의 양, 진술의 질 등을 순차적, 기계적으로 살피기보다 자연스럽게 진술을 청취하면서 도드라지는 요소가 있으면 거기에 주목하라는 것이다. 의심은 할수록 늘게 마련이다. 진술에 준거나 물음을 대입하는 것 자체가 이미 의심의 일환이다. 앞의 두 가지 중심 물음을 유지하되, 최대한 힘을 빼고 자연스럽게 진술을 청취하기를 권장한다. 핫스폿은 있을 수도 있고 없을 수도 있다는 유연한 생각을 가지고 말이다. 셋째, 학습 초기 단계에서는 '질문기법 + 적극적 청취(메모 포함) + 두 가지 중심 물음에 기초한 진술분석' 정도를 학습 범위로 설정하고, 차차 진술분석 역량을 강화하고 정치화해 나가는 것이다. 법심리학적 면담방법론에서 진술분석은 어디까지나 보조도구로, 즉 면담 및 조사 방향 설정의 용도로 기능하는 것임을 잊지 말아야 한다. 따라서 진술분석 역량의 강화와 정치화는 후일의 과제로 남겨두어도 좋을 것 같다.

지금까지 'SCAN 준거 간이화(案)'을 살펴보았다. 준거 또는 물음 적용 시의 유의점을 알아보고, SCAN에 관한 학습을 마무리하도록 하자. 첫째, SCAN 준거나 그 구체화를 위한 물음은 면담 및 조사 방향 설정의 용도로만 사용되어야 한다. 즉, 이를 통해 피면담자의 진실성을 평가해서는 안 된다. 혹시 발췌독을 하는 독자가 있을 수 있을 것 같아 각 준거를 설명하면서 거듭 당부한 바 있다. 추가적인 설명은 불필요할 것으로 생각한다. 둘째, 준거나 물음의 점검은 간접적인 방식으로 이루어져야 한다. 면담과정에서는 해당 부분에 관한 추가 진술을 청취하는 방법이 가능하고, 면담 이후에는 해당 부분에 관한 사실관계를 확인하는 방법이 가능할 것이다. 셋째, 다수의 징후가 함께 나타나는 지점에 주목해야 한다. SCAN의 준거는 대체로 기억의 취약성 또는 거짓말의 정서적, 인지적 효과에 기반하고 있기 때문에 드러난 어떤 징후가 기억 또는 거짓말과 연관된 것이라면 다른 징후도 함께 나타날 가능성이 높다. 가령, 빈약한 진술이 이루어지고 있는 부분(⑨, ⑪)에서 사회적 소개의 부재(⑦)와 빈번한 자발적 수정(⑧)이 동반된다면, 각별히 신경써서 탐색해야 할 부분이라고 할 수 있다. 넷째, 변화의 탐지와 생략의 탐지는 유기적, 종합적으로 이루어져야 한다. 개인의 특성, 사안의 특성, 주제의 특성에 따라 언어 습관, 진술의 양과 질이 다를 수 있다. 가령, 피면담자가 아무리 빈약한 진술을 하더라도(생략 징후 ○), 그와 같은 진술 패턴이 일관된 것이라면(변화 징후 ×), 특이 징후로 보기 어렵다. 세칭 '말주변'이 없는 사람이 얼마든지 있을 수 있기 때문이다. 다섯째, 변화와 생략의 탐지, 특히 변화의 탐지는 라포형성 단계에서부터 이루어져야 한다. 앞서 라포형성 과정에서 피면담자의 언어 습관을 파악한 후, 면담과정에서 행해지는 피면담자의 언어사용을 해석해야 한다고 하였다(예: 연결어의 사용). 이와 같이 변화와 생략의 탐지는 라포형성 단계에서의 확인된 기준선(base line)을 적절히 '참고'할 때 타당도를 제고할 수 있다.

CBCA

CBCA(Criteria-Based Content Analysis: 준거기반 내용분석)는 피해자 진술의 신빙성을 평가하기 위해 개발된 진술분석 도구로, 1950년대 독일 심리학계의 연구에 뿌리를 두고 있다. 따라서 CBCA는 기본적으로 범용 진술분석 도구가 아니다. 다만, 이와 같은 제약은 CBCA 분석의 결과를 '증거'로 사용하고자 하는 경우에만 유효하다. 즉, CBCA 분석의 결과를 '면담 및 조사 방향 설정'의 용도로 사용하고자 하는 경우에는 피의자, 목격자 등의 진술도 분석의 대상이 될 수 있다(Vrij, 2008). 다만, CBCA가 피해자의 진술 분석에 특화된 도구인 관계로 일부 준거의 조정이 필요하다. CBCA는 '사건기록 분석 – 면담 – CBCA 분석 – 타당도 평가'라는 일련의 절차로 구성되는 SVA(Statement Valididy Assessment: 진술 타당도 평가)의 핵심 국면에 위치한다. 이 책에서는 진술분석을 면담방법론의 보조도구, 즉 면담 및 조사 방향 설정 용도로 활용할 것이므로 SVA 중 진술분석의 직접적 준거에 해당하는 CBCA에 집중하기로 하자. CBCA는 19가지 준거로 구성되고, 각 준거는 '일반적 특징', '구체적 내용', '동기에 관한 내용', '행위에 관한 내용'이라는 네 가지 범주 중 하나에 포섭된다. CBCA 분석은 면담의 결과를 서면화한 진술기록(예: 속기록)에 19가지 준거를 적용하여, 준거가 없을 때에는 0점, 준거가 있을 때에는 1점, 준거가 강하게 있을 때에는 2점을 부여하는 방식으로 이루어진다. 이와 같이 CBCA는 비록 서면화한 것이지만 구두 진술을 분석하는 것을 기본으로 하고 있다는 점에서 SCAN과 차이가 있다. 또한, CBCA는 각 준거의 유무 및 정도에 따라 측정치를 계량화하고 있다는 점에서 SCAN과 차이가 있다. 측정치의 계량화는 CBCA 분석의 결과를 증거로 제공하기 위해 고안된 장치다. 따라서 CBCA를 활용하여 면담 및 조사 방향을 설정하고자 하는 경우에는 측정치의 계량화를 요하지 않는다. 지금부터 CBCA의 준거를 하나씩 살펴보고, 법심리학적 면담방법론에 쉽게 접목할 수 있는 범용 진술분석 도구로 조정해보자. CBCA의 19가지 준거는 〈표 19〉와 같다.

표 19 CBCA 준거

범주	준거	설명
일반적 특징	1. 논리적 구조	• 진술이 조리 있고 논리적일 때 인정된다.
	2. 비구조적 진술	• 연대기적 순서에서 벗어나는 진술이 있을 때 인정된다.
	3. 세부 표현의 양	• 일시, 장소, 인물, 사건에 관한 세부적 묘사가 있을 때 인정된다.

	4. 맥락 내의 진술	• 진술이 맥락, 즉 실제상황 내에 포함되어 있을 때 인정된다.
	5. 상호작용의 진술	• 등장인물 간 작용과 반작용이 있을 때 인정된다.
	6. 대화의 재현	• 대화 내용의 직접적 재현이 있을 때 인정된다.
	7. 예기치 않은 사항의 진술	• 예기치 않은 사건, 상황의 언급이 있을 때 인정된다.
	8. 비일상적 세부 표현	• 특징적 사건, 상황의 언급이 있을 때 인정된다.
구체성	9. 가외의 세부 표현	• 주제 내에서 사건의 핵심이 아닌 사건, 상황의 언급이 있을 때 인정된다.
	10. 이해되지 않는 사항의 진술	• 경험한 것 중 이해되지 않는 부분까지 진술할 때 인정된다.
	11. 가외의 관련 사항 진술	• 주제에서 벗어나나 사건 중 경험한 것을 진술할 때 인정된다.
	12. 자신의 정신 상태 진술	• 사건 중 자신의 정서, 생각에 관한 언급이 있을 때 인정된다.
	13. 상대의 정신 상태 진술	• 사건 중 상대의 정서, 생각에 관한 언급이 있을 때 인정된다.
	14. 자발적 수정	• 면담자의 개입 없는 자발적 수정이 있을 때 인정된다.
	15. 기억 부족의 시인	• 면담자의 개입 없는 기억 부족의 시인이 있을 때 인정된다.
동기관련 내용	16. 자기 진술에 대한 의심	• 자기 진술에 대한 의문의 표현이 있을 때 인정된다.
	17. 자책의 표현	• 사건에 관한 자신의 잘못, 실수의 언급이 있을 때 인정된다.
	18. 용서의 표현	• 상대에 대한 용서, 선처의 표현이 있을 때 인정된다.
행위관련 내용	19. 행위에 관한 세부 표현	• 경험자만 알 수 있는 세부적 묘사가 있을 때 인정된다.

출처: Steller, M. & Koehnken, G. (1989). Criteria-based statement analysis: Credibility assessment of children's testimonies in sexual abuse cases. *Psychological Techniques in Law Enforcement*, pp. 217-245. 저자가 내용 일부를 수정·보완하고 편집하였음.

① 논리적 구조는 "진술이 조리 있고 논리적일 때 인정되는 준거"다. CBCA에서는 단지 유려한 진술과 조리 있는 진술을 구분한다. 즉, 화술의 유창함과 별론으로 진술에 논리적 불일치나 모순이 없을 때 이 준거가 인정된다. SCAN의 '진술의 구조'가 진술의 분량에 관한 준거라면, CBCA의 '논리적 구조'는 진술의 내용에 관한 준거다. 면담자는 논리적 불일치나 모순이 있는 부분을 추가로 탐색해야 한다. 다만, 추가 탐색은 간접적인 방법(예: 개방형 질문)으로 이루어져야 하며, 불일치나 모순에 관한 설명요구는 즉각적으로 하기보다 당해 일화 또는 쟁점에 관한 진술 청취 종료 시점 또는 면담의 후반부에 하는 것이 바람직하다. 이는 질문과 설명요구가 피면담자의 기억과 거짓말 전략에 미치는 영향을 최소화하기 위한 조치다.

② 비구조적 진술은 "연대기적 순서에서 벗어나는 진술이 있을 때 인정되는 준거"다. 가령, "건물 안을 한참 둘러보았어요(중).", "겨우 출입문을 찾아서 나왔어요(후).", "건물 안으로 들어갈 때는 다른 문으로 들어갔었어요(전)."라는 일련의 진술 중에서 마지막 진술이 비구조적 진술이다. CBCA에서는 조리 있고 논리적인 진술의 과정에서도 연대기적 순서에서 벗어나는 진술이 얼마든지 있을 수 있고, 오히려 자연스러운 현상에 해당한다고 본다. 다만, 같은 일화 또는 쟁점에 관하여 처음 회상 또는 진술할 때에만 의미를 갖는다. 수회 회상 또는 진술을 한 이후에는 연대기적 순서에 따라 진술하는 것이 자연스럽기 때문이다. 비구조적 진술은 SCAN의 '흐름에서 벗어난 정보'와는 다른 준거다. 비구조적 진술은 연대기적 순서, 즉 진술의 순서가 바뀌었을 뿐 여전히 당해 일화 또는 쟁점 내에 머물러 있기 때문이다. 면담자는 비구조적 진술이 있는 부분에서 피면담자의 진술에 개입하지 않아야 한다. 다만, 비구조적 진술이 있음을 명확하게 인식하고, 그 의미를 음미하면 족하다.

③ 세부 표현의 양은 "일시, 장소, 인물, 사건 등 일화 또는 쟁점의 구성요소에 관한 세부적 묘사가 있을 때 인정되는 준거"다. 다만, 세부 표현은 진술의 주제에서 벗어나지 않는 것이어야 한다. 따라서 세부 표현의 양은 SCAN의 '중요하지 않는 정보의 언급'과는 다른 준거다. 여기에서의 세부 표현은 '지엽적'인 것일 수는 있으나 일화 또는 쟁점을 설명하는 데 '필요한' 정보이기 때문이다. 특히, 맥락 내에 존재하는 또는 상호작용을 동반하는 세부 표현은 강력한 진실의 징후로 평가할 수 있다. 가령, 이를 닦고, 샤워를 하고, 머리를 말리고, 화장품을 발랐다는 진술은 '중요하지 않은 정보의 언급'이 될 수 있는 반면, "보슬비가 오는 날 ○○가에 있는 △△은행에서 현금지급기를 이용했어요. 현금지급기 코너가 아주 붐볐는데 저를 포함해서 여덟 명 또는 아홉 명 정도의 사람이 있었어요."라는 진술은 '세부 표현이 풍부한' 진술이 될 수 있다. 면담자는 세부 표현이 풍부한 부분에서 피면담자의 진술에 개입하지 않아야 한다. 다만, 당해 일화 또는 쟁점에 관한 진술 청취 종료 시점에서 추가 탐색 여부를 검토하면 된다. 반면, 면담자는 세부 표현이 빈약한 부분에 주목하여 추가 진술을 청취해야 한다.

④ 맥락 내의 진술은 "진술이 실제상황의 맥락 내에 포함되어 있을 때 인정되는 준거"다. 이 준거는 피면담자의 진술이 일정한 시간, 공간, 일화 등과 연결되어 있을 때 인정된다. 특히, 피면담자의 진술이 당해 일화 또는 쟁점과 무관한 다른 일화와 연결되어 있다면 강력한 진실의 징후로 평가할 수 있다. 가령, "겨우 출입문을 찾아서 나왔을 때(당해 일화), 건물 맞은편에서 아이들이 공놀이를 하고 있었어요(다른 일화)."라는 진술이 맥락 내의 진술에 해당한다. 만약 출입문을 찾아서 나온 것이 거짓이라면, 피면담자가 굳이 근처에서 공놀이를 하던 아이들을 언급하겠는가. 면담자는 맥락 내의 진술이 있는 부분에서 피면담자의 진술에 개입하지 않아야 한다. 다만, 잠재적 증거의 활용 차원에서 피면담자가 언급한 맥락(예: 다른 일화)에 관한 추가 진술을 청취할 수 있을 것이다. 반면, 면담자는 맥락 없는 진술이 지속되는 부분에 주목하여 추가 진술을 청취해야 한다.

⑤ 상호작용의 진술은 "등장인물 간의 작용과 반작용에 관한 진술이 있을 때 인정되는 준거"다. CBCA에서의 상호작용은 대체로 사람 간의 상호작용을 의미한다. 가령, "제가 그만하라고 말했지만(작용), 그 사람은 비웃기만 했어요(반작용). 그래서 제가 소리를 질렀죠(재반작용)."라는 진술이 여기에 해당한다. 그러나 앞서 학습한 상호작용 탐지에 있어서의 상호작용, 즉 문명과 기술의 발전에 따라 개발된 매체와의 상호작용도 여기에 포함될 수 있을 것으로 생각한다. 가령, "휴게실에 있는 컴퓨터로 ○○포털 메일을 확인하려고 했는데 그 포털로의 접속이 차단되어 있어 메일을 확인하지 못했어요."라는 설명을 한다면, 상호작용의 진술에 포함될 수 있다. 상호작용의 진술은 진실의 강력한 징후이며, 특히 이에 관한 세부 표현이 풍부할 때에는 더욱 그러하다. 면담자는 상호작용의 진술이 있는 부분에서 피면담자의 진술에 개입하지 않아야 한다. 다만, 잠재적 증거의 활용 차원에서 피면담자가 언급한 상호작용에 관한 추가 진술을 청취할 수 있을 것이다. 반면, 면담자는 상호작용 없는 진술이 지속되는 부분에 주목하여 추가 진술을 청취해야 한다.

⑥ 대화의 재현은 "등장인물 간의 대화 내용을 직접적으로 인용하여 진술할 때 인정되는 준거"다. 이 준거는 사건 당시 들은 바를 '그대로' 또는 '구체적으로' 언급할 때 인정된다. 가령, "그 사람이 저에게 '이 ○○ 같은 놈아.'라고 말했습니다."라는 진술은 대화의 재현에 해당하는 반면, "그 사람이 저

에게 욕을 했습니다."라는 진술은 대화의 재현에 해당하지 않는다. 또한, "그 사람이 저에게 '○○에 가려면 여기에서 어떻게 가야 하니?'라고 물었어요."라는 진술은 대화의 재현에 해당하는 반면, "그 사람이 저에게 길을 물었어요."라는 진술은 대화의 재현에 해당하지 않는다. 대화의 재현은 '세부 표현의 양(③)'과 연관되는 준거다. 다만, 세부 표현의 양이 언급의 '내용'에 관한 문제라면, 대화의 재현은 언급의 '방식'에 관한 문제다. 면담자는 대화의 재현이 있는 부분에서 피면담자의 진술에 개입하지 않아야 한다. 다만, 그 의미를 음미하고 필요에 따라 추가 탐색을 하면 된다. 반면, 면담자는 피면담자가 대화의 내용을 간접적으로 인용하고 있음(예: 욕을 했습니다)을 인식한 때에는 당해 대화를 그대로 진술해줄 것을 요청해야 한다.

⑦ 예기치 않은 사항의 진술은 "사건 당시 경험한 의외의 사건 또는 상황에 관한 언급이 있을 때 인정되는 준거"다. 가령, "운전을 하는데 앞의 차량이 급정거를 해서 사고가 날 뻔했어요.", "사무실에 앉아 있는데 창밖에서 음악 소리가 났어요."라는 진술이 여기에 해당한다. ⑧ 비일상적 세부 표현은 "사건 당시 경험한 특징적 사건 또는 상황에 관한 언급이 있을 때 인정되는 준거"다. 가령, "그 사람의 몸에서 소독약 냄새가 났어요."라는 진술이 여기에 해당한다. 두 준거는 공히 특수한 정보에 관한 언급이 있을 때 인정된다. 다만, 전자는 대체로 진술의 주제 밖에 위치하는 정보에 관한 언급이고, 후자는 대체로 진술의 주제 안에 위치하는 정보에 관한 언급이다. 면담자는 이와 같은 준거가 나타나는 부분에서 피면담자의 진술에 개입하지 않아야 한다. 다만, 그 의미를 음미하고 필요에 따라 추가 탐색을 하면 된다. 가령, 앞의 진술례에서 앞 차량의 급정거, 창밖의 음악 소리, 소독약 냄새 등이 추가 탐색의 대상이 될 수 있을 것이다.

⑨ 가외의 세부 표현은 "주제 내에서 사건의 핵심이 아닌 사건 또는 상황의 언급이 있을 때 인정되는 준거"다. 가령, "그 사람은 알레르기 때문에 달걀을 먹지 못했어요."라는 진술이 여기에 해당한다. 이 준거는 진술의 주제 안에 위치하는 특수 정보에 관한 언급인 '비일상적 세부 표현(⑧)'과 맥을 같이 한다. ⑪ 가외의 관련 사항 진술은 "주제에서 벗어나지만 사건 중에 경험한 것을 진술할 때 인정되는 준거"다. 가령, "그 사람은 자기가 게이라고 말했어요."라는 진술이 여기에 해당한다. 이 준거는 진술의 주제 밖에 위치하는

특수 정보에 관한 언급인 '예기치 않은 사항의 진술(⑦)'과 맥을 같이 한다. 반면, 두 준거는 SCAN의 '중요하지 않은 정보의 언급'과는 다른 의미를 갖는다. 여기에서 특수 정보는 '지엽적'인 것일 수는 있으나 과거 사건의 재구성에 있어 '유용한' 정보일 수 있기 때문이다. 가령, 앞의 면담례에서 '알레르기'나 '게이'라는 정보는 그 사람을 '특정'하거나 그 사람과 피면담자가 대화를 나눈 사실이 있음을 '증명'하는 데 사용될 수 있다. 가외의 정보 언급이 진실의 징후에 해당하는지, 아니면 거짓의 징후에 해당하는지는 다분히 상황의존적이다. 따라서 면담자는 면담의 전체적 맥락 속에서 가외의 정보가 갖는 의미를 음미하고, 필요에 따라 추가 탐색을 해야 한다.

⑩ 이해되지 않는 사항의 진술은 "정확히 이해되지 않더라도 경험한 것을 진술할 때 인정되는 준거"다. 아동은 성인의 행동을 모두 이해하지 못하고, 일반인은 전문가의 행동을 모두 이해하지 못한다. 그럼에도 불구하고 아동이나 일반인이 온전히 이해하지 못하는 성인 또는 전문가의 행동을 묘사한다면 이 준거가 인정된다. 가령, 아동이 성인의 '신음'을 듣고 "아파하더라구요."라고 진술하거나, 일반인이 '대마초'의 냄새를 맡고 "담배에서 한약 냄새가 나더라구요."라고 진술하는 경우가 여기에 해당한다. 통상 이해되지 않는 사항의 진술은 진실의 징후로 이해되고 있으며, 특히 당해 진술이 맥락 내에 존재하거나 상호작용을 동반하는 경우에는 더욱 그러하다. 따라서 면담자는 진술의 맥락 및 상호작용과의 연계하에서 이해되지 않는 사항에 관한 진술이 갖는 의미를 음미하고, 필요에 따라 추가 탐색을 해야 한다.

⑫ 자신의 정신 상태 진술은 "사건 중에 경험한 자신의 정서 또는 생각에 관한 언급이 있을 때 인정되는 준거"다. 가령, 상대방의 행위에 따른 두려움이나 불쾌함의 언급이 있는 경우, 상대방의 행위에 대응할 또는 상대방의 행위로부터 벗어날 방법의 강구에 대한 언급이 있는 경우 등이 여기에 해당한다. 자신의 정신 상태 진술은 SCAN의 '정서표현의 내용과 위치'와 맥을 같이 한다. 다만, 자신의 정신 상태 진술은 자신의 '정서'에 관한 언급뿐만 아니라 '생각'에 관한 언급도 포함한다는 점에서 그 범위가 좀 더 넓다. 면담자는 자신의 정신 상태 진술이 갖는 의미를 이해하고, 필요에 따라 추가 탐색을 하여야 한다. 특히, 추가 탐색은 정서 또는 생각 자체뿐만 아니라 그러한 정서 또는 생각의 전제가 되는 외부의 객관적 사실과 상황에 대하여도 이루어져야 한다.

⑬ 상대의 정신 상태 진술은 "사건 중에 인식한 상대방이나 제3자의 정서 또는 생각에 관한 언급이 있을 때 인정되는 준거"다. 가령, 자신의 행위에 대한 분노 또는 당혹감의 언급이 있는 경우, 예기치 않은 상황 전개에 따른 고민의 언급이 있는 경우 등이 여기에 해당한다. 상대의 정신 상태 진술은 '세부 표현의 양(③)'이라는 준거가 주관적 대상으로 확장된 것으로 볼 수 있다. 즉, 세부 표현의 양이 일시, 장소, 인물, 사건 등 일화 또는 쟁점의 객관적 구성 요소에 관한 것이라면, 상대의 정신 상태 진술은 인물의 정서, 동기, 생각 등 주관적 구성 요소에 관한 것이다. 면담자는 상대의 정신 상태 진술이 갖는 의미를 이해하고, 필요에 따라 추가 탐색을 하여야 한다. 정서 또는 생각 자체뿐만 아니라 그러한 정서 또는 생각의 전제가 되는 외부의 객관적 사실과 상황이 추가 탐색의 대상이 되어야 함은 자신의 정신 상태 진술의 경우와 같다.

⑭ 자발적 수정은 "면담자의 개입 없이 자발적 수정 또는 보완이 있을 때 인정되는 준거"다. 가령, "두 시쯤이었어요. 아니 더 늦었겠군요. 밖이 어두워지고 있었으니까."라는 진술은 자발적 수정에 해당하고, "커피를 한 잔씩 시켰어요. 생각해보니 조각 케이크도 시켰었네요."라는 진술은 자발적 보완에 해당한다. 자발적 수정은 진술의 수정 또는 보완이라는 유사한 행위를 SCAN의 '자발적 수정'과 다소 다른 관점으로 해석하고 있다. 즉, CBCA는 자발적 수정을 대체로 진실의 징후로 보는 반면, SCAN은 자발적 수정이 갖는 의미를 열어두고 있다. 그러나 정밀하게 살펴보면 양자가 전제하는 수정의 모양새가 다르다는 사실을 알 수 있다. 가령, CBCA가 전제하는 수정은 거짓말을 하는 사람이라면 굳이 수정 또는 보완할 필요가 없는, 즉 오히려 범죄수사, 감사 또는 조사에 유용한 정보를 제공하는 수정인 반면(예: 시각의 정정, 세부 내용의 추가), SCAN이 전제하는 수정은 이와 같은 의미 없이 특정 지점에서 규칙적, 반복적으로 나타나는 수정이다(예: 표현의 정정, 추가 정보 없는 정정). 따라서 면담자는 자발적 수정이 갖는 다양한 의미를 이해하고, 필요에 따라 추가 탐색을 하여야 한다. 특히, CBCA가 전제하는 수정이 있는 경우에는 피면담자의 진술에 개입하지 않아야 하고, SCAN이 전제하는 수정이 있는 경우에도 자연스럽게 해당 부분에 관한 추가 진술을 청취하여야 한다.

⑮ 기억 부족의 시인은 "면담자의 개입 없는 기억 부족의 시인 또는 호소가 있을 때 인정되는 준거"다. 가령, 일화나 쟁점의 일부 시점 또는 구성 요소에 대하여 기억이 나지 않는다는 취지의 진술을 하는 경우가 여기에 해당한다. 기억 부족의 시인은 기억 부족의 시인 또는 호소라는 유사한 행위를 SCAN의 '확신과 기억 부족'과 다소 다른 관점으로 해석하고 있다. 즉, CBCA는 기억 부족의 시인을 대체로 진실의 징후로 보는 반면, SCAN은 확신과 기억의 부족을 일응 거짓의 징후로 보면서도 다른 해석의 가능성을 열어두고 있다. 그러나 CBCA와 SCAN은 공히 기억의 취약성에 따른 기억 부족의 가능성을 전제하고 있다. SCAN이 일화의 특성, 강도, 시점 등을 종합적으로 고려하여 피면담자가 호소하는 확신과 기억의 부족을 해석하고자 하는 것도 이와 같은 이유 때문이다. 요컨대, 기억의 부족은 CBCA의 해석과 같이 진실의 징후로 보아야 하는 경우도 있고, SCAN의 해석과 같이 생략 형태의 거짓말로 보아야 하는 경우도 있다. 따라서 면담자는 기억의 부족을 면담의 전체적 맥락 속에서 해석하고, 필요에 따라 추가 탐색을 하여야 한다.

⑯ 자기 진술에 대한 의심은 "자신의 진술에 대한 의문의 표현이 있을 때 인정되는 준거"다. 가령, "제가 생각해도 이상해요.", "누가 제 말을 믿겠어요."라는 등의 진술이 여기에 해당한다. 자기 진술에 대한 의심은 '진술' 자체에 대한 확신의 부족이라는 점에서 진술의 대상이 되는 '일화 또는 쟁점'에 대한 확신의 부족인 '기억 부족의 시인(⑮)'과 다르다. 가령, "그 사람이 ○○라고 말했는지 정확히 기억나지 않아요."라는 진술은 기억 부족의 시인에 해당하고, "그 사람이 ○○라고 말하다니 저는 지금도 믿어지지 않아요."라는 진술은 자기 진술에 대한 의심에 해당한다. 면담자는 자기 진술에 대한 의심이 갖는 의미를 이해하고, 필요에 따라 추가 탐색을 하여야 한다. 특히, 피면담자가 호소하는 확신의 부족이 '진술' 자체에 대한 것인지, 아니면 진술의 대상이 되는 '일화 또는 쟁점'에 대한 것인지 명확하게 구분한 후 추가 진술을 청취하여야 한다.

⑰ 자책의 표현은 "사건의 발단, 전개 등에 있어 자신의 잘못 또는 실수의 언급이 있을 때 인정되는 준거"다. 자신의 잘못 또는 실수의 언급은 단순히 사실적인 것에서부터 규범적인 것까지 다양할 수 있다. 가령, "그런 사람을 집으로 들이다니 제가 멍청했어요."라는 진술은 전자에 해당하고, "먼저

욕을 한 것은 저의 잘못이에요."라는 진술은 후자에 해당한다. 자책의 표현은 SCAN의 '혐의 부인의 부재'와는 다른 준거다. 혐의 부인의 부재는 핵심 사실관계에 대한 자신의 혐의를 직접적으로 '부인하지 않는' 것인 반면, 자책의 표현은 일부 사실관계에 대한 자신의 잘못을 직접적으로 '시인하는' 것이기 때문이다. 따라서 면담자는 자책의 표현이 갖는 의미를 이해하고, 필요에 따라 추가 탐색을 하여야 한다. 특히, 피면담자의 평가, 즉 잘못 또는 실수라는 해석에 의존하지 않고 중립적으로 해당 부분에 관한 추가 진술을 청취하여야 한다.

⑱ 용서의 표현은 "상대방에 대한 용서 또는 선처의 표현이 있을 때 인정되는 준거"다. 이 준거는 상대방에 대한 용서의 표현이 있거나 또는 적어도 상대방을 비난하지 않을 때 인정된다. 용서의 표현은 가해자에 대한 피해자의 진술 내에서 나타날 때 진실의 징후로 이해되고 있다. 따라서 피해자에 대한 가해자의 진술 내에서 용서의 표현이 나타날 때에는 그 의미를 달리 해석해야 할 필요가 있다. 가령, 피의자가 자신을 고소한 피해자에 대하여 이해 또는 원만한 해결의 의사를 표현하는 경우가 여기에 해당한다. CBCA 분석의 결과를 '면담 및 조사 방향 설정'의 용도로 사용하고자 할 경우에도 재음미가 필요한 부분이다. 따라서 면담자는 피면담자의 규범적 지위에 따라 용서의 표현이 갖는 서로 다른 의미를 음미하고, 필요에 따라 추가 탐색을 하여야 한다. 특히, 피해자에 대한 가해자의 진술 내에서 용서의 표현이 나타날 때에는 자연스럽게 해당 부분에 관한 추가 진술을 청취하여야 한다.

⑲ 행위에 대한 세부 표현은 "어떤 사건의 경험자만 알 수 있는 세부적 묘사가 있을 때 인정되는 준거"다. 가령, 상대방의 은밀한 신체적 특징(예: 허벅지 안쪽의 문신) 또는 행동적 습관(예: 오른손에 시계 착용, 신호대기시 주차브레이크 사용)에 관한 구체적 진술이 있는 경우가 여기에 해당한다. 행위에 대한 세부 표현은 '세부 표현의 양(③)'이라는 준거가 행위의 특수성에 초점화된 것으로 볼 수 있다. 즉, 세부 표현의 양이 일시, 장소, 인물, 사건 등 일화 또는 쟁점의 구성 요소 전반에 관한 것이라면, 행위에 대한 세부 표현은 상대방의 신체적 또는 행동적 특징에 관한 것이다. 다만, 이와 같은 준거는 피면담자와 상대방의 친소관계에 따라 적절히 해석되어야 한다. 면담자는 행위에 대한 세부 표현이 나타나는 부분에서 피면담자의 진술에 개입하지 않아야 한다. 다만,

그 의미를 음미하고 필요에 따라 추가 탐색을 하면 된다. 가령, 앞의 진술례에서 문신의 모양, 시계의 특징, 다른 운전 습관 등이 추가 탐색의 대상이 될 수 있을 것이다.

지금까지 CBCA의 19가지 준거를 살펴보았다. '면담 및 조사 방향 설정'의 목적으로 사용할 경우 CBCA가 범용 진술분석 도구로 기능할 수 있으나, 준거 중 일부는 응용적 관점을 필요로 한다(예: 용서의 표현). 또한, CBCA는 기본적으로 구두 진술 분석용 도구이나, 면담의 결과를 서면화한 진술기록(예: 속기록)을 분석하는 경우를 상정하고 있어, 면담과정에서 실시간으로 각 준거를 적용하는 데에는 일정한 제약이 따르는 것이 사실이다. 가령, '논리적 구조(①)'에서부터 '행위에 관한 세부 표현(⑲)'에 이르는 모든 준거를 염두에 두고 피면담자의 진술을 청취하고 분석하는 일은 지난한 과업이다. 따라서 SCAN의 경우와 마찬가지로 CBCA를 법심리학적 면담방법론의 핵심기술인 청취기법에 접목하기 위해서는 좀 더 간이한 방법의 안내가 필요할 것으로 생각한다. 앞서 SCAN의 13가지 준거를 '변화'의 징후와 '생략'의 징후로 범주화하고, 각각에 관한 '중심 물음'을 제시한 바 있다. CBCA는 19가지 준거를 '일반적 특징', '구체적 내용', '동기에 관한 내용', '행위에 관한 내용'으로 범주화하고 있다. 그러나 CBCA가 채택한 범주를 청취기법에 그대로 적용하기는 어려울 것으로 생각한다. 다른 범주에 속하는 준거들이 서로 연계되어 있는 경우가 있고(예: 세부 표현의 양, 가외의 세부 표현, 행위에 관한 세부 표현), 각 범주의 차원이 동일하지 않으며(예: '일반적 특징'이 상위 범주), 네 가지 범주도 청취기법에 적용하기에는 결코 적은 수가 아니기 때문이다. 따라서 저자는 CBCA 준거를 '충실성'과 '합리적 취약성'으로 대별하여 〈표 20〉과 같이 제안하고자 한다.

표 20 CBCA 준거 간이화(案)

징 후	준 거	물 음
충실성	1. 논리적 구조	• 진술이 조리 있고 논리적인가?
	3. 세부 표현의 양	• 주제 내에서 필요한 정보를 상세하게 설명 또는 묘사하는가?
	4. 맥락 내의 진술	• 진술이 시간, 공간, 일화 등과 연결되어 있는가?
	5. 상호작용의 진술	• 등장인물 간 또는 등장인물과 매체 간 상호작용의 언급이 있는가?
	6. 대화의 재현	• 대화 내용의 직접 인용이 있는가?
	7. 예기치 않은 사항의 진술	• 의외의 사건 또는 상황에 관한 언급이 있는가?
	8. 비일상적 세부 표현	• 특징적 사건 또는 상황에 관한 언급이 있는가?
	9. 가외의 세부 표현	• 주제 내에서 핵심이 아닌 사건 또는 상황에 관한 언급이 있는가?
	10. 이해되지 않는 사항의 진술	• 이해되지 않으나 당시 경험한 것에 관한 진술이 있는가?
	11. 가외의 관련 사항 진술	• 주제에서 벗어나나 당시 경험한 것에 관한 진술이 있는가?
	12. 자신의 정신 상태 진술	• 사건 중 경험한 자신의 정서 또는 경험에 관한 언급이 있는가?
	13. 상대의 정신 상태 진술	• 사건 중 인식한 상대의 정서 또는 경험에 관한 언급이 있는가?
	19. 행위에 관한 세부 표현	• 경험자만 알 수 있는 정보에 관한 진술이 있는가?

〈중심 물음〉
진술이 충실한가? (예: 논리, 상세, 맥락, 상호작용, 재현, 의외 또는 가외, 행위 및 정신 상태)

징 후	준 거	물 음
합리적 취약성	2. 비구조적 진술	• 최초 진술시 연대기적 순서에서 벗어나는 진술이 있는가?
	14. 자발적 수정	• 유용한 또는 의미 있는 자발적 수정이 있는가?
	15. 기억 부족의 시인	• 기억 부족이 일화의 특성, 강도, 시점 등에 비추어 합리적인가?
	16. 자기 진술에 대한 의심	• 자기 진술 자체에 대한 의심의 표현이 있는가?
	17. 자책의 표현	• 자신의 잘못 또는 실수에 관한 언급이 있는가?
	18. 용서의 표현	• 용서의 표현이 피면담자의 규범적 지위에 적합한가?

〈중심 물음〉
진술의 취약성이 합리적 범위 내에 속하는가? (예: 연대기 일탈, 수정, 기억 부족, 의심, 자책, 용서)

〈표 20〉은 CBCA 준거를 '충실성'과 '합리적 취약성'으로 범주화한 후(좌), 두 범주에 해당하는 준거(중) 및 준거의 구체화를 위한 물음(우)을 제시하고 있다. 기본적으로 SCAN 준거의 간이화에 적용했던 방식과 동일하다. 따라서

〈표 20〉은 〈표 18〉과 동일한 방식으로 해석하고 적용하면 된다. 또한, ① 두 가지 '중심 물음'을 유지할 것, ② '핫스폿'에 주목할 것, ③ 진술분석 역량의 강화와 정치화는 후일의 과제로 남겨둘 것, ④ 면담 및 조사 방향 설정의 용도로만 사용할 것, ⑤ 준거나 물음의 점검은 간접적인 방식, 즉 면담 중 추가 진술의 청취 또는 면담 후 사실관계 확인의 방식으로 할 것, ⑥ 다수의 징후가 함께 나타나는 지점에 주목할 것, ⑦ 충실성의 탐지와 합리적 취약성의 탐지는 유기적, 종합적으로 할 것, ⑧ 라포형성 단계에서 확인된 기준선을 적절히 참고할 것 등의 권고 내지는 유의점도 모두 유효하다. 다만, SCAN 준거의 구체화를 위한 물음 및 중심 물음의 경우에는 대체로 '그러하다'라는 판단이 진술의 취약성과 연결되는 반면, CBCA 준거의 구체화를 위한 물음 및 중심 물음의 경우에는 대체로 '그러하지 아니하다'라는 판단이 진술의 취약성과 연결된다는 점에 유의해야 한다. SCAN은 표리관계에 있는 진실과 거짓 중 대체로 후자(취약성)에 초점을 두고 있고, CBCA는 대체로 전자(충실성)에 초점을 두고 있어 발생하는 차이다.

🔨 진술서의 활용

범죄수사, 감사 또는 조사에 관한 면담과정에서 피면담자의 진술은 주로 '문답식' 조서에 기록된다. 실무에서 조서 작성의 주체는 통상 면담자다. 한편, 피면담자의 진술은 '서술식' 진술서에 기록되기도 한다. 진술서 작성의 주체는 피면담자다. 실무에서 진술서는 면담자의 요청에 따라 작성되는 경우도 있고, 피면담자가 자발적으로 작성하여 제출하는 경우도 있다. 그런데 이와 같은 진술서의 활용은 공히 진술서의 '내용적' 기능, 즉 어떤 내용을 알고자 또는 알리고자 하는 목적에 초점을 두고 있다. 여기에서는 진술서의 '방법론적' 기능에 주목하여 그 활용 방법을 제안해 보고자 한다. 진술서의 활용은 질문기법 중 올바른 '질문유형'의 사용, 청취기법 중 '적극적 청취' 및 '진술분석'의 적용을 돕는 유용한 방법이 될 수 있다. 첫째, 면담자는 면담 초기에 "이 사건에 관해 모두 진술해 보세요."라는 개관적 개방형 질문을 하고, 피면담자로 하여금 그 답변을 진술서에 작성하도록 요청할 수 있다. 또한, 면담자는 진술서를 검토한 후 진술서 내에 포함되어 있는 일화 또는 쟁점 하나를 지목하여 "이 부분에 관해 자세히 진술해 보세요."라는 단서 제시 개방형 질문을 하고, 피면담자로 하여금 그 답변을 진술서에 작성하도록 요청할 수 있다. 이와 같은 방법을 사용하면 질문내용과 질문유형의 충돌을 최소화하면서 개방형 질문을 사용할 수 있다. 진술서의 활용이 질문기법 중 올바른 '질문유형'의 사용을 돕는 국면이다. 둘째, 면담자는 피면담자가 작성하여 제출한 진술서를 정독할 수 있다. 이를 통해 면담자는 피면담자의 진술을 충분히 음미하고, 정확히 이해하며, 넉넉히 다음 질문을 구상할 수 있다. 또한, 진술서를 정독하는 모습이 피면담자에게 지지의 메시지가 될 수도 있다. 진술서의 활용이 청취기법 중 '적극적 청취'를 돕는 국면이다. 셋째, 면담자는 진술서에 기재된 진술을 진술분석 도구에 따라 분석할 수 있다. SCAN과 CBCA는 구두 진술을 분석 대상으로 하고 있으나, 서면화된 진술을 분석하는 데 보다 적합한 도구들이다. 또한, 통상의 면담 과정에서 올바른 질문기법 및 적극적 청취에 집중하면서 동시에 진술분석까지 접목하는 것은 인지적으로 어려운 과업이다. 반면, 진술서를 활용하면 피면담자의 진술을 충분히 음미하고, 거기에 진술분석의 준거 또는 준거 구체화를 위한 물음을 여유 있게 적용할 수 있다. 진술서의 활용이 청취기법 중 '진술분석'의 적용을 돕는 국면이다.

인지기반 행동분석

인지기반 행동분석은 정서기반 행동분석의 쇠락과 함께 등장한 행동분석 방법론으로, 1990년대 이후 수행된 Vrij 교수 등의 연구에 뿌리를 두고 있다. 인지기반 행동분석은 정서기반 행동분석의 쇠락을 반면교사하여 각 행동분석 방법 및 준거의 실증적 '효과성' 검증 및 법리적 '타당성' 확보에 주력하였다. 제1장에서는 인지기반 행동분석의 몇몇 방법[59]을 소개하고, 제2장에서는 인지기반 행동분석의 준거[60]를 간략히 소개한 바 있다. 진술분석은 진술의 청취와 분석 국면 중 후자(준거의 적용)에 좀 더 초점을 두고 있는 반면, 행동분석은 진술의 청취와 분석 국면 중 전자(인지적 부하의 유발)에 좀 더 초점을 두고 있다.

---

59 정보수집형 면담방법론을 채택하기, 상세하게 진술하도록 하기, 진단 가능한 단서에 집중하기, 간접적으로 관찰하기, 증거가 있다면 전략적으로 사용하기 등.

60 응답의 길이(양), 응답의 구체성(질), 응답의 속도, 응답 간의 조화도 등.

이는 인지기반 행동분석이 '관찰법'의 대안으로 등장한 '개입법' 중 하나라는 데에서 유래하는 본질적 특성이다. 즉, 인지기반 행동분석의 핵심은 면담과 정에서 효과적으로 그리고 온당하게 인지적 부하를 유발한 후 이에 따르는 반응을 분석하여 면담 및 조사의 방향을 설정하는 데 있다. 지금부터 인지기반 행동분석의 원리, 개입의 방법, 분석의 준거를 하나씩 살펴보기로 하자.

인지기반 행동분석은 "거짓말을 하는 사람은 사실대로 말하는 사람보다 상대적으로 더 큰 인지적 부하를 경험한다", "면담자는 적합한 질문 또는 개입을 통해 피면담자의 인지적 부하를 가중할 수 있다"라는 근본 가정에 입각하고 있으며, 근본 가정의 타당성을 담보하기 위한 몇몇 조건들을 제시하고 있다(Vrij, 2008). 두 가지 근본 가정과 담보 조건의 내용은 다음과 같다. 첫째, 거짓말을 하는 사람이 사실대로 말하는 사람보다 상대적으로 더 큰 인지적 부하를 경험하는 이유는 무엇일까. ① 거짓말을 꾸며내는 것 자체가 인지적 부하를 일으킨다. 사람들이 거짓말을 할 때 조작 형태의 거짓말보다 생략 형태의 거짓말을 더 빈번하게 하는 것도 이 때문이다. 그러나 거짓된 피면담자가 생략 형태의 거짓말만으로 면담에 임하기는 어렵다. 면담자뿐만 아니라 피면담자 스스로도 일련의 진술 중 특정 지점에서 현저한 공백을 느낄 것이기 때문이다. 한 번 거짓말을 꾸며내면 그것이 자신의 다른 진술과 모순되지는 않는지, 다른 정보와 충돌하지는 않는지를 부단히 살펴야 한다. 따라서 거짓말을 하는 사람이 인지적 부하로부터 자유롭기는 매우 어렵다. ② 자신이 진실하게 보이도록 하기 위한 노력이 인지적 부하의 원인이 된다. 진실성을 가장하기 위해서는 스스로의 언행을 통제해야 할 뿐만 아니라, 동시에 상대방의 태도도 관찰해야 한다. 즉, 안팎으로 눈치를 보아야 한다. 범죄수사, 감사 또는 조사에 관한 면담에 임하는 피면담자는 − 소설가와 달리 − 눈치를 보면서 창작을 해야하기 때문에 인지적 부하를 피하기 어렵다. ③ 진실의 침투적 회상이 인지적 부하의 원인이 된다. 제2장에서 학습한 바와 같이 침투적 회상은 "인출하고 싶지 않은 정보가 의사에 반해 인출되는 기억의 취약성"을 말한다. 거짓말을 하는 사람의 머리 속에는 진실한 기억(예: 범행)과 꾸며낸 대본(예: 거짓 알리바이)이 공존하고 있다. 거짓말을 잘 하기 위해서는 후자에 온전히 집중할 수 있어야 한다. 거짓말을 하는 과정에서 자꾸 전자가 떠오르면 그 기억을 억눌러야 하고, 이와 같은 통제 행위가 가외의 인지적 부하를 유발한다. 요컨대, 거짓말은 진실한 기억을 억누르고, 안팎으로 눈치를 살피면서, 그럴법해 보이는 일화를 창작해야 하는 과업이다. 따라서 거짓말은 그 자체로 이미 상당한 인지적 에너지를 요한다.

둘째, 면담자는 어떻게 피면담자의 인지적 부하를 가중할 수 있을까. 면담자가 피면담자의 인지적 부하를 가중하는 방법은 '개입'이고, 면담자의 개입은 통상 '질문' 또는 '요청'의 형태로 이루어진다. 면담자의 질문 또는 요청을 금지하는 나라는 없으며, 다만 범죄수사에 관한 면담의 경우에는 피의자가 수사관의 질문 또는 요청을 거부할 수 있을 뿐이다(예: 진술거부권). 앞서 거짓말은 그 자체로 이미 상당한 인지적 에너지를 요한다고 하였다. ① 면담자가 피면담자의 창작물에 관심을 보이면서 더 듣기를 청한다면 어떻게 되겠는가. 누군가는 면담자의 '관심'을 긍정적 신호로 파악하고 이야기 보따리를 풀어놓을 것이고, 다른 누군가는 면담자의 '요청'을 경계하면서 조심스럽게 이야기를 이어갈 것이다. 피면담자의 특성, 사안과 상황의 특성에 따라 다양한 경우의 수가 존재하겠으나, 거짓말을 하는 경우에 있어 진술의 양은 통제해야 할 정보의 양과 비례한다. 특히, 추가되는 한마디는 단지 독립적으로 더해지는 것이 아니라 자신의 이전 진술과 면담자의 정보(예: 증거)라는 맥락 안에 놓이게 된다. 즉, 지금의 한마디를 기존의 모든 진술 및 정보와 교차점검 해야 한다. 따라서 면담자의 질문과 이에 대한 피면담자의 추가 답변이 거듭될수록 피면담자가 경험하는 인지적 부하는 기하급수적으로 증대된다. ② 한편, 면담자는 피면담자에게 특정한 과업의 수행을 '요청'함으로써 인지적 부하를 가중할 수 있다. 인지기반 행동분석에서 고안한 요청 중에는 실무에서 쉽게 적용할 수 있는 것도 있고(예: 역순 회상, 그림), 그렇지 못한 것도 있다(예: 다른 과업). 역순 회상은 앞서 학습한 인지면담의 '순서 바꾸기'와 동일한 요청이다. 다만, 인지면담에서는 역순 회상을 기억증진의 목적으로, 인지기반 행동분석에서는 이를 진실성 진단의 목적으로 사용한다. 이와 같이 역순 회상은 진실한 사람에 대하여는 기억을 증진하는 기능을 갖는 반면, 거짓된 사람에 대하여는 인지적 부하를 가중하는 기능을 갖는다. 그림 그리기 요청 등도 이와 유사한 기능을 갖는다. 인지적 부하를 가중하는 다양한 개입 방법은 뒤에서 학습하기로 하자.

셋째, 앞의 두 가지 근본 가정이 타당하기 위해서는 어떤 조건들이 충족되어야 할까. ① 피면담자에게 신뢰를 받고자 하는 동기가 있어야 한다. 만약 피면담자에게 이와 같은 동기가 없다면, 안팎으로 눈치를 살피며 그럴법해 보이는 일화를 창작하려고 하지 않을 것이기 때문이다. 또한, 면담자의 질문이나 요청이 갖는 의미를 파악할 필요성과 현재의 한마디를 기존의 모든 진술 및 정보와 교차점검할 필요성도 현저하게 줄어든다. 이와 같이 신뢰를 받고자 하는 동기는 두 가지 근본 가정을 담보해주는 중요한 조건이 된다. 통상 범죄수사, 감사 또는 조사에 임하는 피면담자에게는 일정 수준 이상으로 신뢰를 받고자 하는 동기가 있다. ② 피면담자가 진실을 쉽게 인출할 수 있는 상황이어야 한다. 만약 피면담자가 진실을 쉽게 인출할 수 있는 상황이 아니라면, 진실한 기억을 억누르는 데 인지적 에너지를 쏟지 않아도 될 것이기 때문이다. 특히, 진실을 쉽게 인출할 수 없는 상황이라면(예: 오랜 시간의 경과), 진실한 피면담자와 거짓된 피면담자 공히 과거를 회상하는 데 일정한 어려움을 겪을 것이므로, 인지기반 행동분석의 적용 및 그 결과의 해석에 제약이 따른다. 앞의 두 가지 조건이 갖추어졌을 때 거짓말과 인지적 부하의 관계는 상당한 정도로 검증되었다(Caso et al., 2005; Granhag & Strömwall, 2002). ③ 정보수집형 면담방법론이 사용되어야 한다. 설득추궁형 면담방법론은 부정적 정서를 가중하는 효과는 큰 반면, 인지적 부하를 가중하는 효과는 적다. 가령, "우리가 수사한 바에 의하면 당신이 범인임에 틀림없습니다(REID 테크닉 신문의 1단계). 이번이 처음인가요? 아니면 이전에도 그런 적이 있나요(REID 테크닉 신문의 7단계)?"라는 질문으로 정서적 불안이나 불편을 줄 수는 있겠으나, 인지적 부하를 주기는 어렵다. 한편, Vrij 교수는 정보수집형 면담방법론을 통해 더 많은 언어적, 비언어적 단서를 도출할 수 있는 점, 다른 증거와 대조할 사실적 정보를 얻을 수 있는 점, 허위자백을 방지할 수 있는 점 등을 정보수집형 면담방법론 권장의 이유로 제시한 바 있다(Vrij, 2008). 이제 인지적 부하를 가중하는 개입의 구체적 방법을 알아보자. 먼저, Vrij 교수는 〈표 21〉과 같이 인지기반 행동분석에 관한 17가지 기준을 제시하였다.

표 21　인지기반 행동분석의 기준

구분	기준	설명
관찰 기준	1. 유연한 결정 규칙 적용하기	• 거짓과 고정적으로 연관되는 징후는 없다 • 참인 명제의 역명제가 언제나 참인 것은 아니다.
	2. 정서, 인지, 통제에 주목하기	• 거짓은 정서적, 인지적 징후를 유발한다. • 두 징후에 대한 통제도 새로운 징후를 유발한다.
	3. 대안적 설명 고려하기	• 하나의 징후와 연관되는 심리적 원인이 다양하다. • 거짓 이외의 심리적 원인을 고려할 필요가 있다.
	4. 의심 드러내지 않기	• 의심은 면담자의 불가피한 경향이자 역량이다. • 의심의 노출은 다양한 부작용을 야기한다.
	5. 속단하지 않기	• 의심이 속단으로 이어져서는 안 된다. • 의심은 가능한 모든 정보에 의해 점검되어야 한다.
	6. 진단 가능한 단서에 주목하기	• 거짓과 연관되는 것으로 이해되는 징후 중에는 거짓과의 연관성이 검증되지 않은 것이 많다. • 과학적으로 검증된 징후에 주목해야 한다.
	7. 언어적, 비언어적 단서에 주목하기	• 다양한 징후를 종합적으로 고려해야 한다. • 양자를 모두 관찰하고 양자 간 차이에 주목해야 한다.
	8. 유사한 상황하에서의 변화에 주목하기	• 기준선에서 벗어나는 지점에 주목해야 한다. • 개인 간 차이와 개인 내 차이가 고려되어야 한다.
	9. 간접적 탐지 적용하기	• 진실성을 직접 평가하려는 시도는 효과가 낮다. • 징후를 살피는 간접적 평가의 효과가 더 높다.
	10. 정보수집형 면담 사용하기	• 언어적, 비언어적 단서를 더 많이 얻을 수 있다. • 사실적 정보를 얻을 수 있다.
	11. 첫 면담에 주력하기	• 거듭된 면담은 기억과 거짓말 전략에 영향을 준다. • 질문과 청취 기법 모두 첫 면담에서 가장 효과적이다.
	12. 사실적 증거 숙지하기	• 증거의 유무뿐만 아니라 내용까지 숙지해야 한다. • 면담 전략 및 진술 평가의 출발점이 된다.
탐지 기준	13. 반복 요청하기	• 반복은 거짓말의 취약성을 도드라지게 한다. • 암시적 성격을 띠는 '반복질문'이 되어서는 안 된다.
	14. 상술 요청하기	• 상술은 거짓말의 취약성을 도드라지게 한다. • 상술 요청은 일종의 '딜레마'를 유발한다.
	15. 시간에 관한 질문하기	• 숨겨진 거짓말 중 시간을 속이는 거짓말에 효과적이다. • 시간에 관한 질문은 면담의 후반부에 해야 한다.
	16. 인지적 부하 가중하기	• 질문 또는 요청으로 인지적 부하를 가중할 수 있다. • 다양한 방법 중 실무적 적용 가능성을 검토해야 한다.
	17. 전략적으로 증거 사용하기	• 현재적 증거가 있으면 전략적으로 사용해야 한다. • 인지적 부하와 딜레마를 유발할 수 있다.

출처: Vrij, A. (2008). *Detecting Lies and Deceit: Pitfalls and Opportunities(2nd Ed)*. West Sussex, England: John Wiley & Sons, pp. 393-415. 저자가 내용 일부를 수정·보완하고 편집하였음.

① 유연한 결정 규칙 적용하기는 "거짓과 고정적 또는 필연적으로 연관되는 단서나 징후가 없음을 유념해야 한다"라는 관찰 기준이다. 이탈리아 동화 피노키오의 주인공인 피노키오는 거짓말을 하면 코가 자라난다(참인 명제). 따라서 피노키오의 코가 자라난다면 피노키오가 거짓말을 하고 있음을 확증할 수 있다(역명제도 참). 그러나 현실에서는 피노키오의 코와 같은 단서가 존재하지 않는다. 가령, 어떤 사람이 거짓말을 할 때 얼굴이 붉어지는 경향이 있다고 가정해 보자(참인 명제). 이 경우 그 사람의 얼굴이 붉어진다면 그가 거짓말을 하고 있음을 확증할 수 있을까(역명제). 그렇지 않다고 생각할 독자가 더 많을 것으로 생각한다. 거짓말을 할 때 얼굴이 붉어지는 '경향'이라는 것 자체가 불완전할 뿐만 아니라, 가사 그러한 경향이 완전하다고 하더라도 그 사람의 얼굴을 붉어지게 하는 '다른 원인'이 얼마든지 있을 수 있기 때문이다. 가령, 수줍음 등의 심리적 요인이나 추운 날씨 등의 물리적 요인이 그 원인이 될 수 있을 것이다. 따라서 면담자는 다양한 단서를 종합적으로 고려하고, 유연한 결정 규칙을 적용해야 한다.

② 정서, 인지, 통제에 주목하기는 "거짓과 연관되는 정서적 징후와 인지적 징후, 그리고 이러한 징후의 누설을 통제하고자 할 때 나타나는 징후를 모두 고려해야 한다"라는 관찰 기준이다. 제2장에서 거짓말의 정서적 효과, 인지적 효과, 양자의 상호작용에 관하여 학습한 바 있다. 사람들은 거짓말을 할 때 정서적 불편과 인지적 어려움을 경험하고, 특히 범죄수사, 감사 또는 조사의 맥락에서 거짓말을 할 때에는 더 높은 수준의 정서적 불편과 인지적 어려움을 경험한다. 인지기반 행동분석은 이와 같은 거짓말의 효과 중 인지적 효과, 즉 인지적 어려움에 주목한다. 그러나 피면담자는 면담자의 개입 없이도 정서적 불편을 느낄 수 있고, 면담자의 인지적 개입(예: 상술 요청)이 피면담자의 정서적 불편을 증대시킬 수도 있다. 따라서 면담자는 인지적 개입에 주력하면서도 또는 직접적으로는 정서적 개입을 하지 않으면서도, 피면담자의 정서적 징후, 인지적 징후 및 통제의 징후 모두에 주목해야 한다.

③ 대안적 설명 고려하기는 "어떤 징후가 거짓 이외의 다른 원인과 연관될 가능성을 염두에 두어야 한다"라는 관찰 기준이다. 앞서 거짓과 고정적으로 연관되는 징후가 없다는 사실, 참인 명제의 역명제가 언제나 참인 것을 아니라는 사실 등을 설명한 바 있다. 대안적 설명 고려하기는 유연한 결정 규칙

적용하기의 구체화로 볼 수 있다. 가령, '면담이라는 생소한 상황이 피면담자에게 정서적 불편을 주고 있는 것은 아닌가', '사건 당시 충분히 주의를 기울이지 않았던 관계로 회상에 어려움을 겪고 있는 것은 아닌가', '이 사건과 무관하게 진술을 하기 곤란한 사정이 있는 것은 아닌가(예: 무단외출 중의 교통사고)' 등의 대안적 설명을 고려해 볼 수 있을 것이다. 실무에서 면담자가 가능한 모든 대안적 설명을 고려할 수는 없겠으나, 대안적 설명을 충실히 고려할수록 속단과 오판의 여지가 줄어들게 된다.

④ 의심 드러내지 않기는 "의심을 하되 상대방에게 의심을 드러내지 않아야 한다"라는 관찰 기준이다. 맹수가 달려들 때 타조가 땅에 머리를 박듯이 사람도 위험하거나 부정적인 정보를 애써 무시하려는 경향을 가지고 있다. 이와 같은 경향을 '타조 효과(ostrich effect)'라고 부르는데, 타조 효과는 거짓탐지를 실패로 이끄는 주요 요인 중 하나로 이해되고 있다. 따라서 적정한 수준의 의심은 오히려 면담자가 지녀야 할 덕목으로 볼 수도 있다. 그러나 면담자는 피면담자에게 의심을 드러내지 않아야 한다. 의심의 신호는 피면담자의 기억과 거짓말 전략에 영향을 줄 수 있기 때문이다. 따라서 면담자는 적정한 수준의 의심을 유지하되, 피면담자가 면담자의 의심을 눈치채지 못하도록 각별히 유의해야 한다. 단지 태도나 표정을 관리하는 것만으로는 이와 같은 기준을 충족하기 어렵고, 반드시 올바른 질문유형과 질문방식의 사용이 병행되어야 한다.

⑤ 속단하지 않기는 "하나의 또는 일회적 징후를 바탕으로 진실성을 평가해서는 안 된다"라는 관찰 기준이다. 셰익스피어의 희곡 오셀로의 주인공인 오셀로는 의처증으로 망상에 시달리다가 결국 아내를 죽이고 자살을 한다. 현실에서도 이와 같은 경향을 가진 사람들이 있는데, 이를 '오셀로 증후군(othello syndrome)'이라고 부른다. 오셀로 증후군은 타조 효과의 대척점에서 거짓탐지를 실패로 이끄는 요인으로 이해되고 있다. 즉, 의심의 수준은 너무 낮아도 문제가 되고 너무 높아도 문제가 된다. 의심이 속단으로 이어지는 것을 방지하기 위해서는 의심을 가능한 모든 정보에 따라 점검해야 한다. 앞서 주문한 유연한 결정 규칙 적용하기, 대안적 설명 고려하기 등의 기준을 준수함과 더불어 올바른 질문기법 및 청취기법을 사용함으로써 오셀로 증후군에 빠지는 일을 방지할 수 있을 것으로 생각한다.

⑥ 진단 가능한 단서에 주목하기는 "거짓과 연관되는 것으로 검증된 징후에 주목해야 한다"라는 관찰 기준이다. 사람들은 통상 시선 회피를 거짓의 징후로 생각한다. 제1장에서 살펴본 REID 테크닉도 이와 같은 관점을 취하고 있다. 가령, REID 테크닉에서는 시선 회피나 시선 내리기를 심리적 위축 또는 체념의 신호로 평가한다. 그러나 시선의 회피를 오히려 진실의 징후로 평가해야 할 경우도 있다. 가령, 제2장에서 살펴본 인지면담에 의하면 일정 수준 이상의 기억이나 생각을 필요로 하는 질문을 받은 사람은 통상 질문을 한 사람과의 시선 접촉을 잠시 끊는다. 이것은 그 사람이 회상을 위해 노력하고 있다는 신호, 즉 진실의 징후다. 이와 같이 시선 회피는 대척점에 위치하는 서로 다른 심리의 흡사한 표현형일 수 있다. 따라서 면담자는 유연한 결정 규칙에 따라 대안적 설명을 고려하면서 과학적으로 검증된 징후에 주목해야 한다. 응답의 길이(양), 응답의 구체성(질), 응답의 속도, 응답 간의 조화도 등이 진단 가능한 단서의 대표적 예다. 뒤에서 상세히 살펴볼 것이다.

⑦ 언어적, 비언어적 단서에 주목하기는 "언어적 단서와 비언어적 단서를 모두 고려하고, 양자 간의 불일치에도 주목해야 한다"라는 관찰 기준이다. 응답의 길이(양), 응답의 구체성(질), 응답의 속도, 응답 간의 조화도 등은 언어적 또는 준언어적 단서에 해당하고, 표정, 손짓, 동작 등은 비언어적 단서에 해당한다. 언어적 단서와 비언어적 단서는 각각을 독립적으로 관찰해도 되고, 양자를 연계하여 관찰해도 된다. 그러나 관련 연구에 의하면, 동시에 여러 개의 비언어적 단서에 주목하는 것보다 하나의 비언어적 단서를 언어적 단서와 연계하여 관찰하는 것이 더 효과적인 것으로 확인되었다(Caso et al., 2005). 따라서 면담자는 모든 단서를 빠짐없이 살피려고 하기보다 도드라지는 '핫스폿'에 집중하여 그 징후와 진술 간의 조화를 살펴야 한다. 이와 같은 '선택과 집중'의 원리는 앞서 진술분석 준거의 간이화(案) 부분에서도 강조한 바 있다.

⑧ 유사한 상황하에서의 변화에 주목하기는 "개인 간 차이와 개인 내 차이를 고려하여 설정한 기준선에서 벗어나는 지점에 주목해야 한다"라는 관찰 기준이다. 유사한 상황하에서의 변화를 포착하기 위해서는 우선 피면담자 개인의 언행에 관한 기준선을 설정해야 한다(개인 간 차이 고려). 피면담자 개인의 언행에 관한 기준선은 라포형성 과정을 통해 어느 정도 설정할 수 있다. 다음

으로 본면담과 동일한 수준의 위협 상황(high stake)하에서 기준선을 설정해야 한다. 이것을 '등가의 진실성(comparable truth)' 원리라고 한다. 라포형성 과정을 통한 기준선 설정은 이 조건을 충족하지 못한다. 라포형성 과정에서는 상대적으로 덜 위협적인 대화가 오가기 때문이다. 따라서 면담자는 본면담 단계 중에서 사건 관련성 및 중요성이 동일한 또는 유사한 몇몇 지점 간을 비교하여 차이를 파악해야 한다.

⑨ 간접적 탐지 적용하기는 "거짓말을 하는지에 '직접적'으로 주목하지 말고 거짓과의 연관성이 검증된 징후를 '간접적'으로 살펴야 한다"라는 탐지 기준이다. 가령, '누가 거짓말을 하고 있는가', '어느 부분이 거짓말인가'라는 물음은 직접적 탐지의 예이고, '누구의 진술이 덜 구체적인가', '어느 부분이 덜 구체적인가'라는 물음은 간접적 탐지의 예다. 관련 연구에 의하면, 간접적 탐지의 효과가 직접적 탐지의 효과보다 더 높은 것으로 확인되었다(Landström et al., 2005). 직접적 탐지를 하게 되면 거짓과 연관되는 것으로 이해되는 ─ 그러나 정작 거짓과의 연관성이 검증되지 않은 ─ 다양한 징후에 현혹될 여지가 큰 반면, 간접적 탐지를 하게 되면 오로지 검증된 하나의 징후에만 집중할 수 있기 때문이다. 따라서 면담자는 거짓말을 찾아내기 위해 애쓰기보다 이와 연관되는 단서에 주목해야 한다. 이 기준은 유연한 결정 규칙 적용하기, 속단하지 않기, 진단 가능한 단서에 주목하기 등의 관찰 기준과 밀접하게 연관된다.

⑩ 정보수집형 면담 사용하기는 "인지기반 행동분석은 정보수집형 면담방법론의 보조도구로 접목해야 한다"라는 탐지 기준이다. 제1장과 제2장에서부터 저자가 거듭 강조하였던 기준이다. 이 기준은 인지기반 행동분석을 '정보수집형 면담방법론'에 접목하라는 요청과 '보조도구'로 접목하라는 요청을 포함한다. 정보수집형 면담방법론에의 접목 요청은 단지 설득추궁형 면담방법론의 단점을 고려한 것이 아니라 정보수집형 면담방법론에 따르는 다양한 장점을 고려한 것이다. 또한, 보조도구로의 접목 요청은 거짓말의 역동성, 거짓말 탐지의 한계, 진술증거에 관한 규범적 요구 등을 고려한 것이다. 한편, 이 기준은 개별적 탐지 기준의 차원을 넘어 인지기반 행동분석의 두 가지 근본 가정을 타당화하는 조건 중 하나다. 따라서 면담자는 반드시 다른 핵심기술을 온전히 체득한 후에 인지기반 행동분석을 신중하게 적용해야 한다.

⑪ 첫 면담에 주력하기는 "기억과 사고가 오염되지 않은 상태하에서 면담

및 행동분석을 해야 한다"라는 탐지 기준이다. 이 기준은 '순수한 상태의 진술을 확보하라'라는 SCAN의 유의점과 맥을 같이 한다. 올바른 질문유형과 질문방식의 사용은 기억과 사고의 오염을 어느 정도 방지해 준다. 그러나 면담이 거듭되면 기억과 사고의 오염이 불가피하다. 가령, 피면담자는 수차례의 면담과정을 경험하면서 면담자가 행하는 질문의 내용뿐만 아니라 질문의 패턴에도 익숙해질 수 있다. 따라서 인지기반 행동분석은 정밀하게 설계된 최초의 면담과정에서 이루어져야 한다. 첫 면담에 주력하기는 면담자의 관점에서도 중요한 의미를 갖는다. 면담이 거듭됨에 따라 면담자는 더 많은 정보를 얻게 될 것이지만, 그만큼 더 심증이 강해질 것이기 때문에, 유연한 결정 규칙 적용하기, 대안적 설명 고려하기, 속단하지 않기 등의 관찰 기준을 지키기가 어려워진다.

⑫ 사실적 증거 숙지하기는 "증거의 유무, 내용 및 기능을 정확히 알고 면담 및 행동분석에 임해야 한다"라는 탐지 기준이다. 증거에는 물적 증거뿐만 아니라 진술증거도 포함되고, 제3자의 진술뿐만 아니라 당해 피면담자의 이전 진술도 포함된다. 또한, 면담자는 증거의 존재나 피상뿐만 아니라 구체적 내용 및 사실적, 법리적 의미까지 이해해야 한다. 이와 같은 사항을 모두 숙지했을 때에 비로소 적정한 면담 및 행동분석의 수행이 가능하고, 특히 피면담자의 진술과 사실적 증거 간의 모순을 즉각 인식할 수 있다. 또한, 증거의 구체적 내용 및 사실적, 법리적 의미에 대한 이해는 '현재적 증거 활용'의 전제가 됨과 동시에 '잠재적 증거 활용'의 가늠자가 된다. 사실적 증거의 숙지는 면담과정뿐만 아니라 범죄수사, 감사 또는 조사의 모든 국면에서 기본이 되는 기준이다. 면담자의 증거 활용 방법과 피면담자의 증거에 대한 자각이 면담의 성패에 상당한 영향을 미친다는 점을 고려할 때(Hartwig, 2005; van der Sleen, 2009), 면담자는 반드시 사실적 증거를 숙지하고 면담과정에서 이를 효과적으로 활용하여야 한다.

⑬ 반복 요청하기는 "이전의 진술을 다시 한 번 진술하도록 요청하거나 특정 지점 또는 다른 관점에서 진술하도록 요청"하는 탐지 기준이다. 이전의 진술을 다시 한 번 진술하도록 요청할 때에는 요청이 반복질문이 되지 않도록 각별히 유의해야 한다. 따라서 반복 요청하기는 '앞서 진술한 내용에 대해 좀 더 알고 싶다'라는 메시지와 함께 이루어져야 하고, 경우에 따라서는 이전의

진술과 반복 요청하기 간에 일정한 간극을 둘 필요가 있다. 반복 요청하기는 이전의 진술 중 특정 지점을 다시 한 번 진술하도록 요청하거나 이전의 진술을 다른 관점에서 진술하도록 요청하는 방식으로 할 수도 있다. 가령, 피면담자로부터 오후 2시부터 5시까지 외출, 쇼핑, 세차, 식사, 귀가 등의 행위를 하였다는 진술을 듣고 오후 4시경에 무엇을 했는지를 질문하는 것이 '특정 지점' 반복 요청에 해당하고, 피면담자로부터 자신이 46세라는 진술을 듣고 출생연도 또는 띠를 질문하는 것이 '다른 관점' 반복 요청에 해당한다. 전자의 진술이 거짓말이라면 오후 4시경에 했던 일을 즉시 진술하는 데에, 후자의 진술이 거짓말이라면 출생연도나 띠를 즉시 진술하는 데에 일정한 인지적 어려움을 겪게 될 것이다. 조선 왕의 계보를 '태정태세문단세...'라는 식으로 암기하고 있는 독자들이 있을 것으로 생각한다. 조선의 17대 왕이 누구인지 즉시 대답할 수 있겠는가. 특정 지점 또는 다른 관점에서의 반복 요청은 이와 같이 암기 또는 준비된 진술의 취약성을 고려한 탐지 기준이다. 다만, 면담자는 이러한 요청이 피면담자에게 의심으로 비춰지지 않도록 각별히 유의해야 한다.

⑭ 상술 요청하기는 "이전의 진술 안에 포함된 일화 또는 쟁점에 대하여 보다 상세한 진술을 요청"하는 탐지 기준이다. 상술 요청하기는 인지기반 행동분석의 핵심을 이루는 기준이다. 인지기반 행동분석은 거짓말 탐지 방법론 중 '개입법'에 해당하고, 상세한 진술을 요청하는 것은 인지기반 행동분석의 핵심적 '개입 수단'이기 때문이다. 다소 비약적인 설명을 하자면, 진실에 관한 기억은 영상 파일(.avi)에 유사한 반면, 거짓에 관한 사고는 한글 파일(.hwp)에 유사하기 때문에 후자를 확장(상술)하는 것이 전자를 확장하는 것보다 현저히 더 어렵다. 한편, 상술 요청하기는 예상치 못한 정보 요청하기의 방식으로 이루어질 수도 있다. 가령, 피면담자로부터 고급 레스토랑에 갔다는 진술을 듣고 그날 제공된 에피타이저나 디저트의 종류, 서빙을 한 종업원의 성별 등을 질문하는 것이 예상치 못한 정보 요청하기에 해당한다. 피면담자의 진술이 거짓말이라면 답변을 하는 데에 일정한 인지적 어려움을 겪게 될 것이다. 다만, 이와 같은 요청은 반드시 앞서 학습한 '단서 제시 개방형 질문'에 따라 이루어져야 하며, 요청이 피면담자에게 의심으로 비춰지지 않도록 각별히 유의해야 한다.

⑮ 시간에 관한 질문하기는 "이전 진술의 시점에 관한 진술 또는 시점의 진실성을 확인할 수 있는 진술을 요청"하는 탐지 기준이다. 제2장에서 사람들은 숨겨진 거짓말, 특히 시간을 속이는 거짓말을 애용한다고 하였다. 시간에 관한 질문하기는 이와 같은 거짓말의 특성을 고려한 탐지 기준이다. 가령, 피면담자로부터 구내식당에 갔다는 진술을 듣고 그날의 메뉴, 배식 또는 안내를 한 직원, 이용객의 수 등을 묻는 것은 시간에 관한 질문인 반면, 식당의 구조나 식사 비용 등을 묻는 것은 시간에 관한 질문이 아니다. 피면담자가 특정 시점에 구내식당을 이용한 것이 아니라고 하더라도 후자의 질문에는 쉽게 답변할 수 있는 반면, 전자의 질문에 답변하기는 어렵다. 앞서 예시하였던 레스토랑의 에피타이저나 디저트의 종류, 서빙을 한 종업원의 성별 등에 관한 질문도 시간에 관한 질문이 될 수 있다. 그 레스토랑의 에피타이저, 디저트, 종업원이 언제나 동일하지 않다면 말이다. 한편, 야외 활동에 관한 진술에 대하여는 그 시점의 날씨를 물어보는 것이 시간에 관한 질문이 될 수 있다. 저자는 면담방법론 실습 중 피면담자 역할의 수강자가 '등산'을 거짓말의 주제로 삼았는데, 면담자 역할의 수강자가 그날 '비'가 많이 왔음을 지적하고 설명을 요구하는 것을 목격한 바 있다. 특히, 오래전에 있었던 일에 관하여 거짓말을 할 때에는 그날의 날씨까지 고려하기가 매우 어려울 것으로 생각한다. 다만, 시간에 관한 질문은 가급적 면담의 후반부에 하여야 하며, 질문이 피면담자의 진술을 위축시키지 않도록 각별히 유의해야 한다.

⑯ 인지적 부하 가중하기는 "적합한 질문 또는 요청으로 인지적 부하를 증대시켜야 한다"라는 탐지 기준이다. 앞서 살펴본 정보수집형 면담 사용하기, 사실적 증거의 활용, 반복 요청하기, 상술 요청하기, 시간에 관한 질문하기 등이 모두 인지적 부하 가중하기의 예가 된다. 이와 같이 인지적 부하 가중하기는 개별적 탐지 기준의 차원을 넘어 인지기반 행동분석의 총론이자 요체라고 할 수 있다. Vrij 교수는 앞서 살펴본 방법 외에도 다양한 방법들을 연구하여 제안한 바 있다. 그 중에는 실무에서 쉽게 적용할 수 있는 것과 그렇지 못한 것이 혼재되어 있는데, 여기에서는 이론과 실제를 모두 학습하는 차원에서 방법 전반을 개관해 보기로 하자. Vrij 교수가 제안한 방법은 〈표 22〉와 같다.

표 22   인지적 부하를 증대시키는 방법

구분	방법	설명
직접 가중	1. 역순 회상 요청하기	• 기본적으로 역순 회상은 연대기 순의 회상보다 어렵다. • 거짓의 역순 회상은 진실(사실)의 역순 회상보다 더 어렵다.
	2. 진술잇기 요청하기	• 집합면담의 경우 피면담자 간에 역할분담이 있을 수 있다. • 역할교대 요청을 통해 인지적 부하를 증대할 수 있다.
	3. 다른 과업의 수행 요청하기	• 멀티태스킹에는 더 많은 인지적 에너지가 필요하다. • 통상 덜 중요한 과업에서 저조한 수행이 나타난다.
진술 독려	4. 상세한 진술의 표준 제시하기	• 피면담자는 어느 정도 상세히 진술할지 모르는 경우가 많다. • 표준의 제공이 기준 및 인지적 부하 증대의 원인이 될 수 있다.
	5. 그림 활용하기	• 그림은 진술의 다른 '형식'이 될 수 있다. • 진실한 사람과 거짓된 사람의 그림 간에는 일정한 차이가 있다.
	6. 지지적 면담자 활용하기	• 지지적 면담자는 피면담자의 진술량을 증대하는 기능을 한다. • 진실한 사람과 거짓된 사람 간에 증대 효과의 차이가 있다.
	7. 피면담자 흉내내기	• 흉내내기는 라포형성 방법 중 하나로 진술량을 증대해 준다. • 진실한 사람과 거짓된 사람 간에 증대 효과의 차이가 있다.
특수 정보 요청	8. 예상치 못한 질문하기	• 예상치 못한 질문은 인지적 부하를 유발한다. • 예상치 못한 질문은 일반적 질문에 뒤이어 하는 것이 좋다.
	9. 다른 형식으로 두 번 질문하기	• 거짓에 관한 사고에는 오감이 모두 포함되어 있지 않다. • 진술하는 감각(시각)과 다른 감각(청각)을 물어볼 필요가 있다.
	10. 증명 가능한 사항 질문하기	• 증명 가능한 사항에 대한 질문은 인지적 부하를 유발한다. • 청취한 진술을 다른 진술뿐만 아니라 증거와도 비교할 수 있다.

출처: 이형근 (2018). 수사면담기법론. 아산: 경찰대학, pp. 313-319. 2014. 1. 9. Vrij 교수의 방한 특강
을 저자가 요약·정리하였음.

ⓐ 역순 회상 요청하기는 "이전의 진술을 연대기의 역순으로 진술하도록
요청"하는 직접적 가중 방법이다. 앞서 설명한 바와 같이 역순 회상 요청하기
는 진실한 사람에 대하여는 기억을 증진하는 기능을 갖는 반면, 거짓된 사람
에 대하여는 인지적 부하를 가중하는 기능을 갖는다. 따라서 이 방법은 피면
담자의 진실성이 의심되지 않는 경우에도 얼마든지 적용할 수 있다. 다만, 피
면담자가 역순 회상 요청을 놀이의 일종으로 생각하거나 자신을 테스트하기
위한 도구로 생각하지 않도록 유의해야 한다. ⓑ 진술잇기 요청하기는 "집합
면담에서 피면담자들이 일정한 분량씩 진술을 분담하도록 요청"하는 직접적
가중 방법이다. 집합면담은 두 명 이상의 피면담자가 참여하는 면담 중 대질

면담이 아닌 것을 말한다. 즉, 동일한 피해를 경험한 복수의 피해자나 동일한 사건을 목격한 복수의 목격자에 대한 면담과정에서는 이 방법을 적용할 수 있으나, 서로 상반된 주장을 하는 피해자와 가해자에 대한 면담과정에서는 이 방법을 적용할 수 없다. 진술잇기 요청은 A가 일정 분량을 진술하면 B로 하여금 그 다음 부분을 진술하도록 하고, B가 일정 분량을 진술하면 다시 A로 하여금 그 다음 부분을 진술하도록 하는 방식으로 하면 된다. 진실한 피면담자가 거짓된 피면담자보다 다른 피면담자의 진술에 더 많이 개입하여 수정 및 보완을 하는 경향이 있다. ⓒ 다른 과업의 수행 요청하기는 "면담과정에서 질문에 답변하면서 동시에 중립적인 다른 과업(예: 산수문제 풀기)을 수행하도록 요청"하는 직접적 가중 방법이다. 범죄수사, 감사 또는 조사에 관한 면담의 맥락에서는 면담자의 질문에 답변하는 것이 더 중요한 일이기 때문에 통상 피면담자는 중립적인 다른 과업의 수행에 어려움을 겪게 되고, 거짓된 피면담자가 겪게 되는 인지적 어려움이 진실한 피면담자가 겪게 되는 인지적 어려움보다 상대적으로 더 크다. 다만, 이 방법에는 법리적 문제, 실무적 적용 가능성 등의 제약이 따를 것으로 생각한다. 이론과 원리를 학습하는 차원에서 참고하기로 하자.

ⓓ 상세한 진술의 표준 제시하기는 "다른 사안에 관한 다른 또는 모의 피면담자의 상세한 진술례(예: 진술서)를 제시함으로써 상술을 요청"하는 진술 독려 방법이다. 범죄수사, 감사 또는 조사에 관한 면담에 임하는 피면담자들은 통상 면담과정에서 얼마나 상세하게 진술해야 하는지를 모르는 경우가 많다. 상세한 진술의 표준 제시하기는 이와 같은 피면담자들에게 진술에 요구되는 상세성의 수준을 알려주는 기능을 한다. 따라서 이 방법은 뒤에서 학습할 면담규칙 중 '최대한 자세히'라는 규칙과 연관된다. 상세한 진술의 표준을 제공받은 피면담자들은 통상 이러한 표준을 제공받지 못한 피면담자들보다 더 상세하게 진술하는 경향이 있다. 다만, 거짓된 피면담자의 경우에는 이와 같은 경향이 나타나지 않거나 적게 나타난다. ⓔ 그림 활용하기는 "이전의 진술에 관한 그림을 그려보도록 요청"하는 진술 독려 방법이다. 이때 진술과 그림은 동일한 '내용'에 관한 상이한 표현 '형식'이 된다. 거짓에 관한 사고는 한글 파일에 유사하기 때문에 이를 이미지 파일로 전환하기가 어렵다. 이와 같은 요청을 받았을 때 진실한 피면담자는 등장인물을 포함하여 목

격 지점에서 본 장면을 그리는 경향이 있는 반면, 거짓된 피면담자는 등장인물 없이 위에서 본 장면(예: 약도, 구조도)을 그리는 경향이 있다. ⓕ 지지적 면담자 활용하기는 "주된 면담자 이외의 면담자가 면담과정에 참여하여 피면담자에게 지지적 태도(예: 고개 끄덕임)를 보여주는 방식"의 진술 독려 방법이다. 앞서 집중, 이해, 지지, 요약으로 구성되는 적극적 청취가 진술의 양을 증대하는 효과를 갖는다는 사실을 학습한 바 있다. 따라서 지지적 면담자 활용하기는 피면담자에게 지지의 메시지를 보낼 사람을 더 참여하도록 함으로써 진술의 양을 더 증대시키고자 하는 시도다. 그러나 거짓된 피면담자의 경우에는 지지적 면담자의 참여에 따른 진술량의 증대가 없거나 적다. 부담스러운 감시자가 한 명 더 늘었다고 생각할 가능성이 높기 때문이다. 이 경우 진실한 피면담자는 주된 면담자와 참여 면담자를 번갈아 응시하는 경향이 있는 반면, 거짓된 피면담자는 주된 면담자만을 응시하는 경향이 있다. ⓖ 피면담자 흉내내기는 "피면담자의 표정, 손짓, 동작 등을 자연스럽게 따라하는 방식"의 진술 독려 방법이다. 흉내내기는 주된 면담자가 할 수도 있고 참여 면담자가 할 수도 있다. 이 방법은 뒤에서 학습할 라포형성 방법 중 '미러링(mirroring)'과 연관된다. 따라서 흉내내기는 피면담자의 진술량을 증대하는 효과를 갖는다. 그러나 거짓된 피면담자의 경우에는 흉내내기에 따른 진술량의 증대가 없거나 적다. 거짓된 피면담자에게는 라포가 온전히 형성될 수 있는 정신적 공간이 없기 때문이다. 이 방법을 적용할 때에는 피면담자가 흉내내기를 자신에 대한 조롱 또는 자신을 테스트하기 위한 행동으로 생각하지 않도록 각별히 유의해야 한다.

ⓗ 예상치 못한 질문하기는 "피면담자가 사전에 예상 또는 준비하지 못한 정보나 쟁점을 질문"하는 특수 정보 요청 방법이다. 앞서 상술 요청하기의 방법 중 하나로 예상치 못한 질문하기를 소개한 바 있다(예: 에피타이저, 디저트, 종업원). 예상치 못한 질문은 사안과 상황에 따라 다르겠으나, 통상 '무엇을'과 '왜'에 관한 질문보다 '어떻게'에 관한 질문이 예상치 못한 질문으로 인식되는 경향이 있고, '결과'에 관한 질문보다 '과정'에 관한 질문이 예상치 못한 질문으로 인식되는 경향이 있다. 아울러 면담자는 일반적 질문에 이어 예상치 못한 질문을 함으로써 두 지점 간의 차이를 음미할 기회를 얻을 수 있다. ⓘ 다

른 형식으로 두 번 질문하기는 "동일한 내용을 상이한 형식으로 질문"하는 특수 정보 요청 방법이다. 예상치 못한 질문하기가 특수한 '내용'을 묻는 것이라면, 다른 형식으로 두 번 질문하기는 특정한 '감각'의 탐색을 요청하는 것이다. 제2장에서 본 것은 시각 피질에 저장되고, 들은 것은 청각 피질에 저장된다고 하였다. 즉, 오감을 통해 부호화된 정보는 서로 다른 기억 저장소에 보관된다. 그런데 거짓에 관한 사고는 한글 파일에 유사하기 때문에 오감이 모두 포함되어 있지 않다. 따라서 거짓된 피면담자가 진술한 내용을 다른 감각 정보에 따라 재차 진술하려면 적지 않은 인지적 어려움을 겪게 된다. 앞서 소개한 그림 활용하기도 다른 형식으로 질문하기 방법 중 하나다. ⑯ 증명 가능한 사항 질문하기는 "증명 가능한 일화 또는 쟁점에 관하여 질문"하는 특수 정보 요청 방법이다. 여기에서는 증명 가능성이 정보의 특수성이 된다. 이 방법은 앞서 학습한 잠재적 증거의 활용, 즉 상호작용의 탐지와 연관된다. 증명 가능한 사항에 관한 질문은 인지적 부하를 유발하는 효과를 갖는다. 거짓된 피면담자에 대하여는 그 효과가 더욱 크다. 적극적 진술은 발각의 위험을 높이고 소극적 진술이나 묵비는 의심을 증폭시킬 것이기 때문이다(예: 시소효과). 또한, 증명 가능한 사항에 관한 질문을 통해 청취한 진술은 면담 및 행동분석 국면뿐만 아니라 이후의 사실 확인 국면에서도 유용한 정보가 된다.

⑰ 전략적으로 증거 사용하기는 "면담과정 이전에 확보된 증거, 즉 현재적 증거가 있으면 그 증거를 면담 중 가장 적합한 시점에 제시해야 한다"라는 탐지 기준이다. 이 기준은 앞서 학습한 현재적 증거의 활용 중 전략적 증거 사용(SUE)과 연관된다. 앞서 전략적 증거 사용을 설명할 때에는 진술과 증거의 조합을 통해 증거의 '증명력'을 높이는 측면을 강조하였다. 반면, 인지기반 행동분석에서는 질문(Q), 단서(C), 증거(E)의 각 단계에서 드러나는 피면담자의 인지적 징후에 주목한다. 따라서 면담자는 전략적 증거 사용 방법에 관한 앞서의 학습 내용에 따라 현재적 증거를 사용하면서, 뒤에서 학습할 행동분석의 준거에 따라 피면담자의 행동을 진단하면 된다. 이제 이와 같은 개입에 따라 나타나는 행동을 분석할 준거를 알아보자. 인지기반 행동분석의 준거는 〈표 23〉과 같다.

표 23 인지기반 행동분석의 준거

구 분	준 거	설 명
언어적 행동	1. 응답의 길이(양)	• 원칙적으로 주제 내의 관련성 있는 진술량으로 진단한다. • 다만, 예기치 않은 사항, 가외의 관련 사항 등을 포함하여 진단한다.
	2. 응답의 구체성(질)	• 진술의 세부성, 생략의 징후 등을 고려하여 진단한다. • 일화, 쟁점, 지점 간의 차이 또는 변화에 주목한다.
	3. 응답의 속도	• 다른 조건이 동일하다면 응답의 지체가 없는 진술이 더 충실하다. • 일화, 쟁점, 지점 간의 차이 또는 변화에 주목한다.
	4. 응답 간의 조화	• 원칙적으로 응답 간에 모순이 없는 진술이 더 충실하다. • 다만, 기억의 취약성, 자발적 수정의 가능성 등을 고려한다.
비언어적 행동	5. 표정	• 표정과 진술, 특히 정서 표현과의 조화에 주목한다. • 회상을 위한 노력, 특히 시선의 다의적 의미를 고려한다.
	6. 손짓	• 습관적 손짓, 설명적 손짓, 적응적 손짓 등을 진단한다. • 일화, 쟁점, 지점 간의 차이 또는 변화에 주목한다.
	7. 동작	• 다른 조건이 동일하다면 동작의 경직이 없는 진술이 더 충실하다. • 일화, 쟁점, 지점 간의 차이 또는 변화에 주목한다.

출처: Vrij, A. (2008). *Detecting Lies and Deceit: Pitfalls and Opportunities(2nd Ed).* West Sussex, England: John Wiley & Sons, pp. 379-392. 저자가 주요 내용을 요약하고 부연하였음.

앞서 설명한 바와 같이 인지기반 행동분석은 인지적 부하의 '유발'에 초점을 두고 있기 때문에 분석의 '준거'는 비교적 간이하다. 분석은 기본적으로 개입, 즉 질문 또는 요청에 따르는 피면담자의 언어적 행동과 비언어적 행동의 의미를 해석하는 방식으로 이루어진다. ① 응답의 길이 준거는 반복 요청하기, 상술 요청하기, 역순 회상 요청하기, 진술잇기 요청하기, 예상치 못한 질문하기, 다른 형식으로 질문하기, 증명가능한 사항 질문하기 등의 개입에 따르는 진술의 양을 진단하는 방식으로 적용한다. 기본적으로 주제 내의 관련성 있는 진술량을 고려하되, 예기치 않은 사항에 관한 진술, 가외의 관련 사항에 관한 진술 등을 포함하여 진단해야 한다. 다른 조건이 동일하다면 짧은 진술보다는 긴 진술이 더 충실한 것으로 볼 수 있다. ② 응답의 구체성 준거는 개입에 따르는 진술이 얼마나 구체적이고 상세한지, 그리고 생략의 징후는 없는지 등을 진단하는 방식으로 적용한다. 다른 조건이 동일하다면 추상적인 진술보다는 구체적인 진술이 더 충실한 것으로 볼 수 있다. 이 때 면담자는 각 일화나 쟁점에 관한 응답의 구체성을 개별적으로 진단하기보다 각 지점 간의 차이 또는 변화에 주목해야 한다. ③ 응답의 속도 준거는 개입에 따르는 진술의 속도와 흐름을 진단하는 방식으로 적용한다. 다른 조건이 동일하다면 응답의 지체가 없는 진술이 더 충실한 것으로 볼 수 있다. 이 때 면담자는 피면담자의 언어 습관을 고려하고, 일화, 쟁점 또는 지점 간의 차이나 변화에 주목해야 한다. ④ 응답 간의 조화 준거는 개입에 따르는 진술의 내용과 이전의 진술을 비교하는 방식으로 적용한다. 인지적 부하가 모순을 유발하는 원인이 되므로 다른 조건이 동일하다면 응답 간에 모순이 없는 진술이 더 충실하다. 다만, 면담자는 일화의 특성, 강도 및 시점, 기억의 취약성, 자발적 수정의 가능성 등을 고려해야 한다. 또한, 응답 간의 부조화가 확인되었을 경우 설명요구는 추궁 또는 비난의 방식이 되어서는 안 되며, 당해 일화 또는 쟁점에 관한 진술 청취 종료 시점 또는 면담의 후반부에 하는 것이 바람직하다.

⑤ 표정 준거는 표정과 시선 등이 진술과 조화를 이루는지 살피는 방식으로 적용한다. 표정과 시선은 진술의 원천이 되는 심리, 즉 정서나 인지 상태와 조화를 이룰 때 자연스럽다. 그러나 범죄수사, 감사 또는 조사에 관한 면담에 임하는 피면담자들은 통상 일정 수준의 정서적, 인지적 불편이나 어려움을 경험하기 때문에 다소간의 부조화를 과도하게 평가해서는 안 된다. 앞서 시선의 다의적 의미를 설명한 바 있다. 따라서 면담자는 표정 준거를 참고치 정도로 삼아야 하고, 피면담자의 표정을 단편적으로 해석하려고 하기보다 일화, 쟁점 또는 지점 간의 표정 차이나 변화에 주목해야 한다. ⑥ 손짓 준거는 손짓의 고유한 의미와 손짓과 진술의 조화를 살피는 방식으로 적용한다. 일상에서 특정한 손짓을 습관적, 반복적으로 하는 사람을 볼 수 있다(예: 손마디 꺾기). 습관적 손짓 자체는 특별한 의미가 없는 것이지만, 특정 지점에서만 습관적 손짓이 전혀 이루어지지 않는다면 이는 인지적 부하의 신호가 될 수 있다. 한편, 면담자는 피면담자의 설명적 손짓과 적응적 손짓에 주목해야 한다. 설명적 손짓은 구두 진술을 보완하는 행동인 반면, 적응적 손짓은 구두 진술과 무관한 행동이다. 가령, 몸싸움을 묘사하면서 상대방의 멱살은 잡는 시늉을 하는 것은 설명적 손짓에 해당하고, 어제 있었던 일을 설명하면서 책상을 두드리거나 머리를 긁는 것은 적응적 손짓에 해당한다. 설명적 손짓은 통상 진실의 징후로 이해되는 반면, 적응적 손짓은 그 의미를 일의적으로 단정하기 어렵다. 이 준거를 적용할 때에도 단편적 해석을 지양하고 지점 간의 차이

나 변화에 주목해야 한다. ⑦ 동작 준거는 동작의 완급, 경직의 유무와 정도 등을 살피는 방식으로 적용한다. 다른 조건이 동일하다면 동작의 경직이 없는 진술이 더 충실하다. 그러나 진실한 기억의 회상에 따르는 인지적 부하로 인해 동작의 경직이 나타나는 경우도 얼마든지 있을 수 있기 때문에 이 준거를 적용할 때에도 단편적 해석을 지양하고 지점 간의 차이나 변화에 주목해야 한다.

지금까지 인지기반 행동분석의 원리, 개입의 방법, 분석의 준거를 살펴보았다. 인지기반 행동 분석은 다양한 관찰 기준과 탐지 기준을 제시하고 있으며, 그 중에는 일부 중첩되는 것도 있고 실무적 적용 가능성이 낮은 것도 있다(예: 다른 과업의 수행 요청하기). 또한, 개입과 분석을 병행해야 하기 때문에 피면담자뿐만 아니라 면담자에게도 적지 않은 인지적 부하를 유발할 수 있다. 따라서 진술분석의 경우와 마찬가지로 인지기반 행동분석을 법심리학적 면담 방법론의 핵심기술인 청취기법에 접목하기 위해서는 좀 더 간이한 방법의 안내가 필요할 것으로 생각한다. 인지기반 행동분석의 기준 중 관찰 기준은 독자들 모두가 잘 준수할 것으로 믿고, 여기에서는 인지기반 행동분석의 기준 중 '탐지(개입) 기준'과 '분석 준거'를 중심으로 간이화(案)을 제안해 보고자 한다. 인지기반 행동분석의 간이화(案)은 〈표 24〉와 같다.

표 24   인지기반 행동분석 간이화(案)

구 분		기준/준거	방법/물음
개입	형식	1. 반복 요청하기	• 전부 반복, 특정 지점 반복, 다른 관점 반복
		2. 상술 요청하기	• 단서 제시 개방형 질문, 상세한 진술 표준 제시
		3. 역순 회상 요청하기	• 역순 회상의 기억 증진 기능 설명 후 요청
		4. 다른 형식으로 질문하기	• 다른 감각 탐색 요청, 그림 그리기 요청
	내용	5. 시간에 관한 질문하기	• 메뉴, 종업원, 손님, 날씨 등 가변적 정보 확인
		6. 예상치 못한 질문하기	• 어떻게, 과정 확인
		7. 증명 가능한 사항 질문하기	• 상호작용 확인

〈중심 기준〉
형식적으로 달리 묻거나, (예: 반복, 상술, 역순, 다른 감각)
내용적으로 더 묻는다. (예: 시간, 예상 외, 상호작용)

분석			
	언어	1. 응답의 길이(양)	• 주제 내의 관련성 있는 진술이 양적으로 충분한가?
		2. 응답의 구체성(질)	• 진술이 구체적이고 상세한가?
		3. 응답의 속도	• 진술의 흐름이 자연스럽고 응답의 지체가 없는가?
		4. 응답 간의 조화	• 현재의 진술이 이전의 진술과 조화되는가?
	비언어	5. 표정	• 표정이 진술과 조화되는가?
		6. 손짓	• 설명적 손짓이 있는가? 습관적 손짓의 변화가 없는가?
		7. 동작	• 동작의 경직이 없는가?

〈중심 물음〉
진술이 양적, 질적으로 충실하고 행동(비언어)과 조화되는가? (예: 분량, 구체성, 속도, 조화)

〈표 24〉는 인지기반 행동분석의 내용을 개입 기준과 분석 준거로 대별하고(구분란의 좌), 개입 기준을 형식과 내용으로, 분석 준거를 언어와 비언어로 각각 구분한 후(구분란의 우), 각 범주에 해당하는 기준 또는 준거(중) 및 그 구체적 방법 또는 물음(우)을 제시하고 있다. 기본적으로 진술분석 준거의 간이화에 적용했던 방식과 유사하며, 분석 준거 적용시의 유의점도 진술분석의 경우와 크게 다르지 않다. 중심 기준 또는 중심 물음을 유지할 것, 핫스폿과 다수 징후 발현 지점에 주목할 것, 행동분석 역량의 강화는 후일의 과제로 할 것, 면담 및 조사 방향 설정의 용도로만 사용할 것, 인지적 부하의 점검은 간접적 방식으로 할 것 등이 그것이다. 아울러 개별 물음 및 중심 물음에 대하여 '그러하지 아니하다'라는 판단이 진술의 취약성과 연결되도록 각 물음을 설계하였다.

진술분석과 행동분석의 종합

지금까지 진술분석과 행동분석을 법심리학적 면담방법론의 핵심기술인 청취기법에 접목할 방법을 살펴보았다. 〈표 18〉, 〈표 20〉, 〈표 24〉의 진술분석 및 행동분석의 간이화(案)을 중심으로 접목 방법을 정리하면 〈표 25〉와 같다. 접목 방법을 설명하는 데 적지 않은 지면을 할애하였으나 진술분석과 행동분석의 준거들이 대체로 '충실성'에 관한 것, '변화'에 관한 것, '조화'에 관한 것으로 대별된다는 사실을 알 수 있다. 또한, 준거들 중에 충실성에 관한 것이 가장 많음을 알 수 있다. 따라서 면담자는 청취한 진술의 충실성을 살피는 데 집중하면서, 변화와 조화를 더불어 살펴야 한다.

표 25 진술분석과 행동분석의 접목 방법 요약

구 분		중심 물음	세부 요소
SCAN	변화	언어 규칙에서 벗어난 부분이 있는가?	• 명칭, 호칭, 대명사, 수정, 시제, 연결어
	생략	필요한 정보가 부족하거나, 불필요한 정보가 과다한 부분이 있는가?	• 정서, 확신, 기억, 부인, 소개, 양·질 • 주제 내, 주제 외
CBCA	충실성	진술이 충실한가?	• 논리, 상세, 맥락, 상호작용, 재현 등
	취약성	진술의 취약성이 합리적 범위 내인가?	• 연대기 일탈, 수정, 기억 부족, 의심 등
인지기반 행동분석	언어	진술이 양적, 질적으로 충실한가?	• 분량, 구체성, 속도, 조화
	비언어	*진술이 행동과 조화되는가?*	• *표정, 손짓, 동작*

주. 굵은 선 안은 ❶ '충실성'의 영역, **볼드체**로 표시한 부분은 ❷ '변화'의 영역, *이탤릭체*로 표시한 부분은 ❸ '조화'의 영역.

4. 라포형성 및 면담규칙 설명

본장의 서두에서 법심리학적 면담방법론의 핵심기술을 통상적인 학습의 역순, 즉 '질문기법 – 청취기법 – 라포형성 및 면담규칙 설명' 순으로 살펴보기로 하였다. 이는 질문기법과 청취기법을 온전히 이해해야 라포형성과 면담규칙 실명의 중요싱을 알게 되는 경향이 있음을 고려한 순시 조정이었다. 독자들은 질문기법과 청취기법을 학습하고, 라포형성과 면담규칙 설명의 중요성을 어느 정도 인식하였는가. 지금까지 라포형성과 면담규칙 설명이 언급된 지점들을 되짚어 보면 〈표 26〉과 같다.

표 26 라포형성 및 면담규칙이 언급된 지점

라포형성	면담규칙 설명
(질문기법, 인지면담, 전문성의 원리) 피면담자의 전문성과 취향을 확인할 수 있는 가장 좋은 원천은 직업과 취미에 관한 피면담자의 진술이다. 면담자는 **라포형성** 과정을 통해 피면담자의 직업과 취미를 확인할 수 있다.	**(기억, 기억의 취약성, 아동 진술의 정확성)** 아동의 기억 인출 단계에서 가장 문제 되는 것이 바로 피암시성이다. (중략) 그러나 이와 같은 아동의 경향은 적절한 장치를 통해 상당한 정도로 개선될 수 있다. 그 적절한 장치가 바로 '**면담규칙 설명**', '면담규칙 훈련', '질문유형' 및 '질문방식'의 적정화 등이다.
(청취기법, 적극적 청취, 요약) 적극적 청취는 다음과 같은 중요한 기능을 더 포함하고 있다. 하나는 진술의 양과 질을 증대해주는 기능이고, 다른 하나는 면담 초기에 형성한 라포를 유지해주는 기능이다. 특히, 요약이 갖는 진술 증대 기능과 **라포 형성 및 유지** 기능이 크다.	**(질문기법, 증거의 활용, 전략적 증거 사용)** 면담자는 Q 국면에서 지문이나 가방을 먼저 언급하지 않고, 앞서 학습한 「3 + 2 - 3」의 공식에 따라 사건 당일 ○○ 상점에서 이루어진 피면담자의 모든 행위를 확인해야 한다. 특히, 피면담자에게 '최대한 자세히, 사실대로, 빠짐없이' 진술해야 한다는 **면담규칙**을 설명해주어야 한다.
(청취기법, 진술분석, SCAN) 면담자는 라포형성 과정을 통해 피면담자의 언어 습관을 파악하여, 면담과정에서 등장하는 연결어가 언어 습관에 기인하는 것인지, 아니면 생략의 징후인지를 가늠해야 한다. (중략) 변화와 생략의 탐지는 **라포형성** 단계에서의 확인된 기준선을 적절히 '참고'할 때 타당도를 제고할 수 있다.	**(청취기법, 진술분석, SCAN)** SCAN은 다음과 같이 진술 청취의 유의점을 제시하고 있다. (중략) 둘째, 최대한 자세히 빠짐없이 모두 진술하도록 하라. 앞서 살펴본 적극적 청취와 뒤에서 살펴볼 **면담규칙 설명**을 통해 이와 같은 요구를 일정 수준 이상 충족할 수 있을 것으로 생각한다. 셋째, 진술자에게 기대를 표시하라. (중략) **면담규칙 설명**에 이은 적극적 청취를 통해 이와 같은 요구를 일정 수준 이상 충족할 수 있을 것으로 생각한다.
(청취기법, 진술분석, CBCA) 기본적으로 SCAN 준거의 간이화에 적용했던 방식과 동일하다. 따라서 (중략) **라포형성** 단계에서 확인된 기준선을 적절히 참고할 것 등의 권고 내지는 유의점도 모두 유효하다.	
(청취기법, 행동분석, 관찰 기준) 유사한 상황하에서의 변화를 포착하기 위해서는 우선 피면담자 개인의 언행에 관한 기준선을 설정해야 한다. 피면담자 개인의 언행에 관한 기준선은 **라포형성** 과정을 통해 어느 정도 설정할 수 있다. 다음으로 본면담과 동일한 수준의 위협 상황하에서 기준선을 설정해야 한다. 이것을 '등가의 진실성' 원리라고 한다.	**(청취기법, 진술분석, SCAN)** 불필요한 연결은 "빠짐없이 진술할 경우에 걸맞지 않은 연결어를 사용하는 경우"를 의미한다. SCAN에서는 이러한 연결어 전후에 생략된 정보가 있다고 본다. (중략) 이 준거를 적용할 때에는 다음과 같은 점에 유의해야 한다. 먼저, 피면담자에게 '최대한 자세히, 사실대로, 빠짐없이'라는 **면담규칙**이 충분히 설명되어야 한다.
(청취기법, 행동분석, 진술 독려) 피면담자 흉내내기는 "피면담자의 표정, 손짓, 동작 등을 자연스럽게 따라하는 방식"의 진술 독려 방법이다. 흉내내기는 주된 면담자가 할 수도 있고 참여 면담자가 할 수도 있다. 이 방법은 뒤에서 학습할 **라포형성** 방법 중 '미러링(mirroring)'과 연관된다.	**(청취기법, 행동분석, 진술 독려)** 상세한 진술의 표준 제시하기는 "다른 사안에 관한 다른 또는 모의 피면담자의 상세한 진술례를 제시함으로써 상술을 요청"하는 진술 독려 방법이다. (중략) 이 방법은 뒤에서 학습할 **면담규칙** 중 '최대한 자세히'라는 규칙과 연관된다.

〈표 26〉을 통해 라포형성과 면담규칙 설명이 다른 핵심기술과 깊게 연관될 뿐만 아니라 질문기법 및 청취기법이 온전히 기능하기 위한 전제가 된다는 사실을 알 수 있다. 또한, 라포형성과 면담규칙 설명이 청취기법, 특히 진술분석 및 행동분석과 상대적으로 더 긴밀하게 연관되어 있음을 알 수 있다. 아울러, 라포형성과 면담규칙 설명이 단지 요식행위가 아니라 진술량 증대, 기

준선 파악, 취약성 완화 등의 기능을 갖는 실질적 도구라는 사실을 알 수 있다. 되짚어 보기를 통해 라포형성과 면담규칙 설명의 중요성을 잘 인식하였을 것으로 전제하고, 지금부터 라포형성과 면담규칙 설명의 내용과 방법을 살펴보기로 하자.

1) 라포형성

라포의 기능

라포(rapport)는 통상 "의사소통 참여자 간의 친밀감, 신뢰, 심리적 교류"를 의미한다. 따라서 라포는 기본적으로 정서적 요소에 가깝다. 따라서 과거 사건의 재구성을 목적으로 하는 법심리학적 면담방법론에서 라포라는 요소를 강조하는 이유가 쉽게 이해되지 않을 수도 있을 것 같다. 그러나 라포는 실체적 진실의 발견을 목적으로 하는 기능적 면담에서 다음과 같은 기능을 한다. 첫째, 라포는 피면담자의 진술량을 증대시키는 기능을 한다. 친밀감이 있는 사람 간에 더 많은 대화가 오갈 것이라는 점에서 어렵지 않게 이해되는 기능이다. 다만, 법심리학적 면담방법론의 맥락에서는 라포의 진술량 증대 기능을 좀 더 정밀하게 이해할 필요가 있다. 우선 범죄수사, 감사 또는 조사에 관한 면담에 임하는 피면담자들에게는 통상 면담자로부터 신뢰를 받고자 하는 동기가 있다. 이와 같은 동기는 가급적 양적, 질적으로 풍부한 진술을 하고자 히는 노력으로 연결된다. 그런데 거짓말을 헤야 히는 피면담지의 경우에는 이와 같은 동기가 발각의 위험이라는 요소와 상충하게 된다. 따라서 라포의 진술량 증대 효과는 피면담자의 진실성에 따라 차이가 있다. 그러나 라포는 피면담자의 진실성과 무관하게 진술량 증대의 효과를 갖는다. 즉, 거짓된 피면담자의 경우에도 라포가 없는 상황보다 있는 상황에서, 약한 상황보다 강한 상황에서 더 많은 진술을 하는 경향이 있다. 따라서 면담자는 라포라는 도구를 통해 보다 많은 사실적 정보를 얻을 수 있고, 이 정보를 직접 활용하거나 다른 정보와 종합하여 활용할 수 있다. 라포의 진술량 증대 기능은 국내의 실증 연구를 통해서도 확인된 바 있다. 가령, 라포가 없는 집단보다 라포가 있는 집단이, 짧은 시간 동안 라포를 형성한 집단보다 긴 시간 동안 라포를 형성한 집단이 면담과정에서 더 많은 진술을 하였으며, 이와 같은 집단 간 차이는 진술의 총량뿐만 아니라 정확한 진술의 분량에서도 나타났다(김시업 등, 2013). 요컨대, 라포는 진술의 양을 증대시키는 기능뿐만 아니라 진술의 정확성을 높여주는 기능을 한다.

둘째, 라포는 피면담자의 언행에 관한 기준선을 파악할 수 있도록 해준다. 사람들은 각자의 고유한 화법과 행동방식을 가지고 있다. 어떤 사람은 말솜씨가 유창한 반면, 어떤 사람은 지나치게 과묵할 수 있다. 어떤 사람은 상대방을 빤히 쳐다보는 반면, 어떤 사람은 좀처럼 상대방을 응시하지 않는다. 어떤 문화권에서는 상대방과의 시선 접촉을 금기로 여기기도 한다. 우리나라의 경우에도 과거 어른과 대화를 할 때는 어른의 눈이 아니라 인중에 시선을 두어야 한다고 교육한 바 있다. 라포형성 과정은 이와 같은 피면담자의 개인적 특성을 파악하고, 본격적인 면담과정에서 적용할 기준선을 설정할 기회를 준다. 라포의 기준선 설정 기능은 진술분석 및 행동분석 중 '변화' 준거와 깊게 연관된다. 가령, 라포형성 과정에서 양적, 질적으로 풍부한 진술을 하던 피면담자가 면담과정 중 특정 지점에서 빈약한 진술을 하거나, 라포형성 과정에서 시선 접촉을 유지하던 피면담자가 면담과정 중 특정 지점에서 시선을 다른 곳에 두고 있다면, 이것은 주목을 요하는 변화의 징후다. 그러나 라포형성 과정에서 설정한 기준선은 어디까지나 참고치로만 활용해야 한다. 라포형성 단계에서는 본면담 단계와 같은 수준의 위협 상황이 조성되지 않는 것이 일반적이어서 '등가의 진실성' 원리를 충족하지 못하기 때문이다. 따라서 면담자는 라포형성 단계에서 파악한 '개인 간' 차이, 즉 피면담자의 고유한 특성과 본면담 단계에서 파악한 '개인 내' 차이, 즉 일화, 쟁점 또는 지점 간 차이를 종합하여 기준선을 설정해야 한다.

셋째, 라포는 면담자와 피면담자 간에 질문과 답변의 패턴을 정립할 수 있도록 해준다. 통상 범죄수사, 감사 또는 조사에 관한 면담에 임하는 피면담자들은 범죄, 혐의, 증거 등을 주제로 하는 대화에 익숙하지 못하다. 또한, 이와 같은 '내용적' 생경함은 질문과 답변의 교환이라는 '형식적' 생경함으로 이어질 수도 있다. 한편, 훈련받은 면담자의 경우에도 훈련과정을 통해 정제되지 못한 선천적, 후천적 화법과 행동방식을 가지고 있을 수 있다. 가령, 어떤 면담자는 시종일관 자신이 면담을 주도하는 반면, 어떤 면담자는 거의 전적으로 피면담자에게 진술의 주도권을 내어주기도 한다. 이 책에서 제안하는 법심리학적 면담방법론은 전자보다는 후자에 가까운 역할 설정을 권장하고 있으나, 이와 같은 기준이 온전히 구현되지 못하는 예가 얼마든지 있을 수 있다. 또한, 면담자와 피면담자의 역할에 관한 황금비율은 고정적인 것이 아니라 사안과 상황에 따라 가변적인 것이기 때문에 절대치를 상정하기가 어렵다. 다행히 면담자와 피면담자는 라포형성 과정을 통해 두 사람의 특성, 사안과 상황을 고려한 역할 설정의 기회를 가질 수 있다. 물론 두 사람이 생각하는 황금비율이 상이할 수도 있겠으나, 적어도 이 과정을 통해 다소 간의 조율과 양해가 이루어질 수 있다. 특히, 라포형성 과정을 통해 면담자와 피면담자가 문답의 패턴을 정립함으로써 각자의 고유한 화법이 서로에게 미칠 수 있는 불필요한 영향 또는 오해를 줄일 수 있다.

라포형성 방법

라포형성의 구체적 방법으로 접근하기 쉬운 스타일 갖추기, 적절한 호칭 사용하기, 공통 관심사 다루기, 시선 보내기, 피드백 제공, 요약하기, 미러링, 백트래킹 등이 제안된 바 있다(Centrex, 2004; Collins et al., 2002; Fisher & Geiselman, 1992; Milne & Bull, 1999). ① 접근하기 쉬운 스타일 갖추기는 범죄수사, 감사 또는 조사 업무의 근거가 되는 권한 또는 권위의 장벽을 낮추는 데에서 시작해야 한다. 당해 범죄수사, 감사 또는 조사에 관한 1차적 결정권을 보유한 면담자는 아무런 가치함축적 언행을 하지 않더라도 이미 충분히 권위적이다. 따라서 면담자는 권위의 장벽을 최대한 낮추고 피면담자가 쉽게 진술할 수 있는 태도와 분위기를 견지해야 한다. 다만, 권위의 장벽 낮추기는 면담자의 전문성에 관한 피면담자의 인식을 훼손하지 않는 범위 내에서 이루어져야 한다. 따라서 면담자는 자세나 말투뿐만 아니라 사무환경이나 기기(예: PC, 영상녹화시스템)의 조작과 같이 면담에 수반되는 모든 요소를 꼼꼼하게 살펴야 한다. 저자는 비교적 최근에 두 손가락으로 PC를 다루는 수사관을 목격한 바 있다. 그간 세칭 '독수리 타법'을 사용해 왔으니 어쩌면 그 수사관에게는 그 방식이 더 편할 수 있을 것 같다. 하지만 피해자나 피의자가 그 수사관을 '친근하면서도 전문적이다'라고 인식할 가능성은 높지 않을 것 같다.

② 적절한 호칭 사용하기는 면담과정에서 사용할 서로의 호칭을 조율하는 것이다. 통상 피면담자의 성명을 불러주는 것이 라포형성에 도움이 되는 것으로 알려져 있다(Collins et al., 2002; Fisher & Geiselman, 1992). 그러나 이와 같은 연구의 결과는 우리나라의 문화에 걸맞게 재해석되어야 할 것으로 생각한다. 영미와 달리 우리나라에서는 초면에 성명을 부르는 경우가 드물고, 연장자의 성명을 부르는 경우는 더욱 드물다. 따라서 면담과정에서 사용할 호칭은 평소 불리던 것 또는 희망하는 것 중에서 선택하는 것이 바람직하다. 가령, "면담을 하는 동안 제가 어떻게 불러드리는 게 좋을까요?"라고 물어본 후 피면담자가 희망하는 호칭을 사용하거나, 특별히 희망하는 호칭이 없는 경우에는 "주변 사람들은 보통 어떻게 부르나요?"라고 물어본 후 피면담자가 답변하는 호칭을 사용할 수 있을 것이다. 한편, 피면담자가 사용할 면담자의 호칭도 안내해 주어야 한다. 가령, "면담을 하는 동안 저를 ○○○[61]이라고 부르시면 됩니다."라고 말해주면 된다. 호칭의 조율은 적절한 호칭을 사용하도록 함으로써 면담의 진행을 부드럽게 할 뿐만 아니라, 조율 과정 자체가 신뢰와 존중 형성의 계기가 된다.

③ 공통 관심사 다루기는 면담자와 피면담자에게 공통되는 화제를 다루는 것이다. 가령, 출신 또는 거주 지역, 취미나 특기, 일상 또는 직장에서의 애로점 등이 공통 관심사에 포함될 수 있다. 다만, 공통 관심사 다루기는 작위적인 방식이 아니라 자연스러운 계기로 시작되어야 한다. 가령, 피면담자의 말투를 듣고 "○○○ 출신이세요? 저도 그곳 출신인데요."라고 하는 것은 적절한 방법이 못 된다. 반면, "시골에서 태어나 도시에서 생활하려니 힘드네요."라는 진술을 듣고 "그래요? 저도 시골에서 태어났는데, 고향이 어디십니까?"라는 하는 것은 적절한 방법이 될 수 있다. 또한, 육아나 업무 때문에 약속한 출석 일시보다 늦었다고 양해를 구하는 피면담자와는 육아나 직장사를 공통 관심사로 다룰 수 있을 것이다. 경우에 따라서는 공통 관심사를 찾기가 어려울 수도 있다. 라포를 형성하는 방법에는 다양한 것들이 있기 때문에 무리하게 공통 관심사를 찾으려고 할 필요는 없다. 다만, 사안이 중요하거나 당해 면담이 중요한 의미를 갖는 경우에는 '계획 및 준비' 단계에서 피면담자의 관

---

61 직함 또는 성을 포함한 직함 정도가 자연스러울 것으로 생각한다.

심사에 관한 정보를 미리 수집해 둘 필요가 있다.

④ 시선 보내기는 피면담자에게 경청과 지지의 눈빛을 주는 것이다. 원만한 관계에 있는 두 사람은 통상 서로를 바라보며 대화를 한다. 특히, 질문을 던진 직후에는 어떠한 답변이 돌아오는지에 집중하기 위해 더 적극적으로 시선을 접촉하는 경향이 있다. 다만, 시선 보내기는 면담의 맥락과 잘 조화를 이루어야 한다. 가령, 시종일관 피면담자를 쳐다보거나, 질문을 할 때는 쳐다보고 청취를 할 때는 쳐다보지 않는다면 자연스럽지 못하다. 후자의 상황은 조서를 작성해야 하는 면담과정에서 빈번하게 목격된다. 조서제도가 법심리학적 면담방법론의 온전한 구현을 저해하는 지점 중 하나다. 또한, 일정 수준이상의 기억이나 생각을 필요로 하는 질문에 답변하기 위해 피면담자가 시선접촉을 끊을 때에는 면담자도 잠시 시선을 거두는 것이 좋다. 면담자의 시선이 피면담자의 회상에 방해가 될 수 있기 때문이다.

⑤ 피드백 제공은 피면담자의 주관적, 객관적 진술에 대해 적절히 반응 또는 화답하는 것이다. 피드백은 언어적인 것일 수도 있고 비언어적인 것(예: 고개 끄덕임)일 수도 있다. 피드백 제공은 피면담자의 진술에 대한 '동의'와 다르다. 가령, "제가 왜 조사를 받는지 모르겠어요."라는 진술에 대하여 "그 심정 이해합니다."라고 말하는 것은 피드백 제공에 해당하는 반면, "맞아요. 당신은 혐의가 없어요."라고 말하는 것은 동의가 된다. 피드백 제공은 라포형성 방법의 일환으로 권장되는 요소인 반면, 피면담자의 진술에 대한 동의는 원칙적으로 지양되어야 할 요소다. 피면담자의 진술에 대한 1차적 평가는 면담 단계가 아니라 결과보고서 작성 단계에서 신중하게 이루어져야 하기 때문이다.

⑥ 요약하기는 피면담자의 진술을 그대로 또는 중립적으로 축약하여 들려주는 것이다. 앞서 질문기법에 관한 「3 + 2 − 3」 공식의 구성 요소 중 하나로, 적극적 청취의 구성 요소 중 하나로 '요약'을 학습한 바 있다. 이와 같이 요약은 질문기법, 청취기법, 라포형성 등 법심리학적 면담방법론의 핵심기술을 관통하는 도구다. 특히, 요약은 라포형성 단계에서 '공통 관심사 다루기' 등을 통해 형성한 라포를 면담의 종료 시점까지 유지해주는 기능을 한다. 또한, 요약은 면담의 '주제 내'에서 대화의 '내용'을 소재로 하는 것이기 때문에 적용 범위와 활용도가 상당히 넓다. 반면, '공통 관심사 다루기'는 면담의 주제 외에 속하고, '시선 보내기, 미러링, 백트래킹'은 내용이 아니라 형식(행동)

에 관한 것이어서 폭넓은 적용에 일정한 제약이 따른다. 요컨대, 요약은 적용 범위와 효과의 측면에서 라포형성 방법의 핵심을 이룬다.

　⑦ 미러링(mirroring)은 피면담자의 '행동'을 따라하는 것이다. 가령, 피면담자가 좌로 움직이면 면담자는 우로 움직이고, 피면담자가 왼쪽 얼굴을 만지면 면담자는 오른쪽 얼굴을 만지는 식이다. 미러링은 앞서 학습한 인지기반 행동분석의 '피면담자 흉내내기'와 유사하다. 다만, 라포형성에서는 친밀감 형성을 통한 진술량 증대에 초점을 두고 있는 반면, 인지기반 행동분석에서는 진실성에 따른 진술량 증대의 차이에 초점을 두고 있다는 점에서 차이가 있다. 미러링과 유사한 것으로 백트래킹(backtracking)이라는 방법이 있다. 백트래킹은 피면담자의 '표현'이나 언어 습관을 따라하는 것이다. 단지 표현이나 말투를 따라하는 것이라는 점에서 진술의 '내용'을 들려주는 요약하기와 다르다. 앞서 설명한 바와 같이 미러링과 백트래킹은 내용이 아니라 형식에 관한 것이어서 폭넓은 적용에 일정한 제약이 따른다. 또한, 미러링과 백트래킹을 할 때에는 피면담자가 눈치채지 않도록 각별히 유의해야 한다. 자칫 면담과정이 희화되거나 피면담자가 진술에 집중하지 못할 우려가 있기 때문이다.

　지금까지 라포형성을 위해 활용 가능한 방법들을 살펴보았다. 그 중에는 적용 범위와 활용도가 높은 것도 있었고 그렇지 못한 것도 있었다. 따라서 여기에서는 라포형성의 기본적 체계를 「호칭 정하기 + 중립적 대화 + 요약하기」로 설정하고, 여타 방법은 필요와 상황에 따라 사용할 것을 제안하고자 한다. 중립적 대화는 '공통 관심사 다루기'에 준하는 것으로 면담의 주제와는 무관하면서도 피면담자 개인과는 연관되는 화제에 관한 대화를 말한다. 사안에 따라 '계획 및 준비' 단계에서 미리 화제를 발굴해서 활용할 수도 있고, 일반적인 경우라면 면담에 임하기 위해 출석하는 과정이 유용한 화제가 될 수 있을 것이다. 가령, "출석하는 데 불편함은 없었나요?"(관심의 표현), "대중교통을 이용했다고 했는데, 교통상황은 어땠나요?"(요약 + 넓은 구체적 질문), "버스에서 내린 후 어떻게 이곳까지 왔나요?"(요약 + 넓은 구체적 질문), "잠시 후부터 면담을 시작할 것인데, 불편한 점은 없나요?"(관심의 표현) 순의 대화를 나눌 수 있을 것이다. 라포형성과 관련하여 특히 유념해야 할 점은 면담의 전반부에서 호칭 정하기와 중립적 대화를 통해 형성한 라포를 면담의 종료 시점까지 유지해야 한다는 것인데, 이를 위해서는 적극적 청취, 특히 적절한 요약이 반드시 필요하다.

2) 면담규칙 설명

면담규칙의 기능

면담규칙은 "면담과정에서 피면담자가 준수해야 하거나 피면담자에게 보장되는 실증적 또는 법리적 요청"을 의미한다. 가령, '최대한 자세히, 사실대로, 빠짐없이'라는 규칙은 피면담자가 준수해야 할 실증적 요청에 해당하고, '혐의사실의 요지, 진술거부권 등의 고지'는 피면담자에게 보장되는 법리적 요청에 해당한다. 면담규칙은 피면담자를 구속하지 않는다. 즉, 피면담자는 사실대로 진술하지 않아도 되고, 진술거부권을 행사하지 않아도 된다. 반면, 면담규칙, 특히 법리적 요청은 면담자를 구속한다. 따라서 면담자는 반드시 피면담자에게 혐의사실의 요지와 진술거부권 등을 고지해야 한다.[62] 면담규칙은 실체적 진실의 발견을 목적으로 하는 기능적 면담에서 다음과 같은 기능을 한다. 첫째, 면담규칙은 피면담자의 진술량을 증대시키는 기능을 한다. 면담규칙은 피면담자를 법리적으로 구속하지 않지만, 사실적으로 피면담자의 진술을 독려하는 기능을 갖는다. 앞서 범죄수사, 감사 또는 조사에 관한 면담에 임하는 피면담자들은 범죄, 혐의, 증거 등을 주제로 하는 대화에 익숙하지 못하고, 면담과정에서 얼마나 상세하게 진술해야 하는지를 모르는 경우가 많다고 하였다. 따라서 '최대한 자세히, 사실대로, 빠짐없이'라는 규칙은 면담과정에서 요구되는 진술의 양과 질을 안내하는 간략하고 명료한 메시지가 될 수 있다. 또한, 인지기반 행동분석에서 소개한 '상세한 진술례'는 피면담자에게 보다 구체적인 기준을 안내해줄 것으로 생각한다. 다만, '피면담자에게 사실대로 진술할 것을 요구하는 것이 타당한가'라는 의문이 들 수 있을 것으로 생각한다. 여기에서 '사실대로'라는 규칙은 진술 또는 자백의 강요와 달리, 단지 면담의 목적이 '진실의 구축'에 있음을 알리는 메시지다. 면담규칙 설명과 함께 이루어지는 진술거부권 등의 고지가 '사실대로'라는 규칙의 이와 같은 의

---

62 진술거부권은 헌법상 권리인 반면, 진술거부권을 고지받을 권리는 법률상 권리다(대법원 2014. 1. 16. 선고 2013도5441 판결). 따라서 피면담자에게 진술거부권을 고지해야 하는지 여부는 각 기관을 규율하는 규범(예: 법령, 규칙, 사규)에 따라 다를 수 있다. 그러나 당해 면담이 범죄수사나 재판으로 이어질 경우를 고려하여, 기관 규범이 규율하는 바와 별론으로 피면담자에게 진술거부권 등을 고지하는 것이 바람직할 것으로 생각한다.

미를 방증한다. 따라서 면담자는 '사실대로'라는 규칙의 의미를 올바로 이해하고, 이 규칙을 자백 강요의 도구로 악용해서는 안 된다.

둘째, 면담규칙은 피면담자의 피암시성을 제거 또는 완화해준다. 앞서 사람들은 일정한 수준의 피암시성을 가지고 있으며, 이와 같은 피암시성은 유도질문이나 반복질문에 의해 가중될 수 있다고 하였다. 특히, 아동이나 협조적인 목격자의 경우에는 피암시성의 수준이 상대적으로 더 높다. 이와 같이 피암시성은 피면담자의 특성에서 기인하는 부분도 있고, 면담자의 질문이나 태도에서 기인하는 부분도 있다. 면담규칙, 특히 '사실대로, 자신의 방식대로'라는 규칙은 피암시성 문제를 해소하는 기능을 갖는다. 다만, 아동을 대상으로 하는 면담의 경우에는 '사실대로, 자신의 방식대로'라는 추상적 규칙의 설명만으로는 피암시성 문제를 적절히 해소할 수 없기 때문에 특별하게 설계된 '면담규칙 훈련' 과정을 필요로 한다. 면담규칙 훈련 과정은 아동 면담방법론으로 개발된 NICHD 프로토콜의 핵심 국면 중 하나다. 범죄수사, 감사 또는 조사 업무를 수행하다 보면 아동과 대화를 – 면담에 준하는 대화이든 간략한 의사의 교환이든 – 나누게 될 계기가 종종 있다. 따라서 모든 면담실무자는 면담규칙 훈련의 주요 내용과 방법을 숙지하고 있어야 한다. 뒤에서 상세히 살펴볼 것이다.

셋째, 면담규칙은 진술분석 및 행동분석 결과의 타당도를 높여준다. 앞서 면담규칙 설명이 청취기법, 특히 진술분석 및 행동분석과 상대적으로 더 긴밀하게 연관되어 있음을 확인한 바 있다. 진술분석과 행동분석은 공히 진술의 '충실성'을 진단의 준거로 삼고 있는데, '최대한 자세히, 사실대로, 빠짐없이'라는 규칙의 설명이 누락되면, 면담과정에서 얼마나 상세하게 진술해야 하는지를 모르는 피면담자의 진술이 잘못 해석될 가능성이 있기 때문이다. 즉, 피면담자의 빈약한 진술이 면담규칙의 부지로 인한 것인지, 아니면 거짓말 전략(예: 생략)의 일환인지 가늠하기가 어렵다. 특히, 질문기법 중 전략적 증거 사용을 적용할 때에는 질문(Q) 국면에서 반드시 '빠짐없이'라는 규칙을 설명해야 한다. 질문(Q) 국면에서 '빠짐없이'라는 규칙의 설명이 누락되면, 피면담자가 단서(C) 국면에서 이전의 진술 또는 전략을 수정하거나 증거(E) 국면에서 면담규칙의 부지를 주장할 수 있기 때문이다. 가령, "그렇게 세세한 부분까지 말해야 하는지 정말 몰랐어요."라는 항변을 할 수 있다. 면담자가 활용할 도구는 면담의 흐름에 따라 가변적이다. 따라서 면담자는 각 도구와 면담규칙의 연관성을 숙고하기보다, 면담규칙의 설명을 면담의 '상수', 즉 일종의 '루틴'으로 삼아야 한다.

넷째, 면담규칙은 범죄수사, 감사 또는 조사에 관한 면담에 요구되는 법리적 요청을 충족하도록 해준다. 이는 주로 '혐의사실의 요지, 진술거부권 등의 고지'라는 면담규칙의 법리적 요소와 연관된다. 범죄수사, 감사 또는 조사를 규율하는 규범 중 다수가 이를 담보하기 위한 규정을 두고 있으나, 당해 면담이 범죄수사나 재판으로 이어질 가능성을 고려하면 각 기관의 규범 내에 관련 규정이 있는지와 무관하게 혐의사실의 요지 및 진술거부권 등을 고지하는 것이 바람직할 것으로 생각한다. 먼저, 혐의사실의 요지 고지는 피면담자가 면담과정에서 집중해야 할 주제를 식별할 수 있도록 해줄 뿐만 아니라, 피의자와 같이 혐의를 받고 있는 피면담자의 경우에는 면담과정에서 방어해야 할 쟁점을 식별할 수 있도록 해준다. 즉, 혐의사실의 요지 고지는 안내적 기능과 방어권 보장적 기능을 갖는다. 다음으로, 진술거부권 등의 고지는 면담과정을 통해 확보한 진술의 임의성을 담보해줄 뿐만 아니라 증명력을 높여준다. 고지 후의 진술은 피면담자가 진술을 거부할 수 있음을 알고도 자발적으로 행한 것이기 때문이다. 또한, 진술거부권 등의 고지는 '사실대로'라는 규칙이 진술의 강요로 변질되는 것을 방지해준다. 따라서 면담자는 실증적 차원의 규칙과 더불어 법리적 차원의 규칙설명을 면담의 '루틴'으로 삼아야 한다.

면담규칙 설명 방법

앞서 면담규칙 설명의 핵심이 '최대한 자세히, 사실대로, 빠짐없이'라는 메시지에 있음을 수차례 설명한 바 있다. 또한, 피면담자의 피암시성 문제 해소와 관련하여 '자신의 방식대로'라는 규칙을 소개하고, 면담에 요구되는 법리적 요청과 관련하여 '혐의사실의 요지, 진술거부권 등의 고지'라는 규칙을 소개한 바 있다. 면담규칙을 설명할 때에는 법리적 규칙을 먼저 구현(고지)한 후에 실증적 규칙을 설명해야 한다. 면담자가 실증적 규칙을 설명하는 도중에 피면담자가 혐의사실 또는 정상에 관한 진술을 할 가능성이 있고, 이 경우 당해 진술은 진술거부권 등을 고지하기 전의 진술이므로 법리적 요청을 충족하지 못하는 진술이 될 수 있기 때문이다. 따라서 면담규칙의 설명은 ① 혐의사실의 요지 고지, ② 진술거부권 등의 고지, ③ 최대한 자세히 진술하기 요청, ④ 사실대로 진술하기 요청, ⑤ 빠짐없이 진술하기 요청, ⑥ 자신의 방식대로 진술하기 요청의 순으로 하여야 한다. 아울러 피면담자에게 심리적 안정을 제공하고, 면담과정에 대한 예견 가능성을 보장하는 차원에서 면담규칙 설명과 더불어 ⑦ 면담과정 진행의 개요를 설명해줄 것을 권장한다.

　① 혐의사실의 요지 고지는 "피면담자에게 면담의 전제가 되는 사건 또는 주제의 주요 내용을 알려주는 것"을 의미한다. 범죄수사에 관한 면담의 경우에는 '범죄사실의 요지 고지'가 여기에 해당하고, 감사 또는 조사에 관한 면담의 경우에는 '사건의 요지 고지'가 여기에 해당할 것이다. 피면담자가 고지받게 되는 혐의사실은 규범적 지위에 따라 자신에 행위에 관한 것일 수도 있고(예: 피의자), 타인의 행위에 관한 것일 수도 있다(예: 피해자, 목격자). 혐의사실의 요지 고지와 관련하여 두 가지 유의할 점이 있다. 하나는 '구체적'으로 고지해야 한다는 것이고, 다른 하나는 '출석요구' 단계에서부터 고지해야 한다는 것이다. 먼저, 혐의사실의 요지 고지는 피면담자가 면담의 주제를 식별하는 데, 그리고 혐의를 받고 있는 피면담자가 방어의 쟁점을 식별하는 데 충분한 정도로 구체적이어야 한다. 다만, 범죄수사, 감사 또는 조사에 관한 면담에 있어서는 적절한 수준의 밀행성이 유지되어야 하므로, 고지의 구체성 수준은 밀행성과 조화를 이루는 범위 내에서 설정되어야 한다. 가령, 면담의 전제가 되는 사건의 주체, 일시, 장소, 행위 등은 고지의 대상이 되는 반면, 증거관계는 고지의 대상이 되지 않는다. 다음으로, 혐의사실의 요지 고지는 면담규칙 설명 단계뿐만 아니라 피면담자에게 출석을 요구하는 단계에서도 이루어져야 한다. 그래야 피면담자가 면담에 필요한 심적, 물적 준비를 할 수 있고, 혐의를 받고 있는 피면담자의 경우에는 방어 준비를 충분히 할 수 있기 때문이다. 특히, 피의자에게 출석요구를 할 때에는 수사준칙[63]에 따라 "피의사실의 요지 등 출석요구의 취지를 구체적으로 적은 출석요구서를 발송"하여야 한다. 이와 같이 혐의사실의 요지 고지는 피면담자의 진술을 보다 충실하게 해줄 뿐만 아니라 면담에 요구되는 법리적 요청을 충족하도록 해준다.

63　2020. 10. 7. 제정 대통령령 제31089호.

② 진술거부권 등의 고지는 "피면담자에게 진술거부권 등 관련 규범이 보장하는 권리를 알려주는 것"을 의미한다. 피면담자에게 고지해야 할 권리의 종류와 내용은 기관마다 다를 수 있다. 피의자 신문에 앞서 고지해야 할 사항을 기준으로 설명하자면, 진술거부권과 변호인 조력권이 고지의 대상이 된다. 다만, 수사관은 단지 "진술거부권과 변호인 조력권을 행사할 수 있습니다."라고 고지해서는 안 되고, 형사소송법에 규정된 내용과 방식에 따라 고지하여야 한다. 즉, "일체의 진술을 하지 아니하거나 개개의 질문에 대하여 진술을 하지 아니할 수 있다는 것, 진술을 하지 아니하더라도 불이익을 받지 아니한다는 것, 진술을 거부할 권리를 포기하고 행한 진술은 법정에서 유죄의 증거로 사용될 수 있다는 것, 신문을 받을 때에는 변호인을 참여하게 하는 등 변호인의 조력을 받을 수 있다는 것"을 고지한 후(제244조의3 제1항), 피의자에게 진술을 거부할 권리와 변호인의 조력을 받을 권리를 행사할 것인지의 여부를 질문하여 피의자의 답변을 자필 등으로 조서에 기재하게 하여야 한다(제244조의3 제2항). 피의자가 아닌 피면담자(예: 피해자, 목격자)와의 면담에 있어서는 이와 같은 기준이 적용되지 않는다. 다만, 기관에 따라 피의자가 아닌 피면담자(예: 피혐의자)와의 면담에 있어서도 진술거부권 등을 고지하도록 하는 경우가 있다(예: 검찰사건사무규칙[64] 제43조). 이와 같이 피면담자에게 고지해야 할 권리의 종류와 내용은 기관마다 다를 수 있으나, 당해 면담자의 규범적 지위 및 당해 면담이 범죄수사나 재판으로 이어질 가능성 등을 고려하여 진술거부권 등을 고지하여야 한다.

③ 최대한 자세히 진술하기 요청은 "피면담자에게 구체적이고 상세한 진술을 요청하는 것"을 의미한다. 범죄수사, 감사 또는 조사에 관한 면담에서 그 면담의 전제가 되는 사건을 직접 경험한 사람은 피면담자다(사건의 측면). 반면, 그 면담에서 쟁점이 되는 또는 중요한 정보가 무엇인지에 대한 판단은 피면담자보다 면담자가 더 잘 할 수 있다(면담의 측면). 법심리학적 면담방법론은 '면담'을 통해 과거의 '사건'을 재구성하는 것을 목적으로 하는 바, 재구성의 최적화를 위해서는 면담자와 피면담자의 협업이 필요하다. 따라서 면담자는 피면담자에게 이와 같은 취지를 설명하고, 최대한 구체적이고 상세하게 진

---

64 2021. 1. 1. 전부개정 법무부령 제992호.

술해줄 것을 요청해야 한다. 이와 같은 요청은 "최대한 자세히 진술해 주세요."라고 언급하는 방식으로 할 수도 있고, '상세한 진술례'를 제시하는 방식으로도 할 수 있다. 다만, 거듭 강조한 바와 같이 이 규칙이 진술을 강요하는 도구로 변질되지 않도록 유의해야 한다.

🍴 기억의 부족을 호소하는 경우의 대처법

범죄수사, 감사 또는 조사에 관한 면담을 하다 보면 기억의 부족을 호소하는 피면담자를 빈번하게 접할 수 있다. 가령, 피면담자가 "오래전 일이라 잘 기억이 나지 않아요.", "주의를 기울이지 않아서 정확히 알지 못해요."라고 진술하는 경우가 있다. 이와 같은 기억의 부족 호소에 대처하는 기본적인 방법은 "기억나는 범위에서 최대한 자세히"라는 단서를 붙이는 것이다. 가령, 앞의 답변례에 대하여 "알겠습니다. 그럼 기억나는 범위에서 최대한 자세히 말해보세요."라고 대처할 수 있다. 실무에서는 기억의 부족 호소에 대하여 "그럼 대충이라도 말해보세요."라고 대처하거나, 심지어 추가적인 탐색을 포기하는 경우가 있다. 이와 같은 소극적 대처는 당해 국면뿐만 아니라 면담의 다른 국면에도 부정적 영향을 줄 수 있다. 즉, 피면담자에게 '기억의 부족을 호소하면 자세히 진술하지 않아도 되는구나'라는 인식을 심어주게 된다. 자세히 진술하기 요청은 면담자의 영역이고 기억의 부족은 피면담자의 영역이다. 따라서 면담자는 원칙적으로 질문에 '대충', '대략', '쯤', '간단히' 등의 단어를 사용해서는 안 된다. 이러한 원칙은 피면담자가 기억의 부족을 호소하는 경우뿐만 아니라 면담의 모든 국면에서 지켜져야 한다. 가령, "그때가 대략 몇 시쯤이었지요?"라고 묻기보다 "그때가 정확히 몇 시였나요?"라고 물어야 하고, "그때 나눈 이야기를 간단히 말해보세요."라고 요청하기보다 "그때 나눈 이야기를 최대한 자세히 말해보세요."라고 요청해야 한다. 아울러, 피면담자가 기억의 부족을 호소하는 때에는 반사적으로 "기억나는 범위에서 최대한 자세히 말해보세요."라고 화답해야 한다. 즉, "기억나는 범위에서 최대한 자세히"라는 단서가 피면담자의 기억 부족 호소에 대한 면담자의 루틴이 되어야 한다.

④ 사실대로 진술하기 요청은 "피면담자에게 진실의 구축에 협조해줄 것을 촉구하는 것"을 의미한다. 앞서 피면담자는 사건의 측면에서, 면담자는 면

담의 측면에서 각각 강점을 가지고 있으며, 과거 사건 재구성의 최적화를 위해서는 면담자와 피면담자의 협업이 필요하다고 하였다. 사실대로 진술하기 요청에 있어서도 이와 같은 기준이 그대로 적용된다. 따라서 면담자는 피면담자에게 이와 같은 취지를 설명하고, 기억에 따라 사실대로 진술해줄 것을 요청해야 한다. 이와 같은 요청은 "기억에 따라 사실대로 진술해 주세요."라는 간략한 언급으로 할 수도 있고, "우리 둘 중에서 이 사건을 직접 경험(목격)한 사람은 당신뿐이므로 사실대로 진술해주는 것이 매우 중요합니다."라는 설득적 설명으로 할 수도 있다. 또한, '추정해서 진술하지 않기, 모르는 것은 모른다고 말하기, 질문의 내용을 이해하지 못했을 때에는 다시 또는 쉽게 질문해 달라고 요청하기, 면담자의 질문 또는 언급 중에 잘못된 부분이 있으면 알려주기' 등을 요청함으로써 진실 구축의 기반을 보다 공고히 할 수 있다. 아울러, 면담자는 진술거부권 등을 실질적으로 고지한 후에 사실대로 진술하기 요청을 해야 하며, 이 규칙이 자백을 강요하는 도구로 변질되지 않도록 각별히 유의해야 한다.

⑤ 빠짐없이 진술하기 요청은 "피면담자에게 임의적 생략의 자제를 요청하는 것"을 의미한다. 앞서 범죄수사, 감사 또는 조사에 관한 면담에 임하는 피면담자들은 범죄, 혐의, 증거 등을 주제로 하는 대화에 익숙하지 못하고, 면담과정에서 얼마나 상세하게 진술해야 하는지를 모르는 경우가 많다고 하였다. 또한, 피면담자는 그 면담의 전제가 되는 사건을 직접 경험한 사람이지만, 그 면담에서 쟁점이 되는 또는 중요한 정보가 무엇인지 정확히 모르는 경우가 많다고 하였다. 따라서 면담자는 피면담자에게 이와 같은 취지를 설명하고, 기억에 따라 생략 없이 진술해줄 것을 요청해야 한다. 이와 같은 요청은 "기억에 따라 생략 없이 진술해 주세요."라는 간략한 언급으로 할 수도 있고, "범죄수사(또는 감사, 조사)에서는 일견 사소해 보일 수 있는 정보가 중요한 증거가 될 수 있으므로 빠짐없이 진술해주는 것이 매우 중요합니다."라는 설득적 설명으로 할 수도 있다. 특히, 질문기법 중 전략적 증거 사용을 적용할 때에는 질문(Q) 국면에서 반드시 이 규칙을 설명해야 한다. 또한, 이와 같은 요청이 진술 또는 자백을 강요하는 도구 또는 취지가 되어서는 안 된다는 점은 다른 규칙의 경우와 마찬가지다.

⑥ 자신의 방식대로 진술하기 요청은 "피면담자에게 자신의 언어 습관과

표현 방식 그대로 진술할 것을 요청하는 것"을 의미한다. 앞서 사람들은 각자의 언어 규칙과 화법을 가지고 있다고 하였다. 라포형성 과정을 통해 면담자와 피면담자는 서로의 언어 규칙과 화법을 이해하고 조율 또는 양해할 것이지만, 그렇다고 고유한 언어 규칙과 화법을 완전히 수정하기는 어렵다. 따라서 약간의 조율 또는 양해가 이루어진 범위 이외의 영역에 있어서는 피면담자의 언어 규칙과 화법이 온전히 존중되어야 한다. 언어 규칙과 화법을 수정하기 위한 노력이 피면담자의 기억이나 사고에 부정적 영향을 줄 수 있기 때문이다. 또한, 언어 규칙과 화법이 온전히 구현되어야 피면담자의 진술을 올바르게 진단할 수 있기 때문이다. 따라서 이 규칙은 피면담자를 존중하고 배려하는 차원의 규칙일 뿐만 아니라, 면담과정에서 활용되는 각종 도구 또는 방법의 타당성을 확보하기 위한 조치이기도 하다. 한편, 이 규칙은 법리적 측면에서 면담과정을 통해 확보한 진술의 임의성과 증명력을 높여준다. 다른 조건이 동일하다면 의사결정자가 타인의 언어와 화법으로 이루어진 진술보다 자신의 고유한 언어와 화법으로 이루어진 진술을 더 신뢰할 것이기 때문이다.

⑦ 면담과정 진행의 개요 설명은 "피면담자에게 당해 면담의 절차와 방식에 관한 개관적 설명을 해주는 것"을 의미한다. 대부분의 피면담자는 과거에 범죄수사, 감사 또는 조사에 관한 면담을 경험해보지 못했을 것이다. 따라서 피면담자에게 당해 면담은 미지의 영역이다. 따라서 면담자는 피면담자에게 면담과정의 개요를 설명해주어야 한다. 가사 피면담자가 과거에 유사한 면담을 경험한 사실이 있다고 하더라도, 사안과 상황에 따라 면담과정의 진행에 차이가 있을 수 있으므로 '당해' 면담과정의 개요를 설명해주어야 한다. 이 규칙이 당해 면담을 미지의 영역에서 가지(可知)의 영역으로 전환해주기 때문에 피면담자는 보다 안정된 상태하에서 진술을 할 수 있다. 다만, 피면담자에게 면담의 종료 시점, 예견되는 면담 또는 조사의 결과 등을 언급해서는 안 된다. 면담의 종료 시점은 사안과 진술의 조합을 통해 형성되는 다양한 경우의 수에 따라 유동적이고, 면담 또는 조사의 결과는 거의 언제나 가변적이기 때문이다. 가령, 최초에 안내한 시간보다 더 많은 시간이 소요될 경우 피면담자의 몰입도가 떨어질 가능성이 있고, 최초에 언급한 것과 다른 결과가 도출되었을 경우 불필요한 오해를 살 수 있다. 특히, 결과의 예언은 면담과정뿐만 아니라 범죄수사, 감사 또는 조사의 모든 국면에서 지양해야 할 요소 중 하나다.

지금까지 면담규칙 설명의 구체적 방법과 유의점을 살펴보았다. 이상의 면담규칙을 모두, 그리고 자세히 설명하려면 적지 않은 시간이 소요될 것으로 생각한다. 따라서 여기에서는 면담규칙 설명의 기본적 체계를 「고지 + 요청 + 안내」로 설정하고, 〈표 27〉과 같은 표준 설명문을 제시하고자 한다. 우선 〈표 27〉에 우에 기재된 문구를 천천히 읽어보기 바란다. 진술거부권 등(이 *탤릭체로 표시된 부분*)을 제외하고 읽으면 30초 내외의 시간이 소요되고, 진술거부권 등을 포함하여 읽어도 1분 이상의 시간이 소요되지 않음을 알 수 있을 것이다. 따라서 표준 설명문을 기본으로 하고, 사안과 상황에 따라 앞서 학습한 내용을 적절히 가미하면 될 것으로 생각한다. 특히, 면담의 전반부에서 표준 설명문에 따라 면담규칙을 설명했더라도 면담 도중 적의 지점에서 특정 규칙을 다시 설명할 필요가 있다. 가령, 피면담자가 추상적으로 진술하는 경우에는 '최대한 자세히' 규칙을, 피면담자가 비약적으로 진술하는 경우에는 '빠짐없이' 규칙을 다시 한 번 상기시켜 주어야 한다.

표 27 면담규칙의 표준 설명문

구 분	문 구
고 지	① 20××. ××. ××. △△에서 A가 ㅁㅁ한 사건과 관련하여 귀하*의 진술을 듣고자 합니다. ② *귀하*는 일체의 진술을 하지 아니하거나 개개의 질문에 대하여 진술을 하지 아니할 수 있고, 진술을 하지 아니하더라도 불이익을 받지 아니하며, 진술을 거부할 권리를 포기하고 행한 진술은 법정에서 유죄의 증거로 사용될 수 있고, 변호인을 참여하게 하는 등 변호인의 조력을 받을 수 있습니다.**
요 청	면담과정에서는 ⑥ 귀하*의 표현과 방식에 따라, ③ 최대한 자세히, ④ 사실대로, ⑤ 빠짐없이 진술해 주시기 바랍니다. 아울러 모르는 사항, 이해하지 못한 질문, 잘못된 질문이 있으면 저에게 말씀해주시고, 추정해서 진술하지 않도록 유의해주시기 바랍니다.
안 내	⑦ 이 면담은 귀하*와 제가 대화를 하고 그 내용을 서면(조서)에 기록하는 방식으로 진행될 것이며, 귀하가 경험한 바를 제가 정확하게 이해하고 쟁점이 되는 정보가 모두 확인되었을 때 종료될 것입니다. 면담이 종료되면 귀하*는 서면을 열람하고 정정을 요청할 수 있습니다.

주. 피의자 신문의 경우를 기준으로 함. *라포형성 과정에서 조율한 호칭을 사용하면 됨. **이탤릭체로 표시한 부분은 피의자나 피혐의자가 아닌 피면담자와의 면담에서 생략하면 됨.

NICHD 프로토콜의 면담규칙 훈련

제2장에서 미취학 아동도 인지적 과제를 잘 수행할 수 있고, 아동의 진술 능력은 기억 자체의 문제라기보다 기억 인출의 문제라고 하였다. 다만, 아동은 성인보다 상대적으로 더 높은 수준의 피암시성을 갖는다고 하였다. 따라서 기억 인출 과정에서의 피암시성을 최소화하는 것이 아동 면담의 주요 쟁점 중 하나로 자리매김하게 되었다. 아동 면담방법론의 대표적 예인 NICHD 프로토콜은 '사전면담 단계 – 본면담 단계 – 면담종료 단계'로 구조화되어 있다. 이 중 사전면담 단계에 '면담규칙 훈련'이 포함되어 있다. 사전면담 단계 중 면담규칙 훈련 부분을 제외하면 지금까지 학습한 정보수집형 면담방법론의 핵심기술이 거의 그대로 적용될 수 있다. 다만, 아동 면담에 있어서는 질문유형과 질문방식에 관한 권고가 보다 엄격하게 지켜져야 한다. 면담규칙 훈련이 아동의 특성에서 기인하는 피암시성을 줄여줄 수는 있으나 부적절한 질문유형과 질문방식에 의해 유발되는 피암시성까지 막아주지는 못하기 때문이다. 저자는 정보수집형 면담방법론에 따라 질문유형과 질문방식에 관한 권고를 엄격히 준수하고, 면담규칙 훈련까지 적용한다면 아동과의 간이한 면담을 주저할 필요가 없을 것으로 생각한다. NICHD 프로토콜의 면담규칙 훈련례는 〈표 28〉과 같다.

표 28 NICHD 프로토콜의 면담규칙 훈련례

구 분	문 구
훈련 도입	안녕. 내 이름은 제이크야. 그리고 난 경찰관이야. 나는 아이들이 겪은 것들에 대해 아이들과 얘기하는 사람이야. 나는 많은 아이들을 만났고 아이들은 나에게 겪은 일들을 사실대로 얘기해 주었어. 그럼 시작하기 전에 네가 사실을 말하는 게 얼마나 중요한지를 잘 이해했는지 한번 볼까.
사실대로 말 하 기	내가 '내 신발은 빨간색이야"라고 말하면, 이건 사실일까? 사실이 아닐까? **(사실이라고 대답하면)** 그건 사실이 아니야. 왜냐하면 내 신발은 까만색이니까. 그럼 내가 '난 지금 서 있어'라고 말하면, 이건 사실일까? 사실이 아닐까? **(사실이 아니라고 대답하면)** 맞아. 그건 사실이 아니야. 왜냐하면 네가 보는 것처럼 나는 앉아 있으니까. 넌 사실을 얘기하는 게 뭔지 잘 알고 있구나. 오늘 제일 중요한 건 사실만을 얘기하는 거야.

몰라요 말하기	내가 '내 강아지 이름이 뭐니'라고 물으면 넌 뭐라고 대답할거야? **(추측해서 ○○이라고 대답하면)** 아니야. 넌 내 강아지 이름을 몰라. 모르면 그냥 '몰라요'라고 하면 돼. 그럼 내가 '내 아이가 몇 살이니'라고 물으면 넌 뭐라고 대답할거야? **(모른다고 대답하면)** 맞아. 넌 내 아이가 몇 살인지 몰라. 앞으로도 지금처럼 모르는 건 모른다고 대답하면 돼.
틀린 것 고쳐주기	내가 '넌 2살짜리 여자아이야**'라고 말하면 넌 뭐라고 말해야 할까? **(고쳐주지 않으면)** 내가 실수로 '넌 2살짜리 여자아이야'라고 말하면 넌 뭐라고 말해야 할까? **(고쳐주면)** 맞아. 넌 5살짜리 남자아이니까 내 얘기가 틀렸던거야. 앞으로도 지금처럼 내가 실수를 하거나 틀린 얘기를 하면 네가 고쳐줘야 해.
물어보기	내가 너한테 이해가 안 되는 걸 물으면 넌 '이해가 안 돼요'라고 하면 돼. 알겠지? 나도 네가 얘기하는 것 중에 이해 안 되는 게 있으면 설명해 달라고 할게.

출처: Lamb, M. E., Hershkowitz, I., Orbach, Y. & Esplin, P. W. (2011). *Tell Me What Happened: Structured Investigative Interviews of Child Victims and Witnesses*. West Sussex, England: John Wiley & Sons, pp. 85-87. 저자가 내용 일부를 수정·보완하고 편집하였음. *면담자의 신발이 까만색이라고 가정함. **피면담자가 6세의 남아라고 가정함.

면담규칙 훈련에는 도입, 사실대로 말하기, 몰라요 말하기, 틀린 것 고쳐주기, 물어보기 등이 포함된다. 도입 단계에서는 면담자 및 피면담자의 역할에 대한 소개, 사실대로 말하기의 중요성에 관한 언급이 이루어진다. 통상 NICHD 프로토콜에서는 면담규칙 훈련 이후에 라포형성을 하기 때문에 도입단계에서 간략히 면담자를 소개하는 것이다. 사실대로 말하기 단계에서는 면담자와 아동 모두가 명백하게 알 수 있는 객관적 사실을 토대로 훈련한다. 앞의 훈련례에서는 '면담지의 신발 색깔'과 '면담자의 착석 여부'가 객관직 사실로 활용되었다. 이 경우 색깔은 직관적으로 쉽게 구분할 수 있는 것을 활용해야 한다. 몰라요 말하기 단계에서는 아동이 모르는 사실을 토대로 훈련한다. 앞의 면담례에서는 '면담자 강아지의 이름'과 '면담자 아이의 나이'가 모르는 사실로 활용되었다. 틀린 것 고쳐주기 단계에서는 면담자와 아동 모두가 명백하게 알 수 있는 객관적 사실 중 가급적 아동에 관한 것을 토대로 훈련한다. 앞의 훈련례에서는 '아동의 나이와 성별'이 객관적 사실로 활용되었다. 이 경우 평가나 판단을 수반하는 것을 소재로 삼아서는 안 된다. 가령, '넌 예쁜 아이야' 또는 '넌 착한 아이야'라는 명제를 틀린 것 고쳐주기의 소재로 삼는 것은 부적절하다. 물어보기 단계는 통상 특정한 소재 없이 설명 또는 당부를 하는 방식으로 이루어진다. 앞의 훈련례와 같이 당부한 후에 "혹시 지금까지 나랑 얘기를 나누면서 이해가 안 되는 게 있었니?"라는 질문을 덧붙여도 좋을 것 같다. 면담규칙 훈련은 '내용적'인 측면에서 〈표 27〉의 표준 설명문에 포함되어 있었던 "모르는 사항, 이해하지 못한 질문, 잘못된 질문이 있으면 저에게 말씀해주시고, 추정해서 진술하지 않도록 유의해주시기 바랍니다." 부분과 대동소이하다. 다만, '형식적'인 측면에서 아동이 면담규칙을 보다 명확하게 이해할 수 있도록 구체적인 예를 활용하여 훈련하는 것이다.

5. 진술의 기록

지금까지 '질문기법 – 청취기법 – 라포형성 및 면담규칙 설명' 순으로 법심리학적 면담방법론의 핵심기술을 살펴보았다. 지금부터는 이와 같은 핵심기술에 따라 이루어진 면담의 내용과 과정을 서면에 기록하는 방법을 살펴볼 것이다. 수사기관에서는 형사소송법과 하위 법령에 따라 피면담자의 진술을 조서라는 서면에 기록하고 있고(제244조 제1항), 다른 공공기관과 민간기업에서도 관련 규범에 따라 피면담자의 진술을 서면화하는 경우가 많다. 물론 면담과정을 영상녹화 등의 전자적 방법으로 기록하는 경우도 있으나, 영상녹화물이 증거로 사용되는 경우는 드물다.[65] 또한, 영상녹화물 등의 전자적 기록은 기계적으로 조작하지 않으면 진술이 왜곡되어 기록될 가능성이 거의 없다. 따라서 면담실무자가 특히 주의를 기울여야 할 진술의 기록 방법은 서면기록, 그 중에서도 특히 조서작성이다. 범죄수사, 감사 또는 조사에 관한 면담의 경험이 일정 수준 이상으로 누적되면, 면담실무자들은 조서작성에 큰 어려움을 느끼지 못한다. 면담과정에서 물은 것, 들은 것, 특이사항 등을 조서에 기록하는 나름의 노하우를 터득했기 때문이다. 그러나 범죄수사, 감사 또는 조사에 관한 면담의 기록은 '관련 규범'이 정하는 바에 따라 피면담자가 '진술'한 대로 이루어져야 하기 때문에 주의를 요하는 지점이 많다. 특히, 면담의 경험

---

65 성폭력범죄의 처벌 등에 관한 특례법 제30조, 아동·청소년의 성보호에 관한 법률 제26조는 일정한 요건하에 '피해자'의 진술을 기록한 영상녹화물을 증거로 할 수 있도록 하고 있다.

치가 증가할수록 피면담자가 진술한 대로 기록해야 한다는 원칙을 간과하는 경향이 있어 교정이 필요하다.

관련 연구에 의하면 수사관은 형사소송법에 규정된 방식에서 벗어나 조서를 작성하는 경우가 있었다(이형근, 2020). 또한, 수사관은 심증 등의 영향으로 조서를 왜곡하는 경향이 있었고(이형근 등, 2020), 피의자와 변호인은 조서의 왜곡을 온전히 정정하지 못하는 경향이 있었으며(이형근 등 2021a), 수사지휘자 등 범죄수사에 관한 1차적 의사결정자는 왜곡된 조서에 부정적 영향을 받는 경향이 있었다(이형근 등, 2021b). 관련 규범이 정하는 바에서 벗어나 조서를 작성하는 문제는 주로 규범의 부지나 서식의 불비에서 기인하는 반면, 피면담자의 진술과 달리 조서를 작성하는 문제는 보다 다양한 원인과 연관된다. 가령, 면담자의 편향, 인지적 한계, 업무량 등이 조서의 왜곡과 연관된다. 진술을 기록하는 과정에서의 하자는 1차적으로 증거법적 평가 문제와 연관된다. 제2장에서 학습한 바를 상기해 보면, '적법한 절차와 방식의 준수', '실질적 진정성립의 충족' 등이 부정될 것임을 어렵지 않게 짐작할 수 있다. 또한, 진술을 기록하는 과정에서의 하자는 2차적으로 민사적, 형사적 문제와 연관될 수 있다. 가령, 사실증명에 관한 공문서인 조서의 왜곡은 허위공문서작성에 해당할 수 있고, 조서의 왜곡으로 피면담자 등에게 손해가 발생하면 이에 대한 배상책임을 져야 할 수도 있다. 다행히 아직까지 조서의 왜곡으로 인해 허위공문서작성의 책임을 부담한 예는 발견되지 않으나, 조서의 왜곡으로 인해 손해배상의 책임을 부담한 예는 있다.[66]

따라서 면담실무자는 질문기법, 청취기법 등의 핵심기술뿐만 아니라 면담의 내용과 과정을 서면에 기록하는 방법과 유의점도 정확하게 알고 있어야 한다. 저자는 법심리학적 면담방법론이나 진술증거 수사론을 강의할 때 수강자들에게 "면담기법은 대체로 '파란' 영역인 반면, 조서작성은 대체로 '빨간' 영역입니다."라는 말을 해주곤 한다. 이 말은 현 시점을 기준으로 볼 때 면담기법이 우수하지 못하다고 해서 비난받을 여지는 적으나, 조서작성이 올바르지 못하면 문제가 될 소지가 크다는 의미를 담고 있다. 요컨대, 면담실무자의 우수한 질문기법, 청취기법 등은 적정한 기록 역량에 의해 뒷받침되어야 한다.

---

66 대법원 2020. 4. 29. 선고 2015다224797 판결.

지금부터 진술의 기록에 있어서 핵심이 되는 '적법한 절차와 방식에 따라 기록하기'와 '진술한 대로 기록하기'를 학습해보자. 진술의 기록 부분은 범죄수사에 관한 형사소송법 및 하위 법령의 내용을 기준으로 설명할 것이다. 범죄수사 업무를 수행하는 독자들은 '수용적 관점'으로, 감사나 조사 업무를 수행하는 독자들은 '응용적 관점'으로 읽어주기 바란다. 아울러 경찰청과 검찰청 이외의 기관에 종사하는 면담실무자의 경우에는 이하에서의 설명뿐만 아니라 면담과 기록에 관한 해당 기관의 규범(예: 내규, 사규)을 확인할 것을 당부한다.

1) 적법한 절차와 방식에 따라 기록하기

피면담자의 진술을 기록한 조서는 '내용적', '절차적'으로 취약성을 갖는 매체다. 기억과 사고에서 유래하는 진술 자체가 내용적으로 '주관적'일 뿐만 아니라, 진술을 조서에 기록하여 증거로 활용하는 방식이 절차적으로 '간접적'이기 때문이다. 이에 따라 형사소송법은 진술증거에 관한 규율을 지속적으로 강화해 왔다. 가령, 2007년에는 면담 및 기록에 관한 적법한 절차와 방식을 대폭 강화하였고, 2020년에는 조서의 증거능력 인정요건을 획기적으로 강화하였다. 여기에서는 2007년 개정 형사소송법이 설정한 기준에 따라 '적법한 절차와 방식에 따라 기록하기'를 학습해보기로 하자. 시중의 교과서는 통상이 문제를 관련 법령의 조문 순서에 따라 설명하고 있다. 그러나 실무에서는 조서 서식의 순서에 따라 조서를 작성하기 때문에(이동희 등, 2015), 이 책에서는 조서 서식의 통상적인 순서, 즉 '첫면 – 고지면 – 본면 – 끝면 – 서명면 – 확인면'의 순서에 따라 조서작성에 관한 적법한 절차와 방식을 살펴볼 것이다. 조서의 여섯 가지 지면을 포함한 조서작성례는 〈부록 2〉와 같다.

첫면

첫면의 상단에는 서식의 제목(예: 피의자신문조서, 진술조서), 사건명(예: 사기 피의사건, 절도 피의사건), 일시, 장소, 면담자, 참여자 등을 기록한다. 중단에는 성명, 주민등록번호, 직업, 주거, 등록기준지, 직장주소, 연락처 등을 기록한다. 하단에는 사건의 요지를 설명하고 진술거부권과 변호인 조력권을 고지하였다는 취지를 기록한다. 수사기관에서는 형사사법정보시스템(KICS: Korea Information System of Criminal Justice Services)에서 제공하는 조서 서식을 활용하는데, 여기에는 첫면에 기록해야 할 정보의 대부분이 자동적으로 현출된다. 따라서 수사기관 내에서 조서를 작성하는 경우에는 첫면에서 오류가 발생할 여지가 적다. 다만, 첫면의 작성에 있어서는 다음의 두 가지 점에 유의해야 한다. 먼저, 수사기관 외에서 조서를 작성할 때에는 〈그림 6〉과 같이 첫면 상단의 일시를 확인면의 조사 '시작시각'과 일치시켜야 한다. 진술증거 수사론 실습을 하다보면, 간혹 첫면 상단의 일시를 확인면의 조사 장소 '도착시각'과 일치시키는 경우가 있다.

그림 6   면담 일시의 올바른 작성례

<table>
<tr><td colspan="2" style="text-align:center"><h3>피 의 자 신 문 조 서</h3></td></tr>
<tr><td rowspan="1">첫면</td><td>피 의 자 : 백정은

위의 사람에 대한 사기 피의사건에 관하여 2020. 4. 19. 10:00경 수연경찰서 수사과 경제팀 사무실에서 사법경찰관 경감 금반형은 사법경찰리 경사 박근면을 참여하게 하고, 아래와 같이 피의자임에 틀림없음을 확인하다.</td></tr>
</table>

	구 분	내 용
확인면	1. 조사 장소 도착시각	2020. 4. 19. 09:50
	2. 조사 시작시각 및 종료시각	☐ 시작시각 : 2020. 4. 19. 10:00 ☐ 종료시각 : 2020. 4. 19. 11:00
	3. 조서열람 시작시각 및 종료시각	☐ 시작시각 : 2020. 4. 19. 11:05 ☐ 종료시각 : 2020. 4. 19. 11:20

수사기관 내에서 형사사법정보시스템을 활용하여 조서를 작성할 때에는 시스템이 첫면 상단의 일시와 확인면의 조사 '시작시각'을 현출해준다. 따라서 두 시각의 불일치 문제는 발생하지 않는다. 그러나 수사기관 외에서 수기 또는 노트북으로 조서를 작성하는 경우에는 시스템의 정보 현출 지원을 받을

수 없기 때문에 첫면 상단의 일시를 확인면의 조사 장소 '도착시각'과 일치시키는 경우가 발생한다. 일견 사소한 문제로 보일 수도 있으나 면담 일시의 기록은 적법한 절차와 방식에 따라 작성하기에서 중요한 부분이다. 이와 같은 기록의 기준은 수사과정의 기록에 관한 형사소송법 제244조의4 제1항에 근거를 둔 것이어서, 이 기준을 충족하지 못하는 조서는 증거로 할 수 없기 때문이다. 특히, 제정 수사준칙이 "조사 대상자가 조사 장소에 도착한 시각과 조사를 시작한 시각 간에 상당한 시간적 차이가 있는 경우에는 그 이유"를 수사과정 확인서(확인면)에 기록하도록 하고 있어, 향후 면담 일시의 정확한 기록이 보다 중요해질 것으로 생각한다. 다음으로, 첫면 상단의 참여자 성명(〈그림 6〉에서 박근면)이 서명면상 참여자의 기명 또는 서명과 일치되도록 하여야 한다. 조서를 작성한 직후 서명면에 참여자의 기명날인 또는 서명을 받는 경우에는 두 부분의 불일치 문제가 발생하지 않는다. 그러나 사건의 종결 시점에 즈음하여 참여자의 기명날인 또는 서명을 받게 되면 두 부분이 일치하지 않는 경우가 발생할 수 있다. 가령, 어떤 수사관의 면담에 통상 참여하던 A가 출장을 간 날 B를 참여시키고 면담 및 조서작성을 한 후, 한 달 뒤에 참여자의 기명날인 또는 서명을 받는 경우를 생각해보라. 아마 첫면에 B의 성명이 기재되어 있음에도 불구하고 – 늘 그래왔던 것처럼 – 서명면에는 A의 기명날인 또는 서명을 받을 가능성을 배제할 수 없다. 참여자의 면담과정 참여는 형사소송법 제243조가 요구하는 적법한 절차와 방식이다. 따라서 이 부분에 다툼이 있으면 작성된 조서를 증거로 사용하는 데 문제가 발생할 수 있다.

고지면

고지면의 상단에는 서식의 제목, 진술거부권 및 변호인 조력권에 관한 네 가지 사항이 기록되어 있다. 네 가지 고지 사항은 조서 서식에 미리 탑재되어 있으며, 그 내용은 "1. 귀하는 일체의 진술을 하지 아니하거나 개개의 질문에 대하여 진술을 하지 아니할 수 있습니다. 1. 귀하가 진술을 하지 아니하더라도 불이익을 받지 아니합니다. 1. 귀하가 진술을 거부할 권리를 포기하고 행한 진술은 법정에서 유죄의 증거로 사용될 수 있습니다. 1. 귀하가 신문을 받을 때에는 변호인을 참여하게 하는 등 변호인의 조력을 받을 수 있습니다."

로 구성되어 있다. 고지면의 하단에는 진술거부권 등을 고지 받았는지, 진술
거부권을 행사할 것인지, 변호인 조력권을 행사할 것인지에 관한 세 쌍의 문
답을 기록한다. 세 가지 문답의 '문'은 조서 서식에 미리 탑재되어 있는 반면,
'답' 부분을 공란으로 되어 있다. 고지면 상단의 고지 사항과 하단의 문답은
제244조의3 제1항 및 제2항에 근거를 두고 있다. 실무에서 고지면 상단에 따
라 진술거부권 등을 고지하지 않는 경우는 드물다. 반면, 고지면 하단의 문답
을 적법한 절차와 방식에 따라 기록하지 않는 경우는 종종 있다. 통상 실무에
서는 〈그림 7〉과 같이 고지면 하단의 '답' 부분을 피의자로 하여금 자필로 기
재하도록 하고 있다. 형사소송법 제243조의3 제2항에 규정된 적법한 기록 방
식 중 하나다.

그림 7   진술거부권 등 행사 여부에 관한 답란 작성례

	작성례
제1문	문 : 피의자는 위와 같은 권리들이 있음을 고지받았는가요 답 : 예. 고지받았습니다.
제2문	문 : 피의자는 진술거부권을 행사할 것인가요 답 : 아니요. 진술하겠습니다.
제3문	문 : 피의자는 변호인의 조력을 받을 권리를 행사할 것인가요 답 : 아니요. 혼자 가겠습니다.

제1문은 제2문 및 제3문과 규범적 지위가 다르다. 제2문 및 제3문은 "피의
자가 진술을 거부할 권리와 변호인의 조력을 받을 권리를 행사할 것인지의 여
부를 질문하고, 이에 대한 피의자의 답변을 조서에 기재하여야 한다."라는 형
사소송법 제244조의3 제2항 전문에 근거를 두고 있는 반면, 제1문은 경찰수

사규칙(별지 제27호 서식),[67] 검찰사건사무규칙(별지 제38호 서식)[68] 등의 하위 법령에 근거를 두고 있기 때문이다. 다만, 세 쌍의 문답은 공히 진술거부권 등의 고지를 담보하기 위한 장치이므로, 여기에서는 문답 간의 규범적 지위 차이를 고려하지 않고 그 적법한 작성 방식을 살펴보기로 하자. 실무에서는 〈그림 7〉과 같이 답란을 피의자로 하여금 자필로 기재하도록 하고 있으나, 형사소송법 제244조의3 제2항은 자필 이외의 답란 기재 방식을 두 가지 더 규정하고 있다. 즉, 형사소송법 제244조의3 제2항 후문은 "이 경우 피의자의 답변은 피의자로 하여금 자필로 기재하게 하거나 검사 또는 사법경찰관이 피의자의 답변을 기재한 부분에 기명날인 또는 서명하게 하여야 한다."라고 규정하고 있어, '작성자의 타이핑 + 피면담자의 기명날인' 또는 '작성자의 타이핑 + 피면담자의 서명'도 가능하다. 가령, 피면담자가 글을 쓰지 못하는 경우에는 작성자가 피면담자의 답변을 타이핑한 후 피면담자로 하여금 그 부분에 기명날인 또는 서명을 하게 할 수 있고, 피면담자가 자신의 성명을 쓰지 못하는 경우에는 작성자가 피면담자의 답변과 성명까지 타이핑한 후 피면담자로 하여금 그 부분에 날인하게 할 수 있다. 요컨대, 고지면 하단의 답란은 '자필', '타이핑 + 기명날인' 또는 '타이핑 + 서명' 중 한 가지 방식으로 기록되어야 한다. 이와 같은 기준에서 벗어나 답란을 작성한 조서는 증거로 할 수 없다.[69] 현재는 고지면 하단의 답란을 피의자로 하여금 자필로 기재하게 하는 관행이 비교적 잘 정착되어 있다. 다만, 형사소송법 제244조의3 제2항 후문에 대한 정밀한 이해 부족으로 인해 고지면 하단의 답란을 '타이핑 + 날인'의 방식으로 기록하는 예가 드물게 있어 주의를 요한다. '타이핑 + 기명날인'은 적법한 방식인 반면, '타이핑 + 날인'은 적법한 방식이 아니기 때문이다. 피의자가 아닌 피면담자(예: 피해자, 목격자)와의 면담에 있어서는 고지면을 작성하지 않는다. 다만, 기관에 따라 피의자가 아닌 피면담자(예: 피혐의자)와의 면담에 있어서도 고지면을 작성하도록 하는 예가 있다(예: 검찰사건사무규칙 제43조).

---

67 2020. 12. 31. 제정 행정안전부령 제233호.

68 2021. 1. 1. 전부개정 법무부령 제992호.

69 대법원 2013. 3. 28. 선고 2010도3359 판결.

본면

본면은 서식의 제목 없이 문으로 시작하여 답으로 끝난다. 통상, 첫면, 고지면, 끝면, 서명면, 확인면은 한 장 분량이기 때문에 전체 조서의 분량을 좌우하는 것은 본면의 분량이다. 본면의 분량은 사안과 상황에 따라 가변적이며, 피의자신문조서를 기준으로 통상 10쪽 내외에 달한다(엄명용, 2004; 이형근, 조은경, 2014). 본면에서 적법한 절차와 방식에 따라 작성하기 기준의 점검 대상은 간인뿐이다. 실제 문답과 조서상 문답의 동일성 등은 '진술한 대로 기록하기'의 문제이며, 조서 검토만으로는 동일성을 진단할 수 없기 때문이다. 간인은 첫면 뒤에서 시작하여 확인면 – 첨부 서류가 있을 때에는 첨부 서류의 마지막 면 – 앞까지 이어진다. 따라서 간인은 전체 조서 및 첨부 서류의 연계성을 담보하는 기능을 한다. 조서에는 작성자와 피면담자가 함께 간인을 해야 한다. 작성자 간인의 법적 근거는 형사소송법 제57조이고, 피면담자 간인의 법적 근거는 형사소송법 제244조 제3항이다. 따라서 조서에 간인이 누락되면 그 조서를 증거로 할 수 없다.[70]

진술증거 수사론 강의 중 수강자들이 간인과 관련하여 자주 하는 두 가지 질문이 있다. 하나는 작성자 간인과 피면담자 간인의 위치에 관한 질문이고, 다른 하나는 무인의 법적 근거에 관한 질문이다. 경찰청 소속 수사관들은 통상 조서의 좌에 작성자의 간인을 하고 조서의 우에 피면담자의 간인을 한다. 검찰청 소속 검사나 수사관들은 이와 반대로 간인을 한다. 조서 작성에 관한 법령은 간인의 위치에 관한 규정을 두고 있지 않다. 따라서 작성자 간인과 피면담자 간인의 위치는 어느 기준을 따르더라도 무방할 것으로 생각한다. 형사소송법에는 무인에 관한 규정이 없다. 그러나 실무에서는 날인 대신 무인이 일상적으로 이루어지고 있다. 한편, 경찰청 훈령인 범죄수사규칙[71] 제39조 제6항은 "인장이 없으면 날인 대신 무인하게 할 수 있다."라고 규정하고 있다. 생각건대, 날인 대신 무인으로 간인을 하더라도 무방할 것으로 생각한다. 다만, 작성자의 경우에는 날인을 무인으로 대체할 수 있는 규정이 없다는 점,

---

70 대법원 1999. 4. 13. 선고 99도23 판결.

71 2021. 3. 30. 일부개정 경찰청훈령 제1010호.

무인은 모든 지장이 아니라 엄지 손가락 지장을 의미한다는 점에 유의해야 한다. 따라서 검사나 수사관은 무인을 사용해서는 안 되며, 피면담자로 하여금 무인을 하게 할 때에는 반드시 엄지 손가락을 사용하도록 하여야 한다.

끝면

끝면은 조서의 끝면이 아니라 본면의 끝면을 의미한다. 끝면에는 실질적 진정성립에 관한 문답, 내용인정에 관한 문답, 이익되는 사실 등에 관한 문답 등을 기록한다. 그러나 고지면 하단의 문답과 달리 끝면의 문답은 조서 서식에 미리 탑재되어 있지 않아 작성자에 따라 끝면의 문답을 작성하는 방식이 제각각이다. 실무에서 가장 빈번하게 이루어지는 형태는 "이상의 진술이 사실인가요.", "참고로 더 할 말이 있나요."라는 두 가지 질문을 하고, 이에 대한 피면담자의 답변을 자필로 기재하게 하는 방식이다. 그러나 이와 같은 방식은 형사소송법이 요구하는 기준을 충족하지 못한다. 형사소송법 제244조 제2항이 "진술한 대로 기재되지 아니하였거나(실질적 진정성립 여부) 사실과 다른 부분의 유무(내용인정 여부)를 물어"라고 규정하고 있기 때문이다. 따라서 끝면에는 〈그림 8〉과 같이 실질적 진정성립에 관한 문답과 내용인정에 관한 문답이 모두 기록되어야 한다.

그림 8   끝면의 올바른 작성례

	작성례
제1문	문 : 조서가 피의자가 진술한 대로 작성되어 있나요. 답 : 예.
제2문	문 : 조서의 기재내용 중 사실과 다른 부분이 있나요. 답 : 없습니다.

제3문	문 : 피의자에게 이익되는 사실 또는 참고로 더 할 말이 있나요. 답 : *[자필 서명]*

　제1문 및 제2문과 제3문은 규범적 지위가 다르다. 제1문 및 제2문은 형사소송법 제244조 제2항에 근거를 두고 있는 반면, 제3문은 관련 법령에서 직접적인 근거를 발견하기 어렵다. 다만, 형사소송법 제242조의 "그 이익되는 사실을 진술할 기회를 주어야 한다."라는 규정과 실무에서 빈번하게 이루어지고 있는 "참고로 더 할 말이 있나요."라는 질문이 제3문의 간접적 근거가 될 것으로 생각한다. 다만, 세 쌍의 문답은 공히 진술 기재 및 내용의 동일성을 담보하기 위한 장치이므로, 여기에서는 문답 간의 규범적 지위 차이를 고려하지 않고 그 적법한 작성 방식을 살펴보기로 하자. 이 부분 답란의 기록 방식은 오로지 '자필'이다. 형사소송법 제244조 제2항이 "조서에 대하여 이의나 의견이 없음을 진술한 때에는 피의자로 하여금 그 취지를 자필로 기재하게" 하도록 규정하고 있기 때문이다. 고지면 하단의 답란을 기록하는 방법이 세 가지인 것과 대조되는 지점이다. 따라서 이 부분 답란은 반드시 피면담자로 하여금 자필로 기재하게 하여야 한다.

　진술증거 수사론 강의 중 수강자들이 끝면 작성과 관련하여 자주 하는 두 가지 질문이 있다. 하나는 피면담자가 글을 쓰지 못하는 경우에 관한 질문이고, 다른 하나는 제3문의 답변 끝에 날인(세칭 '말미인')을 하는 이유에 관한 질문이다. 형사소송법은 끝면의 답란 기재에 있어 피면담자가 글을 쓰지 못하는 경우에 선택 가능한 기록 방법을 규정하고 있지 않다. 즉, '타이핑 + 기명날인' 또는 '타이핑 + 서명'을 허용하고 있지 않다. 그러나 범죄수사규칙 제41조에 "진술자의 문맹 등 부득이한 이유로 서류를 대신 작성하였을 경우에는 대신 작성한 내용이 본인의 의사와 다름이 없는가를 확인한 후 그 확인한 사실과 대신 작성한 이유를 적고 본인과 함께 기명날인 또는 서명하여야 한다."라는 규정이 있으므로, 이에 따라 끝면의 답란을 기록하면 될 것으로 생각한다. 가령, "문: 조서가 피의자가 진술한 대로 작성되어 있나요. 답: 예. 피의자가 글을 쓰지 못하는 문맹이어서 사법경찰관 경감 금반형이 피의자로부터 "예."

라는 진술을 청취하고 이를 조서에 대신 기재하였음. 금반형 🔲 백정은 🔲"이라고 기록할 수 있을 것이다. 형사소송법과 하위 법령에 제3문의 답변(끝면의 마지막 답변) 끝에 날인을 하도록 하는 규정은 없다. 따라서 말미인을 누락하더라도 적법한 절차와 방식 위반에 해당하지는 않을 것으로 생각한다. 다만, 조서의 경우에는 다른 수사서식과 달리 위조 방지를 위한 전자적 장치(예: 문서 아래의 전자띠)가 없는 점을 고려하여 〈그림 8〉과 같이 제3문의 답변 끝에 작성자와 피면담자가 함께 날인할 것을 권장하는 것이다. 이는 날인된 지점 이후에 기록된 문답은 두 사람이 검토 및 승인한 내용이 아님을 인증하는 의미를 갖는다.

서명면

서명면의 상단에는 조서를 피면담자에게 열람하게 하거나 읽어준 바 오기나 증감·변경할 것이 없다고 하므로 간인 후 기명날인 또는 서명하게 한다는 취지가 기록되어 있다. 이 부분은 조서 서식에 미리 탑재되어 있으며, 작성자가 상황에 따라 일부 기재를 수정한다(예: 기명날인 또는 서명 → 서명날인). 그 아래에는 조서의 작성 연월일 기록 및 피면담자, 면담자, 참여자의 서명날인, 기명날인 또는 서명이 이루어진다.

그림 9　서명면의 일반적인 작성례

	작성례		
피면담자	진 술 자	백정은	🔲
면담자	사법경찰관　경감　금 반 형		🔲
참여자	사법경찰리　경사　박 근 면		🔲

〈그림 9〉와 같이 실무에서 피의자의 본인 표기는 거의 '서명날인'의 방식으로 이루어지는 반면, 면담자와 참여자의 본인 표기는 '기명날인' 또는 '서명날인' 중 하나의 방식으로 이루어진다. 반면, 형사소송법이 요구하는 피면담자와 면담자의 본인 표기 방식은 공히 '기명날인' 또는 '서명' 중 하나다(제57조, 제244조 제3항).

이와 같은 실무 관행은 1차적으로 형사사법정보시스템의 정보 현출 알고리즘에 기인한다. 형사사법정보시스템은 피의자신문조서 서명면의 진술자 란에 피의자의 성명을 현출해주지 않는다. 따라서 수사관은 피의자로 하여금 자신의 성명을 자필로 기재하도록 한다. 이로써 형사소송법이 피면담자의 본인 표기 방식 중 하나로 설정한 '서명'이 이루어졌으나, 성명 옆에 '(인)'이라는 표시가 있어 서명 외에 '날인'까지 하게 된다. 반면, 형사사법정보시스템은 '진술조서' 서명면의 진술자 란에는 피해자, 참고인 등의 성명을 현출해준다. 따라서 피해자나 참고인의 본인 표기는 거의 '기명날인'의 방식으로 이루어진다. 형사사법정보시스템의 정보 현출 알고리즘은 2차적으로 피의자의 진술번복에 대비하고자 하는 수사기관의 의도에 기인한다. 즉, 기명날인을 한 조서보다 서명날인을 한 조서의 내용 또는 진정성을 부인하는 것이 심리적으로 더 어려울 것이라는 고려가 작용하였다는 것이다(이형근, 2021a). 피면담자의 본인 표기 방식 위반은 조서의 증거능력을 부정할 사유가 된다.[72] 그러나 피의자의 본인 표기를 '서명날인'으로 하는 방식은 이미 형사소송법이 설정한 본인 표기 방식 중 하나인 '서명'을 포함하고 있으므로, 여기에 날인을 추가했다고 하여 적법한 절차와 방식 위반으로 평가할 수는 없을 것 같다. 다만, 수사기관의 가정과 같이 기명날인을 한 조서보다 서명날인을 한 조서의 내용 또는 진정성을 부인하는 것이 심리적으로 더 어려울 가능성을 배제할 수 없으므로 형사사법정보시스템의 정보 현출 알고리즘을 형사소송법이 설정한 기준(피의자, 피해자, 참고인, 면담자, 참여자 공히 기명날인 또는 서명)에 걸맞게 수정해야 할 것으로 생각한다.

---

72 대법원 1967. 9. 5. 선고 67도59 판결, 대법원 1993. 4. 23. 선고 92도2908 판결.

확인면

확인면(수사과정확인서)은 면담의 일시 등에 관한 정보를 기록하는 다섯 개의 란과 기록된 사항을 확인하는 란으로 구성되어 있다. 첫 번째 란에는 피면담자의 조사 장소 '도착시각'을 기록하고, 두 번째 란에는 조사 '시작시각' 및 '종료시각'을 기록하며, 세 번째 란에는 조서 열람 '시작시각' 및 '종료시각'을 기록한다(〈그림 6〉의 확인면 참고). 네 번째 란에는 면담과정의 '진행경과' 확인에 필요한 사항을 기록하고, 다섯 번째 란에는 확인면에 기재된 사항에 관한 '이의나 의견'을 기록한다. 이 중 세 번째 란은 다른 란과 규범적 지위가 다르다. 첫 번째, 두 번째, 네 번째 란은 "조사장소에 도착한 시각, 조사를 시작하고 마친 시각, 그 밖에 조사과정의 진행경과를 확인하기 위하여 필요한 사항"을 기록해야 한다는 형사소송법 제244조의4 제1항에 근거를 두고 있고, 다섯 번째 란은 "제244조 제2항 및 제3항"을 확인면에 준용한다는 형사소송법 제244조의4 제2항에 근거를 두고 있는 반면, 세 번째 란은 경찰수사규칙(별지 제31호 서식), 검찰사건사무규칙(별지 제44호 서식) 등의 하위 법령에 근거를 두고 있기 때문이다. 다만, 다섯 개의 란은 공히 면담에 관한 주요 정보를 정밀하게 기록하여 면담과정의 투명성을 담보하기 위한 장치이므로, 여기에서는 각 란의 규범적 지위 차이를 고려하지 않고 그 적법한 작성 방식을 살펴보기로 하자.

첫 번째, 두 번째, 세 번째 란은 기본적으로 작성자가 타이핑하여 기록하면 된다. 형사소송법 제244조의4 제1항이 무엇을 기록할지를 규정하고 있을 뿐, 어떻게 기록할지를 규정하고 있지 않기 때문이다. 다만, 세 번째 란의 조서 열람 '종료시각'은 조서를 출력하는 시점에 알 수 없는 부분이기 때문에 피면담자가 조서 열람을 종료하면 그 시각을 면담자가 '수기'로 기록해야 한다. 네 번째 란에는 면담과정에서 발생한 특이사항을 기록해야 한다. 면담과정에서 피면담자에게 수갑 등의 장구를 사용한 경우가 특이사항에 해당한다. 한편, 제정 수사준칙 제26조 제2항은 "조사 대상자가 조사장소에 도착한 시각과 조사를 시작한 시각에 상당한 시간적 차이가 있는 경우에는 그 이유" 및 "조사가 중단되었다가 재개된 경우에는 그 이유와 중단 시각 및 재개 시각"을 확인면에 기록하도록 규정하고 있는 바, 이와 같은 경우가 발생하면 그 사실을 네 번째 란에 기록해야 한다. 다섯 번째 란에는 확인면에 기재된 사항에 관한 피면담자의 '이의나 의견'을 기록해야 한다. 여기에서 유의할 것은 다섯 번째 란을 피면담자로 하여금 자필로 기재하게 하여야 한다는 점이다. 형사소송법 제244조의4 제2항이 "제244조 제2항 및 제3항"을 확인면에 준용하도록 규정하고 있기 때문이다. 즉, 면담자는 확인면을 피면담자에게 열람하게 하거나 읽어준 후 오기나 증감·변경할 것이 있는지를 확인하고(제244조 제2항의 준용), 피면담자가 이의나 의견이 없음을 진술한 때에는 피면담자로 하여금 그 취지를 자필로 기재하게 하여야 한다(제244조 제3항의 준용). 전자는 다섯 번째 란의 좌에 미리 탑재되어 있으므로, 면담자는 다섯 번째 란의 우측을 피면담자가 '자필'로 기재하도록 유의하면 된다. 피면담자가 글을 쓰지 못하는 경우에는 끝면 작성에서 학습한 바와 같이 대서 후 피면담자와 함께 기명날인 또는 서명을 하면 된다. 끝으로 확인면의 하단에는 확인면의 작성 연월일과 기록된 사항을 피면담자로부터 확인받았다는 취지를 기록하고, 면담자와 피면담자가 함께 기명날인 또는 서명을 한다. 다섯 번째 란과 기록된 사항을 확인(기명날인 또는 서명)하는 란의 일반적인 작성례는 〈그림 10〉과 같다.

그림 10　　확인면의 일반적인 작성례

	작성례
5번란	5. 조사과정 기재사항에 대한 이의제기나 의견진술 여부 및 그 내용　　*없습니다.*
확인란	2020. 4. 19. 사법경찰관 경감 금반형은 백정은을 조사한 후, 위와 같은 사항에 대해 백정은으로부터 확인받음 확 인 자 : 백정은 ㊞ 사법경찰관 : 경감 금반형 ㊞

적법한 절차와 방식에 따라 기록하기의 의미

지금까지 조서 서식의 통상적인 순서에 따라 첫면, 고지면, 본면, 끝면, 서명면, 확인면의 올바른 작성법을 학습해보았다. 조서작성에 관한 적법한 절차와 방식은 형사소송법과 하위 법령에서 추출되는 일정한 '공식'에 따라 비교적 쉽게 준수할 수 있는 요소다. 즉, '형사소송법과 하위 법령의 각종 규정 → 하나 이상 위반 → 적법한 절차와 방식 위반(증거능력 없음)'이라는 공식이 비교적 정확하게 적용되는 영역이다. 적법한 절차와 방식 위반의 효과는 당해 조서 '전체'의 증거능력 불인정이다. 가령, 대법원은 고지면 하단의 답란을 기재하는 방식을 위반한 경우,[73] 기명날인 또는 서명이 누락된 경우[74] 등에 있어 당해 조서 전체의 증거능력을 부정한 바 있다. 따라서 면담실무자는 준수하기는 비교적 쉬운 반면, 위반의 효과가 조서 전체에 미치는 적법한 절차와 방식에 따라 기록하기 부분에서 오류를 범해서는 안 된다. 지금까지 학습한 바를 요약하면 〈표 28〉과 같다. 〈표 28〉과 〈부록 2〉에 수록된 조서작성례를 활용하면 독자 스스로가 작성한 조서뿐만 아니라 동료들이 작성한 조서까지 짧은 시간 내에 점검해줄 수 있을 것으로 생각한다.

표 28 적법한 절차와 방식에 따라 기록하기

	작성방법	법적근거
첫 면	첫면 일시와 확인면 조사 '시작시각'을 같게	형사소송법 제244조의4 제1항
	첫면 참여자와 서명면 참여자를 같게	형사소송법 제243조
고지면	하단의 답란은 자필, 타이핑 + 기명날인, 타이핑 + 서명 중 하나의 방법으로	형사소송법 제244조의3 제2항
본 면	간인이 누락되지 않도록	형사소송법 제244조 제3항
끝 면	실질적 진정성립, 내용인정 여부 모두 질문	형사소송법 제244조 제2항
	답변은 자필 (대서가 필요한 경우 외)	형사소송법 제244조 제3항 (범죄수사규칙 제41조)

---

73 대법원 2013. 3. 28. 선고 2010도3359 판결.

74 대법원 2001. 9. 28. 선고 2001도4091 판결.

서명면	면담자, 피면담자 모두 기명날인 또는 서명	형사소송법 제57조 제1항, 제244조 제3항
확인면	1, 2, 3, 4번란은 타이핑 (열람종료 시각은 수기)	형사소송법 제244조의4 제1항
	4번란에 도착시각과 시작시각 간의 차이, 조사 중단 등의 사유 기재	수사준칙 제26조 제2항
	5번란은 자필 (대서가 필요한 경우 외)	형사소송법 제244조 제2항, 제3항, 제244조의 4 제2항 (범죄수사규칙 제41조)

2) 진술한 대로 기록하기

앞서 피면담자의 진술을 기록한 조서는 '내용적', '절차적'으로 취약성을 갖는다고 하였다. 우리 사회는 그 내용적 '주관성'과 절차적 '간접성'에도 불구하고 조서를 과거 사건 재구성의 수단으로 삼고 있다. 이것은 우리 사회와 법제가 양해한 부분이다. 다만, 전자는 기억의 취약성과 사고의 역동성으로 인해 불가피한 문제인 반면, 후자는 적절한 규율을 통해 부작용을 줄일 수 있는 문제다. 형사소송법과 하위 법령은 절차적 간접성 문제를 최소화하기 위해 면담, 조서작성, 조서에 대한 증거법적 평가 등의 국면을 촘촘하게 규율하고 있는 바, 일련의 국면을 관통하는 기준 중 하나가 '진술한 대로 기록하기'다. 피면담자의 진술은 의사결정자(예: 법관)가 직접 청취하고 평가하는 것이 '최선'이다. 따라서 피면담자의 진술을 기록한 조서를 의사결정자가 간접적으로 열람하고 평가하는 '차선'의 운용에 있어서는 원래의 진술과 조서에 기록된 내용 간의 동일성 담보가 가장 중요한 요소가 된다. 그러나 실무에서 피면담자의 진술을 마치 속기록을 작성하는 것처럼 기록하기는 어렵다. 대법원도 이와 같은 정도의 동일성을 요구하지는 않는다.[75] 이하에서는 대법원 판결과 관련 연구의 결과를 토대로 '무엇을,' '어떻게' 기록해야 하며, 어떤 점에 '유의해야' 하는지 살펴보기로 하자.

---

[75] 대법원 2014. 8. 26. 선고 2011도6035 판결.

무엇을 어떻게

앞서 피면담자의 진술을 빠짐없이 기록하기는 어렵고, 대법원도 이와 같은 정도의 동일성을 요구하지는 않는다고 하였다. 그렇다면 진술한 대로 기록하기에 요구되는 동일성의 수준을 구체적으로 알 필요가 있다. '내용적'으로 어떤 부분을 '형식적'으로 어떻게 기록해야 하는지 하나씩 살펴보자. 먼저, 내용적 측면에서 혐의사실, 정상, 피면담자에게 이익되는 사실에 관한 진술을 조서에 동일하게 기록하여야 한다. 형사소송법 제242조가 피의자 신문에 관하여 "범죄사실과 정상에 관한 필요 사항을 신문하여야 하며 그 이익되는 사실을 진술할 기회를 주어야 한다."라고 규정하고 있고, 이와 같은 내용적 요소는 피의자가 아닌 피면담자와의 면담에 있어서도 크게 다르지 않기 때문이다. 대법원도 '구성요건적 사실'이나 '핵심적 정황'에 관한 진술이 온전히 기록되어 있지 않은(예: 생략, 조작) 조서의 증거능력을 부정한 바 있다.[76] 요컨대, 혐의사실, 정상, 이익되는 사실, 핵심적 정황에 관한 피면담자의 진술은 조서에 온전히 기록되어야 한다. 다음으로, 형식적 측면에서 피면담자의 진술이 조서에 생략, 조작, 추가되지 않아야 한다. 대법원은 "기재 내용이 동일하다는 것은 적극적으로 진술한 내용이 그 진술대로 기재되어 있어야 한다는 것뿐만 아니라 진술하지 아니한 내용이 진술한 것처럼 기재되어 있지 아니할 것을 포함하는 의미이다."라고 판시한 바 있다.[77] 이 판결을 도해해보면 피면담자의 진술이 조서에 '기재'되어야 한다는 점, 진술이 진술한 '대로' 기재되어야 한다는 점, 진술하지 '않은' 것이 기재되면 안 된다는 점을 알 수 있다. 이세 가지 요건 불충족이 각각 생략, 조작, 추가가 된다. '무엇을'에 관한 기준과 '어떻게'에 관한 기준을 종합하면, "혐의사실, 정상, 이익되는 사실, 핵심적 정황에 관한 피면담자의 진술은 생략, 조작, 추가 없이 조서에 기록되어야 한다"라는 사실을 알 수 있다.

---

76 대법원 2014. 8. 26. 선고 2011도6035 판결.

77 대법원 2013. 3. 14. 선고 2011도8325 판결.

조서의 왜곡 유형

조서의 왜곡은 "혐의사실, 정상, 이익되는 사실, 핵심적 정황에 관한 피면담자의 진술을 조서에 생략, 조작, 추가하는 방식의 조서작성 행위 또는 그러한 행위를 통해 형성된 진술과 조서 간의 차이"를 의미한다. 실무에서 조서의 왜곡은 보다 다양한 형태로 나타난다. 이형근과 조은경(2014)은 수사기관에서 작성된 피의자신문조서와 영상녹화물을 비교·분석하여 조서 왜곡의 유형과 정도를 확인한 바 있고, 이형근과 백윤석(2019)은 조서의 왜곡 및 이와 연관되는 조서작성 관행에 관한 일반인과 변호사의 인식을 조사하여 그 증거법적 의미를 확인한 바 있다. 앞서 살펴본 '어떻게' 부분을 보다 구체화하고, 진술한 대로 기록하기에 있어서의 유의점을 학습하는 차원에서 조서 왜곡의 유형과 각 유형의 증거법적 의미를 알아보자. 이형근 등이 확인한 조서 왜곡의 유형은 〈표 29〉와 같다.

표 29   조서의 왜곡 유형

대분류*	왜곡유형	설 명(예 시)
생략	답변생략	어떤 답변의 전부 또는 일부를 조서에서 생략하는 경우
	문답생략	어떤 질문과 그 질문에 대한 답변을 함께 조서에서 생략하는 경우
조작	답변의 뚜렷한 조작	어떤 답변의 전부 또는 일부를 실제와 다르게 조서에 기재하는 경우 (예: 가지 않았다. → 갔다.)
	답변의 미묘한 조작	어떤 답변의 취지, 뉘앙스 등을 실제와 다르게 조서에 기재하는 경우 (예: 그랬던 것 같기도 합니다. → 그랬습니다.)
	질문조작	어떤 질문의 전부 또는 일부를 실제와 다르게 조서에 기재하는 경우 (예: 그냥 조사 받으실 거죠? → 변호인의 조력을 받을 것인가요?)
	문답추가	실제로 주고받지 않은 질문과 답변을 조서에 기재하는 경우
	문답전환	실제로는 질문한 내용임에도 답변한 것처럼 기재하는 경우 (예: 수사관이 사안을 확인해 가면서 그 내용을 답변 란에 타이핑)
기타	사전면담·신문	신문이나 조사에 앞서 조서나 다른 수사서류에 기록하지 않고 비공식적으로 진술을 청취하는 수사 관행
	조서편집	조서 내에서 특정 문답의 위치를 임의로 변경하거나, 문답의 배열을 논리·연대기 순으로 편집하는 작성방식

출처: 이형근, 백윤석 (2019). 피의자신문조서의 왜곡에 대한 증거법적 평가방향: 왜곡에 대한 일반인과 변호사의 인식 비교연구. 경찰학연구, 19(4), pp. 145-146. *조작과 생략은 이형근과 조은경(2014)의 연구에서 확인된 것이고, 기타는 이형근과 백윤석(2019)의 연구에서 편성된 것임. 유형별 조서 왜곡 사례는 <부록 3>을 참고하기 바람.

조서의 왜곡 유형은 생략, 조작, 기타로 대별된다. 생략의 하위 유형에는 답변생략과 문답생략이 포함되고, 조작의 하위 유형에는 답변의 뚜렷한 조작, 답변의 미묘한 조작, 질문조작, 문답추가, 문답전환이 포함되며, 기타에는 사전면담·신문, 조서편집이 포함된다. ① 답변생략은 "어떤 답변의 전부 또는 일부를 조서에서 생략"하는 형태의 왜곡이다. 가령, 피면담자가 "제가 그날 그곳에 간 것은 맞습니다만, 그때 저의 약혼녀와 약혼녀의 여동생도 동행했었는데, 설마 제가 남의 물건에 손을 댔겠습니까?"라는 진술을 청취하고, "문: 그날 그 장소에 간 사실이 있나요? 답: 예"라고 기록하면 답변생략에 해당한다. 약혼녀와 약혼녀의 여동생이 동행했다는 사실은 중요한 정황 또는 피면담자에게 이익되는 사실에 해당하는데, 조서에 이 부분이 생략되었기 때문이다. 조서의 왜곡 중 답변생략이 차지하는 비율은 7% 정도다(이형근, 조은경, 2014). ② 문답생략은 "어떤 질문과 그 질문에 대한 답변을 함께 조서에서 생략"하는 형태의 왜곡이다. 문답생략은 주로 면담자가 원하지 않는 또는 면담자의 심증에 반하는 답변이 이루어졌을 때 이루어진다. 조서에서 생략된 부분을 찾아 정정하는 것은 조작된 부분을 찾아 정정하는 것보다 더 어렵고, 그 중에서도 문답생략을 찾아 정정하는 것이 답변생략을 찾아 정정하는 것보다 더 어렵다. 생략되었다는 사실을 인식할 단서(예: 질문 또는 생략되지 않은 답변)가 없기 때문이다. 조서의 왜곡 중 문답생략이 차지하는 비율은 33% 정도다(이형근, 조은경, 2014).

③ 답변의 뚜렷한 조작은 "어떤 답변의 전부 또는 일부를 실제와 다르게 조서에 기재"하는 형태의 왜곡이다. 가령, "아니요."라는 답변을 "예."라고 기록하면 답변의 뚜렷한 조작에 해당한다. 답변의 뚜렷한 조작은 답변의 '방향'을 변경하는 것이라는 점에서 가장 치명적인 왜곡 유형에 속한다. 조서의 왜곡 중 답변의 뚜렷한 조작이 차지하는 비율은 1% 미만이다(이형근, 조은경, 2014). ④ 답변의 미묘한 조작은 "어떤 답변의 취지, 뉘앙스 등을 실제와 다르게 조서에 기재"하는 형태의 왜곡이다. 가령, "그랬던 것 같아요."라는 답변을 "예."라고 기록하면 답변의 미묘한 조작에 해당한다. 답변의 미묘한 조작은 답변의 '강도'를 변경하는 것이라는 점에서 답변의 뚜렷한 조작보다는 덜 치명적인 왜곡 유형이지만, 그 빈도가 현저히 더 높다. 조서의 왜곡 중 답변의 미묘한 조작이 차지하는 비율은 14% 정도다(이형근, 조은경, 2014).

⑤ 질문조작은 "어떤 질문의 전부 또는 일부를 실제와 다르게 조서에 기재"하는 형태의 왜곡이다. 범죄수사, 감사 또는 조사에 관한 면담과정에 주로 사용되는 '문답식' 조서에는 피면담자의 답변뿐만 아니라 면담자의 질문도 기록된다. 질문조작은 후자를 실제와 다르게 기록하는 것을 말한다. 가령, "변호사 살 수 있어요? 그냥 조사받을 거죠?"라는 질문을 하고, "문: 변호인의 조력을 받을 권리를 행사할 것인가요?"라고 기록하면 질문조작에 해당한다. 실제 질문 내용이 형사소송법 제244조의3 제2항에 규정된 "변호인의 조력을 받을 권리를 행사할 것인지"와 현저히 다르기 때문이다. 조서의 왜곡 중 질문조작이 차지하는 비율은 6% 정도다(이형근, 조은경, 2014). ⑥ 문답추가는 "실제로 주고받지 않은 질문과 답변을 조서에 기재"하는 형태의 왜곡이다. 조서의 왜곡 중 문답추가가 차지하는 비율은 5% 정도다(이형근, 조은경, 2014). 실제로 주고받지 않은 질문과 답변이 조서에 추가되어 있음에도 피면담자가 이를 정정하지 않는 또는 못하는 이유를 쉽게 이해하기 어렵다. 통상 문답추가는 공식적인 면담 이전에 이루어진 대화를 적절한 위치에 삽입하는 방식으로 이루어지기 때문에 피면담자가 이를 쉽게 정정하지 못하는 것이다. 추가된 문답을 했던 기억은 분명한 반면, 그러한 문답을 언제 했는지에 관한 기억은 불분명하기 때문이다. ⑦ 문답전환은 "실제로는 질문한 내용임에도 답변한 것처럼 기재"하는 형태의 왜곡이다. 가령, "문: 그날 아침에 산책을 하다가 마음에 드는 여성을 발견하고 나쁜 마음 없이 편의점까지 따라갔다는 말이지요? 답: 예."라는 실제 문답을 "문: 그날 아침 행적을 말해보세요. 답: 그날 아침에 산책을 하다가 마음에 드는 여성을 발견하고 나쁜 마음 없이 편의점까지 따라갔습니다."라고 조서에 기록하는 것이 문답전환의 전형적인 예다. 따라서 문답전환은 진술의 '내용'에 대한 왜곡이 아니라 진술의 '주체'에 대한 왜곡으로 볼 수 있다. 조서의 왜곡 중 문답전환이 차지하는 비율은 16% 정도다(이형근, 조은경, 2014).

　⑧ 사전면담·신문은 "신문이나 조사에 앞서 조서나 다른 수사서류에 기록하지 않고 비공식적으로 진술을 청취하는 수사 관행"을 의미한다. 사전면담·신문은 조서의 왜곡 유형이 아니지만 조서의 왜곡과 밀접하게 연관되는 실무 관행이다. 공식적인 면담 이전에 이루어진 대화를 적절한 위치에 삽입하는 문답추가가 대표적 예다. 면담자와 피면담자 간의 비공식적 대화를 금지하는 규정은 없다. 그러나 신문자와 피의자 간의 비공식적 대화 중 대부분은 다

음과 같은 이유에서 부적법하다(이형근, 2020). 첫째, 신문자와 피의자 간의 대화가 범죄사실 또는 정상에 관한 것이라면 그 시점, 장소, 조서작성 여부 등과 무관하게 신문에 해당한다. 둘째, 어떤 대화가 신문에 해당한다면 당해 대화에는 변호인 등의 참여, 조서작성, 진술거부권 등의 고지, 수사과정의 기록 등 신문에 관한 제반 규정이 적용된다. 셋째, 앞의 두 명제를 종합하면, "신문이나 조사에 앞서 조서나 다른 수사서류에 기록하지 않고 [통상 참여나 권리의 고지 등도 결략한 채] 비공식적으로 [통상 범죄사실 또는 정상에 관한] 진술을 청취하는 수사 관행"은 명백히 부적법하다. 통상 수사기관에서는 사전면담·신문을 통해 청취한 진술을 '증거'로 사용할 의도가 없다. 그래서 달리 기록도 하지 않는 것이다. 그럼에도 불구하고 사전면담·신문(제0회)을 하는 이유는 본격적인 면담·신문(제1회)을 좀 더 '원활'하게 하기 위함이다. 문제는 이 원활함이 주로 수사기관의 편의와 면담·신문 전략 수행에 기여한다는 데 있다. 또한, 사전면담·신문은 진술 기록 적정화의 가장 유효한 대안인 영상녹화제도의 의미와 기능을 위협한다는 점에서 즉시 개선되어야 할 관행이다. ⑨ 조서편집은 "조서 내에서 특정 문답의 위치를 임의로 변경하거나, 문답의 배열을 논리·연대기 순으로 편집하는 작성 방식"을 의미한다. 실무에서는 조서의 가독성을 높이기 위해 종종 조서편집을 한다. 문제는 이 가독성이 주로 작성자의 의도나 심증을 의사결정자에게 효과적으로 전달하는 기능을 한다는 데 있다. 또한, 조서는 기재된 진술 '자체'뿐만 아니라 그와 같은 진술이 이루어진 '과정'이 중요한 의미를 갖는 문서라는 점에서 조서편집은 권장할 만한 관행이 못 된다. 이상의 왜곡 유형 및 관행에 대한 일반인과 변호사의 인식은 〈표 30〉과 같다.

표 30 조서의 왜곡에 대한 일반인과 변호사의 인식

단위: 영향도(0.00-3.00)'

대분류	왜곡유형	일반인	변호사		평 균
			증거능력	증명력	
생 략	답변생략	2.43	2.17	2.20	2.27
	문답생략	2.63	2.07	2.10	2.27

	답변의 뚜렷한 조작	3.00	2.77	2.90	2.89
	답변의 미묘한 조작	2.73	2.10	2.43	2.42
조 작	질문조작	2.57	2.10	2.23	2.30
	문답추가	2.63	2.53	2.77	2.64
	문답전환	2.40	2.13	2.40	2.31
기 타	사전면담 · 신문	2.07	1.45	1.27	1.60
	조서편집	1.63	1.48	1.67	1.59
평 균		2.45	2.09	2.22	2.25

출처: 이형근, 백윤석 (2019). 피의자신문조서의 왜곡에 대한 증거법적 평가방향: 왜곡에 대한 일반인과 변호사의 인식 비교연구. 경찰학연구, 19(4), p. 155. *영향도={(A×1)+(B×2)+(C×3)}/(30-D). A: 별로 문제가 되지 않음의 응답빈도, B: 어느 정도 문제가 됨의 응답빈도, C: 심각하게 문제가 됨의 응답빈도, D: 모르겠음의 응답빈도, 30: 표본수, 1·2·3: 가중치.

〈표 30〉을 보면 생략, 조작, 기타 등 대분류 상의 모든 항목에서 일반인이 인식하는 영향도가 변호사가 인식하는 영향도보다 높고, 하위 유형별로 나누어 보았을 때에도 다수에서 같은 경향이 확인됨을 알 수 있다.[78] 이를 통해 조서의 왜곡 문제에 대한 일반인의 인식이 변호사의 인식보다 상대적으로 더 엄격하다는 사실을 알 수 있다. 생각건대, 일반인들은 방송이나 언론에서 '문답식' 조서의 겉모양을 보고 '속기록'에 유사한 것으로 여겼을 것이므로, 제시된 왜곡 유형을 접하고 '어떻게 이런 일이?'라는 생각과 함께 '문제가 됨' 선택지를 골랐을 것이다. 반면, 변호사들은 실무 경험을 통해 실제 문답과 조서에 기재된 문답 간에 일정한 차이가 있음을 어느 정도 알고 있었을 것이므로, 상대적으로 덜 엄격한 평가를 했을 것으로 생각한다. 또한, 변호사들이 증거능력 평가보다 증명력 평가에 있어 조서 왜곡의 영향도를 더 높게 인식하고 있다는 점도 주목을 요하는 부분이다. 즉, 증거능력 평가의 관문을 통과하더라

---

[78] 다만, 하위 유형에 대한 일반인과 변호사의 응답 데이터로 독립표본 t검증을 한 결과에 따르면, 문답생략(p =.002), 답변의 뚜렷한 조작(p =.028), 답변의 미묘한 조작(p =.000), 질문조작(p =.010), 사전면담 · 신문(p =.001)에 대한 응답차는 통계적으로 유의미한 것으로 확인되는 반면, 답변생략, 문답추가, 문답전환, 조서편집에 대한 응답차는 통계적으로 유의미하지 않은 것으로 확인된다(이형근, 백윤석, 2019).

도 이상의 왜곡 유형 및 관행이 확인되면 증명력 평가에 부정적 영향을 줄 가능성이 높다. 왜곡 유형 및 관행과 증거법적 평가 간의 관계에 대한 변호사의 인식은 〈표 31〉과 같다.

표 31 조서의 왜곡과 증거법적 평가 간의 관계에 대한 변호사의 인식

단위: 명(%)

대분류	왜곡유형	적법절차	진정성립	특신상태	임의성	계
생략	답변생략	9(23)	22(55)	6(15)	3(7)	40(100)
	문답생략	8(23)	18(51)	6(17)	3(9)	35(100)
조작	답변의 뚜렷한 조작	13(26)	27(52)	6(11)	6(11)	52(100)
	답변의 미묘한 조작	6(15)	24(61)	5(12)	5(12)	40(100)
	질문조작	10(29)	18(51)	3(9)	4(11)	35(100)
	문답추가	11(23)	25(51)	6(12)	7(15)	49(100)
	문답전환	7(18)	20(53)	5(13)	6(16)	38(100)
기타	사전면담 · 신문	4(19)	5(24)	5(24)	7(33)	21(100)
	조서편집	5(21)	12(50)	4(17)	3(12)	24(100)
계		73(22)	171(51)	46(14)	44(13)	334(100)*

출처: 이형근, 백윤석 (2019). 피의자신문조서의 왜곡에 대한 증거법적 평가방향: 왜곡에 대한 일반인과 변호사의 인식 비교연구. 경찰학연구, 19(4), p. 154. *왜곡유형과 증거능력 요건의 연관성에 대한 변호사의 인식조사는 복수응답 문항으로 이루어졌음.

〈표 31〉을 보면 변호사들은 조서의 왜곡을 대체로 실질적 진정성립(51%)과 연관되는 것으로 인식하고 있으나, 적법한 절차와 방식(22%), 특신상태(14%), 임의성(13%) 등 여타의 요건과 연관된다는 인식도 상당함을 알 수 있다. 특히, 조작과 생략의 경우에는 주로 실질적 진정성립과 연관된다고 인식하는 전반적 경향과 같았으나(실질적 진정성립과 연관된다는 응답이 각 53%), 기타의 경우에는 사전면담 · 신문의 영향으로 인해 전반적 경향과 다소 다른 경향이 확인되었다(실질적 진정성립과 연관된다는 응답이 38%). 사전면담 · 신문과 각 요건의 연관성에 대한 인식은 임의성(33%), 실질적 진정성립(24%), 특신상태(24%), 적법한 절차와 방식(19%) 순으로 나타나, 다른 하위 유형들과 각 요건 간의 연관성에 대한 인식과

차이가 확인된다. 생각건대, 사전면담·신문은 조서의 왜곡과 밀접하게 연관되는 실무 관행이지만, 직접 조서를 작성 또는 왜곡하는 행위가 아니라는 점이 이와 같은 차이의 원인으로 작용하였을 것이다. 요컨대, 조서의 왜곡을 바라보는 일반인의 인식이 변호사의 인식보다 더 엄격하다는 사실, 변호사의 경우에는 조서의 왜곡이 증거능력 평가뿐만 아니라 증명력 평가에도 부정적 영향을 줄 것으로 인식한다는 사실, 또한 조서의 왜곡이 실질적 진정성립뿐만 아니라 여타의 요건과도 연관될 것으로 인식한다는 사실 등을 알 수 있다.

진술한 대로 기록하기의 의미

지금까지 피면담자의 진술을 기록함에 있어 '무엇을', '어떻게' 기록하고, 어떤 점에 '유의해야' 하는지를 학습해보았다. 진술한 대로 기록하기는 피면담자의 진술을 기록한 조서를 의사결정의 자료로 삼는 제도를 운용함에 있어 가장 핵심이 되는 요소다. 그러나 여기에는 면담자의 의도나 심증뿐만 아니라 인지적 역량, 사안과 상황, 업무량 등 다양한 요인이 영향을 미친다. 또한, 적법한 절차와 방식에 따라 기록하기와 달리 명확한 '공식'이 없어 상대적으로 준수하기가 더 어려운 요소다. 반면, 위반의 효과는 적법한 절차와 방식 위반의 경우보다 더 광범위하다. 앞서 살펴본 바와 같이 조서의 왜곡은 증거능력에 관한 모든 요건과 직간접적으로 연관될 뿐만 아니라 증명력 평가와도 연관된다. 특히, 조서의 왜곡과 진정성립 간의 연관성은 당해 조서를 탄핵증거로 사용하는 데 장애가 될 수 있고, 조서의 왜곡과 특신상태 간의 연관성은 조사자 증언을 가로막을 수 있다. 탄핵증거의 경우에도 진정성립이 인정되어야 증명력을 다투기 위한 증거로 사용할 수 있다는 것이 학계의 일반적 견해이고 (신동운, 2014; 이재상, 조균석, 2016), 증언의 대상이 되는 피면담자의 진술이 특신상태 하에서 이루어졌음이 증명되어야 조사자 증언을 할 수 있기 때문이다 (형사소송법 제316조 제1항). 특히, 대법원이 앞의 연구(이형근, 백윤석, 2019)에 참여한 변호사들의 인식과 같이 조서의 왜곡을 특신상태 요건과 연관짓고 있다는 점은 주목을 요하는 부분이다.[79] 이러한 관점에 의하면 조서의 왜곡은 조

---

79 대법원 2014. 8. 26. 선고 2011도6035 판결.

서의 본증 사용뿐만 아니라 조사자 증언마저 불가능하게 하는 요인이 되기 때문이다. 제2장에서 면담자는 면담을 수행하는 시점에 피면담자의 진술이 어떤 형태로 법원에 전달될지(예: 조서, 면담자의 증언), 어떤 자격으로 법원에서 사용될지(예: 본증, 탄핵증거)를 가늠하기 어렵다는 점, 그래서 면담자는 증거법칙상의 모든 요건을 이해하고 고려할 수 있어야 한다는 점을 설명한 바 있다. 이상의 학습 내용을 종합하면 진술한 대로 기록하기가 이와 같은 이해와 고려의 중심에 있음을 어렵지 않게 알 수 있다.

한편, 진술한 대로 기록하기는 증거법적 문제뿐만 아니라 민사적, 형사적 문제와 연관될 수 있다. 아직까지 조서의 왜곡으로 인해 허위공문서작성의 책임을 부담한 예를 발견하기는 어려우나, 이것은 단지 '문제를 삼지 않아서 문제가 되지 않은 것'으로 보아야 한다. 조서는 사실증명에 관한 공문서임에 틀림없다. 다만, 면담자와 피면담자 모두가 조서에 간인 후 기명날인 또는 서명을 하는 형태적 특성, 조서와 영상녹화물을 비교·분석하는 방식의 변론이 일반화되어 있지 않은 상황적 특성 등으로 인해 '형법(범죄)'적 관점에서 조서의 왜곡 문제에 접근한 예가 없을 뿐이라고 생각한다. 반면, 조서의 왜곡에 대하여 손해배상 책임을 인정한 대법원 판결[80]은 면담실무자들에게 적지 않은 고민을 안겨주었다. 이 판결에서 대법원은 다음과 같이 판시하였다.

> 피의자의 진술을 조서화하는 과정에서 추측이나 과장을 배제하고, 진술의 취지가 왜곡되지 않도록 조서의 객관성을 유지할 의무가 있다 할 것인 바, 수사기관의 질문에 대하여 단답형으로 한 대답이 대다수임에도 문답의 내용을 바꾸어 기재함으로써 마치 피의자로부터 자발적으로 구체적인 진술이 나오게 된 것처럼 조서를 작성하여 조서의 객관성을 유지하지 못한 직무상 과실이 있[다.]

대법원은 '문답의 내용을 바꾸어 기재함으로써 마치 자발적으로 구체적인 진술이 나오게 된 것처럼 조서를 작성'한 것, 즉 문답전환 형태의 조서 왜곡을 손해배상의 사유로 보았다. 문답전환은 진술의 '내용'에 대한 왜곡이 아니라 진술의 '주체'에 대한 왜곡이다. 따라서 조서의 왜곡 유형 중에서 상대적

---

80 대법원 2020. 4. 29. 선고 2015다224797 판결.

으로 덜 치명적인 부류로 볼 수 있다. 만약, 앞의 사건에서 전형적인 생략, 조작, 추가 등이 있었더라면 이보다 더 가혹한 평가가 내려졌을 것임을 어렵지 않게 짐작할 수 있다. 앞서 "면담기법은 대체로 '파란' 영역인 반면, 조서작성은 대체로 '빨간' 영역"이라는 저자의 사견을 언급한 바 있다. 이상의 학습 내용을 종합하면 진술한 대로 기록하기가 '빨간' 영역의 중심에 있음을 알 수 있다. 한편, 진술한 대로 기록하기는 법심리학적 면담방법론의 다른 핵심기술, 즉 질문기법, 청취기법 등과 밀접하게 연관되는 요소다. 가령, 문답전환은 개방형 질문을 통해 덩이 형태의 진술을 청취하는 역량이 부족한 상태에서 '단문장답' 형태의 조서를 꾸미려는 시도에서 비롯되는 것이다. 따라서 조서작성과 영상녹화가 병행되는 환경하에서 예쁘지만 위험한 조서나 안전하지만 못난 조서가 아니라 '예쁘면서도 안전한' 조서를 작성하기 위해서는 이 책에서 권장하는 핵심기술을 두루 갖추어야 한다.

6. 법정증언

법정증언은 사건 경험자의 증언(예: 목격자), 전문가의 증언(예: 감정인), 조사자의 증언(예: 면담자, 참여자) 등으로 대별된다. 여기에서는 면담과정에서 청취한 진술을 법원에 전달하는 것을 내용으로 하는 법정증언, 즉 조사자 증언에 관하여 살펴볼 것이다. 앞서 면담실무자는 면담 단계에서 청취한 진술이 향후 어떤 방식(예: 서면의 형태, 증언의 형태)으로 활용될지 가늠하기 어렵기 때문에 가능한 모든 경우에 대응할 수 있는 역량을 갖추어야 한다고 하였다. 특히, 수사기관의 경우에는 2021년 1월 1일부터 피의자신문조서가 본증으로 사용될 가능성이 줄어들게 되어 조사자 증언에 대비할 필요가 더욱 커졌다. 또한, 다른 공공기관 또는 민간기업에서 감사 또는 조사 업무를 수행하는 면담실무자도 사안에 따라 법정증언 또는 이와 유사한 상황(예: 위원회에서의 증언)에 대응해야 할 경우가 있을 수 있다. 따라서 조사자 증언은 법심리학적 면담방법론의 연장선상에 위치하는 것으로 볼 수 있다. 지금부터 조사자 증언에 필요한 지식과 유의점을 면담 단계, 증언 준비 단계, 증언 단계로 나누어 살펴보자.

1) 면담 단계

조사자 증언과 관련하여 면담 단계에서 고려할 사항은 대체로 지금까지 학습한 핵심기술, 즉 질문기법, 청취기법, 진술의 기록 등을 원칙에 따라 수행함으로써 담보된다. 가령, 조사자 증언을 하기 위해서는 증언의 대상이 되는 피면담자의 진술이 특신상태 하에서 이루어졌음이 증명되어야 하는 바(형사소송법 제316조), 올바른 질문유형과 질문방식의 사용, 적법한 절차와 방식에 따라 진술한 대로 기록하기 등이 특신상태를 일정 수준 이상으로 뒷받침해 줄 것이다. 다만, 면담 단계에서 고려할 사항 중 '면담자의 메모' 부분은 다시 한 번 강조해야 할 것 같다. 앞서 연대기적 메모와 도해적 메모를 소개하고, 일정 기간 이상 안정적으로 보관할 수 있는 곳에 메모해야 한다고 하였다(예: 수첩, 노트). 이는 증언 시점에 메모를 기억 환기의 도구로 사용하기 위함이다. 제2장에서 피면담자뿐만 아니라 면담자도 기억의 일시성, 즉 망각으로부터 자유롭지 못하다는 사실을 확인하였다. 게다가 면담자는 다수의 사건에 관한 면담을 수행해야 하고, 통상 면담의 시점과 증언의 시점 간에는 적지 않은 간극이 존재한다. 관련 연구에 의하면 사건 종결 시점과 증언 시점 간의 간극, 증언 시점에서의 기억 상태, 기억 환기의 방법은 〈표 32〉와 같다(이기수, 2012).

표 32 증언의 시점과 증언자의 기억

종결 · 증언 간극	3개월 미만	3-6개월	6-12개월	1년 이상	
	13.3%	29.5%	38%	15.7%	
기억 상태	기억 · 망각 혼재	대체로 기억	메모로 환기	환기 불능	
	41.8%	40.8%	13.3%	1.4%	
환기 방법	기록 복사	시스템 활용	기억 · 동료	메모	기타*
	38.6%	9.8%	16.9%	0.5%	34.2%

출처: 이기수 (2012). 경찰관 법정증언의 실태와 개선방안. 단국대학교 법학논총, 36(1), p. 526-528. *영상녹화물, 송치서 사본.

〈표 32〉를 보면 사건 종결 시점과 증언 시점 간의 간극이 6개월을 넘는 경우가 과반이고, 그 중에 1년을 넘는 경우가 15.7%에 이른다. 면담 시점과 사건 종결 시점 간에도 일정한 간극이 존재한다는 점을 감안하면 면담 시점과 증언 시점 간의 간극은 이보다 더 클 것임을 어렵지 않게 짐작할 수 있다(상단). 그 결과 증언 시점에서 대체로 기억하는 경우보다 기억과 망각이 혼재하는 경우나 메모 등을 통해 기억을 환기해야 하는 경우가 더 많다(중단). 한편, 기억 환기에는 사본해둔 기록, 형사사법정보시스템에 저장된 기록, 스스로의 기억 및 참여자와의 대화, 메모, 영상녹화물 등이 사용되고 있다(하단). 요컨대, 면담 시점과 증언 시점 간의 간극이 상당하여 증언 시점에 기억이 불완전한 경우가 많고, 기억 환기를 위해 다양한 방법이 사용되고 있다. 여기에서 사본해둔 기록, 형사사법정보시스템에 저장된 기록, 영상녹화물 등을 활용한 기억 환기에는 법리적, 실증적 문제가 수반될 수 있다는 점에 유의해야 한다. 먼저, 법정증언에서의 기억 환기를 목적으로 사건 기록을 사본하거나 형사사법정보시스템 또는 영상녹화시스템에 접근할 법적 근거가 명확하지 못하다. 또한, 사본해둔 기록 또는 형사사법정보시스템에 저장된 기록 중 기억 환기에 가장 중요한 기록은 당해 면담의 내용을 기록해둔 조서일 것인데, 조서에 기반한 법정증언은 '증언에 의한 조서 현출'과 다름없다는 점에서 적지 않은 비판에 직면해 있다(신상현, 2019; 조기영, 2015; 홍진영, 2020). 영상녹화물에 대하여 본증은 물론 탄핵증거로서의 자격마저 부여하고 있지 않은 현행 형사소송법의 태도를 감안할 때 영상녹화물에 기반한 법정증언에 대하여도 이와 같은 비판이 가해질 것임을 어렵지 않게 짐작할 수 있다(권순민, 2010). 다음으로, 증언에 앞서 조서나 영상녹화물을 접하게 되면 증언 시점에서의 기억이 당초의 면담 자체에서 유래하는 것인지 새롭게 접한 조서나 영상녹화물의 내용에서 유래하는 것인지 불분명해진다. 가사 증언자가 전자와 후자를 명확하게 구분할 수 있고 또 그렇게 주장한다고 하더라도 양자의 혼동 가능성에 대한 의심으로부터 완전히 자유롭기는 어렵다. 요컨대, 기억 환기를 위해 사용되고 있는 다양한 방법 중에는 법리적, 실증적 측면의 문제를 내포하는 것이 있다. 따라서 면담실무자는 메모를 적절히 활용해야 하고, 메모의 '면담 안내' 기능뿐만 아니라 '증언 대비' 기능에도 주목해야 한다. 지금까지를 읽고 '메모에만 의존하여 정확하게 증언할 수 있을까'라고 생각하는 독자가 있을 것 같다. 그

러나 너무 크게 걱정할 필요는 없다. 증언자의 임무는 '기억'의 범위에서 최선을 다해 증언하는 것이지 그 범위를 넘어 모든 '사실'을 증언하는 것이 아니기 때문이다(경찰청, 2007). 또한, 조서와 영상녹화물의 열람을 직접적으로 금지하는 규정이 없으므로(김정한, 2011), 열람에 따르는 '득'과 앞서와 같은 비판 또는 의심에 따르는 '실'을 형량하여 조서와 영상녹화물을 기억 환기의 방법으로 활용할 수도 있다.

2) 증언 준비 단계

실무에서 증언의 준비는 통상 법원의 증인 소환과 함께 시작된다. 증인 소환은 '증인소환장'에 의해 이루어지며, 증인소환장에는 증인명, 사건명, 피고인, 출석 일시 및 장소, 불출석시의 제재,[81] 불출석 사유의 신고[82] 등에 관한 내용이 기재되어 있다. 따라서 건강, 직장 또는 기타 불가피한 사정으로 지정된 출석 일시에 출석할 수 없는 경우에는 미리 '불출석사유서'로 신고하여야 한다(형사소송규칙 제68조의2). 형사소송법상 일정한 요건 및 절차에 따라 '증인 거부권'이 인정되는 경우가 있으나(제147조), 국가의 중대한 이익을 해하는 경우 이외에는 증인거부권이 인정되지 않으므로 범죄수사, 조사 또는 감사 업무에 종사하는 사람이 증인거부권을 행사할 수 있는 경우는 극히 드물다. 증인거부권은 증인이 되는 것, 즉 증언 행위 자체에 대한 거부라는 점에서 특정 질문에 대한 증언의 거부인 '증언거부권'과 구별된다. 요컨대, 법원의 증인 소환이 있는 경우 범죄수사, 조사 또는 감사 업무에 종사하는 사람이 취할 수 있는 조치는 대략 지정된 출석 일시에 출석하기와 불출석사유서 제출하기로 좁혀진다.

건강, 직장 또는 기타 불가피한 사정으로 불출석사유서를 제출하는 경우 이외에는 먼저 증인 신청의 주체를 확인해야 한다. 증인 신청의 주체가 누구인지에 따라 증언 준비의 초점이 달라질 수 있기 때문이다. 가령, '내용'적인

---

81 정당한 사유 없이 출석하지 아니하는 때에는 법원은 결정으로 5,000,000원 이하의 과태료에 처하고, 출석하지 아니함으로써 생긴 비용의 배상을 명할 수 있으며, 또 구인할 수 있습니다.

82 출석할 수 없는 경우에는 그 사유를 명시하여 신고하여야 하며, 신고하지 아니한 때에는 정당한 사유 없이 출석하지 아니한 것으로 인정되어 위와 같은 제재를 받을 수 있습니다.

측면에서 검사는 통상 피고인의 유죄를 주장하기 위해 증인 신청을 하고, 변호인은 통상 피고인의 무죄를 변론하기 위해 증인 신청을 할 것이며, '절차'적인 측면에서 증인 신청을 한 측은 주신문을 하고, 반대 측은 반대신문을 할 것이며, 반대신문에서는 유도신문도 가능하므로 이에 대한 대비가 필요하다(경찰청, 2007). 증인 신청의 주체를 확인한 후에는 기억 환기의 자료를 탐색해야 한다. 앞서 설명한 '면담자의 메모'가 기억 환기의 주된 도구가 되어야 한다. 다만, 메모만으로 기억을 충분히 환기할 수 없는 경우에는 조서, 영상녹화물, 기타 수사기록의 열람을 신중하게 검토해야 한다(경찰청, 2007; 류장만, 2008). 기억 환기의 자료를 탐색할 때에는 피면담자의 진술뿐만 아니라 면담과정에서 활용했던 현재적, 잠재적 증거를 기억하는 데에도 신경써야 한다. 증언의 대상이 되는 피면담자의 진술이 그에게 불이익한 진술, 가령 자백인 경우에는 자백보강법칙에 따라 보강증거가 있어야 하기 때문이다(신상현, 2019; 이기수, 2012; 정광진, 김종길, 2012).

증언 준비 단계에서 특히 유의해야 할 부분이 검사와의 면담이다. 범죄수사 실무에서는 법원의 증인 소환을 받고 검사와 면담을 하는 경우가 있다. 특히, 검사가 피고인의 유죄를 주장하기 위해 증인 신청을 한 경우에는 그 빈도가 더 높다. 관련 연구에 의하면 증언 준비 단계에서 검사와 면담을 한 경우가 14.6%로 나타났다(이기수, 2012). 이와 같은 관행은 검찰사건사무규칙 제189조[83]와 구 사법경찰관리집무규칙[84] 제60조의2[85]에 따라 형성된 것이다. 현재 사법경찰관리집무규칙은 폐지되었으나, 검찰사건사무규칙 제189조는 유효하므로 검사가 '증인신문의 적절한 수행'을 사유로 면담을 요청할 여지가 있다. 검사와의 면담에는 득과 실이 있다. 득은 증인 신청의 취지와 증인신문 단계에서 이루어질 질문을 미리 가늠할 수 있다는 점이고, 실은 검사와의 면담이 증언의 염결성과 중립성에 대한 의심을 유발할 수 있다는 점이다. 특히, 후자의 문제점에 대해 적지 않은 지적이 있음을 염두에 두어야 한다(이기수,

---

[83] 검사는 증인신문을 신청한 경우 검사가 신청한 증인 및 그 밖의 관계자를 상대로 사실을 확인하는 등 적절한 신문이 이루어질 수 있도록 필요한 준비를 할 수 있다.

[84] 2011. 10. 6. 일부개정 법무부령 제751호(2011. 12. 30. 폐지).

[85] 사법경찰관리는 그 직무와 관련한 형사재판에서 증언할 경우에는 공판에 관여하는 검사와 면담하는 등 사전에 필요한 준비를 하여야 한다.

2012; 이용식, 2012; 장승일, 2013). 따라서 면담 준비 단계에서의 검사 면담(대면, 비대면 포함)은 가급적 지양해야 하고, 부득이 면담을 하는 경우에도 증언할 내용을 조율하거나 리허설을 하는 등의 행위를 해서는 안 된다. 증언 단계에서 변호인이 검사와의 면담 여부 및 면담 내용에 관한 질문을 할 수 있다는 점, 이 질문에 대한 허위의 증언도 위증죄가 될 수 있다는 점을 명심하자. 생각건 대, 증언의 염결성 및 중립성에 대한 우려와 위증죄로 처벌될 우려 간에서 힘겨운 갈등을 해야 할 상황을 애초에 만들지 않는 것이 좋을 것 같다. 끝으로 기관 또는 부서에 따라 법정증언을 전후하여 일정한 방식으로 보고를 해야 하는 경우가 있으니 관련 규정을 확인할 필요가 있다.

3) 증언 단계

증언 단계의 마음가짐은 "증인은 사건과 관련된 자신의 기억을 중립적으로 증언한다는 생각으로 증언에 임해야 하고, 유죄의 증명을 위해 자신이 어떤 역할을 해야 한다는 생각을 버려야 한다"라는 것으로 요약된다(경찰청, 2007). 여기에서 핵심은 '기억'과 '중립'이다. 먼저, 자신의 '기억'을 바탕으로 증언해야 한다. 증언은 객관적 사실에 부합하는 진술을 하는 것이 아니라 기억에 부합하는 진술을 하는 것이기 때문이다. 따라서 가사 증언의 내용이 객관적 사실에 부합하지 않더라도 증언자의 기억에 부합한다면 위증에 해당하지 않는다.[86] 반면, 기억하지 못하는 사실을 증언하거나 긍정하게 되면 위증에 해당한다.[87] 여기에서 주의할 것은 혐의사실과 무관한 증언도 위증에 해당할 수 있다는 점이다.[88] 따라서 증언 단계에서는 혐의사실과 관련된 사항뿐만 아니라 혐의사실과 무관한 사항(예: 기억 환기의 방법, 검사와의 면담 여부 및 면담 내용)도 오로지 '기억'에 따라 증언해야 한다. 다음으로, 수사관, 감사관 또는 조사관의 관점이 아니라 증언자의 관점에서 '중립적'으로 증언해야 한다. 따라서 증언자는 증인 신청의 주체가 누구인지와 무관하게 중립적 태도를 견지

---

86 대법원 1985. 11. 26. 선고 85도711 판결, 대법원 1998. 4. 14. 선고 97도3340 판결.

87 대법원 1981. 6. 23. 선고 81도118 판결.

88 대법원 1990. 2. 23. 선고 89도1212 판결.

해야 한다. 증언자는 증언 행위 '자체'로 재판에 도움을 주어야 하는 것이지, 증언의 '내용' 또는 '기술'로 재판에 영향을 미치려고 노력해서는 안 된다.

증언 단계에 대한 이해를 제고하는 차원에서 증언의 환경을 잠시 살펴보자. 공판정의 구조와 공판정 내에서 증인석의 위치는 통상의 재판과 참여재판에 있어 차이가 있다. 참여재판은 국민의 형사재판 참여에 관한 법률[89]에 따라 배심원이 참여하여 평의 및 평결하는 재판제도다. 통상의 재판에 있어서는 증인석이 판사석(법대)의 맞은 편에 위치하는 반면, 참여재판에 있어서는 증인석이 배심원석의 맞은편에 위치한다. 이는 국민의 형사재판 참여에 관한 법률 제39조 제4항[90]에 따른 좌석배치다. 통상의 재판이 이루어지는 공판정의 일반적 구조와 참여재판이 이루어지는 공판정의 일반적 구조는 〈그림 11〉과 같다.

그림 11 통상재판 및 참여재판의 공판정 구조

법대	
검사	변호인
증인	
방청석	

〈통상재판의 공판정 구조〉

법대	
배심원	**증인**
검사	변호인
방청석	

〈참여재판의 공판정 구조〉

재판은 통상 재판장의 사건번호 및 피고인 호명, 진술거부권 고지, 인정신문, 검사의 기소요지 진술, 피고인의 모두진술, 쟁점 및 증거관계 정리, 증거조사(증인신문), 피고인 신문 순으로 진행된다. 제2회 변론기일 이후 증인신문을 주된 목적으로 하는 재판의 경우에는 사건번호 및 피고인 호명 후에 곧바로 증인신문을 한다. 증인신문은 재판장의 증인 출석 확인, 증인선서, 증언 순으로 진행된다. 선서는 선서서에 따라 "양심에 따라 숨김과 보탬이 없이 사

---

89 2017. 7. 26. 타법개정 법률 제14839호.

90 증인석은 재판장과 검사 · 피고인 및 변호인의 사이 오른쪽에 배심원과 예비배심원을 마주 보고 위치한다.

실 그대로 말하고 만일 거짓말이 있으면 위증의 벌을 받기로 맹세합니다"라고 낭독하여야 하고, 기립하여 엄숙히 하여야 한다(형사소송법 제157조). 이때 '사실 그대로'는 '오로지 기억에 따라'라는 의미로 이해하면 된다. 휴정시에는 검사나 변호인 등과의 대화를 자제하고 공판정 주변을 배회하지 않도록 하여야 한다(경찰청, 2007). 검사나 변호인과의 접촉이 증언의 신빙성을 탄핵할 사유가 될 수 있고, 휴정시의 언행이 배심원들에게 부적절한 인상을 줄 수 있기 때문이다. 퇴정은 재판장의 안내에 따라 하는 것이 원칙이며, 퇴정한 이후에는 법정에 남아 있거나 법정으로 돌아오지 않아야 한다(경찰청, 2007). 증언자의 재정이 다른 참여자에게 불필요한 영향을 줄 수도 있고, 재정 행위가 부정적으로 평가될 수도 있으며(예: 재정 → 관심 → 불공정), 재정 증인은 언제든지 다시 증인으로 신청될 수 있기 때문이다.

증언은 '기억에 따라 중립적으로 한다'라는 원칙에 입각하여 하면 된다. 이때 메모를 활용하는 것은 무방하지만, 반드시 사전에 재판장에게 양해를 얻은 후에 활용해야 한다(경찰청, 2007; 류장만, 2008). 출처 및 용도 불상의 메모를 보고 증언하는 모습이 결코 '기억'에 따라 증언하는 것으로 보이지는 않을 것이기 때문이다. 앞서 조서, 영상녹화물, 기타 수사기록을 기억 환기의 방법으로 활용하는 것도 신중하게 고려할 수 있다고 하였다. 다만, 조서나 수사기록의 사본을 가지고 증인석에 오르거나 이를 바탕으로 증언해서는 안 된다. '증언에 의한 조서 현출'이라는 비판에 직면할 가능성이 높기 때문이다. 따라서 조서, 영상녹화물, 기타 수사기록을 통해 기억을 환기한 경우에도 환기된 기억 자체와 간략한 메모만으로 증언에 임해야 한다. 또한, 증언에 앞서 면담자의 메모, 조서, 영상녹화물, 기타 수사기록을 탐색한 경우에는 '환기'된 기억과 새롭게 '부호화'된 기억을 엄격히 구분해야 한다. 증언은 원래의 '기억'에 따라 해야하는 것이지 어떤 매체를 통해 새롭게 '학습'한 바에 따라 해서는 안 되는 것이기 때문이다. 아울러 증언 단계에서 기억 환기의 방법에 관한 질문이 있을 수 있고, 이에 대한 답변도 위증죄의 규율 범위에 속한다는 사실을 염두에 두어야 한다.

증인신문은 증인 신청을 한 측에서 먼저 한다. 이를 주신문이라고 한다. 이후에는 반대 측에서 증인신문을 할 수 있다. 이를 반대신문이라고 한다. 반대신문에 이어 다시 주신문이 이루어질 수도 있다. 이를 재주신문이라고 한다. 이와 같은 증인신문의 방식을 교호신문이라고 한다. 아울러 재판장도 직권으로 증인신문을 할 수 있다. 여기에서 유의할 것은 반대신문의 경우에는 유도신문이 허용된다는 사실이다(형사소송규칙 제76조 제2항). 실무에서 검사나 변호인은 유도신문 이외에도 다양한 증인신문 전략을 사용한다. 우회적으로 모욕하기, 표현상의 오류 지적하기, 증인의 편견 또는 예단 지적하기, 복잡하게 질문하기, 빠르게 질문하기, 반복해서 질문하기, '예 또는 아니요'로 답변할 것 요구하기 등이 그것이다(경찰청, 2007; 이기수, 2012). 이와 같은 전략은 증언자의 정서를 자극할 것인데, 증언자는 '정서'가 아니라 '인지'로 이와 같은 전략에 대응해야 한다. 첫째, '기억에 따라 중립적으로 증언한다'라는 원칙을 상기해야 한다. 둘째, 위협적이거나 모욕적인 신문, 전의 신문과 중복되는 신문, 의견을 묻거나 의논에 해당하는 신문, 증인이 직접 경험하지 아니한 사항에 해당하는 신문에 대하여는 증언하지 않아도 된다(형사소송규칙 제74조 제2항). 이와 같은 유형의 신문은 원칙적으로 금지되고, 필요한 경우에는 신문하는 측이 그 이유를 소명해야 하기 때문이다. 셋째, 복잡한 질문, 빠른 질문 등으로 질문의 취지를 이해하지 못했을 때에는 설명 또는 반복을 요청해야 한다. 증언자는 기억의 공급자이고, 신문자는 기억의 수요자다. 공급자는 수요자에게 정확한 '주문'을 요청할 권리가 있다. 넷째, 설명이 필요한 질문을 하고 '예 또는 아니요'로 답변할 것을 요구하는 경우에는 재판장에게 양해를 구하고 부연하면 된다. 재판장이 부연을 허락하지 않는 경우에는 굳이 부연하려고 노력할 필요가 없다. 적극적인 증언 의지가 반드시 긍정적으로 보이지만은 않을 것이기 때문이다. 다섯째, 증언자 또는 그 친족 등이 형사소추 또는 공소제기를 당하거나 유죄판결을 받을 수 있는 사실이 드러날 염려가 있는 내용에 대하여는 증언을 거부할 수 있다(증언거부권). 특정 질문에 대한 증언의 거부라는 점에서 증언 행위 자체에 대한 거부인 '증인거부권'과 구별된다. 이 외에도 증언 단계에서 접할 수 있는 상황은 다양하다. 부적절하게 여겨지는 증인신문 전략을 접하게 되더라도 가급적 '평정심'을 유지할 것을 당부한다. 그 전략의 부적절성에 대한 법관이나 배심원의 평가도 크게 다르지 않을 것이기 때문이다. 증언자의 임무는 '기억'의 범위에서 최선을 다해 증언하는 것이지 그 범위를 넘어 모든 '사실'을 증언하는 것이 아니라는 점, 유죄의 증명을 위해 자신이 어떤 역할을 해야 한다는 생각을 버려야 한다는 점을 다시 한 번 강조하면서 법정증언에 관한 학습을 맺고자 한다.

제4장

면담의 구조화

제4장 면담의 구조화

1. 구조화의 의의

제1장에서 설득추구형 면담방법론과 정보수집형 면담방법론을 비롯하여 면담에 관한 다양한 접근들을 개관하고, 제2장에서 기억, 거짓말, 관련 규범 등 면담 상황과 연관되는 기초이론을 살펴본 후, 제3장에서 질문기법, 청취기법, 진술의 기록 등 면담의 수행에 필요한 핵심기술을 학습하였다. 본장에서는 지금까지 학습한 내용을 바탕으로 면담을 '구조화'하는 방법을 제안할 것이다. 면담의 구조화는 일정 수준 이상의 면담 수행을 담보하고, 역동적인 면담과정에 기준점을 제공하는 기능을 한다. 따라서 제3장에서 학습한 핵심기술은 사안과 상황, 그리고 독자의 선택에 따라 그 일부 또는 전부를 개별적으로 적용할 수도 있으나, 구조화된 '표준모델'에 따라 유기적으로 적용할 때 더 효과적이다. 다수의 면담방법론들이 구조화된 표준모델을 제안하고 있는 것도 이와 같은 이유 때문이다.

가령, PEACE 모델은 '계획 · 준비 – 도입 · 설명 – 진술청취 · 명확화 · 설명요구 – 종료 – 평가'라는 구조를 채택하고 있고, NICHD 프로토콜은 '사전면담 – 본면담 – 종료면담'이라는 구조를 채택하고 있다. 또한, 증거의 활용에 관한 SUE 기법은 '질문(Q) – 단서(C) – 증거(E)'라는 체계를 채택하고 있고, TIM 기법은 '계획 – 준비 – 면담 – 설명요구'라는 체계를 채택하고 있다. 한편, 제1장에서 장바구니에 담지 않았던 WZ 기법과 FBI 매뉴얼도 PEACE 모델과 유사한 면담 구조에 입각하고 있다. 각 면담방법론들이 제안 또는 채택하고 있는 면담 구조 간에는 다소간의 차이가 있다. 그러나 각 면담 구조를 정밀하게 음미해보면 다음과 같은 사실을 알 수 있다. 첫째, 면담의 전후 단계까지 구조화하는 예가 있는 반면(PEACE), 면담 단계만을 구조화하는 예가 있다(NICHD 프로토콜, SUE 기법). 둘째, 면담의 전후 단계까지 구조화할 경우 면담은 '면담 전 단계 – 면담 단계 – 면담 후 단계'로 나뉜다. 셋째, 면담 단계는 다시 각 면담방법론의 특성과 관심에 따라 다양하게 나뉜다. 가령, 진술의 청취에 초점을 둔 PEACE 모델과 NICHD 프로토콜은 면담 단계를 '도입면담 – 본면담 – 종료면담'으로 구분하고, 증거의 활용에 초점을 둔 SUE 기법과 TIM 기법은 면담 단계를 '면담'을 통한 진술 청취 국면(Q · C)과 '증거'의 제시 또는 진술과 증거 간의 모순에 대한 설명요구 국면(E)으로 구분한다. 요컨대, 면담의 구조는 통상 '면담 전 단계 – 면담 단계 – 면담 후 단계'로 나뉘고, 면담 구조의 중심이 되는 면담 단계는 더 많은 하위 단계로 나뉜다.

본장에서는 법심리학적 면담방법론의 표준모델을 '면담 전 단계 – 면담 단계 [도입면담 · 본면담 · 종료면담] – 면담 후 단계'로 설정하고, '면담 + 증거'라는 체계를 면담 단계에 접목하고자 한다. 이를 통해 '진술의 청취'라는 면담의 본래적 기능에 충실하면서도, '증거의 활용'이라는 유용한 도구를 조화롭게 포섭할 수 있을 것으로 생각한다. 면담 전 단계에는 기록 검토, 면담계획 수립, 출석요구 등이 포함된다. 도입면담 단계에는 변호인과 참여자의 참여, 라포형성, 면담규칙 설명 등이 포함된다. 본면담 단계에는 질문, 청취, 증거의 활용, 진술분석과 행동분석, 진술의 기록 등이 포함된다. 종료면담 단계에는 종합 요약, 질의응답 및 안내, 기록의 완성 등이 포함된다. 면담 후 단계에는 진술에 대한 평가, 범죄수사, 감사 또는 조사에 대한 평가, 면담의 수행에 대한 평가 등이 포함된다. 이상에서 개관한 법심리학적 면담방법론의 표준모델은 〈표 33〉과 같다.

표 33 법심리학적 면담방법론의 표준모델

국면 (하위 국면)	면담 전 단계	면담 단계			면담 후 단계
		도입면담	본면담	종료면담	
내용	• 기록 검토 • 면담계획 수립 • 출석요구	• 변호인, 참여자 • 라포형성 • 면담규칙 설명	• 질문 • 청취 • 증거의 활용 • 진술 · 행동분석 • 진술의 기록	• 종합 요약 • 질의응답, 안내 • 기록의 완성	• 진술 평가 • 조사 평가 • 수행 평가

2. 면담 전 단계

기록 검토

　기록 검토는 "면담 직전까지 작성된 기록을 검토하여 면담에서 참고할 또는 활용할 정보를 추출하는 단계"다. 기록 검토는 핵심기술 중 질문의 내용 및 증거의 활용, 특히 현재적 증거의 활용과 깊게 연관된다. 면담 직전까지 작성된 기록이 면담에서 다룰 질문과 증거의 핵심적 원천이기 때문이다. 따라서 면담자는 면담에 앞서 범죄수사, 감사 또는 조사에 관한 현재까지의 기록을 정밀하게 검토하고 분석해야 한다. 실무에서 동료가 작성한 기록의 검토는 잘 하는 반면, 자신이 작성한 기록의 검토는 생략하는 경향이 있다. 자신이 수행하고 자신이 기록한 부분은 이미 잘 알고 있다는 인식 때문일 것으로 생각한다. 그러나 사람의 기억은 취약하고, 새로운 면담을 앞둔 시점에서 기록의 의미는 새로울 수 있다. 따라서 특별한 사정이 없다면 반드시 현재까지의 모든 기록을 검토해야 한다. 먼저, 면담자는 범죄수사, 감사 또는 조사의 전제가 되는 '실체규범(예: 형법)'의 요건 부분과 '사실관계', 그리고 다른 피면담자의 '관련성 있는 진술'을 종합하여 면담에서 다룰 쟁점을 추출해야 한다. 앞서 실체규범, 사실관계, 관련성 있는 진술이 각각 질문내용의 1차적, 2차적, 3차적 원천이 된다고 설명한 바 있다. 다만, 여기에서 '관련성 있는 진술'은 향후 이루어질 피면담자의 진술이 아니라 이미 이루어진 다른 피면담자의 진술이므로 이를 질문내용 추출의 우선순위에 둘 필요는 없다. 따라서 세 가지 원천을 종합하여 면담에서 다룰 쟁점을 추출하면 된다.

　다음으로, 면담자는 기록 내에 존재하는 증거나 자료 중에서 현재적 증거의 활용에 사용할 수 있는 소재를 발굴해야 한다. 사안에 따라서는 현재적 증거의 활용에 사용할 소재가 없는 경우도 있을 수 있다. 그러나 면담자는 소재가 없다고 쉽게 단정해서는 안 된다. 다른 피면담자의 진술이나 당해 피면담자가 그 존재와 내용을 알고 있을 가능성이 높은 정보(예: 다른 피면담자와 당해 피면담자 간에 작성된 계약서)도 모두 활용가능한 현재적 증거가 될 수 있기 때문이다. 현재적 '증거(E)'를 발굴하였다면 이와 연관되는 '단서(C)'의 탐색에도 주의를 기울여야 한다. 현재적 증거의 활용은 '질문(Q) – 단서(C) – 증거(E)'의 순서로 이루어질 때 가장 효과적이기 때문이다. 한편, 당해 피면담자와의 면담이 최초의 면담이 아닌 경우에는 피면담자의 이전 진술과 그 진술을 토대로 수행한 사실확인의 결과가 현재적 증거 활용의 소재가 되어야 한다. 즉, 제1회 면담에서의 잠재적 증거가 제2회 면담에서의 현재적 증거가 될 수 있다. 또한, 기록 검토는 현재적 증거뿐만 아니라 잠재적 증거의 활용에 사용할 소재를 발굴하는 데에도 도움을 준다. 잠재적 증거의 활용은 주로 당해 피면담자의 진술(예: 알리바이)을 바탕으로 이루어지지만, 기록 검토를 통해 피면담자가 할 수 있는 진술을 어느 정도 추론해 볼 수 있기 때문이다. 아울러, 기록 검토 과정을 추출한 쟁점, 증거 및 단서를 뒤에서 학습할 면담계획서에 충실히 기록해야 한다.

면담계획 수립

면담계획 수립은 "기록 검토 등을 바탕으로 당해 면담의 목적, 확인된 사항, 확인할 사항, 질문의 목록, 예상되는 어려움과 대응 방법 등을 구상하는 단계다. 원칙적으로 면담계획은 면담계획서로 구체화, 가시화되어야 한다. 물론, 사안과 상황에 따라 면담계획서의 작성을 생략할 수도 있겠으나(예: 증거관계가 명확하고 경미한 사안), 면담은 언제나 의외의 상황으로 전개될 가능성이 있기 때문에 특별한 사정이 없다면 면담계획서를 작성할 것을 권장한다. 면담계획서에는 당해 사건 및 면담에 관한 '행정적' 정보와 '내용적' 정보가 기록되어야 한다. 행정적 정보에는 사건명, 피면담자의 규범적 지위, 면담의 일시와 장소, 변호인과 참여자의 참여 여부 및 성명 등이 포함된다. 통상 범죄수사, 감사 또는 조사 업무를 수행하는 기관에서 정형화된 면담계획서 서식을 제공하는 경우는 드물다. 면담계획서는 '면담자의 메모'와 마찬가지로 면담자의 면담 수행을 돕는 사실적 도구이기 때문이다. 사안과 상황에 따라 다양한 내용과 형식의 면담계획서가 가능하겠으나, 여기에서는 〈그림 12〉와 같이 면담계획서 작성례를 제시하고, 항목별 작성법 및 유의점을 설명하고자 한다.

행정적 정 보	• 사 건 명: 사기 • 피면담자: 백정은 (피의자, 권리고지 필요) • 변 호 인: 장준홍 (참여 예정) • 일 시: 2021. 6. 30. 18:00 (3시간) • 장소: 영상상녹화1실 (예약 완료) • 참 여 자: 박근면 (협의 완료)

내용적 정 보	**1. 면담 목적**
	• 피의자가 고소인에게 1,000만원을 빌렸는지, 용도에 맞게 사용했는지, 갚았는지, 갚지 않았다면 그 이유가 무엇인지 확인(형법 제347조 제1항 "사람을 기망하여 재물의 교부를 받은 경우"에 해당하는지 확인)
	
	2. 확인된 사항
	• 개인: 대학교 졸업, 1년 전에 이혼하고 자녀 없으며 현재 상점 운영중, 테니스를 즐김.
	• 사건: 병원비 명목으로 1,000만원을 현금으로 빌린 후 현재까지 갚지 않고 있으며, 그 사용처와 미면제 이유는 알 수 없음. 변제를 독촉하는 전화 통화를 녹취한 파일이 있음.(이 상은 고소인의 진술 및 제출 자료에 의한 것임)
	  → 라포형성 소재: 가정사, 직장사, 취미
	  현재적 증거: E = 전화 통화 녹취 파일, C = 차용 후 연락 또는 통화한 사실
	  잠재적 증거: 차용금의 사용처, 변제계획
	
	3. 확인할 사항
	• 빌렸는지: 진술 청취 후 녹취 파일 제시(시인할 경우 다음에 집중)
	• 차용금 사용처, 갚았는지, 변제계획, 미변제 사유: 진술 청취하면서 상호작용 탐지(반드 시 변제계획 다음에 미변제 사유 확인)
	
	4. 질문 목록
	• 차용 국면, 사용 국면, 변제 또는 변제를 위한 조치 국면, 미변제 사유로 구분하여 '3 + 2 - 3'에 따라 질문
	• 중심질문: 1) 빌린 사실을 부인할 경우에는 "해당 일시에 무엇을 했는지 자세히 진술해 보세요.", "녹취 파일에 관하여 설명해 보세요." → 전자는 상호작용 탐지, 후자는 전략 적 증거 사용
	  2) 빌린 사실을 시인할 경우에는 "변제계획을 자세히 진술해 보세요.", "갚지 못한 이유를 자 세히 진술해 보세요." → 상호작용 탐지
	  3) 사용처에 관하여 "빌린 돈의 사용처를 자세히 진술해 보세요." → 상호작용 탐지
	  5. 예상되는 어려움과 대응 방법
	• 빌린 사실과 갚지 않은 사실을 시인하면서도 '기망' 사실을 극구 부인하는 경우에는 '변제 계획'에 관힌 진술을 정밀하게 청취하여 변제 기한 내 변제 가능성을 검증해야 함.

행정적 정보란에는 사건명, 피면담자, 변호인, 일시, 장소, 참여자 등에 관한 정보를 기재하여야 한다. 행정적 정보란의 작성은 다음과 같은 중요한 의미를 갖는다. 첫째, 피면담자의 규범적 지위를 재확인함으로써 필요한 규범적 요구를 점검할 수 있다. 진술거부권 및 변호인 조력권의 고지 여부, 변호인 및 참여자의 참여 여부 등에 관한 점검이 여기에 해당한다. 둘째, 변호인 선임 및 참여 여부에 따라 필요한 조치를 점검할 수 있다. 가령, 변호인이 선임되어 있는 경우에는 변호인에게도 면담의 일시와 장소를 통지하고 협의해야 한다. 셋째, 면담의 일시에 따라 가능한 면담의 시간과 필요 조치를 미

리 가늠할 수 있다. 가령, 수사기관의 경우 오후 9시 이후에는 원칙적으로 면담을 할 수 없으므로, 오후 6시에 시작하는 이 면담은 3시간 이내에 종료되거나 3시간을 초과하는 경우에는 피면담자의 요청이 있어야 한다. 넷째, 면담의 장소가 영상녹화실과 같이 공용 면담 공간인 경우에는 장소 확보 여부를 상기시켜 준다. 수사기관의 경우 피면담자가 영상녹화를 희망하면 원칙적으로 영상녹화를 해야하므로, 출석요구 단계에서 피면담자의 영상녹화 희망 여부를 확인하고, 당해 면담 일시에 영상녹화실을 이용할 수 있도록 예약해 두어야 한다. 다섯째, 피의자 신문의 경우 참여자와의 참여 협의 여부를 상기시켜 준다. 특히, 신문의 장소가 영상녹화실이나 수사기관 이외의 장소인 경우에는 반드시 참여자와의 사전 협의가 필요하다.

내용적 정보란에는 ① 면담 목적, ② 확인된 사항, ③ 확인할 사항, ④ 질문 목록, ⑤ 예상되는 어려움과 대응 방법 등에 관한 정보를 기재해야 한다. ① 면담 목적 부분에는 실체규범, 사실관계, 다른 피면담자의 관련성 있는 진술을 종합하여 설정한 면담 목적을 기재해야 한다. 〈그림 12〉의 면담계획서 작성례에는 당해 사안이 실체규범인 형법 제347조 제1항에 규정된 "사람을 기망하여 재물의 교부를 받은 경우"에 해당하는지를 판단하기 위하여 피의자가 돈을 빌렸는지(재물 교부 여부), 용도에 맞게 사용했는지, 갚았는지 및 갚지 않은 이유(기망 여부)를 확인하는 것이 면담의 목적으로 기재되어 있다. 면담 목적은 이어지는 확인된 사항, 확인할 사항, 질문 목록 등을 설정하는 기준이 되므로, 당해 사안과 실체규범의 조합을 통해 형성되는 사실관계에 따라 간략하면서도 정확하게 기재해야 한다. 가령, 이 면담은 재물 교부 여부가 쟁점이 될 수도 있고 기망 여부가 쟁점이 될 수도 있다.

② 확인된 사항 부분은 피면담자 개인에 관한 정보와 사건에 관한 정보로 나뉜다. 개인에 관한 정보는 기록 또는 다른 피면담자의 진술을 통해 확인된 정보로 라포형성의 소재가 될 수 있다. 다른 피면담자의 진술이 부정확할 가능성이 있는 점, 특정 개인정보의 언급은 프라이버시 침해로 여겨질 수 있는 점 등을 고려하여 라포형성의 소재로 삼아야 한다. 사건에 관한 정보는 기록 검토를 통해 추출한 쟁점, 증거 및 단서로 본면담의 핵심 소재가 된다. 〈그림 12〉의 면담계획서 작성례에는 '전화 통화 녹취 파일(단서는 '연락 또는 통화한 사실')'과 '차용금의 사용처, 변제계획'이 각각 현재적 증거와 잠재적 증거로 기

재되어 있다. ③ 확인할 사항 부분은 앞서의 면담 목적과 확인된 사항을 종합하여 도출되는 면담의 내용 및 방법에 관한 개요로 본면담의 기준이 된다. 〈그림 12〉의 면담계획서 작성례에는 상황에 따라 빌렸는지, 차용금의 사용처가 어떻게 되는지, 갚았는지, 변제계획 및 미변제 사유가 어떻게 되는지를 확인할 방법과 순서가 기재되어 있다. 〈그림 12〉의 면담계획서 작성례를 통해 피면담자가 돈을 빌린 사실을 부인할 경우에는 '진술 청취 – 차용 후 연락 또는 통화한 사실 확인 – 전화 통화 녹취 파일 제시 및 설명요구'의 순으로 현재적 증거를 사용하고, 피면담자가 돈을 빌린 사실을 시인할 경우에는 차용금의 사용처와 변제계획에 관한 '외부적 정보', 즉 잠재적 증거를 탐색하고자 하는 면담자의 면담 전략을 읽을 수 있다. 또한, 면담자는 미변제 사유에 관한 질문을 하기 전에 변제계획에 관한 질문을 해야 한다는 사실을 잊지 않기 위한 표기를 해두었는데(확인할 사항 하단의 괄호), 이는 변제계획에 관한 '외부적 정보'를 보다 충실히 확보하여 기망 여부를 판단하고자 하는 노력의 일환이다.

④ 질문 목록 부분에서는 면담 목적, 확인된 사항, 확인할 사항 등을 토대로 본면담을 구획짓고 중심 질문을 기재해야 한다. 〈그림 12〉의 면담계획서 작성례에는 본면담이 차용 국면, 사용 국면, 변제 국면, 미변제 사유로 구분되어 있고, 피면담자가 빌린 사실을 부인할 경우와 시인할 경우에 적용할 중심 질문이 기재되어 있다. 이를 통해 상황에 따른 면담의 초점과 질문의 내용 및 증거 활용 방법에 관한 면담자의 계획을 읽을 수 있다. 실무에서는 조서 파일에 미리 질문 목록을 적어두는 경우가 있다. 굳이 문제 삼을 관행은 아니라고 생각하나, 이와 같은 방법으로 면담계획서를 대체하는 것은 바람직하지 못하다. 조서 파일상의 질문 목록에는 면담계획서상의 정보가 모두 포함되어 있지 않을 뿐만 아니라, 진술의 기록이 진행됨에 따라 질문 목록이 휘발되기 때문이다. 이는 제2회 면담이나 법정증언에서 활용할 수 있는 유용한 도구 하나를 누락하는 결과가 된다. 또한, 조서 파일에 미리 질문 목록을 적어두더라도 질문 목록은 중심 질문의 범위에 머물러야 한다. 면담 전에 상상의 나래를 펼쳐 세부적인 질문까지 구상하게 되면 편향의 원인이 될 수 있기 때문이다. 이는 유연한 의사결정 규칙 적용하기라는 기준을 위협할 수 있다. ⑤ 예상되는 어려움과 대응 방법 부분에는 당해 사안에서 예상 가능한 돌발상황 및 조치계획을 기재하면 된다. 사안에 따라서는 예상되는 돌발상황이 없을 수도 있

다. 또한, 면담계획 수립 단계에서 예상한 돌발상황이 면담 단계에서 발생하지 않을 수도 있고, 반대로 면담계획 수립 단계에서 예상하지 못한 돌발상황이 면담 단계에서 발생할 수도 있다. 따라서 이 부분은 가외성(redundancy)의 법칙이 적용되는 영역이다. 〈그림 12〉의 면담계획서 작성례에는 피면담자가 기망 사실을 부인할 경우 그 여부를 변제계획에 따라 검증할 것이라는 취지가 기재되어 있다. 이를 통해 피면담자가 진술하는 변제계획(예: 적금, 채권)과 이 사건 차용금의 규모 및 변제일시를 비교·분석하여 피면담자의 기망 여부를 객관적으로 판단하고자 하는 면담자의 계획을 읽을 수 있다.

면담계획서는 면담자의 메모와 같은 기준으로 관리되어야 한다. 즉, 면담계획서는 일정 기간 동안 안정적으로 보관할 수 있는 곳에 작성되어야 하고 (예: 면담계획서 철), 비망록의 형태로 관리, 활용되어야 한다. 한편, 면담계획서는 면담자의 메모, 특히 연대기적 메모와 통합하여 작성, 활용할 수 있다. 이 경우 면담계획서의 확인할 사항 부분이 메모의 기능을 하게 된다. 또한, 면담계획서와 도해적 메모를 병용하는 방법도 권장할 수 있겠다. 이 경우 면담자는 연대기적 메모의 기능과 도해적 메모의 기능을 모두 누릴 수 있다. 면담계획서와 면담자의 메모는 공히 비망록이기 때문에, 법정증언을 함에 있어 '증언에 의한 조서 현출'이라는 비판으로부터 비교적 자유로운 기억 환기 방법이 될 수 있다. 이를 통해 특별한 사정이 없으면 면담계획서를 작성해야 하는 이유를 하나 더 알게 되었다.

출석요구

면담계획 수립을 완료하였다면 피면담자에게 출석요구를 하여야 한다. 실무에서 출석요구는 출석요구서라는 서면에 의해 이루어지기도 하고, 전화, 문자메시지, 이메일 등의 간이한 방법으로 이루어지기도 한다. 수사기관의 경우에는 전자를 원칙으로, 후자를 예외로 각각 설정하고 있다. 그러나 범죄수사 실무에서는 원칙과 예외가 뒤바뀌어 운용되는 경향이 있다. 즉, 출서요구서에 의한 출석요구보다 전화에 의한 출석요구가 현저히 더 빈번하게 이루어지고 있다(이형근, 2021a). 통상 각 기관에는 정형화된 출석요구서 서식이 존재한다. 서식에는 출석요구의 일시 및 장소, 혐의사실 또는 사건의 요지 등을 기재하는 란이 포함되어 있다. 수사기관에서 사용하는 출석요구서 서식은 〈부록 4〉와 같다. 〈부록 4〉를 보면 검찰사건사무규칙상의 출석요구서 서식(별지 제30호 서식)과 경찰수사규칙상의 출석요구서 서식(별지 제21호 서식)이 다소 상이함을 알 수 있다. 가령, 전자에는 변호인 조력권에 관한 기재가 있는 반면, 후자에는 이에 관한 기재가 없다. 출석요구 단계에서 변호인 조력권을 고지해야 한다는 명문의 규정은 없으나, 변호인 조력권 보장의 강화, 기관 간 출석요구 실무의 통일성 제고 차원에서 정비를 요하는 부분이라고 생각한다.

피면담자에게 출석요구를 할 때에는 다음과 같은 점에 특히 유의해야 한다. 첫째, 출석 일시와 장소를 정할 때에는 피면담자와 미리 협의해야 한다. 수사준칙이 "출석요구를 하려는 경우 피면담자와 조사의 일시·장소에 관하여 협의해야 한다(제19조 제2항 전문)"라는 규정을 두고 있을 뿐만 아니라, 일방적인 출석 일시 및 장소 지정은 피면담자와의 라포형성, 면담의 임의성 및 특신상태 확보 등에도 부정적 영향을 줄 수 있기 때문이다. 따라서 수사기관은 물론 다른 공공기관 또는 민간기업의 경우에도 피면담자와의 출석 일시 및 장소 협의가 필요하다. 둘째, 변호인이 선임되어 있는 경우에는 변호인과도 면담의 일시와 장소를 협의해야 한다. 수사준칙이 "변호인이 있는 경우에는 변호인과도 협의해야 한다"라는 규정을 두고 있을 뿐만 아니라(제19조 제2항 후문), 변호인과의 면담 협의 결략에 따른 변호인의 불참은 면담의 임의성 및 특신상태 확보 등에 특히 부정적 영향을 줄 수 있기 때문이다. 다른 공공기관 또는 민간기업의 경우에도 피면담자의 방어권 보장, 면담의 임의성 및 특신상태 확보 등을 위해 변호인과의 협의 절차를 거쳐야 할 것으로 생각한다. 셋째, 출석요구 단계에서 영상녹화에 관한 피면담자의 의사를 확인하여야 한다. 수사기관의 경우 피면담자가 영상녹화를 희망하면 원칙적으로 영상녹화를 해야하기 때문이다. 출석요구 단계에서 이에 관한 피면담자의 의사를 확인하지 않으면, 출석한 피면담자가 영상녹화실에서의 면담을 위해 장시간 대기하거나 영상녹화 없이 면담해야 하는 문제가 발생할 수 있다. 영상녹화제도를 운용하고 있는 다른 공공기관이나 민간기업의 경우도 마찬가지다.

넷째, 출석요구의 취지, 즉 혐의사실 또는 사건의 요지는 구체적으로 기재, 고지해야 한다. 수사준칙이 "출석요구를 하려는 경우 출석요구의 취지를 구체적으로 적은 출석요구서를 발송해야 한다"라는 규정을 두고 있을 뿐만 아니라(제19조 제3항 본문), 피면담자가 혐의사실 또는 사건의 요지를 구체적으로 알아야 면담 준비를 충실하게 할 수 있기 때문이다. 물론, 면담 단계에서 피면담자에게 혐의사실 또는 사건의 요지를 고지할 것이지만, 출석요구 단계에서 이를 미리 알려줌으로써 보다 충실한 면담 준비의 기회를 제공할 수 있다. 따라서 출석요구의 취지란에는 앞서 면담규칙 설명 방법에서 학습한 바와 같이 면담의 전제가 되는 사건의 주체, 일시, 장소, 행위 등이 포함되어야 한다. 가령, 〈그림 12〉의 면담계획서 작성례에 따라 피의자에게 출석요구를 하는 경우에는 적어도 "20××. ××. ××. △△에서 귀하가 고소인 ○○으로부터 병원비 명목으로 1,000만원을 차용하고 변제하지 않은 사건(죄명: 사기)과 관련하여 귀하의 진술을 듣고자 출석을 요구합니다."라고 기재, 고지해야 한다. 한편, 실무에서 빈번하게 이루어지고 있는 바와 같이 전화로 출석요구를 한 경우에는 피면담자에게 이메일, SNS, MMS 등을 이용하여 출석요구서 파일(예: pdf)을 보내야 할 것으로 생각한다. 수사준칙이 "신속한 출석요구가 필요한 경우 등 부득이한 사정이 있는 경우"에 한하여 전화, 문자메시지 등에 의한 출석요구를 허용하고 있음에도 불구하고(제19조 제3항 단서), 실무에서는 이와 같은 경우에 해당하지 않음에도 전화로 출석요구를 하는 일이 허다하기 때문이다. 또한, 이와 같은 경우에 해당한다고 하더라도 전화로 출석요구를 하게 되면 필요한 정보(예: 출석요구의 구체적 취지, 피면담자의 권리)가 누락될 우려가 있다. 따라서 전화로 출석요구를 한 이후에는 반드시 출석요구서 파일을 보낼 필요가 있다(이형근, 2021a). 다섯째, 출석요구 단계에서 피면담자의 모든 권리를 고지해야 한다. 앞서 검찰사건사무규칙상의 출석요구서 서식에는 변호인 조력권에 관한 기재가 있는 반면, 경찰수사규칙상의 출석요구서 서식에는 이에 관한 기재가 없음을 확인한 바 있다. 아울러 두 기관의 출석요구서 서식에는 공히 진술거부권에 관한 기재가 없다. 변호인 조력권의 보장을 강화하고, 기관 간 출석요구 실무의 통일성을 제고하며, 출석요구 시점부터 면담 직전 시점까지에서 이루어질 수 있는 사전면담·신문의 부정적 영향을 최소화하는 차원에서 변호인 조력권 및 진술거부권을 출석요구 단계에서부터 고지해야 할 것으로 생각한다. 구체적인 고지의 방법은 〈표 27〉 면담규칙의 표준 설명문 '고지란'을 참고하기 바란다.

3. 면담 단계

1) 도입면담

변호인과 참여자의 참여

앞서 피면담자에게 변호인이 선임되어 있는 경우에는 변호인과도 면담의 일시와 장소를 협의해야 한다고 하였다. 협의에 따라 변호인이 면담과정에 참여하기로 한 때에는 그 변호인을 면담과정에 참여하게 하여야 한다. 특히, 범죄수사 업무를 수행하는 면담실무자는 피의자뿐만 아니라 모든 사건관계인(예: 피해자, 참고인)과의 면담에 변호인의 참여권이 인정된다는 사실을 유념해야 한다(수사준칙 제13조 제3항). 변호인이 면담과정에 참여하는 경우 면담 전에 변호인 또는 피면담자로부터 '변호인 참여신청서'와 '변호인 선임서'를 제출받아야 한다. 다만, 전자는 면담 후의 '변호인 참여확인서'로 대체할 수 있고, 후자는 변호인과 피면담자의 '의사' 및 변호인이 변호사라는 '증표(예: 변호사증)'로 갈음하고 사후에 제출받을 수 있다. 수사기관에서 사용하는 변호인 참여신청서 및 변호인 참여확인서 서식은 〈부록 5〉와 같다. 아울러 면담과정에 참여한 변호인은 피면담자의 옆자리 등 실질적인 조력을 할 수 있는 위치에 앉도록 해야 하고, 조언·상담을 위한 메모를 할 수 있도록 조치해야 한다(수사준칙 제13조 제1항). 기관에 따라서는 노트북 등 전자기기를 이용한 메모를 허용하고 있는바(예: 경찰청), 다른 기관의 경우에도 전자기기를 이용한 메모를 금지할 명문의 규정이나 근거가 없다면 이를 허용해야 할 것으로 생각한다.

피면담자의 규범적 지위가 피의자인 경우에는 면담자 이외의 참여자가 면담과정에 참여해야 한다. 형사소송법 제243조가 "검사가 피의자를 신문함에는 검찰청수사관 또는 서기관이나 서기를 참여하게 하여야 하고 사법경찰관이 피의자를 신문함에는 사법경찰관리를 참여하게 하여야 한다."라는 규정을 두고 있기 때문이다. 문제는 참여자의 참여가 어떠한 수준으로 이루어져야 하는가에 있다. 실무에서 참여자의 참여가 상당히 자유로운 방식으로 이루어지고 있기 때문이다. 가령, 참여자는 면담과정에 참여하면서 다른 기록을 검토하거나, 보고서를 작성하거나, 심지어 다른 피면담자를 면담하면서 참여자의 역할을 겸하는 경우도 있다(이형근, 2021a). 그런데 영상 녹화실에서 면담을 하는 경우에는 이와 같은 참여 방식을 취하기 어렵다. 기관에 따라 참여자의 영상녹화실 '동석'을 규정하고 있는 예가 있을 뿐만 아니라(검찰사건사무규칙 제45조 제6항), 영상녹화물에 느슨한 또는 부적절한 참여 행위가 모두 기록되기 때문이다. 앞서 설명한 바와 같이 참여자의 면 담과정 참여는 형사소송법 제243조가 요구하는 적법한 절차와 방식이므로, 느슨한 또는 부적절한 참여는 면담과정을 통해 청취한 진술을 증거로 사용 하는 데에 부정적 영향을 줄 수 있다. 따라서 면담실무자는 피의자 신문이 일체의 참여 없이 또는 파행적인 참여하에 이루어지지 않도록 각별히 유의 해야 한다.

라포형성

라포형성은 면담을 규율하는 규범에 의해 요구되는 법리적 요소라기보다 진술량의 증대, 기준선의 설정, 문답 패턴의 정립 등을 목적으로 하는 실증적 요소다. 앞서 다양한 라포형성 방법을 소개하고, 라포형성의 기본적 체계를 「호칭 정하기 + 중립적 대화 + 요약하기」로 설정한 바 있다. 여기에서 '호칭 정하기'와 '중립적 대화'는 도입면담 단계에서 라포를 '형성'하는 기능을 하고, '요약하기'는 본면담 단계에서 라포를 '유지'하는 기능을 한다. '중립적 대화' 에는 면담에 임하기 위해 출석하는 과정과 같은 '일상적' 소재가 활용될 수도 있고, 취미나 직장사와 같은 '심층적' 소재가 활용될 수도 있다. 다만, 심층적 소재를 활용할 때에는 피면담자가 라포형성을 프라이버시 침해로 인식하거나 불편함을 느끼지 않도록 각별히 유의해야 한다. 〈그림 12〉의 면담계획서 작 성례에 따라 면담을 수행하는 경우에는 〈표 34〉와 같은 방법으로 라포형성을 할 수 있을 것이다.

표 34 라포형성례

구분	예시	
호칭 정하기	문: 지금부터 면담을 시작할 텐데, 면담을 하는 동안 제가 어떻게 불러드리는 게 좋을까요? 답: 음. 그냥 백사장이라고 불러주세요. 문: 알겠습니다. 그럼 백사장님은 면담을 하는 동안 저를 금수사관이라고 불러주세요. 답: 예.	
중립적 대화	**일상적 소재** 문: 오늘 출석을 하시는 데 불편함은 없었나요? 답: 예. 제 차를 운전해서 잘 왔습니다. 문: 승용차로 오셨다고 하셨는데, 교통상황은 어땠나요? 답: 중간에 조금 막히기는 했지만 대체로 원활했어요. 문: 예. 잠시 후부터 면담을 시작할 텐데, 혹시 지금 불편한 점은 없나요? 답: 물을 한잔 마시고 했으면 좋겠어요. (물을 제공한 후 면담을 이어간다.)	**심층적 소재** 문: 출석하시느라 수고가 많으셨습니다. 요즘 사업은 좀 어떻습니까? 답: 죽지 못해 하고 있지요. 이놈의 코로나 때문에. (상점, 판매 물품, 운영 현황 등에 관한 문답을 이어간다.) 문: 쉬실 때는 주로 무엇을 하십니까? 답: 요즘은 쉬는 날이 거의 없죠. 예전에는 운동을 좀 했었고. 문: 예. 어떤 운동을 하셨어요? 답: 테니스. 테니스를 오래 쳤죠. (경력, 실력, 노하우 등에 관한 문답을 이어간다.)

〈표 34〉의 라포형성례에서 면담자는 피면담자가 원하는 호칭을 확인한 후, 곧바로 피면담자를 '백사장님'이라고 부르고 있다. 아울러 자신을 '금수사관'이라고 부를 것을 안내하고 있다. 피면담자가 원하는 호칭을 결정하지 못하는 경우에는 평소 불리는 호칭을 물어 그 호칭을 사용하면 된다. 일상적 소재를 활용한 중립적 대화에서는 면담에 임하기 위해 출석하는 과정에 관한 약간의 문답이 이루어지고 있다. 짧은 대화를 통해 물을 마시고 면담을 했으면 좋겠다는 피면담자의 의사를 확인했다. 라포의 '형성'으로 나쁘지 않은 결과다. 심층적 소재를 활용한 중립적 대화에서는 직장사와 취미에 관한 약간의 문답이 이루어지고 있다. 피면담자가 상점의 운영이나 테니스에 관한 대화를 나눌 마음이 있는 것으로 보인다. 라포의 '형성'으로 괄목할 만한 결과다. 심층적 소재를 활용한 중립적 대화의 경우에는 피면담자의 프라이버시와 불편에 유의하고, 가급적 소재가 피면담자의 진술을 통해 자연스럽게 언급되도록 하여야 한다. 〈표 34〉의 라포형성례에서 직장사에 관한 언급은 면담자가 먼저 하고 있으나, 취미에 관한 언급은 피면담자가 먼저 하고 있음을 알 수 있다. 면담자가 피면담자의 직업을 알고 있는 경우는 적지 않은 반면, 피면담

자의 취미를 알고 있는 경우는 드물다. 따라서 전자를 면담자가 먼저 언급하는 것은 자연스러우나 후자를 면담자가 먼저 언급하는 것은 자연스럽지 못하다. 가령, "쉬실 때는 주로 무엇을 하십니까?"라는 면담자의 질문에 피면담자가 "요즘은 쉬는 날이 거의 없죠. 예전에도 그랬고."라고 답변하면, 테니스라는 취미를 중립적 대화의 소재로 삼지 않는 것이 좋다. 피면담자의 취미가 테니스라는 다른 피면담자의 진술이 부정확할 가능성이 있을 뿐만 아니라, 가사 피면담자의 취미가 테니스가 맞다고 하더라도 면담자가 먼저 "테니스를 치신다고 들었는데, 경력이 얼마나 되십니까?"라고 질문하는 것은 부적절하다. 이와 같은 질문을 들은 피면담자는 아마도 '이 사람이 내 뒷조사라도 한 건가?'라고 생각할 것이다. 라포를 '형성'하려다가 라포를 '파괴'해버린 셈이다. 일상적 소재를 활용한 중립적 대화만으로도 속칭 '평타취'를 할 수 있으므로, 심층적 소재를 활용한 중립적 대화는 무리하지 않는 범위 내에서 자연스럽게 시도해야 한다.

면담규칙 설명

면담규칙 설명을 구성하는 요소 중에는 면담을 규율하는 규범에 의해 요구되는 법리적 요소(예: 혐의사실의 요지 고지)와 진술량의 증대, 피암시성의 완화 등을 위한 실증적 요소(예: 최대한 자세히 진술하기 요청)가 병존한다. 앞서 면담규칙 설명의 방법을 소개하고, 면담규칙 설명의 기본적 체계를 「고지 + 요청 + 안내」로 설정한 바 있다. 고지에는 혐의사실의 요지 고지와 진술거부권 등의 고지가 포함되고, 요청에는 최대한 자세히 진술하기 요청, 사실대로 진술하기 요청, 빠짐없이 진술하기 요청, 자신의 방식대로 진술하기 요청이 포함되며, 안내에는 면담과정 진행의 개요 설명이 포함된다. 〈그림 12〉의 면담계획서 작성례에 따라 면담을 수행하는 경우에는 〈표 35〉와 같은 방법으로 면담규칙 설명을 할 수 있을 것이다.

표 35 면담규칙 설명례

구 분	예 시
고 지	• 고소인 ○○이 백사장님을 사기 혐의로 고소하였습니다. 고소의 요지는 20××. ××. ××. △△에서 백사장님께서 ○○으로부터 병원비 명목으로 1,000만원을 차용하고 변제하지 않았다는 것입니다. • 사장님께서는 일체의 진술을 하지 아니하거나 개개의 질문에 대하여 진술을 하지 아니할 수 있고, 진술을 하지 아니하더라도 불이익을 받지 아니하며, 진술을 거부할 권리를 포기하고 행한 진술은 법정에서 유죄의 증거로 사용될 수 있고, 변호인을 참여하게 하는 등 변호인의 조력을 받을 수 있습니다. 문: 위와 같은 권리들이 있음을 고지받았는가요? 답: *예.* 문: 진술거부권을 행사할 것인가요? 답: *아니요.* 문: 변호인의 조력을 받을 권리를 행사할 것인가요? 답: *아니요.*
요 청	• 면담과정에서는 백사장님의 표현과 방식에 따라, 최대한 자세히, 사실대로, 빠짐없이 진술해주시기 바랍니다. • 아울러 모르는 사항, 이해하지 못한 질문, 잘못된 질문이 있으면 저에게 말씀해주시고, 추정해서 진술하지 않도록 유의해주시기 바랍니다.
안 내	• 이 면담은 백사장님과 제가 대화를 하고 그 내용을 조서라는 서면에 기록하는 방식으로 진행될 것입니다. • 면담은 사장님께서 경험한 바를 제가 정확하게 이해하고 쟁점이 되는 정보가 모두 확인되었을 때 종료될 것입니다. 아울러 면담이 종료되면 사장님께 조서를 열람하고 정정할 기회를 드릴 겁니다. 문: 지금까지 제가 설명해 드린 내용과 관련하여 이해되지 않는 부분이나 궁금한 점이 있나요? 답: (답변에 따라 질의응답)

〈표 35〉의 면담규칙 설명례에서 면담자는 라포형성 단계에서 정한 호칭을 사용하여 고지, 요청, 안내의 순으로 면담규칙을 설명하고 있다. 혐의사실의 요지는 앞서 학습하였던 출석요구서상 출석요구의 취지에 준하여 고지하고 있고, 진술거부권 등은 형사소송법 제244조의3 제1항 각호에 규정된 고지 사항을 거의 그대로 읽어주고 있다. 제244조의3 제1항 각호의 고지 사항이 쉽게 서술되어 있는 것은 아니지만, 이를 대체할 고지문이 마련되어 있지 않고, 이를 쉽게 풀어서 고지하려는 시도는 자칫 고지 사항의 왜곡을 초래할 우려가 있으므로(이형근, 2021a), 위와 같이 형사소송법 제244조의3 제1항 각호에 규정된 고지 사항을 그대로 읽어주는 것이 안전할 것으로 생각한다. 진술거부권 등의 고지에 이어 권리 행사 여부 등에 관한 세 쌍의 문답이 이루어지고 있으며, 답란이 피면담자의 '자필'로 기재되어 있다. 형사소송법 제244조의3 제2항에 규정된 적법한 답란 기재 방식 중 하나에 해당한다. 실무에서는 세 쌍의

문답 직후에 조서의 고지면을 출력하여 피면담자로 하여금 답란을 작성하도록 하는 경우도 있고, 면담 종료 후에 조서 전체를 출력하여 자필 기재가 필요한 부분(고지면, 끝면, 확인면)을 일괄 작성하도록 하는 경우도 있다. 어떤 방법에 의하더라도 무방할 것으로 생각한다. 피의자나 피혐의자가 아닌 피면담자와의 면담에 있어서는 진술거부권 등을 고지하지 않는다. 요청과 안내는 〈표 27〉의 면담규칙 표준 설명문에 따라 충실하게 이루어지고 있으며, 다만 안내에 이어 이해되지 않는 부분이나 궁금한 점이 있는지에 관한 질문을 추가하고 있다. 일반적으로 널리 권장할 만한 질문이라고 생각한다. 이상으로 도입면담 단계에서의 면담규칙 설명은 완료되었다. 다만, 본면담 단계에서도 필요에 따라(예: 추상적 진술, 비약적 진술) 특정 규칙을 다시 설명해야 함을 염두에 두어야 한다.

2) 본면담

본면담 단계는 질문, 청취, 증거의 활용, 진술분석과 행동분석, 진술의 기록 등으로 구성된다. 그러나 본면담 단계를 구성하는 요소들은 면담 전 단계나 도입면담 단계를 구성하는 요소들과 다른 특성을 갖는다. 가령, 도입면담 단계를 구성하는 변호인과 참여자의 참여, 라포형성, 면담규칙 설명 등은 대체로 일정한 순서에 따라 개별적으로 이루어지는 반면, 본면담 단계를 구성하는 요소들은 일정한 순서 없이 동시에 또는 연이어 복합적으로 이루어진다. 또한, 면담 전 단계나 도입면담 단계를 구성하는 요소들은 통상 1회로 완료되는 반면(예: 기록 검토, 변호인과 참여자의 참여), 본면담 단계를 구성하는 요소들은 통상 수회에 걸쳐 반복된다(예: 질문, 청취). 따라서 본면담 단계를 구조화하고 이를 가시화하는 것은 쉽지 않은 일이다. 그러나 핵심기술을 체득한 면담 실무자가 역동적인 면담과정에서 참고할 기준점을 제공하고, 이를 통해 일정 수준 이상의 면담 수행을 담보하기 위해서는 본면담 단계의 구조화가 필요하다. 여기에서는 질문, 청취, 증거의 활용, 진술분석과 행동분석, 진술의 기록 등을 중심으로 본면담 단계의 구조화(案)을 제시하고자 한다. 다만, 사안의 다양성, 본면담의 역동성, 구성요소의 복합성 등으로 고려하여, 응용적 관점과 유연한 의사결정 규칙에 입각하여 활용해 줄 것을 당부한다. 〈그림 12〉의 면담계획서 작성례에 따라 면담을 수행하는 경우에는 본면담을 〈그림 13〉과 같이 구조화할 수 있을 것이다.

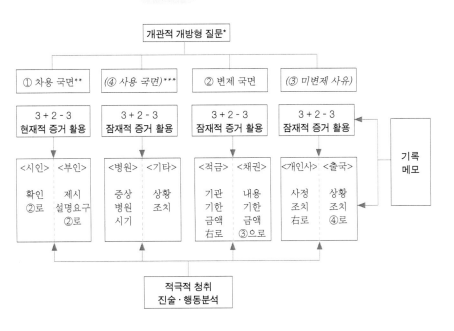

그림 13   본면담 단계 구조화(案)

주. ˙고딕체로 표기한 부분은 핵심기술임. ˙˙명조체로 표기한 부분은 면담의 주제 또는 내용임. ˙˙˙괄호로 표기한 부분은 개관적 개방형 질문에 따라 피면담자가 답변하지 않은 국면임.

〈그림 13〉의 본면담 단계 구조화(案)에서 면담자는 개관적 개방형 질문으로 면담을 시작하고 있다. 이 사안에서 개관적 개방형 질문은 "이 사건과 관련하여 백사장님께서 알고 있는 바를 모두 말해보세요." 또는 "앞서 설명해드린 고소의 요지를 백사장님의 관점에서 자세히 설명해 보세요." 정도가 될 것이다. 면담자의 개관적 개방형 질문에 대하여 피면담자는 차용 국면과 변제 국면에 관하여 진술하고 있으며, 사용 국면과 미변제 사유에 관한 진술은 하지 않고 있다. 이때 면담자는 질문내용의 3차적 원천인 피면담자의 진술에 따라 ① 차용 국면과 ② 변제 국면을 먼저 탐색한 후, ③ 미변제 사유와 ④ 사용 국면을 다룰 것이라는 우선순위를 설정하고, 이를 면담자의 메모나 면담계획서에 기재해야 한다. 변제 국면에 관한 탐색에 이어 미변제 사유를 확인하기

로 하는 것은 양자 간의 밀접한 연관성을 고려한 조치다.

면담자는 앞서 설정한 우선순위에 따라 먼저 ① 차용 국면에 관한 상세한 진술을 청취하고 있다. 진술의 청취에 있어서는 「3 + 2 – 3」의 공식에 따라 올바른 질문유형과 질문방식을 사용하고 있으며, 현재적 증거 활용에 관한 기준에 따라 증거(전화 통화 녹취 파일)나 단서(차용 후 연락 또는 통화한 사실)를 먼저 언급 또는 제시하지 않고 있다. 이와 같은 면담의 결과는 차용 사실의 시인 또는 부인 중 하나로 귀결될 것이다. 피면담자가 차용 사실을 시인하는 경우에는 그 진술을 조서에 기록하고 ② 변제 국면에 관한 탐색으로 넘어가면 된다. 피면담자가 차용 사실을 부인하는 경우에는 전화 통화 녹취 파일을 들려주고 설명을 요구해야 한다. 피면담자의 설명과 진술 정정 등을 통해 차용 여부가 명백히 확인되는 경우에는 그 사실을 조서에 기록하고 ② 변제 국면에 관한 탐색으로 넘어가면 된다. 실무상 차용 사기에 관한 면담의 쟁점은 주로 '기망(예: 차용금 사용처, 변제 의사)' 여부이며, '차용' 사실 자체가 쟁점이 되는 경우는 드물다. 통상 계좌내역, 차용증 등의 증빙이 존재하기 때문이다. 그러나 면담실무자는 피면담자가 차용 사실을 쉽게 인정할 것이라고 미리 단정해서는 안 되며, 현재적 증거가 전화 통화 녹취 파일이든 계좌내역이나 차용증이든 모두 현재적 증거 활용에 관한 기준에 따라 사용해야 한다. 가령, 피면담자의 진술 청취를 결략한 채 차용증을 제시하면서 "차용증이 있는 걸 보니 돈을 빌리신 건 틀림없네요."라는 식으로 증거를 활용하면 안 된다. 사안과 상황에 따라 피면담자가 차용증의 존재를 망각 또는 간과할 가능성이 얼마든지 있기 때문이다(예: 오래전의 소액 차용).

면담자는 우선순위에 따라 다음으로 ② 변제 국면에 관한 상세한 진술을 청취하고 있다. 앞서와 마찬가지로 진술의 청취에 있어서는 「3 + 2 – 3」의 공식에 따라 올바른 질문유형과 질문방식을 사용하고 있으며, 이 국면에 관한 현재적 증거가 없으므로 잠재적 증거, 즉 상호작용의 탐지에 주력하고 있다. "변제계획을 자세히 진술해 보세요."라는 면담자의 단서 제시 개방형 질문에 대하여 피면담자는 적금과 채권을 언급하고 있다. 이를 통해 '기망'이라는 주관적 구성요건 요소가 외부적 사실관계로 가시화되었다. 이제 각각의 변제계획을 정밀하게 탐색하면 된다. 가급적 개방형 질문을 사용하여 적금과 채권에 관한 피면담자의 진술을 청취하되, 잠재적 증거의 활용에 관한 기준에 따라 적금을 예치한 기관, 기한, 금액 및 채권의 내용, 기한, 금액에 관한 정보를 확인해야 한다. 또한, 피면담자가 언급한 변제계획을 충분히 탐색한 이후에는 반드시 다른 변제계획이 있었는지 여부를 확인해야 한다. 이 절차를 결략하면 이후에 다른 변제계획이 있었음을 추가로 주장할 수 있기 때문이다. 이때 면담자는 피면담자의 진술을 종합하여 '피면담자의 계획에 의할 때 변제 기일에 변제 금액을 마련할 수 있었는지'를 판단해야 한다. 변제 기일에 변제 금액을 마련할 수 없었던 경우에는 그와 같은 사정을 차용 시점에 '인식'하고 있었는지가 향후 면담의 쟁점이 될 것이고, 변제 기일에 변제 금액을 마련할 수 있었던 경우에는 그럼에도 불구하고 변제를 하지 않은 '사유'가 향후 면담의 쟁점이 될 것이기 때문이다. 후자의 경우라고 가정하고, ③ 미변제 사유에 관한 탐색으로 넘어가 보자.

면담자는 ③ 미변제 사유에 관한 진술을 청취함에 있어서도 「3 + 2 - 3」의 공식에 따라 올바른 질문유형과 질문방식을 사용하고 있으며, 상호작용의 탐지에도 주력하고 있다. "그럼에도 불구하고 갚지 못한 사유를 자세히 진술해 보세요."라는 면담자의 단서 제시 개방형 질문에 대하여 피면담자는 개인사(예: 교통사고, 질병악화)와 채무자의 출국을 언급하고 있다. 이를 통해 '사유' 또는 '사정'이라는 주관적 요소가 외부로 가시화되었다. 교통사고, 질병악화, 채권자의 출국 등은 공히 진위를 확인할 수 있는 것들이기 때문이다. 이제 각각의 사유를 정밀하게 탐색하면 된다. 가급적 개방형 질문을 사용하여 각각의 사유에 관한 피면담자의 진술을 청취하되, 잠재적 증거의 활용에 관한 기준에 따라 '외부적 정보'를 충실히 확인해야 한다. 가령, 교통사고라는 사유에 관하여는 사고의 내용, 상대방, 사고처리 담당자, 일시와 장소 등을 「3 + 2 - 3」의 공식에 따라 탐색해야 한다. 이 경우 먼저 사고의 내용에 관한 진술을 자연스럽게 청취하고, 상호작용(예: 보험접수 번호)이나 일시·장소에 관한 질문은 가급적 뒤에 해야 함은 제3장에서 거듭 설명한 바와 같다. 피면담자의 진술을 종합하더라도 '미변제 사유가 사실인지'를 즉시 판단하기는 어렵다. 교통사고, 질병악화, 채권자의 출국 등은 공히 별도의 사실확인 과정이 필요한 사유들이기 때문이다. 면담자가 사실확인 과정을 통해 진위를 가릴 것으로 생각하고, ④ 사용 국면에 관한 탐색으로 넘어가 보자.

면담자는 ④ 사용 국면에 관한 진술을 청취함에 있어서도 「3 + 2 - 3」의 공식에 따라 올바른 질문유형과 질문방식을 사용하고 있으며, 상호작용의 탐지에도 주력하고 있다. 다만, 여기에서는 내용적, 절차적으로 주목할 부분이 있다. 먼저, 내용적인 측면에서 차용금을 용도에 맞지 않게 사용한 사실이 곧바로 '기망'에 해당하는 것은 아니라는 사실에 유의해야 한다. 용도의 일탈은 상대방이 그러한 사실을 알았더라면 돈을 빌려주지 않았을 것이라는 사정이 인정되는 정도에 이르러야 기망이 될 수 있기 때문이다.[91] 용도의 일탈이 기망에 해당하는 경우에는 이에 관한 문답이 '범죄사실'에 관한 면담이 되는 반면, 용도의 일탈이 기망에 해당하지 않는 경우에는 이에 관한 문답이 '정상'에 관한 면담이 된다. 두 가지 모두 필요한 문답이지만, 아무래도 전자의 중요성이 더함은 부정할 수 없을 것 같다. 1,000만원이라는 금액과 병원비라는 용도를 고려할 때, 이 사안에서 용도의 일탈은 기망에 해당할 가능성이 높을 것으로 생각한다. 다음으로, 절차적인 측면에서 병원비라는 사용처는 상호작용 탐지의 대상이 될 수도 있고 전략적 증거 사용의 대상이 될 수도 있다는 사실에 유의해야 한다. 가령, 〈그림 12〉의 면담계획서 작성례에서 보는 바와 같이 미리 피면담자의 진료 기록을 확인하지 않은 경우에는 상호작용 탐지를 적용해야 하는 반면, 미리 피면담자의 진료 기록을 확인한 경우에는 그 결과를 전략적 증거 사용의 소재로 활용할 수 있다. 두 가지 모두 가능한 방법이지만, 여유가 된다면 후자가 더 권장되는 방법임에 틀림없다. 반면, 기타의 사용처는 전략적 증거 사용의 대상이 되기 어렵다. 기타의 사용처는 피면담자의 진술을 통해 비로소 드러나기 때문이다. 이제 각각의 사용처를 정밀하게 탐색하면 된다. 「3 + 2 - 3」의 공식에 따라 탐색해야 한다는 점, 증거의 활용에 관한 기준을 준수해야 한다는 점은 앞서와 같다. 상호작용 탐지를 적용한 경우에는 '사용처에 관한 진술이 사실인지'를 즉시 판단하기는 어렵다. 병원 진료, 기타의 사용처는 공히 별도의 사실확인 과정이 필요한 일화들이기 때문이다.

〈그림 13〉의 본면담 단계 구조화(案)을 우선순위에 따라 살펴보았다. 앞서 설명한 바와 같은 기준에 따라 면담을 수행하기 위해서는 반드시 적극적 청취가 뒷받침되어야 한다. 우선순위의 설정, 이에 따른 국면 탐색, 다음 국면으로의 이동 등을 온전히 수행하기 위해서는 고도의 집중력과 이해력이 필요하

---

91 대법원 1984. 1. 17. 선고 83도2818 판결.

기 때문이다. 또한, 필요에 따라 피면담자의 언행에 대한 진술분석과 행동분석을 가미할 수 있다. 다만, 학습 초기 단계에서는 진술분석과 행동분석에 너무 큰 비중을 두기보다 중심 물음을 유지하면서 핫스폿에 주목할 것을 권장한다. 아울러, 면담의 내용과 과정은 적법한 절차와 방식에 따라 피면담자가 진술한 대로 조서에 기록해야 하며, 조서와 별도로 면담의 주요 내용(예: 우선순위, 하위 국면, 쟁점)을 면담자의 메모에 기재해야 한다. 지금까지 사기에 관한 피의자 신문을 소재로 하여 본면담 단계 구조화의 예를 살펴보았다. 여기에서는 특정 죄종에 관한 면담을 구조화의 소재로 삼았으나, 독자들은 능히 이 예를 일반화할 수 있을 것으로 생각한다. 사안과 상황에 따라 소재, 즉 '무엇을'은 가변적일 테지만 방법, 즉 '어떻게'는 크게 다르지 않을 것이기 때문이다. 또한, 장면(scene)이나 행위가 도드라지는 사안(예: 살인, 절도, 폭행)에 관한 면담의 경우에는 본면담 단계의 구조화가 좀 더 용이한 측면이 있다. 외부로 가시화해야 할 주관적 요소가 상대적으로 적기 때문이다. 의도나 사고가 도드라지는 죄종에 관한 면담을 소재로 구조화의 예를 학습했으니, 자신감을 가지고 각자의 면담을 구조화해 보아도 좋을 것 같다.

3) 종료면담

종합 요약

제3장에서 요약은 질문기법 및 청취기법의 주요 구성요소라는 사실을 확인한 바 있다. 따라서 면담과정에 이루어지는 개개의 진술에 대한 요약뿐만 아니라 당해 면담 전체의 내용에 대한 요약도 필요하다. 이를 종합 요약이라고 한다. 종합 요약은 "본면담 단계에서 이루어진 피면담자의 진술을 중립적으로 축약하여 들려주고 이에 대한 피면담자의 의견을 듣는 것"을 의미한다. 종합 요약은 다음과 같은 기능을 한다. 첫째, 종합 요약은 면담자가 면담 전체의 내용을 이해하는 데 도움을 준다. 면담과정에서 면담자는 질문과 청취를 반복하면서 문답까지 기록하는 멀티태스킹을 해야하기 때문에 특정 일화나 쟁점에 더 집중하고 다른 일화나 쟁점에 덜 집중할 수 있다. 종합 요약은 면담자가 면담의 내용을 좀 더 넓은 관점에서 바라보고 이해할 기회를 제공한

다. 둘째, 종합 요약은 면담자가 최초의 또는 수정된 면담계획과 실제로 이루어진 면담 간의 간극을 확인하는 데 도움을 준다. 면담자는 가급적 면담계획에 따라 면담을 수행하겠지만, 최초의 면담계획은 통상 수정되기 마련이고, 멀티태스킹으로 인한 인지적 부하로 인해 계획과 실제 간의 차이가 발생할 수 있다. 가령, 면담의 종료 시점까지 중요한 일화 또는 쟁점에 대한 탐색이 누락되어 있을 수 있다. 이 경우 면담자는 피면담자에게 양해를 구하고 본면담 단계로 되돌아가야 한다. 이와 같이 종합 요약은 면담자가 계획과 실제 간의 간극을 점검하고 보완할 기회를 제공한다.

셋째, 종합 요약은 피면담자가 자신의 진술과 면담자의 이해 간에 차이가 없는지를 확인하는 데 도움을 준다. 면담과정에서 면담자가 개개의 진술을 충실히 요약하는 등 적극적 청취에 주의를 기울였다면, 피면담자의 진술과 면담자의 이해 간에 큰 차이는 없겠지만, 면담의 내용을 전체적으로 조망하면 그 세부, 취지, 뉘앙스 등에 차이가 있을 수 있다. 이 경우 면담자는 자신의 '오해'를 수정하거나, '이해'를 피면담자에게 납득시켜야 한다. 또한, 면담자가 미처 생각하지 못한 중요한 일화 또는 쟁점을 피면담자가 지적해줄 수도 있다. 이 경우 면담자는 피면담자에게 감사를 표하고 본면담 단계로 되돌아가야 한다. 이와 같이 종합 요약은 면담의 내용에 대한 면담자의 이해뿐만 아니라 피면담자의 이해도 높여주는 기능을 한다. 넷째, 종합 요약은 청취한 진술의 전반적 임의성을 높여준다. 제2장에서 임의성은 피면담자가 진술의 대상과 진술의 효과를 잘 알고, 자유로운 상태하에서 진술하였을 때 인정된다고 하였다. 피면담자는 종합 요약을 통해 자신의 진술을 한 번 더 음미하고 정정할 기회를 갖게 된다. 이를 통해 청취한 진술의 전반적 임의성이 제고될 것임을 어렵지 않게 짐작할 수 있다. 다섯째, 종합 요약은 면담자와 피면담자 간의 라포를 면담의 종료 시점, 나아가 면담 이후 시점까지 연장하는 데 도움을 준다. 면담 종료 시점에서 면담자와 피면담자는 각자가 의도했던 바를 어느 정도 달성했을 것이다. 가령, 면담자는 범죄수사, 감사 또는 조사에 필요한 정보를 확인했을 것이고, 피면담자는 면담이라는 관문을 통과하고 그 과정에서 원하는 진술을 했을 것이다. 이제 그냥 면담을 종료하더라도 크게 이상할 것이 없는 시점이 되었다. 그러나 이 시점에 이루어지는 종합 요약은 역설적으로 면담자가 진실의 구축을 추구한다는 메시지, 피면담자를 존중하고 지지

한다는 메시지가 될 수 있다. 이와 같이 종합 요약은 면담자와 피면담자 간의 라포를 면담 이후 시점까지 연장해주는 기능을 한다. 향후 피면담자는 이 면담자와 다시 면담할 수도 있고(예: 제2회 면담), 다른 범죄수사, 감사 또는 조사 기관에 유용한 정보를 제공할 수도 있을 것이다. 〈그림 13〉의 본면담 단계 구조화(案)에 따라 본면담을 수행한 경우에는 〈표 36〉과 같은 방법으로 종합 요약을 할 수 있을 것이다. 독자들 모두 '종료는 면담을 끝내는 것 이상의 것이다'라는 PEACE 매뉴얼의 설명을 다시 한 번 음미해주기 바란다.

표 36   종합 요약례

구 분	예 시
요약(문)	저는 이번 면담을 통해 20××. ××. ××. △△에서 백사장님께서 고소인 ○○으로부터 병원비 명목으로 1,000만원을 빌렸다는 점, 빌린 돈 중 875만원은 병원비로 사용하고 나머지는 생활비로 사용했다는 점, 변제 기일에 적금을 해약할 경우 330만원을 환급받을 수 있으나 몸이 아파서 해약 절차를 밟지 않았다는 점, 채무자 ㅁㅁ에게는 이자를 포함하여 1,200만원을 받을 것이 있으나 ㅁㅁ은 차용 시점 이전에 이미 국외로 출국하여 연락이 되지 않는 상태였다는 점, 백사장님께서 지금이라도 빨리 빌린 돈을 갚고자 한다는 점 등을 확인하였습니다. 제가 잘못 이해하거나 요약한 부분이 있으면 말씀해주시기 바랍니다.
의견(답)	모두 사실입니다. 잘못된 부분이 없습니다. → 질의응답 단계로
	다른 부분은 모두 맞습니다. 다만, ㅁㅁ이 차용 시점 이전에 국외로 출국한 것은 사실이지만 연락은 차용 시점 이후까지 되다가 20××. mm. dd.부터 연락이 두절되었습니다. → 오해 수정
	모두 사실입니다. 다만, 경황이 없어서 아까는 말씀드리지 못했는데 달리 돈을 마련하기가 어려울 것 같아서 전세보증금을 빼서 돈을 갚으려고 하였습니다. 그래서 20××. mm. dd. 부동산에 집을 내놨죠. ⟶ 본면담 단계로

질의응답 및 안내

본면담과 종합 요약을 통해 면담의 주제에 관한 면담자와 피면담자의 이해는 일정한 수준에 도달할 것이다. 그러나 피면담자의 경우에는 면담의 주제뿐만 아니라 그 이외의 사항에 관한 궁금증이 있을 수 있다. 가령, 향후의 일정, 특히 다시 출석을 해야하는지 여부, 피해자의 경우에는 피해 회복을 위한 다른 방법 등이 궁금할 수 있다. 이 경우 면담자는 피면담자에게 필요한 정보를 제공해야 한다. 기관에 따라 피해자의 권리와 피해자 지원제도를 안내하는 별도의 안내서를 제공하는 경우가 있다(예: 〈부록 6〉 범죄피해자 권리 및 지원제도 안내서). 안내서에는 수사, 기소, 재판의 절차와 절차상 피해자의 권리에 관한 안내, 경제적, 심리적, 법률적 지원제도에 관한 안내 등이 포함되어 있다. 따라서 이와 같은 안내서가 있는 기관에 종사하는 면담실무자는 피해자에게 안내서를 제공하고 이에 따라 질의응답을 하여야 한다. 질의응답과 안내도 피면담자에 대한 존중과 배려의 메시지가 될 수 있다. 따라서 면담자는 가능한 범위 내에서 최선을 다해 질의응답과 안내에 임해야 한다.

다만, 질의응답과 안내를 할 때에는 다음과 같은 점에 유의해야 한다. 첫째, 당해 범죄수사, 감사 또는 조사의 결과에 관한 면담자의 심증 또는 추정을 언급해서는 안 된다. 당해 면담을 통해 어느 정도 결과를 가늠할 수 있는 경우와 그렇지 않은 경우가 있겠으나, 어느 경우라도 피면담자에게 결과를 언급해서는 안 된다. 면담자의 심증이나 추정은 잠정적인 것일 뿐 의사결정자가 승인한 상태가 아니며, 이후의 상황에 따라 얼마든지 변경될 수 있기 때문이다. 종료면담 단계에서 들었던 잠정적 결과와 최종적 결과가 다를 때 피면담자는 면담자나 면담자가 속한 기관을 불신할 것이다. 둘째, 향후의 일정이나 절차에 관한 설명은 일반적인 수준에 머물러야 한다. 향후의 절차는 언제나 가변적이기 때문이다. 타 기관(예: 검찰, 법원)의 절차를 안내할 때에는 특히 더 주의를 기울여야 한다. 가령, 검찰에서 기소유예를 할 것이라거나 법원에서 벌금을 선고할 것이라는 등의 언급을 해서는 안 된다. 기소나 형의 선고는 범죄수사, 감사 또는 조사 업무의 범위를 넘는 것일 뿐만 아니라 그 결과를 정확히 추정하기 어려운 영역이기 때문이다. A 기관에서 들었던 바(기소유예)와 B 기관의 판단(기소)이 다를 때 피면담자는 두 기관 중 어느 하나 또는 양자 모두를 불신할 것이다. 셋째, 개인의 권리와 의무에 관한 언급을 해서는 안 된다. 가령, 금원을 차용한 피면담자에게 '합의'를 하라고 하거나, 금원을 차용해준 피면담자에게 '민사소송'을 하라거나 하는 등의 언급이 여기에 해당한다. 면담자는 단지 금원을 차용해준 피면담자에게 배상명령, 지급명령, 소액심판 등의 절차가 있음을 안내해주는 선을 지켜야 한다. 또한, 금원을 차용한 피면담자에 대하여는 향후 금원을 갚았을 경우 그 사실을 알려달라고 요청하는 선을 지켜야 한다. 차용금의 변제 사실은 '정상'에 관한 사항으로 면담자가 반드시 알아야 할 정보이기 때문이다. 이러한 기준을 넘는 언급을 들었을 때 피면담자는 면담자가 진술의 구축 이외에 다른 목적을 가지고 있다고 의심할 수 있다.

기록의 완성

종합 요약과 질의응답 및 안내를 마쳤으면 최종적으로 기록, 즉 조서를 완성해야 한다. 지금까지의 면담 내용 및 과정을 기록한 조서는 제3장에서 학습한 진술의 기록 방법에 따라 완성하면 된다. 첫째, 면담자는 조서를 출력하여 피면담자로 하여금 열람하게 하여야 한다. 둘째, 피면담자의 이의나 의견이 있으면 이를 조서에 추가로 기재해야 하고, 정정 요청이 있으면 조서를 정정해야 한다. 정정은 원래의 내용을 읽을 수 있도록 둔 상태에서 추가, 삭제 또는 정정해야 하며(예: 3월 1일 3월 2일), 정정한 부분과 난외(예: 4자 삭제, 4자 추가)에 면담자와 피면담자가 각각 날인을 해야 한다. 다만, 정정할 내용이 현저히 많거나 피면담자가 요청하는 때에는 조서 파일 자체를 정정하는 방법을 고려할 수 있다. 이 경우 원래의 내용을 읽을 수 있도록 정정 전의 조서와 정정 후의 조서를 함께 기록에 편철해야 한다. 셋째, 피면담자로 하여금 자필로 기재해야 할 부분(예: 고지면, 끝면, 확인면)을 작성하도록 해야 한다. 도입면담 단계에서 진술거부권 등을 고지한 직후에 조서의 고지면을 출력하여 피면담자로 하여금 답란을 작성하도록 한 경우라면 고지면의 자필 기재 부분은 이미 작성되어 있을 것이다. 끝면의 경우 진술한 대로 작성되어 있는지에 대한 답란과 사실과 다른 부분이 있는지에 대한 답란 모두를 자필로 작성하도록 해야 한다. 넷째, 피면담자로 하여금 조서에 간인 후 기명날인 또는 서명을 하게 해야 한다. 제3장에서 피의자의 본인 표기는 거의 '서명날인'의 방식으로 이루어진다는 사실을 확인한 바 있다. 이를 적법한 절차와 방식 위반으로 평가하기는 어려우나, 각 기관의 면담을 규율하는 규범상의 표기 방식을 엄격히 준수해야 할 것으로 생각한다. 다섯째, 면담자도 조서에 간인 후 기명날인 또는 서명을 하고, 변호인 또는 참여자가 있는 경우에는 이들로부터 기명날인 또는 서명을 받아야 한다. 특히, 기록의 완성 단계에서 참여자의 기명날인 또는 서명을 받아두어야 조서 첫면의 참여자와 서명면의 참여자가 불일치하는 문제를 방지할 수 있다. 이와 같은 과정을 통해 완성된 조서의 외관은 〈부록 2〉와 같다.

4. 면담 후 단계

진술 평가

진술 평가는 "당해 면담을 통해 청취한 진술을 분석하고 평가하는 것"을 의미한다. 면담자는 이미 본면담과 종합 요약을 거치면서 면담과정에서 이루어진 개개의 진술뿐만 아니라 당해 면담 전체의 내용을 어느 정도 음미하고 해석하였을 것이다. 그러나 면담과정에서 요구되는 멀티태스킹으로 인해 청취한 진술을 정밀하게 분석하고 평가할 기회를 갖지는 못하였을 것이다. 따라서 면담자는 면담 후 단계에서 청취한 진술을 새롭게 분석하고 평가할 필요가 있다. 진술 평가는 기본적으로 최초의 또는 수정된 면담계획서와 면담 기록(예: 조서, 영상녹화물, 면담자의 메모)을 비교하면서, 일련의 물음을 던지고 여기에 대답하는 과정을 통해 이루어진다. 가령, '새롭게 얻은 정보는 무엇인가', '정보 간에 모순은 없는가', '새롭게 얻은 정보가 기존의 정보와 부합하는가', '사건의 재구성이 가능할 정도로 충분한 정보를 얻었는가', '더 필요한 정보는 없는가', '면담계획 수립시 설정한 목표를 달성하였는가', '본면담 단계에서 면담계획을 수정하였다면 그 사유는 무엇이며, 수정된 목표를 달성하였는가', '종합적으로 면담과정을 통해 청취한 진술이 당해 범죄수사, 감사 또는 조사에서 어떠한 의미와 효과를 갖는가' 등의 물음이 가능할 것으로 생각한다. 필요에 따라 일련의 물음에 대한 동료의 의견을 들어보는 것도 좋은 방법이 될 것이다. 한편, 진술 평가는 제3장에서 학습한 진술분석 또는 행동분석의 준거를 면담 기록에 적용하는 과정을 통해 이루어지기도 한다. 통상 본면담 단계에서는 인지적 역량의 한계로 인해 중심 물음을 유지하며 핫스폿에 주목하는 방식으로 진술분석과 행동분석을 수행해야 한다. 반면, 면담 후 단계에서는 좀 더 시간적 여유를 가지고 진술분석 또는 행동분석의 준거를 정밀하게 면담 기록에 적용해 볼 수 있다. 필요에 따라 전문가[92]에게 분석을 의뢰하는 것도 좋은 방법이 될 것이다.

---

92 대검찰청과 경찰청에 소속된 진술분석관이 진술분석 업무를 수행하고 있다. 대검찰청에서는 CBCA를 주된 도구로, 경찰청에서는 SCAN을 주된 도구로 사용하고 있다. 민간에도 진술분석 서비스를 제공하는 기관이 있다.

조사 평가

조사 평가는 "당해 면담을 통해 청취한 진술을 바탕으로 기존의 범죄수사, 감사 또는 조사 사항을 분석하고 평가하는 것"을 의미한다. 진술 평가가 조사 맥락에서의 진술 평가라면, 조사 평가는 진술 맥락에서의 조사 평가다. 면담자는 진술 평가를 통해 조사 사항을 어느 정도 음미하고 해석하였을 것이다. 그러나 진술 평가와 별도로 조사 평가를 하는 것이 원칙이고, 두 가지 평가를 동시에 하는 경우에는 반드시 그 시점까지 수집된 모든 정보를 조사 맥락과 진술 맥락이라는 두 가지 관점에서 분석, 평가해야 한다. 어느 한 가지 관점에 입각한 평가는 편향의 원인이 될 수 있기 때문이다. 조사 평가는 기본적으로 기존의 조사 기록과 당해 면담 기록을 비교하면서, 일련의 물음을 던지고 여기에 대답하는 과정을 통해 이루어진다. 비교의 대상이 다를 뿐 비교의 방법은 진술 평가의 경우와 유사하다. 가령, '기존의 가설을 유지할 것인가', '수정해야 한다면 새로운 가설은 무엇인가', '피면담자의 규범적 지위나 피면담자에게 적용할 실체규범을 유지할 것인가', '향후 조사의 방향과 세부를 어떻게 설정할 것인가' 등의 물음이 가능할 것으로 생각한다. 한편, 향후 조사의 방향과 세부에는 반드시 상호작용 확인에 관한 구체적 계획이 포함되어야 한다. 면담과정에서 청취한 피면담자의 상호작용(예: 교통사고, 질병악화)에 관한 진술은 사실확인 과정(예: 보험접수, 병원기록 확인)을 통해 비로소 그 진위를 가릴 수 있기 때문이다. 이 과정을 통해 확인한 사실은 조사의 재평가에 활용될 수도 있고, 당해 피면담자에 대한 제2회 면담과정에서 현재적 증거로 사용될 수도 있다.

수행 평가

수행 평가는 "당해 면담 자체, 즉 면담자의 면담 수행을 분석하고 평가하는 것"을 의미한다. 즉, 수행 평가는 일종의 메타 평가다. 진술 평가와 조사 평가의 완료와 함께 '사건'에 관한 음미는 일단락되었다. 이제 수행 평가를 통해 면담자의 면담 수행을 점검하고, 역량의 강화를 도모해야 할 시점이 되었다. 현재까지 아동 면담 분야를 제외하고는 공식적 수행 평가 시스템이 마련되어 있지 않다(이미선, 조은경, 2015). 따라서 면담실무자는 자기 모니터링, 동료 모니터링, 사건 결과 모니터링 등의 방법으로 수행 평가를 해야 한다. 자기 모니터링과 동료 모니터링에 활용할 수 있는 가장 유용한 매체는 진술 기록, 특히 영상녹화물이다. 가령, 면담자는 영상녹화물을 통해 핵심기술의 거의 전부를 점검할 수 있을 뿐만 아니라 평소에 인식하지 못했던 습관이나 버릇까지 점검할 수 있다. 또한, 조서와 영상녹화물의 비교를 통해 조서 작성에 있어서의 문제점, 특히 조서의 왜곡 여부를 점검할 수 있다. 사건 결과 모니터링은 소속 기관에서의 결과, 타 기관(예: 법원, 검찰)에서의 결과 등을 토대로 당해 면담, 특히 면담 수행 방식이 사건 결과에 미친 긍정적 또는 부정적 영향을 확인하는 방법이다. 수사기관의 경우에는 형사사법정보시스템 또는 판결서 열람을 통해 사건의 결과를 확인할 수 있다. 실무에서 모든 면담을 모니터링하고 모든 사건의 결과를 확인하기는 어려울 것으로 생각한다. 따라서 사안과 상황을 고려하여(예: 중요 사건, 특이 사건), 일정 범위의 면담과 사건을 점검해 볼 것을 권장한다. 통상 핵심기술, 습관, 버릇, 조서작성 방식 등은 일정 기간 이상 지속되는 경향이 있으므로, 이와 같은 표본 점검을 통해서도 적지 않은 교훈을 얻을 수 있을 것이다. 지금까지 학습한 구조화의 방법을 요약하면 〈표 37〉과 같다.

표 37   면담의 구조화 요약

단계		내용
면담전단계	기록검토	• 실체규범, 사실관계, 다른 진술 → 쟁점 추출 • 기록 → 현재적 증거(E), 단서(C) 추출
	면담계획[1]	• 행정적 정보: 사건명, 피면담자, 변호인, 일시, 장소, 참여자 • 내용적 정보: 면담목적, 확인된 사항, 확인할 사항, 질문목록, 예상되는 어려움
	출석요구	• 서면요구[2]: 일시·장소 협의, 영상녹화 의사 확인, 구체적 취지 및 권리 고지 • 기타요구: + 출석요구서 파일 전송
면담단계	도입면담 / 참여	• 변호인: 참여신청서(참여확인서),[3] 선임서, 조력 및 메모 보장 • 참여자: 불참, 파행적 참여 금지
	도입면담 / 라포형성[4]	• 호칭 정하기: 피면담자의 희망 또는 평소 불리는 호칭 • 중립적 대화: 일상적 소재 또는 심층적 소재
	도입면담 / 면담규칙[5]	• 고지: 혐의사실의 요지, 진술거부권, 변호인 조력권, 확인문답 • 요청: 자신의 표현과 방식대로, 최대한 자세히, 사실대로, 빠짐없이 • 안내: 면담의 개요, 질의응답
	본면담[6] / 국면분할	• 개관적 개방형 질문 → 최초의 진술 • 최초의 진술, 연관성 → 국면분할, 탐색의 우선순위 설정
	본면담[6] / 질문	• 「3 + 2 - 3」의 공식 준수 (필요에 따라 인지면담) • 현재적 증거 활용, 잠재적 증거 활용
	본면담[6] / 청취	• 적극적 청취: 집중, 이해, 지지, 요약 • 진술분석, 행동분석: 중심물음 유지, 핫스폿 주목
	본면담[6] / 기록	• 조서작성: 적법한 절차와 방식에 따라, 진술한 대로 • 연대기적 메모, 도해적 메모, 면담계획서 → 우선순위, 하위국면, 쟁점 등 기재
	종료면담 / 종합요약[7]	• 중립적으로 요약 후 확인 질문 • 의견에 따른 내응: 다음 난계로, 오해 수정, 본면담 단계로
	종료면담 / 질의응답	• 질의응답: 향후 일정, 재출석 여부, 피해구제 방법 (잠정적 결과, 타 기관 절차, 권리·의무 언급 ×) • 안내[8]: 피해자의 권리, 피해자 지원제도
	종료면담 / 기록완성	• 열람 - 정정 - 자필 기재 - 간인, 기명날인 또는 서명
면담후단계	진술평가	• 면담계획서 / 면담기록 → 일련의 물음 (필요에 따라 동료 의뢰) • 면담기록 → 진술분석, 행동분석 (필요에 따라 전문가 의뢰)
	조사평가	• 조사기록 / 면담기록 → 일련의 물음 (필요에 따라 동료 의뢰) • 상호작용 확인 계획 → 확인 → 조사 재평가, 차회 면담의 현재적 증거
	수행평가	• 진술기록(영상녹화물) → 자기평가, 동료평가 → 핵심기술, 습관 진단 및 개선 • 사건결과(형사사법정보시스템, 판결서 열람) → 영향평가 ※ 표본점검: 중요사건, 특이사건

참고: [1]<그림 12>, [2]<부록 4>, [3]<부록 5>, [4]<표 34>, [5]<표 35>, [6]<그림 13>, [7]<표 36>, [8]<부록 6>.

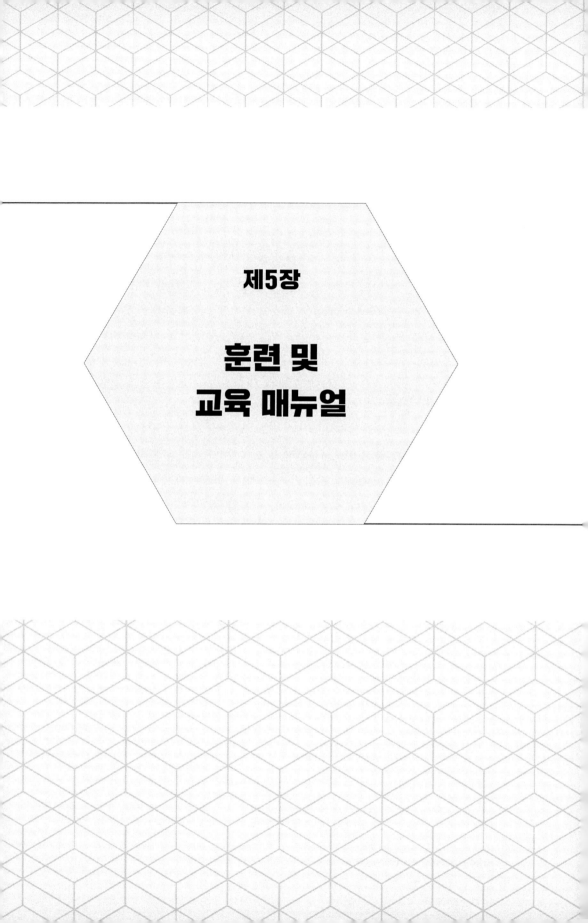

제5장

훈련 및
교육 매뉴얼

제 5 장 훈련 및 교육 매뉴얼

1. 매뉴얼 개관

제3장에서는 면담의 수행에 필요한 핵심기술을, 제4장에서는 핵심기술을 토대로 면담을 구조화하는 방법을 각각 학습하였다. 지금까지 학습한 바에 따라 독자들 스스로 훈련 또는 교육에 임할 수 있을 것으로 생각하지만, 본장에서는 '친절하고 구체적인 안내'라는 관점에 따라 일종의 매뉴얼을 제공하고자 한다. 우선 이 책에서는 제3장에 포함된 핵심기술을 효과적으로 훈련 또는 교육할 수 있는 방법론을 안내할 것이고, 제4장에서 학습한 면담의 구조화 부분은 독자들의 몫으로 남겨둘 것이다. 제4장에서의 설명과 예시가 통상적인 면담 수행의 기준이 될 것이고, 실무에서 접하게 되는 모든 경우의 수를 매뉴얼로 구현하는 것은 불가능에 가깝기 때문이다. 또한, 매뉴얼에 포함되어 있는 '종합실습' 방법론이 면담의 구조화에 유용한 참고자료가 될 것으로 생각한다. 독자들은 본장에서 제공하는 매뉴얼을 각자의 관점과 목적에 따라 활용하면 된다. 가령, 면담실무자인 독자의 경우에는 자신의 면담 역량을 기르는 데 매뉴얼을 사용할 수 있을 것이고, 면담교육자인 독자의 경우에는 학습자 훈련과 교육에 매뉴얼을 사용할 수 있을 것이다. 아울러 독자들이 더 나은 방법론, 보다 다양한 방법론을 함께 고민해 주기를 바란다. 매뉴얼의 개요는 〈표 38〉과 같다.

표 38 훈련 및 교육 매뉴얼

핵심기술	훈련법	내용
질문기법	공식훈련	• 일련의 질문목록을 보고 준별공식에 따라 질문유형을 구분하도록 한다.
	대화진단	• SNS 대화를 보고 준별공식에 따라 질문유형을 구분하도록 한다.
	세 바 퀴	• 교수자가 명명하는 질문유형에 따라 질문하도록 한다.
	신상털기	• 질문유형을 선언하고 교수자의 신상에 관해 질문하도록 한다.
	도형퀴즈	• 질문유형을 선언하고 어떤 도형에 관해 질문하도록 한다.
	인지면담	• 그림 또는 사진을 활용하여 세부 원리와 기법을 적용하도록 한다.
	증거활용	• 특정 사실관계 또는 진술을 전제로 현재적·잠재적 증거를 활용하도록 한다.
청취기법	국면분할	• 덩이진술을 소재로 국면을 분할하고 우선순위를 설정하도록 한다.
	요 약	• 짧은 진술, 긴 진술을 소재로 중립적 요약을 하도록 한다.
	메 모	• 면담기록을 소재로 연대기적 메모와 도해적 메모를 하도록 한다.
	진술분석	• 면담기록을 소재로 중심물음에 따라 핫스팟을 탐색하도록 한다.
	행동분석	• 특정 사실관계 또는 진술을 전제로 인지 부하 증대 질문을 하도록 한다.
라포형성 규칙설명	라포형성	• 개인정보를 소재로 호칭을 설정하고 중립적 대화를 하도록 한다.
	규칙설명	• 특정 사실관계를 전제로 권리 고지 등을 하도록 한다.
진술기록	조서검토	• 조서를 소재로 적법한 절차와 방식을 검토하도록 한다.
	왜곡진단	• 조서·영상 대비표에 따라 조서의 왜곡을 진단하도록 한다.
종합실습	일상기반	• 일상사 중 진실한 일화와 거짓된 일화를 소재로 면담하도록 한다.
	모의신문	• 연출된 모의범죄를 소재로 모의 피의자를 신문하도록 한다.
커리큘럼	단기훈련	• 이론, 핵심기술 훈련, 일상기반 면담실습 등으로 35시간을 설계한다.
	장기훈련	• 단기훈련 + 핵심기술 훈련 보강, 모의 신문실습 등으로 70시간을 설계한다.

2. 질문기법 훈련

1) 공식훈련

공식훈련은 "일련의 질문목록을 보고 준별공식에 따라 질문유형을 구분하는 질문기법 훈련 방법"이다. 개방형 질문, 구체적 질문, 폐쇄형 질문의 준별공식은 각각 '마침표로 끝나는 청유형', '의문사가 포함된 의문형', '반대의 또는 다른 선택지가 포함된 의문형'이다(〈표 13〉 참고). 공식훈련을 위해서는 미리 일련의 질문목록을 준비해야 한다. 스스로 훈련하는 경우라면 책, 대본 등에서 질문을 추출하거나, 머릿속에 떠오르는 질문을 기록하는 방식으로 질문목록을 준비해야 한다. 교수자의 경우에도 같은 방법으로 학습자가 사용할 질문목록을 준비해야 하며, 미리 질문목록 풀을 구성하여 훈련 및 평가에 사용하는 것이 좋다. 어느 경우이든 질문목록에 포함된 모든 질문의 끝에는 마침표를 붙여야 한다. 물음표를 붙이면 그 질문이 구체적 질문 또는 폐쇄형 질문 중 하나라는 사실이 노출되기 때문이다. 공식훈련에 필요한 질문목록의 예는 〈표 39〉와 같다.

표 39　공식훈련에 필요한 질문목록례

질문목록 1	질문목록 2
1. 객관식 시험을 보았나요. 2. 객관식 시험을 어디에서 보았나요. 3. 객관식 문제가 어렵던가요. 4. 점수는 얼마나 나왔나요. 5. 가장 어려웠던 문제는 무엇이었나요. 6. 그 문제의 내용을 자세히 말해보세요. 7. 시험에서 몇 등을 했나요. 8. 다음에도 시험을 볼 것인가요. 9. 어떻게 준비할 예정인가요. 10. 다음 시험은 언제로 예정되어 있나요.	1. 그 장소에 왜 가게 되었나요. 2. 그 때가 몇 시쯤이었나요. 3. 목격한 바를 자세히 말해보세요. 4. 그 남자의 키가 얼마나 되던가요. 5. 그 남자가 타고 온 차량의 색깔이 무엇인가요. 6. 그 남자가 다른 사람과 함께 왔던가요. 7. 그 사람들을 목격한 장소가 어디인가요. 8. 정확히 보기는 한 건가요. 9. 좀 더 자세히 말해보세요. 10. 그 사람들이 어느 방향으로 도망갔나요.

〈표 39〉에는 두 개의 질문목록(좌·우)이 포함되어 있으며, 하나의 질문목록 당 10개의 질문이 포함되어 있다. 또한, 하나의 질문목록에 포함된 일련의 질문은 하나의 주제에 관한 것들이다(좌: 시험, 우: 범죄). 실제 교육 또는 훈련에서는 환경과 여건에 따라 질문목록의 수, 질문의 수, 주제 등을 설정하면 된다. 다만, 가급적 〈표 39〉의 질문목록례와 같이 질문목록에 포힘된 질문들이 하나의 주제를 향하도록 하는 것이 좋다. 학습자의 몰입도와 현실성을 좀 더 높일 수 있기 때문이다. 공식훈련은 '질문목록 보기 – 준별공식 적용하기 – 질문유형 확정하기' 순으로 진행하면 되고, 교수자의 경우에는 이후에 '피드백'을 해주어야 한다. 훈련은 서면으로 할 수도 있고 구술로 할 수도 있다. 구술로 훈련할 경우 학습자는 교수자 또는 동료의 도움을 받아야 한다. 생각건대, 서면 훈련 후에 구술 훈련을 하는 방식으로 양자를 병행하는 것이 좋을 것 같다. 아무래도 후자의 난이도가 좀 더 높고 실제 면담 상황에 보다 더 가깝기 때문이다. 공식훈련의 예는 〈표 40〉과 같다.

표 40 공식훈련례

질문목록 1	유형	질문목록 2	유형
1. 객관식 시험을 보았나요? **(안 보았나요?)**	폐	1. 그 장소에 **왜** 가게 되었나요?	구
2. 객관식 시험을 **어디**에서 보았나요?	구	2. 그 때가 **몇** 시쯤이었나요?	구
3. 객관식 문제가 어렵던가요? **(쉽던가요?)**	폐	3. 목격한 바를 자세히 설명해보세요-. **(E)**	개
4. 점수는 **얼마나** 나왔나요?	구	4. 그 남자의 키가 **얼마나** 되던가요?	구
5. 가장 어려웠던 문제는 **무엇**이었나요?	구	5. 타고 온 차량의 색깔이 **무엇**인가요?	구
6. 그 문제의 내용을 자세히 말해보세요-. **(T)**	개	6. 다른 사람과 함께 왔던가요? **(혼자 왔던 가요?)**	폐
7. 시험에서 **몇** 등을 했나요?	구	7. 그 사람들을 목격한 장소가 **어디**인가요?	구
8. 다음에도 시험을 볼 건가요? **(안 볼 건가요?)**	폐	8. 정확히 보기는 한 건가요? **(아닌가요?)**	폐
9. **어떻게** 준비할 예정인가요?	구	9. 본 장면을 그대로 묘사해보세요-. **(D)**	개
10. 다음 시험은 **언제**로 예정되어 있나요?	구	10. 그 사람들이 **어느** 방향으로 도망갔나요?	구

주. T: Tell, E: Explain, D: Describe.

공식훈련은 준별공식 적용 국면과 질문유형 확정 국면으로 나뉘며, 준별공식 적용은 '의문사 찾기 – 물음표 붙이기 – 반대의 또는 다른 선택지 찾기' 순으로 진행하면 된다. 가령, 〈표 40〉에서 질문목록 1의 질문 1은 '의문사 없음 – 물음표 붙여짐 – 반대의 선택지 있음 – 폐쇄형 질문임' 순으로, 질문 2는 '의문사 있음 – 물음표 붙여짐 – 반대의 선택지 없음 – 구체적 질문임' 순으로, 질문 6은 '의문사 없음 – 물음표 안 붙여짐 – 반대의 선택지 없음 – 개방적 질문임' 순으로 각각 진행하면 된다. 교수자의 경우에는 훈련 종료 후 학습자에게 〈표 40〉에 준하는 방법으로 피드백을 해주어야 한다. 구술 훈련을 한 경우에도 피드백은 서면(화면)으로 해주는 것이 좋다. 구술 피드백보다 서면 피드백이 이해와 복습에 더 유용하기 때문이다. 〈표 40〉을 보면 의문사, 물음표, 반대의 선택지 등이 다른 부분보다 좀 더 크게 표시되어 있다. 시인성을 높이기 위해 저자가 사용하는 방법인데, 피드백 서면을 흑백으로 출력해서 활용할 경우까지 고려하면 색깔이나 밑줄 처리보다 효과적이다. 각자의 선호에 따라 적절히 표시하면 될 문제라고 생각한다. 공식훈련은 '무엇을'과 '어떻게'의 길항관계로부터 자유롭다. 학습자가 질문을 하는 것이 아니라 미리 준비된 질문을 제3자적 관점에서 구분하는 훈련이기 때문이다. 따라서 공식훈련은 '체득'의 과정이라기보다 '이해'의 과정에 가깝다. 이는 공식훈련과 함께 다른 훈련이 병행되어야 하는 이유 중 하나다.

2) 대화진단

대화진단은 "SNS, 문자메시지 등에 있는 대화를 보고 준별공식에 따라 질문유형을 구분하는 질문기법 훈련 방법"이다. 대화진단은 훈련의 소재만 다를 뿐 훈련의 방식은 공식훈련과 유사하다. 대화진단을 위해서는 미리 SNS, 문자메시지에서 진단할 대화를 선택해야 한다. 교수자의 경우에는 진단의 소재를 제공하기보다 학습자 스스로 진단의 소재를 선택하도록 하는 것이 좋다. 대화진단은 질문유형을 구분하는 방법을 훈련하는 효과가 있을 뿐만 아니라 자신의 질문습관을 점검하고, 이를 다른 사람의 질문습관과 비교해 볼 기회를 제공하기 때문이다. SNS, 문자메시지에서 선택한 대화의 질문에는 물음표가 붙어있을 수 있다. 이에 따르는 제약은 양해하기로 하자. 이와 같은 제약에도 불구하고 질문진단을 통해 보다 다양한 형태의 질문을 접할 수 있기 때문이다. SNS상의 대화를 소재로 하는 대화진단의 예는 〈그림 14〉와 같다.

그림 14 대화진단례

대화 1	대화 2
- 교수님. ①**출근하셨나요?** 어제 너무 수고가 많으셨어요. 그래서 제가 커피를 좀 사드리려고 하는데, ②**언제가 좋으실까요?**^^	- 짜잔. https://ssakdanawayoo.kr
	①**뭥미?** ②**공짜?** -
커피 있어요. 굳이 사주시겠다면 ①**티나 에이드?**ㅎ -	- 당근. ①**대박이지?**
- ③**어떤 차로 살까요?**	나는 다나와 쓰는데.ㅎ -
	- 이게 더 많이 나올. 함 써보셈.
②**메뉴가?**	
- 거의 다 있는 것 같은데요.^^ ④**(?)**	③**로그인 필요?** ④**어케 씀?** -
	- 로그인 불필요. 그냥 쓰면 됨.ㅋㅋ
③**케모마일이나 페퍼민트?**	
- ⑤**지금이요?**	대박. 좋네. 자료신청 기능도 있네. ⑤**신청해봄?** -
	- 당근!
예. -	나는 안 되는뎅. ㅜㅜ ⑥**좀 알려주삼.**
- 맛있게 ⑥**잘 드셨어요?**	- 회원가입, 로그인, 내용, 이메일 또는 연락처, 끝.ㅋㅋ
예. 감사감사.ㅎㅎ -	⑦**뭥미?** ⑧**로그인 해야 되자나!?** -
- 좀 여쭤볼 게 있는데요. ⑦**(?)**	- 한번 하고 자동 로그인 하면 되자나. ②**그것도 귀찮음?**
④**말씀해보세요.** -	만사가 귀찮음.ㅎㅎ
- 그게 좀 긴데. 있다가 ⑧**찾아뵈도 될까요?**	- 난 당신이 젤 귀찮음.ㅋㅋㅋㅋ
예. -	나도 내가 젤 귀찮음.ㅋㅋㅋㅋ -

- ①폐, ②구, ③구, ④개·폐, ⑤폐, ⑥폐, ⑦폐, ⑧폐 = 개0.5 + 구2 + 폐5.5 = 총8	- ①폐, ②폐 = 폐2 = 총2
①폐, ②개·구, ③폐, ④개 - = 개1.5 + 구0.5 + 폐2 = 총4	①구, ②폐, ③폐, ④구, ⑤폐, ⑥개, ⑦구 ⑧폐- = 개1 + 구3 + 폐4 = 총8

　대화진단은 '질문 찾기 – 준별공식 적용하기 – 질문유형 확정하기 – 질문유형 집계 후 진단하기' 순으로 진행하면 된다. 먼저, 대화 내에서 질문을 찾아 번호를 매겨야 한다. 가령, 〈그림 14〉의 대화 1을 보면 학습자의 질문 4개(우)와 상대방의 질문 8개(좌)가 있다. 여기에서 상대방의 질문④와 질문⑦은 숨겨져 있다. 이에 관하여는 후술할 것이다. 다음으로, 각각의 질문에 준별공식을 적용하여 질문유형을 확정해야 한다. 준별공식 적용과 질문유형 확정의 방법은 공식훈련의 경우와 동일하다. 다만, 다음과 같은 점을 부연할 필요가 있을 것 같다. 첫째, 대화 1에서 상대방의 질문④와 질문⑦은 숨겨져 있다. 질문④는 "그러니까 그냥 말씀해보세요."(개) 또는 "다 불러드릴까요?"(폐) 정도가 될 것이고, 질문⑦은 "여쭤봐도 될까요?"(폐) 정도가 될 것이다. 둘째, 대화 1에서 학습자의 질문①과 질문③은 폐쇄형 질문 중 양자택일형 질문이다. 셋째, 대화 1에서 학습자의 질문②는 개방형 질문으로 볼 수도 있고, 구체적 질문으로 볼 수도 있다. 즉, "메뉴를 좀 말씀해보세요."(개) 또는 "메뉴가 어떻게 되나요?"(구)가 될 수 있다. 넷째, 대화 2에서 학습자의 질문① · ②(구 · 폐), 질문③ · ④(폐 · 구), 질문⑦ · ⑧(구 · 폐)은 질문방식의 측면에서 복합질문이다. 다섯째, 대화 2에서 학습자의 질문⑧은 "로그인을 해야하는 것이 맞지?"라는 의미의 폐쇄형 질문일 수도 있고, 질문이라기보다 단지 항의의 표현일 수도 있다. 끝으로, 질문을 유형별로 분류하여 집계한 후, 이를 토대로 최종적 진단을 해야 한다. 가령, 대화 1의 경우 상대방이 학습자보다 더 많은 질문을 했다는 사실, 대화 2의 경우 그 반대라는 사실, 대화 1과 대화 2에서 상대방과 학습자 모두 폐쇄형 질문을 가장 많이 하고 있다는 사실 등을 확인할 수 있다. 이와 같이 일상적인 대화 속의 질문은 통상 폐쇄형 질문, 구체적 질문, 개방형 질문 순의 빈도로 이루어지는 경향이 있다. 범죄수사, 감사 또는 조사에 관한 면담을 올바르게 수행하기 위해서는 반드시 별도의 훈련이 필요함을 알 수 있는 대목이다. 대화진단도 공식훈련의 경우와 마찬가지로

'무엇을'과 '어떻게'의 길항관계로부터 자유롭다. 학습자가 질문을 하는 것이 아니라 과거의 대화에 포함된 질문을 사후적으로 진단하는 훈련이기 때문이다. 따라서 대화진단도 '체득'의 과정이라기보다 '이해'의 과정에 가깝고, 여기에 다른 훈련이 병행되어야 한다.

3) 세바퀴 훈련

세바퀴 훈련은 "교수자가 질문유형을 명명하면, 학습자가 일정한 시간(통상 3초) 내에 그에 해당하는 질문을 구상하여 발화하는 방식의 질문기법 훈련 방법"이다. 가령, 교수자가 "개방형 질문"이라고 명명하면, 학습자가 수초 내에 "오늘 아침에 있었던 일을 자세히 말해보세요."라고 질문해야 한다. 교수자가 없을 경우에는 학습자의 동료가 교수자의 역할을 해주면 된다. 교수자의 경우에는 한 명의 학습자를 대상으로 훈련하기보다 3~4명의 학습자를 분임으로 묶어 훈련하는 것이 더 좋다. 가령, 4명의 학습자가 원을 그리며 둘러앉은 후, 일정한 순서에 따라 교수자의 명명과 학습자의 질문을 반복하는 것이다. 반복은 학습자 전원이 교수자의 명명에 따라 오류 없이 질문하기를 세 번씩 할 때까지 하고, 학습자 중 한 명이 교수자가 명명한 질문유형과 다른 유형의 질문을 하면 처음부터 훈련을 다시 시작한다. 이와 같은 훈련 방식을 고려하여 '세바퀴'라는 명칭을 붙인 것이다.

세바퀴 훈련을 할 때 교수자는 질문유형 이외의 요소를 명명할 수도 있고, 운용 방식의 수정을 통해 난이도를 조절할 수도 있다. 먼저, 요약과 페이링을 명명할 수 있다. 가령, 교수자 "폐쇄형 질문", 학습자 1 "그곳에 간 사실이 있나요?"(폐), 교수자 "예. 패어링"(답변 + 명명), 학습자 2, "그곳에서 목격한 바를 모두 말해보세요."(개)와 같이 진행하거나(패어링 삽입), 교수자 "구체적 질문", 학습자 1 "아침 식사를 어디에서 하였나요?"(구), 교수자 "구내식당에서요. 요약 더하기 개방형 질문"(답변 + 명명), 학습자 2 "구내식당에서 아침 식사를 하셨다고 했는데, 메뉴를 한번 말씀해보세요."(요약 + 개)와 같이 진행할 수 있다(요약 삽입). 다음으로, 바퀴 수를 늘리거나, 명명과 질문 간의 간극을 줄이거나, 진행 방향을 바꾸거나, 무작위로 진행하거나, 질문의 내용을 특정한 주제에 한정하는 등의 운용을 통해 난이도를 높일 수 있다. 세바퀴 훈련은 분임의 구성원들에게 일종의 연대감을 줌으로써 흥미와 몰입을 유도하는 효과를 갖는다. 따라서 세바퀴 돌기에 거듭 실패하는 분임의 경우에는 교수자가 빠지고 분임 대표를 선정하여 스스로 훈련할 시간을 주는 것도 좋은 방법이 될 수 있다. 세바퀴 훈련을 할 때에는 '무엇을'과 '어떻게'의 길항관계가 나타난다. 학습자가 질문유형과 질문내용을 함께 구상하고 발화해야 하기 때문이다. 그러나 길항관계의 강도가 높지는 않다. 질문유형이 명명한 바에 부합하기만 하면, 질문내용은 어떤 것이어도 무방하기 때문이다. 다만, 질문의 내용을 특정한 주제에 한정하는 방식으로 난이도를 높이게 되면, 길항관계의 강도가 좀 더 높아질 것임을 어렵지 않게 짐작할 수 있다. 따라서 세바퀴 훈련은 '이해'와 '체득'을 겸하는 과정으로 볼 수 있다. 그러나 실무에서 접하게 되는 정도의 길항관계를 경험할 수는 없기 때문에 다른 훈련이 병행되어야 한다.

4) 신상털기 훈련

신상털기 훈련은 "학습자가 질문유형을 선언하고 교수자의 신상에 관한 질문을 하면, 교수자가 선언과 질문의 부합 여부에 따라 답변 여부를 결정하는 방식의 질문기법 훈련 방법"이다. 가령, 학습자가 "개방형 질문. 취미가 어떻게 되십니까?"(선언 + 질문)라고 할 경우에는 교수자가 답변하지 않아야 하고, 학습자가 "폐쇄형 질문. 식사하셨습니까?"(선언 + 질문)라고 할 경우에는 교수자가 "예." 또는 "아니요."라고 답변해야 한다. 전자는 선언과 질문이 부합하지 않고(개 : 구), 후자는 선언과 질문이 부합하기 때문이다(폐 : 폐). 세바퀴 훈련의 경우와 마찬가지로 교수자가 없을 경우에는 학습자의 동료가 교수자의 역할을 해주면 된다. 교수자의 경우에는 한 명의 학습자를 대상으로 훈련하기보다 모든 학습자에게 순서대로 — 학습자의 규모에 따라 — 일회 또는 수회 질문할 기회를 주는 것이 더 좋다. 또한, 학습자로 하여금 가급적이면 앞의 문답과 연관되는 내용의 질문을 할 것을 주문하면 더 효과적이다. 질문유형뿐만 아니라 질문내용에도 좀 더 주의를 기울여야 하기 때문이다. 세바퀴 훈련에서 질문의 내용을 특정한 주제에 한정하여 '무엇을'과 '어떻게'의 길항관계를 증폭시켰던 것과 마찬가지 원리다. 한편, 신상털기 훈련은 학습자에게 교수자를 이해할 기회를 줌으로써 학습자와 교수자 간에 라포를 형성해

준다. 특히, 교육기간이 긴 경우에는 신상털기 훈련의 부수적 기능(side effect)이 교육의 전반적 효과를 높여줄 수 있다. 학습자가 혹시 당혹스러운 질문을 하지는 않을까 걱정할 필요는 없을 것 같다. 저자의 경험에 의하면 학습자가 특별히 곤란할 정도의 질문을 한 경우는 없었고, 가사 학습자가 답변하기 곤란한 질문을 하더라도 "정곡을 찌르는 멋진 질문을 하셨습니다(칭찬). 선언과 질문이 부합하므로 정답인데요(피드백). 어쩌죠? 너무 정곡을 찔려서 말문이 막혔어요(우회)."라는 정도로 대응하면 된다. 신상털기 훈련을 할 때에도 세바퀴 훈련의 경우와 마찬가지로 '무엇을'과 '어떻게'의 길항관계가 나타난다. 그러나 그 강도는 다분히 상황의존적이다. 학습자에게 교수자의 신상 정보를 알고자 하는 동기가 크면 실제 면담에서와 유사한 수준의 길항관계를 경험할 것이나, 학습자에게 이와 같은 동기가 없으면 세바퀴 훈련의 경우와 유사한 수준의 길항관계를 경험할 것이기 때문이다. 따라서 신상털기 훈련은 '이해'와 '체득'을 겸하는 과정이지만, 다른 훈련이 병행될 필요가 있다.

5) 도형퀴즈

도형퀴즈는 "교수자만 아는 어떤 도형에 관하여 학습자가 질문유형을 선언하고 질문을 하면, 교수자가 선언과 질문의 부합 여부에 따라 답변 여부를 결정하는 방식의 질문기법 훈련 방법"이다. 가령, 학습자가 "개방형 질문. 그 도형이 복잡한가요?"(선언 + 질문)라고 할 경우에는 교수자가 답변하지 않아야 하고, 학습자가 "구체적 질문. 그 도형이 몇 개의 면으로 되어 있나요?"(선언 + 질문)라고 할 경우에는 교수자가 "일곱 개의 면으로 되어 있어요." 또는 "도형이 복잡한 모양을 띠고 있어서 면의 수를 말씀드릴 수가 없어요."라고 답변해야 한다. 전자는 선언과 질문이 부합하지 않고(개 : 폐), 후자는 선언과 질문이 부합하기 때문이다(구 : 구). 신상털기 훈련의 경우와 마찬가지로 교수자가 없을 경우에는 학습자의 동료가 교수자의 역할을 해주면 되고, 교수자의 경우에는 모든 학습자에게 순서대로 일회 또는 수회 질문할 기회를 주는 것이 좋다. 문답은 약속한 수의 질문이 모두 이루어질 때까지 하면 된다. 저자는 이를 '질문찬스 소진시까지 반복'이라고 표현하곤 한다. 교수자가 달리 요청하지 않더라도 학습자들은 이미 메모지에 도형 그리기와 수정하기를 반복하고 있을 것이다. 그만큼 도형의 모양이 궁금하다는 의미다. 질문찬스가 소진되면 학습자들에게 도형을 공개하고 피드백을 해주어야 한다. 쾌재를 부르는 학습자도 있을 것이고, 탄식하는 학습자도 있을 것이다.

도형퀴즈 훈련을 수회 거듭하면 학습자들의 질문유형과 도형 파악의 정확성 간에 일정한 관계가 있음을 알 수 있다. 즉, 학습자들이 폐쇄형 질문을 많이 사용할수록, 특히 초기에 폐쇄형 질문을 많이 사용할수록 도형을 정확하게 파악하지 못하는 경향이 있다. 그러나 통상의 학습자들은 초기에 폐쇄형 질문을 많이 하는 경향이 있다. 도형의 모양을 알고 싶다는 동기가 질문유형과 질문내용에 할당되는 인지적 에너지의 균형을 파괴하기 때문이다. 즉, 알고 싶은 동기가 클수록 질문내용이 도드라지고 질문유형이 위축된다. 따라서 도형퀴즈를 할 때에 나타나는 '무엇을'과 '어떻게'의 길항관계는 지금까지 학습한 다른 훈련법의 경우보다 기본적으로 더 강하다. 교수자는 이와 같은 경향을 훈련 전에 알려주어도 좋고, 훈련 후에 피드백 해주어도 좋다. 여러 개의 도형으로 도형퀴즈를 수회 실시하는 경우, 훈련 전반부에는 사후 피드백을 해주고 훈련 후반부에는 사전 안내를 해주는 것이 효과적이다. 전반부 훈련을 통해 이러한 경향을 직접 경험한 후, 후반부 훈련을 통해 이러한 경향이 개선될 수 있음을 체험할 수 있기 때문이다. 한편, 도형퀴즈는 세바퀴 훈련과 마찬가지로 학습자들의 연대감을 높여주는 기능을 한다. 세바퀴 훈련에서의 연대감이 분임 차원이라면, 도형퀴즈에서의 연대감은 학급 차원이다. 교육기간이 긴 경우 이 연대감이 교육의 전반적 효과를 높여줄 것임을 어렵지 않게 짐작할 수 있다. 요컨대, 도형퀴즈는 '이해'와 '체득'을 겸하는 과정이자, 실제 면담에서와 유사한 수준의 길항관계를 경험할 수 있는 훈련법이다. 도형퀴즈에서 활용할 수 있는 도형의 예는 〈그림 15〉와 같다.

그림 15   도형퀴즈용 도형례

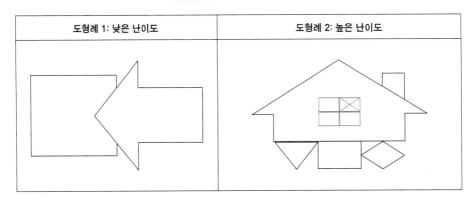
그림 15   도형퀴즈용 도형례

도형례 1: 낮은 난이도	도형례 2: 높은 난이도

6) 인지면담 훈련

인지면담 훈련은 "그림 또는 사진을 활용하여 인지면담의 세부 원리와 기법을 적용하는 질문기법 훈련 방법"이다. 가령, 교수자는 〈그림 16〉과 같은 장면을 활용하여, 학습자로 하여금 세부성의 원리, 타성의 원리, 맥락회복, 적합한 정보 저장소 탐색, 이미지 코드와 개념 코드 탐지 등의 원리 및 기법을 적용하도록 할 수 있다. 인지면담 훈련의 경우에는 학습자의 동료가 교수자의 역할을 대신하기 어렵다. 교수자가 인지면담의 세부 원리와 기법을 잘 알고, 이에 따라 학습자를 지도할 수 있어야 하기 때문이다. 〈그림 16〉의 장면을 활용하여 인지면담 훈련을 할 때에는 다음과 같은 절차와 방법에 의하면 된다. 먼저, 교수자는 전체 학습자의 50%에 해당하는 학습자로 하여금 1분 동안 장면을 보도록 한다(목격 국면). 이때 교수자는 이 장면을 보여주는 취지, 즉 이 장면을 소재로 인지면담 훈련을 할 것이라는 사실을 알려주어서는 안 된다. 현실에서 통상 목격자는 목격 시점에 자신이 향후 면담을 받게 될 것이라는 사실을 모른다는 점을 고려한 조치다. 이후 나머지 50%의 학습자에게 면담자의 역할을 부여하고, 앞서 장면을 본 학습자에게 피면담자의 역할을 부여하여 인지면담을 하도록 한다(면담 국면). 목격 국면과 면담 국면 간에는 일정한 시간적 간극을 두어야 한다. 통상 48시간 이상의 간극을 두는 것이 좋다. 수일에 걸쳐 이루어지는 훈련 과정의 경우라면, 1일차의 안내 시간에 이 장면을 보도록 한 후, 3일차 이후에 인지면담 훈련을 하면 된다. 모든 학습자가 면담자의 역할과 피면담자의 역할을 한 번씩 수행하도록 하려면, 이와 같은 절차를 2회에 걸쳐 진행하기보다 동시에 진행하는 것이 더 좋다. 원활한 훈련 진행을 위해서는 두 명 이상의 교수자가 참여해야 한다. 가령, 1일차의 안내 시간에 학습자를 분반하여, 교수자 1은 50%의 학습자에게 이 장면을 보도록 하고, 교수자 2는 나머지 50%의 학습자에게 다른 장면을 보도록 한 후, 면담 국면에서 상호 인지면담을 하도록 하면 된다.

그림 16   인지면담 훈련용 장면례

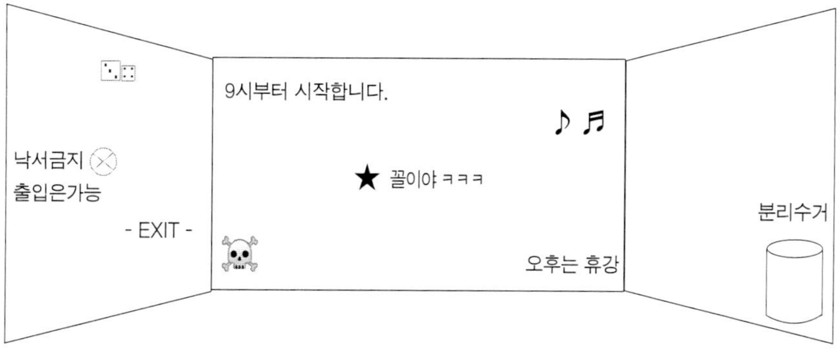

  면담 국면에서, 교수자는 면담자 역할의 학습자(이하 '면담자')와 목격자 역할의 학습자(이하 '피면담자')를 하나의 훈련조로 편성한 후, 면담자에게 "인지면담의 세부 원리와 기법을 적용하여 피면담자의 진술을 청취해보세요."라고 요청하여야 한다. 면담자는 개관적 개방형 질문을 사용하여, 피면담자로부터 최초의 덩이진술을 청취하여야 한다. 가령, "1일차의 안내 시간에 보았던 장면을 자세히 묘사해 보세요."라고 질문하여, "무슨 벽면 같은 것이 있었고, 거기에 글씨와 그림 같은 게 있었어요. 벽면이 세 개. 앞쪽, 오른쪽, 왼쪽. 앞쪽에는 9시부터 시작하고 오후에는 쉰다는 글씨랑 별, 해골 같은 낙서가 있었어요. 오른쪽에는 쓰레기통 같은 게 있었던 것 같아요. 왼쪽은 잘 기억이 안나요. 시간이 부족해서."라는 진술을 청취할 수 있을 것이다. 이제 면담자는 '세부성의 원리'에 따라 탐색의 우선순위를 설정해야 한다. 앞의 진술례를 고려하면, '앞쪽 – 오른쪽 – 왼쪽' 순으로 탐색해야 한다. 앞쪽에 관한 피면담자의 기억이 가장 세부적이고, 왼쪽에 관한 피면담자의 기억이 가장 희미하기 때문이다. 다음으로 면담자는 우선순위에 따라 각 벽면에 관한 피면담자의 기억을 탐색해야 한다. 이때 면담자는 반드시 '타성의 원리'를 준수해야 한다. 즉, 앞쪽에 관한 기억 탐색을 모두 종료한 후에 오른쪽에 관한 기억을 탐색하고, 그 이후에 왼쪽에 관한 기억을 탐색해야 한다. 빈번한 장면 전환은 기억의 손실을 유발하기 때문이다.

　　각 벽면에 관한 피면담자의 기억을 탐색할 때, 면담자는 필요에 따라 '맥락회복', '적합한 정보 저장소 탐색' 등의 기법을 적용할 수 있다. 가령, 면담자는 피면담자에게 "1일차의 안내 시간으로 돌아가 보세요. 앞쪽에서 보았던 것에 집중해 보세요. 필요하면 잠시 눈을 감아도 좋습니다."라는 요청으로 맥락회복을 할 수 있다. 이 경우 면담자는 피면담자에게 5~10초 정도의 시간을 주어야 하고, 잠시 시선을 거두어 주는 것이 좋다. 면담자의 응시가 피면담자의 회상에 방해가 될 수 있기 때문이다. 피면담자가 맥락회복을 마치면(예: 눈맞춤), 「3 + 2 −3」의 공식에 따라 탐색을 이어가면 된다. 또한, 면담자는 피면담자에게 "1일차의 안내 시간에 그 장면을 볼 때 들었던 소리에 집중해 보세요."(맥락회복), "그때 들었던 소리를 모두 말해보세요."(적합한 정보 저장소 탐색)라고 요청할 수 있다. 1일차의 안내 시간에 다른 학습자들이 장면에 관한 언급을 했을 수도 있기 때문이다. 가령, 앞의 질문에 대하여 피면담자가 "맞아요. 누군가가 음표와 주사위를 말했던 것 같아요. 다시 생각해보니까 앞쪽에 음표가 2개 있었네요. 그런데 주사위는 기억이 안 나요. 저는 못 봤어요."라고 답변할 수 있다. 이와 같이 '이미지 코드'를 모두 탐색한 이후에는 '개념 코드'를 탐색해야 한다. 가령, 면담자는 개념 코드 탐지를 위해 "목격한 장면의 느낌이 어땠나요?"라고 질문하여, "어수선한 교실 같은 느낌이었어요. 쓰레기통 같은 것도 있었고. 참. 쓰레기통 위쪽에 무슨 주의사항 같은 게 적혀있었던 것 같아요."라는 진술을 청취할 수 있을 것이다. 앞의 진술례에서 '어수선한', '주의사항' 등이 개념 코드에 해당한다. 후자의 경우에는 추가로 맥락회복 후 질문을 하여 이미지 코드(예: 분리수거라는 표시)를 탐색할 수 있을 것으로 생각한다.

　　교수자는 학습자의 면담 수행을 관망하면서 필요에 따라 지도의 언급을 하고, 면담이 종료되면 면담자의 면담 수행을 평가해 주어야 한다. 수행 평가는 앞서 설명한 기준에서 벗어나거나 필요한 원리 또는 기법을 누락한 경우,

그 내용과 개선방안을 언급해주는 방식으로 하면 된다. 지금까지 학습한 훈련법과 비교할 때, 인지면담 훈련은 '이해'의 과정이라기보다 '체득'의 과정에 가깝다. 미지의 사실에 대한 궁금증, 면담을 잘 수행하고자 하는 동기, 기억의 취약성, 면담의 역동성과 가변성 등이 실제의 면담 상황과 거의 유사하기 때문이다. 특히, 정보(무엇을), 질문유형과 인지면담의 원리 및 기법(어떻게) 간의 길항관계가 매우 강하게 나타난다. 한편, 교수자는 시간적 여건에 따라 면담국면 앞에 라포형성 및 면담규칙 설명을 접목하여 훈련의 스펙트럼을 확장할 수 있다.

7) 증거활용 훈련

증거활용 훈련은 "교수자가 특정 사실관계 또는 진술을 제시하면, 학습자가 현재적·잠재적 증거 활용의 기준에 따라 질문하는 방식의 질문 훈련 방법"이다. 제3장 제2절의 질문기법 중 증거의 활용에서 예시한 '지갑도난' 사건의 수사사항이 특정 사실관계에 해당한다. 가령, 교수자는 〈표 41〉과 같은 사실관계를 제시하고, 학습자로 하여금 개관적 개방형 질문(Q)을 한 후, 단서(C)와 증거(E)를 찾고 그 활용 계획을 설명하도록 할 수 있다. 이는 현재적 증거 활용, 즉 전략적 증거 사용(SUE) 훈련이다.

표 41 현재적 증거 활용례

사실관계 1	사실관계 2
A경찰서 관내에서 10건의 연쇄방화 사건이 발생했다. CCTV가 없는 주택가에서 방화가 이루어지고 있어, 수개월째 범인을 특정하지 못하고 있던 중, 수사팀은 9번째 방화 현장에서 50미터 떨어진 곳에 설치된 CCTV에서 누군가가 **골목(단서 1)**에 **차량(단서 2)**을 주차하고 사라진 뒤 잠시 후 차량으로 돌아와 골목에서 빠져나가는 장면을 포착하였다. 이를 통해 **차량번호(증거)**와 차주 B를 특정하였다. 주차 시각은 화재 발생 10분 전이고, 빠져나간 시각은 화재 발생 3분 후인 것으로 확인되었다.	A社에서 산업기밀 유출사건이 발생하였다. 기밀 유출은 A社 5층 **휴게실(단서 1)**에 있는 **PC(단서 2)**를 통해 이루어졌으며, 유출자가 이 PC에서 B대리(무고함이 밝혀짐)의 계정으로 A社의 정보포털에 접속하여 기밀을 유출한 것으로 확인되었다. 감사팀은 C대리를 용의자로 특정하였다. 기밀 유출 시점 직전에 C대리가 이 PC에서 상용포털에 **접속(증거)**한 사실이 확인되었기 때문이다. 감사팀은 C대리가 상용포털을 이용하는 척하다가 다른 직원들이 없을 때 기밀을 유출한 것으로 보고 있다.

주. 교수자는 **볼드체** 처리 및 괄호 표기 없이 사실관계를 제시해야 함.

먼저, 학습자는 사실관계에서 단서와 증거를 찾아야 한다. 사실관계 1의 경우에는 CCTV에 B의 차량이 촬영되었다는 사실, 즉 방화 시점에 B의 차량이 방화 현장 인근에 있었다는 사실이 '증거'에 해당하고, B가 그 시점에 그 골목에 갔는지, 그 시점에 차량을 운행했는지가 '단서'에 해당한다. CCTV에 B의 차량이 촬영되었다는 사실을 B에게 미리 알려주면 자신이 방화 시점에 방화 현장 인근에 갔다는 사실을 인정한 후 방화 혐의를 부인할 가능성(예: 바람쐬러 갔다)이 높다는 점에서 이 정보는 증거에 해당한다. 반면, B에게 이와 같은 사실을 미리 알려주지 않고, 그날의 행적, 그 시점에 그 인근에 갔는지, 그날의 차량 이용 관계, 그 시점에 차량을 운전하여 그 인근에 갔는지 등을 「3 + 2 - 3」의 공식에 따라 질문하면 자신이 방화 시점에 방화 현장 인근에 갔다는 사실을 인정하지 않을 가능성이 있다는 점에서 이 정보들은 단서에 해당한다. 다음으로, 학습자는 사실관계에 적합한 개관적 개방형 질문과 단서 및 증거의 활용 계획을 설명해야 한다. 가령, 학습자는 "먼저, B에게 '그날의 일과를 최대한 자세히, 사실대로, 빠짐없이 진술해주시기 바랍니다'라는 개관적 개방형 질문을 한 후 올바른 질문기법에 따라 충분한 진술을 들어야 합니다(Q). 이때까지는 단서나 증거를 언급해서는 안 됩니다. 다음으로, B에게 그날 차량을 운행한 사실이 있는지, 그 인근에 간 사실이 있는지의 순으로 단서를 제시해야 합니다(C). 증거의 존재를 연상케 하는 강도를 고려하여(차량〈현장 인근), 단서 제시의 우선순위를 이와 같이 설정하였습니다. 끝으로, C에게 CCTV에 B의 차량이 촬영되었다는 사실을 알려주면서 설명을 요구해야 합니다(E). 다만, B가 Q 국면이나 C 국면에서 그 시점에 차량을 운전하여 그 인근(골목)에 갔다는 사실을 인정하면 통상의 면담 절차에 따라 면담을 이어가야 합니다."라고 설명할 수 있을 것이다.

사실관계 2의 경우에는 휴게실 PC에서 C가 상용포털에 접속한 사실이 '증거'에 해당하고, C가 그 시점에 휴게실에 갔는지, PC를 사용했는지가 '단서'에 해당한다. 휴게실 PC에서 C가 상용포털에 접속한 사실을 확인했음을 미리 C에게 알려주면 자신이 기밀 유출 시점에 휴게실 PC를 사용한 사실을 인정한 후 기밀 유출 혐의를 부인할 가능성(예: 뉴스검색을 했을 뿐이다)이 높다는 점에서 이 정보는 증거에 해당한다. 반면, C에게 이와 같은 사실을 미리 알려주지 않고, 그날의 행적, 기밀 유출 시점의 행적, 그 시점에 휴게실에 갔는지, 갔다면 PC를 사용했는지 등을 「3 + 2 - 3」의 공식에 따라 질문하면 자신이 기밀 유출 시점에 휴게실에 갔다는 사실 또는 PC를 사용했다는 사실을 인정하지 않을 가능성이 있다는 점에서 이 정보들은 단서에 해당한다. 이를 토대로 학습자는 개관적 개방형 질문 후 단서나 증거를 언급하지 않고 충분한 진술을 청취해야 한다는 점(Q), 그 시점에 휴게실에 갔는지, 갔다면 PC를 사용했는지 등을 확인해야 한다는 점(C), 이때까지 C가 휴게실에 간 사실 또는 PC를 사용한 사실을 부인할 경우 휴게실 PC에서 C가 상용포털에 접속한 사실을 확인했음을 알려주면서 설명을 요구해야 한다는 점(E) 등을 설명해야 한다.

한편, 교수자는 〈표 42〉와 같은 알리바이 진술례를 제시하고, 학습자로 하여금 상호작용 탐지 계획을 설명하도록 할 수 있다. 이는 잠재적 증거 활용, 즉 상호작용 탐지 훈련이다. 통상 면담 전 단계에서 면담자는 피면담자가 면담과정에서 어떤 알리바이를 댈지 모르기 때문에, 알리바이 진술을 청취할 때에는 전략적 증거 사용을 적용하기 어렵고, 주로 상호작용 탐지에 의존해야 한다. 제3장에서 현재적 증거의 활용에 비해 잠재적 증거의 활용이 상대적으로 더 어렵고, 더 중요하다고 하였다. 활용할 증거가 추상적, 가변적일 뿐만 아니라 '무엇을'과 '어떻게'의 길항관계가 극을 이루는 영역이기 때문이다. 진술례를 활용한 훈련법을 한번 살펴보자.

표 42 잠재적 증거 활용례

진술례 1: 낮은 난이도	진술례 2: 높은 난이도
저는 그날 그곳에 간 사실이 없어요. **그때(일시)** 저는 **친구(연락, 비교)**랑 **술(메뉴)**을 마시고 있었어요. 동네에 있는 작은 **술집(장소, 좌석, 손님)**에서요. 제 친구나 술집 **사장님(비교)**한테 한번 확인해보세요. 저는 정말 억울합니다. **(경로, 지불수단)**	저는 그날 그곳에 간 사실이 없어요. **그때(일시)** 저는 혼자서 **산(장소)**에 다녀왔어요. 저희 **아파트(CCTV) 뒤(경로)**에 있는 산이에요. 한 시간쯤 걸렸나요. 같이 간 사람이 없으니 증인도 없고 정말 환장하겠네요. **(주거층 - 1층 - 진입로가 핵심)**

주. 교수자는 **볼드체** 처리 및 괄호 표기 없이 진술례를 제시해야 함.

먼저, 학습자는 진술례에서 상호작용이 있는 또는 있을 법한 지점을 찾아야 한다. 진술례 1의 경우에는 친구, 손님, 술집 사장 등의 인적 상호작용과 연락수단, 이동경로, 메뉴, 좌석, 지불수단 등의 물적 상호작용이 존재한다. 상호작용의 종류와 양이 많은 편이다. 그래서 난이도가 낮은 진술례에 해당한다. 다음으로, 학습자는 상호작용 탐지 계획을 설명해야 한다. 가령, 학습자는 "진술례에 다수의 인적, 물적 상호작용이 있습니다. 그러나 상호작용을 전면에 내세우거나 폐쇄형 질문으로 상호작용 등을 확인함으로써 면담 전략을 노출하지 않아야 합니다. 따라서 사안의 경우에는 먼저, 「3 + 2 - 3」의 공식에 따라 상호작용이나 일시 및 장소의 확인 없이 충분한 진술을 청취해야 합니다. 그래야 피면담자가 불리함을 느끼고 알리바이 일화 자체를 번복하는 일이 없습니다(예: 착각 운운). 다음으로, 메뉴가 무엇이었는지, 손님은 얼마나 되었는지, 좌석은 어디였는지, 비용은 어떻게 지불했는지, 친구와 어떻게 약속을 잡았는지, 술자리 전후의 이동경로가 어떻게 되는지, 각 일화의 일시와 장소가 어떻게 되는지 순으로 상호작용을 확인해야 합니다. 알리바이 진술과의 내용적 관련성 및 상호작용의 강도를 고려하여, 확인의 우선순위를 이와 같이 설정하였습니다. 가령, '이동경로'보다는 '메뉴'가 술자리라는 알리바이와 내용적으로 더 가깝고, 상호작용의 강도도 낮습니다. 끝으로, 우선순위에 따라 진술을 청취하고, 이를 친구와 술집 사장의 진술, 술집의 매출장부나 POS, 피면담자와 친구의 SNS나 통화내역, 이동 경로상의 CCTV 등과 비교해야 합니다. 특히, 우선순위에 따라 진술을 청취함에 있어 올바른 질문유형과 질문 방식을 사용하는 데 각별히 주의해야 합니다."라고 설명할 수 있을 것이다. 술자리나 모임을 거짓 알리바이의 주제로 삼았을 경우 통상 피면담자는 지불 수단이 '현금'이었다고 진술할 것이다. 그러나 앞의 설명례와 같이 상호작용 탐지를 한다면 진술의 진위를 어렵지 않게 밝힐 수 있다.

질문례 2의 경우에는 인적 상호작용을 발견하기 어렵고, 이동경로에 있을 수 있는 CCTV, 블랙박스 등이 물적 상호작용이 될 수 있을 뿐이다. 그래서 난이도가 높은 진술례에 해당한다. 통상 등산로에는 CCTV가 드물고, 다른 등산객이 있었다고 하더라도 피면담자와 마주친 등산객을 특정하기 어렵다. 그래서 이 경우에는 피면담자의 주거층(예: 5층)에서 1층까지의 동선, 아파트 단지에서 등산로 입구까지의 동선을 확인하는 데 집중해야 한다. 가령, 학습자는 "진술례에는 상호작용이 양적, 질적으로 부족합니다. 따라서 이동경로에 초점을 두고 진술을 청취한 후 향후에 동선상의 CCTV 등을 확인하여 진술의 진위를 가려야 합니다. 그러나 그 이전에 먼저, 「3 + 2 - 3」의 공식에 따라 동선 분할 없이 충분한 진술을 청취해야 합니다. 알리바이 일화의 번복을 방지하기 위함입니다. 다음으로, 전체 동선에 관한 진술을 청취한 후 핵심 동선을 분할하여 상세한 진술을 청취해야 합니다. 동선 분할은 '5층 ~ 1층, 1층 ~ 단지 정문, 단지 정문 ~ 등산로 입구(갈 때)', '등산로 입구 ~ 단지 정문, 단지 정문 ~ 1층, 1층 ~ 5층(올 때)'으로 할 수 있습니다. 끝으로, 각 분할 국면의 시각을 확인한 후 면담을 종료하고, 청취한 진술에 따라 CCTV 등을 확인해야 합니다."라고 설명할 수 있을 것이다. 피면담자가 뒷산에 가본 사실 자체가 없는 경우라면 등산코스를 그림으로 그려볼 것을 요청하거나 경로 상의 주요 지점(예: 정상, 쉼터)을 묘사하도록 하는 것도 좋은 방법이 될 수 있다. 또한, 핵심 동선의 경우에는 선(線) 차원이 아니라 면(面) 차원에서 탐색해야 한다. 가령, 도로에서 좌측 인도를 이용했는지 우측 인도를 이용했는지도 확인해야 한다. 그래야 사후 확인 국면에서 외부의 CCTV뿐만 아니라 상점 등의 내부에 있는 CCTV, 차량에 설치된 블랙박스 등도 활용할 수 있기 때문이다. 기억 부족의 호소는 피면담자의 영역이다. 면담자는 언제나 "기억나는 범위에서 최대한 자세히"라는 루틴을 기억해야 한다. 아울러, 사후 확인 국면에서는 피면담자의 일반적 상호작용(예: 휴대전화, 신용카드 사용)까지 확인해야 한다. 만약 해당 시점에 다른 곳에서 이와 같은 상호작용이 확인되면 – 피면담자가 도난을 주장하고 그것이 증명되는 경우가 아니라면 – 알리바이 진술이 허위임을 밝힐 수 있기 때문이다.

3. 청취기법 훈련

1) 국면분할

국면분할 훈련은 "교수자가 덩이진술을 제공하면, 학습자가 이를 토대로 국면을 분할하고 면담의 잠정적 우선순위를 설정하는 방식의 청취기법 훈련 방법"이다. 가령, 교수자가 "늦은 오후에 친구들과 공원에서 이야기를 하면서 산책을 했어요."라는 진술을 제공하면, 학습자가 〈표 16〉의 목차 기능에 따른 진술 도해와 같이 국면을 분할하고 탐색의 순서를 정해야 한다. 교수자가 없을 경우에는 학습자의 동료가 교수자의 역할을 해주면 되고, 덩이진술의 주제는 범죄수사, 감사 또는 조사의 대상이 될 법한 '가상'의 일화여도 좋고, 학습자의 동료가 경험한 일상에 관한 '실제'의 일화여도 좋다. 여기에서는 〈표 43〉의 진술례를 소재로 국면을 분할하고 우선순위를 설정하는 연습을 해보기로 하자.

표 43 국면분할례

진술례 1: 단일 일화	진술례 2: 복수 일화
⑥지난 주말(언제)엔 ②친구(누구와)와 ①낚시(무엇을)를 갔어요. ⑤예전부터 한번 가기로(왜) 했었는데, 시간이 없어서 지난 주말에야 가게 되었죠. ③낚시터(어디에서)는 그 친구가 ④인터넷(어떻게)을 통해 찾은 곳이었는데, 낚시터가 조용하기는 했지만 물고기가 많지는 ①않았어요(무엇을). 하지만 친구와 시간을 보내는 것만으로도 나쁘지 않다고 생각했어요. **[④연락, 이동(어떻게)]**	④회사(어디서)에 잠시 들러 ①급한 일을 좀 처리하고 ②운동을 했어요. 부장님께서 거듭 ③강조(왜)했던 ①일(무엇을)이기도 하고, 오늘 출근해서 처리하기엔 시간이 좀 ③부족(왜)할 것 같기도 했거든요. ②두어 시간 정도(얼마나) 일을 하다가 일을 다 마무리하지는 ②못하고(어떻게) 운동을 하러 갔어요. 다른 동료의 도움이 ③필요(왜)한 부분이 있었거든요. **[⑤ 언제 → ②]**

주. 교수자는 **볼드체** 처리 및 숫자 표기 없이 진술례를 제시해야 함.

진술례 1은 '낚시'라는 단일 일화를 주제로 하고 있다. 따라서 학습자는 WH, 즉 '누가(누구와), 언제, 어디서, 무엇을, 어떻게, 왜'라는 준거에 따라 국면을 분할하고 탐색 순서를 정하면 된다. 먼저, 진술 안에 '언제, 누구와, 무엇을, 왜, 어떻게 찾은 어디에서'라는 정보가 포함되어 있고, '연락과 이동을 어떻게'라는 정보가 포함되어 있지 않음을 파악해야 한다. 다음으로, 진술 안에 포힘되어 있는 각 정보의 탐색 순서를 정해야 하는데, 〈표 43〉에서는 '② 무엇을 - ②누구와 - ③어디에서 - ④어떻게 찾아 - ⑤왜 - ⑥언제'라는 순서를 채택하고 있다. 주제의 핵심에 해당하는 '낚시'에서 시작하여 가장 민감한 정보가 될 수 있는 '일시'로 마무리하겠다는 의도를 엿볼 수 있다. 통상 '친구'라는 대인적 상호작용과 '장소'는 민감한 정보에 해당하지만, 진술례 1에서 피면담자가 이 정보들을 거듭 언급하고 있을 뿐만 아니라, 주제의 핵심인 '낚시'와 밀접하게 연관되는 정보들이므로, '낚시'에 이어서 탐색하기로 한 것 같다. 또한, '낚시터'에 이어 자연스럽게 낚시터를 찾은 '방법'을 확인한 후, 지난 주말에야 낚시를 가게 된 '이유'와 정확한 '일시'를 확인하고자 하고 있다. 끝으로, 진술 안에 포함되어 있지 않은 정보를 탐색해야 하는데, 〈표 43〉에서는 친구와의 연락 및 낚시터까지의 이동 '방법'을 추가로 확인하고자 하고 있다. 다만, 이 정보들은 진술 안에 포함되어 있는 다른 정보들을 탐색하는 국면에서 함께 확인할 수 있을 가능성이 높다. 가령, 친구와의 연락 방법은 친구에 관한 진술을 청취하는 과정에서, 낚시터까지의 이동 방법은 낚시터 또는 낚시터를 찾은 방법에 관한 진술을 청취하는 과정에서 자연스럽게 탐색할 수 있을 것으로 생각한다.

진술례 2는 '업무'와 '운동'이라는 복수 일화를 주제로 하고 있으며, 피면담자가 주로 전자에 초점을 두고 진술하고 있다. 따라서 학습자는 '업무' 부분을 먼저 탐색하고, 탐색이 종료되면 '운동' 부분을 탐색해야 한다. 각 일화를 탐색하는 방법은 진술례 1에서 설명한 바와 같다. 〈표 43〉을 보면, 업무에 관한 진술 안에 '어디서, 왜, 무엇을, 얼마나(어떻게)'라는 정보가 포함되어 있고, '언제'라는 정보가 포함되어 있지 않음을 알 수 있다. 이에 따라 진술 안에 포함되어 있는 정보를 '①무엇을 – ②얼마나(어떻게) – ③왜 – ④어디에서' 순으로 구체화한 후, 진술 안에 포함되어 있지 않은 '⑤언제'를 확인하고자 하고 있다. 진술례 1의 경우와 마찬가지로 주제의 핵심에 해당하는 '일'에서 시작하여 가장 민감한 정보가 될 수 있는 '일시'로 마무리하겠다는 의도를 엿볼 수 있다. 이 경우 부장님의 '강조' 부분을 탐색할 때 그 구체적 내용을 확인하고, 동료의 '도움' 부분을 탐색할 때 그 상세한 이유와 그 동료가 누구인지를 확인해야 할 것으로 생각한다. 한편, '업무' 부분에 관한 탐색이 종료되면 '운동' 부분을 같은 방법으로 탐색해야 한다. 실무에서 접하게 되는 사안 중에는 다수의 일화를 포함하는 것이 적지 않다. 따라서 비약적 탐색으로 인해 특정 일화에 관한 진술 청취가 결락되지 않도록 각별히 유의해야 한다(예: A → (B) → C). 면담자의 메모가 비약적 탐색을 방지해 줄 유용한 도구가 될 것이다.

2) 요약

요약 훈련은 "교수자가 짧은 진술 또는 긴 진술을 제공하면, 학습자가 그 진술을 중립적으로 요약한 후 관련 질문을 하는 방식의 청취기법 훈련 방법"이다. 관련 질문은 학습자로 하여금 자유롭게 하도록 할 수도 있고, 스스로 질문유형을 선언한 후 하도록 할 수도 있으며, 교수자가 명명하는 질문유형에 따라 하도록 할 수도 있다. 두 번째 방법은 요약에 신상털기나 도형퀴즈 훈련의 방법을 접목한 것이고, 세 번째 방법은 요약에 세바퀴 훈련의 방법을 접목한 것이다. 학습자의 동료가 교수자의 역할을 할 수 있다는 점, 진술의 주제는 가상의 것이든 실제의 것이든 무방하다는 점 등은 국면분할 훈련의 경우와 마찬가지다. 특정 진술에 대한 올바른 요약례와 올바르지 못한 요약례는 〈표 44〉와 같다.

표 44 진술 요약례

	요약례 1: 짧은 진술	요약례 2: 긴 진술
진술	잠시 커피숍에 들렀다가 곧바로 일을 보러 갔어요.	큰 언니에게 연락을 받고 1시간쯤 후에 병원으로 갔어요. 제 차가 고장이 나서 택시를 불러서 타고 갔죠. 가보니까 이미 작은 언니가 수술실에 들어갔더라고요. 한참 후에 의사 선생님께서 수술실 밖으로 나와서 "수술은 잘 되었는데 경과를 좀 지켜봐야 할 것 같다."라고 말씀하였어요.
올바른 예	커피숍에 들렀다가 일을 보러 갔다고 하셨는데(요약), 커피숍에서는 무엇을 했나요(구체적 질문, 중립적 질문)?	큰 언니의 연락을 받고 병원으로 가보니 작은 언니가 이미 수술실에 들어갔다고 말씀하셨는데(요약), 큰 언니가 어떻게 연락을 했던가요(구체적 질문, 중립적 질문)?
그릇된 예	커피를 드신 후에 출근했다고 하셨는데(요약), 커피 맛이 어땠나요(구체적 질문, 유도질문)?	큰 언니의 전화를 받고 뒤늦게 병원으로 가보니 작은 언니는 수술중이었다고 말씀하셨는데(요약), 의사 선생님께서 경과를 얼마나 지켜봐야 한다고 하던가요(구체적 질문)?

짧은 진술에 대하여는 〈표 44〉의 좌에 있는 '올바른 예'와 같이 청취한 진술을 '거의' 그대로 요약하면 된다. 올바른 요약례를 정밀하게 살펴보면 대상 진술에서 '잠시', '곧바로' 정도의 정보가 빠져있음을 알 수 있다. 그러나 현실에서는 그 아래에 있는 '그릇된 예'와 같이 짧은 진술도 중립적으로 요약하지 못하는 경우가 있다. 그릇된 요약례에는 '커피를 먹었다', '출근을 했다' 등의 정보가 포함되어 있는데, 이는 대상 진술에 포함되어 있지 않은 정보다. 커피숍에서 아무 것도 먹지 않았거나 커피가 아닌 음료를 먹었을 수도 있고, 일을 보러 가는 것이 반드시 출근이 아닐 수도 있기 때문이다. 지나치게 깐깐한 것 같다고 생각할 수도 있겠으나, 이와 같이 엄격하게 훈련해두지 않으면 향후 자신도 모르는 사이에 암시적 요약을 하고 있을 가능성이 높다. 긴 진술에 대하여는 〈표 44〉의 우에 있는 '올바른 예'와 같이 청취한 진술 중 질문할 부

분을 축약하여 중립적으로 요약하면 된다. 즉, 올바른 요약례는 '연락, 병원, 수술실'까지의 진술을 요약한 후, '연락' 부분에 관하여 질문하고 있다. 반면, '그릇된 예'의 경우에는 요약의 내용과 질문의 내용이 서로 다르다. 즉, 그릇된 요약례는 '연락, 병원, 수술중'까지의 진술을 요약한 후, '의사 선생님의 말씀'에 관하여 질문하고 있다. 또한, 여기에는 '전화를 받았다', '뒤늦게 갔다' 등의 정보가 포함되어 있는데, 이는 대상 진술에 포함되어 있지 않거나 가치가 투영된 정보다(한 시간쯤 후 → 뒤늦게). 아울러 '수술실에 들어간 것'을 '수술중'으로 요약한 것도 적절하다고 볼 수 없다. 긴 진술을 요약함에 있어 유의할 것은 대상 진술 전부를 무리하게 요약하려고 해서는 안 된다는 점이다. 〈표 44〉의 우에 있는 '올바른 예'의 경우에도 '의사 선생님의 말씀' 부분은 요약하지 않았다. 요약에 이어지는 질문이 이 부분에 관한 것이 아니기 때문이다. 이 부분에 대한 요약은 이 부분에 관한 질문을 하기 전에 하면 된다. 즉, 내용과 분량에 따라 하나의 진술을 수회에 걸쳐 요약해야 하는 경우가 있다.

3) 메모

메모 훈련은 "면담기록을 소재로 연대기적 메모 또는 도해적 메모를 하는 청취기법 훈련 방법"이다. 면담기록은 가상의 것이든 실제의 것이든 무방하고, 면담기록을 준비하기 어려운 경우에는 특정한 사실관계를 활용해도 좋다. 가령, 〈표 43〉의 국면분할례나 〈표 44〉의 진술요약례(긴 진술) 정도의 사실관계를 메모의 소재로 할 수 있다. 교수자는 면담기록 또는 사실관계를 제공한 후, 학습자로 하여금 한 번만 메모를 작성하도록 할 수도 있고, 이후 추가 면담기록 또는 사실관계를 제공한 후 기존의 메모를 수정, 보완하도록 할 수도 있다. 시간적 여건이 된다면 후자와 같이 훈련하는 것이 더 효과적이다. 여기에서는 〈표 43〉의 국면분할례(단일 일화)를 소재로 하여 연대기적 메모와 도해적 메모를 연습해 보기로 하자. 이 사실관계를 토대로 작성할 수 있는 최초의 메모는 〈그림 17〉과 같다.

그림 17　　1차 메모례

연대기적 메모례
- 진술 내 (진술 외) 1. 낚시: 조황, 기타 　　(좌대, 다른 낚시꾼) 2. 낚시터: 예약 　　(비용, 상호, 위치, 이동경로) 3. 친구: 대화, 예전 약속 　　(연락) → 4. 일시 5. 낚시 전후

연대기적 메모례에는 쟁점별 확인 정보(괄호 밖)와 미확인 정보(괄호 안)의 목록, '낚시 – 낚시터 – 친구 – 일시 – 낚시 전후' 순의 탐색 순서가 기재되어 있다. 특히, '친구 – 대화 – (연락) – 일시' 순으로 자연스럽게 연결되어 있는 세부 탐색 순서가 인상적이다. 이를 통해 국면분할 및 탐색의 잠정적 우선순위가 정해졌다. 우선순위 설정의 기준은 〈표 43〉에 관한 설명을 참고하기 바란다. 도해적 메모례에는 연대기적 메모례에 포함된 모든 정보가 시간축과 공간 축을 포함하는 사분면의 적의 장소에 기재되어 있다. 특히, '장소 – 예약 (비용) – 친구' 순으로 자연스럽게 연결되어 있는 세부 탐색 계획이 인상적이다. 아울러 도해적 메모례에는 낚시 전후의 일화(A, B)와 이동경로(점선)에 대한 탐색 계획이 사분면의 좌우에 표시되어 있다. 이제 다음과 같은 사실관계가 추가로 제공되었다고 가정하고, 2차 메모를 작성해 보자. 첫째, 진술자는 물고기를 잡지 못했고 친구만 붕어 한 마리를 잡았다. 둘째, 그래서 매운탕을 만들지 못하고 라면을 먹었다. 셋째, 친구와는 주로 전원주택 짓는 이야기를 나누었다. 넷째, 예전부터 조용한 낚시터에서 전원주택 짓는 이야기를 하기로 했는데, 이번에 친구가 강권하여 준비 없이 오게 되었다. 다섯째, 친구가 연락도 없이 집 앞에 와서 전화를 하는 바람에 거절할 수가 없었다. 추가된 사실관계를 토대로 수정, 보완한 메모의 예는 〈그림 18〉과 같다.

그림 18   2차 메모례

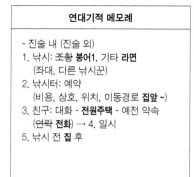

연대기적 메모례

- 진술 내 (진술 외)
1. 낚시: 조황 **붕어1**, 기타 **라면**
   (좌대, 다른 낚시꾼)
2. 낚시터: 예약
   (비용, 상호, 위치, 이동경로 **집앞** ~)
3. 친구: 대화 - **전원주택** - 예전 약속
   (연락 **전화**) → 4. 일시
5. 낚시 전 **집** 후

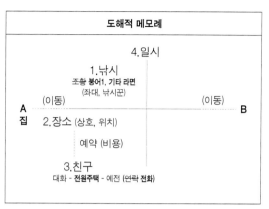

도해적 메모례

4. 일시

1. 낚시
조황 **붕어1**, 기타 라면
(좌대, 낚시꾼)

A 집   (이동)   (이동)   B

2. 장소 (상호, 위치)

예약 (비용)

3. 친구
대화 - **전원주택** - 예전 (연락 전화)

2차 메모는 〈그림 18〉과 같이 새로운 정보에 따라 1차 메모를 가감삭제하는 방식으로 이루어진다. 친구가 붕어 한 마리를 잡았다는 정보, 라면을 먹었다는 정보, 전원주택 짓기에 관해 이야기했으며 낚시도 그것을 계기로 오게 된 것이라는 정보, 친구가 집 앞에서 전화를 하여 준비 없이 왔다는 정보가 2차 메모에 기재되어 있다. 2차 메모에서 1차 메모에 있던 기재 중 일부(예: 조황, 연락)는 삭제한 반면, 다른 일부(예: 기타, 대화)는 삭제하지 않은 점에 유의해야 한다. 조황이나 연락 방법은 비교적 충분히 확인된 반면, 낚시 이외의 기타 활동이나 대화의 내용은 추가적인 탐색을 필요로 하기 때문이다. 기존 기재의 삭제 또는 유지 여부는 면담자가 사안과 상황, 정보의 중요성, 진술 또는 사실관계의 충실성 등을 종합하여 판단해야 한다. 다만, 삭제 또는 유지 여부 판단에 너무 큰 부담을 가질 필요는 없다. 면담자의 메모는 비망록이고, 면담과정에서 얼마든지 다시 수정, 보완할 수 있기 때문이다. 지금까지 일정한 사실관계에 따라 1차 메모를 작성하고 추가된 사실관계에 따라 2차 메모를 작성하는 방법을 학습하였다. 현실에서 면담자의 메모는 여기에서 학습한 바와 같이 1차, 2차 또는 3차로 명백하게 구분되어 이루어지지 않는다. 오히려 매 진술을 청취할 때마다, 매 사실관계를 접할 때마다 점진적으로 수정, 보완되어 간다고 보아야 한다. 다만, 면담자의 메모에는 정형화된 방법이 없으므로, 실무에서 메모를 작성할 때 여기에서 제시한 방법과 예시를 하나의 참고치로 삼을 수 있을 것이다.

4) 진술분석

진술분석 훈련은 "면담기록을 소재로 중심물음에 따라 핫스폿을 탐색하여 면담계획 또는 질문을 구상하는 청취기법 훈련 방법"이다. 면담기록은 가상의 것이든 실제의 것이든 무방하나, 가급적 그 안에 덩이 형태의 진술이 포함되어 있는 것이 좋다. 폐쇄형 질문에 따른 단답만이 기재된 진술기록에는 중심 물음을 적용하기 어렵기 때문이다. SCAN과 CBCA가 공히 올바른 면담을 통해 청취한 순수한 상태의 진술을 분석의 대상으로 삼고 있는 것도 이와 같은 이유 때문이다. 교수자는 면담기록 또는 덩이진술을 제공한 후, 학습자로 하여금 진술을 분석하고 면담계획 또는 질문을 구상하도록 하여야 한다. 진술분석 훈련의 경우에는 학습자의 동료가 교수자의 역할을 대신하기 어렵다. 교수자가 진술분석 준거의 의미와 중심물음 적용법을 정확하게 알고, 이에 따라 학습자를 지도할 수 있어야 하기 때문이다. 학습자에게 제공할 수 있는 덩이진술의 예는 〈표 45〉와 같다.

표 45 진술분석 훈련용 진술례

일화 1	(그 날은 모두 세 개의 수업을 들었어요.) 첫 번째 수업은 질문기법 수업이었어요. 교수님께서 질문유형과 질문방식이 중요하다고 하시면서 "『3 + 2 -3』이라는 공식이 중요합니다."라고 몇 번을 강조하셨죠. 앞의 3은 개방형 질문, 구체적 질문, 폐쇄형 질문이고, 뒤의 3은 유도질문, 복합질문, 반복질문이고, 중간의 2는 요약과 다른 하나가 더 있는데 명칭이 잘 기억나지 않아요. 암튼 폐쇄형 질문에 개방형 질문을 덧붙인다는 내용이었어요. 처음 접하는 내용이라 모두가 집중을 했고, 수업시간에 늘 딴짓을 하던 ○○도 강의에 주목을 하고 있더라고요.
일화 2	두 번째 수업은 청취기법 수업이었어요. 교수님께서 청취기법이 중요하다고 하셨고, 적극적 청취에 관해 설명하셨어요. 구체적인 내용은 잘 기억이 나지 않지만 잘 들어야 잘 물을 수 있다는 것을 알게 되었어요. 저는 보통 강의를 들을 때 필기를 잘 하지 않는 편이에요. 필기를 하면 오히려 집중에 방해가 되기 때문이죠. 잘 들어야 잘 물을 수 있는 것처럼 강의를 잘 들어야 시험을 잘 볼 수 있는 것 같아요. 그러던 중 어느새 수업이 끝났고 저는 수업 시간에 확인하지 못했던 문자메시지 5개와 부재중 통화 2개를 확인하고 다음 수업을 준비했어요.
일화 3	세 번째 수업은 라포형성 및 면담규칙 설명 수업이었어요. 교수님께서 원래 "이 부분을 먼저 설명해야 하는데 그렇게 하면 흥미를 유발하기 어렵다.", "그래서 질문기법과 청취기법을 먼저 학습한 후에 이 부분을 학습하는 것이다."라고 말씀하셨어요. 라포형성은 호칭 정하기와 일상적인 대화를 통해 해야 하고, 면담규칙 설명에는 상세한 진술 요청과 안내가 포함된다는 것을 알게 되었어요. 그런데 교수님의 생각과 달리 ○○은 역시나 이 수업에서는 딴짓을 하더군요. 참 그리고 교수님께서 면담규칙 설명에는 권리의 고지도 포함된다고 하셨던 게 기억나네요.

일화 1, 일화 2, 일화 3에 관한 진술의 분량은 공히 5.5행 정도다. 또한, 각 일화에 관한 진술은 일련의 수업을 주제로 하고 있어 '등가의 진실성' 원리를 충족한다. 따라서 학습자는 여기에 충실성, 변화, 합리적 취약성 등의 기준을 적용하여 진술을 분석할 수 있다. 얼핏 보면 각 일화에 관한 진술의 분량이 비슷한 것처럼 보이지만, 조금만 주의를 기울여서 음미해 보면 일화 2에 관한 진술에 '흐름에서 벗어난 정보' 또는 '중요하지 않는 정보'가 있음을 알 수 있다. 가령, "저는 보통 강의를 들을 때 필기를 잘 하지 않는 편이에요. 필기를 하면 오히려 집중에 방해가 되기 때문이죠. 잘 들어야 잘 물을 수 있는 것처럼 강의를 잘 들어야 시험을 잘 볼 수 있는 것 같아요.", "저는 수업 시간에 확인하지 못했던 문자메시지 5개와 부재중 통화 2개를 확인하고 다음 수업을 준비했어요." 부분이 여기에 해당한다. 또한, 일화 2에 관한 진술에서 발견되는 "그러던 중" 부분은 SCAN 준거 중 '불필요한 연결'에 해당한다. 즉, 그 전후에 생략된 정보가 있을 수 있음을 의미한다. 요컨대, 일화 2에 관한 진술은 충실성 기준에 부합하지 않는 취약한 진술로 볼 수 있다.

반면, 일화 1과 일화 3에 관한 진술에는 '대화의 재현', '가외의 관련 사항 진술'이 포함되어 있다. 진술 중 따옴표(" ") 안에 있는 진술이 전자에 해당하고, 학우 ○○의 수업태도에 관한 진술이 후자에 해당한다. 또한, 일화 1에 관한 진술에는 경험칙에 부합하는 '기억의 부족' 호소가 포함되어 있다. "중간의 2는 요약과 다른 하나가 더 있는데 명칭이 잘 기억나지 않아요." 부분이 여기에 해당한다. 수업 내용의 전부를 기억하지 못하는 일은 얼마든지 있을 수 있고, 진술자는 명칭만 기억하지 못할 뿐 그 내용을 설명하고 있기 때문이다. 반면, 일화 2에 관한 진술에 포함되어 있는 "구체적인 내용은 잘 기억이 나지 않지만" 부분은 이와 다른 관점에서 접근해야 한다. 세부적인 설명 없이 진술을 일반화하고 있어 경험칙에 부합하지 않는 '기억의 부족' 호소로 볼 수 있기 때문이다. 아울러, 일화 3에 관한 진술에는 의미 있는 '자발적 수정' 또는 '비구조적 진술'이 포함되어 있다. "참 그리고 교수님께서 면담규칙 설명에는 권리의 고지도 포함된다고 하셨던 게 기억나네요." 부분이 여기에 해당한다. 세 번째 수업을 듣지 않고 거짓말을 하는 경우라면, 진술의 종료 시점에 굳이 이와 같은 수정(보완)을 할 이유가 적다. 요컨대, 일화 1과 일화 3에 관한 진술은 충실성 기준 및 합리적 취약성 기준에 부합하는 진술로 볼 수 있다.

이상의 분석을 종합하면, '등가의 진실성' 원리를 충족하는 일련의 수업에 관한 진술이 충실성과 합리적 취약성의 측면에서 달리 평가됨을 알 수 있다. 이를 통해 일화 1, 일화 3에 관한 진술과 일화 2에 관한 진술 간의 차이, 즉 '변화'를 포착할 수 있다. 요컨대, 대상 진술은 '충실 – 취약 – 충실' 순으로 변화하고 있다. 따라서 학습자는 이와 같은 분석 결과를 설명한 후, "면담과 정에서는 일화 2 부분을 추가로 탐색하고, 사실확인 과정에서도 이 부분의 진위를 확인하는 데 좀 더 주의를 기울여야 합니다."라고 답변해야 한다.

5) 행동분석

행동분석 훈련은 "특정 사실관계 또는 진술을 전제로 인지적 부하를 증대시키는 질문 또는 요청을 구상하는 질문 및 청취기법 훈련 방법"이다. 제3장에서 인지기반 행동분석은 진술의 청취와 분석 중 전자, 즉 인지적 부하의 유발에 좀 더 초점을 두고 있다고 설명한 바 있다. 따라서 인지기반 행동분석 훈련도 진술과 행동의 전제가 되는 개입, 즉 질문 또는 요청에 초점을 둘 필요가 있다. 사실관계 또는 진술은 가상의 것이든 실제의 것이든 무방하나, 일정 분량 이상의 정보를 포함하고 있어야 한다. 가령, 교수자는 〈표 41〉의 현재적 증거 활용례, 〈표 42〉의 잠재적 증거 활용례, 〈표 43〉의 국면분할례, 〈표 44〉의 진술 요약례(긴 진술)에 포함된 사실관계 또는 진술을 훈련의 소재로 삼을 수 있다. 다만, 교수자가 학습자에게 소재를 제공하는 방식으로는 입체적 훈련을 기대하기 어렵다. 소재를 제공받은 학습자가 인지적 부하를 증대시키는 질문이나 요청을 구상한 후 그 내용 또는 계획을 설명하는 방식이 될 것이기 때문이다. 따라서 이와 같은 방식과 병행하여 또는 별도로 모의면담 형태의 훈련을 실시할 필요가 있다. 가령, 교수자는 면담자 역할의 학습자(이하 '면담자')와 피면담자 역할의 학습자(이하 '피면담자')를 하나의 훈련조로 편성하여 모의면담을 수행하게 한 후, 면담자에게 인지적 부하를 증대시키는 질문이나 요청을 하도록 할 수 있다. 모의면담의 설계와 진행은 앞서 학습한 인지면담 훈련과 뒤에서 학습할 일상기반 면담실습을 참고하면 될 것으로 생각한다. 이때 교수자는 면담자에게 특정한 방법을 적용하도록 하거나 자유롭게 적용할 방법을 선택하도록 할 수 있다. 모의면담 과정에서 적용할 수 있는 방법의 예는 〈표 46〉과 같다.

표 46 인지적 부하 증대 방법

방 법	설 명
상술요청	• 국면분할 후 상호작용을 중심으로 상술을 요청한다. • 충실성, 변화, 합리적 취약성 등에 따라 진단한 후 핫스폿에 관하여 상술을 요청한다.
역순회상	• 역순회상의 취지를 설명하고, 역순회상을 요청한다. • 역순회상에서 누락된 또는 취약한 부분에 관하여 상술을 요청한다.
그림활용	• 먼저 특정 일화에 관한 진술을 청취한다. • 그 일화에 포함되는 장면, 동선 등을 그림으로 그려볼 것을 요청한다.

　상술요청은 지금까지 학습한 내용, 특히 국면분할, 질문유형, 상호작용 탐지 등을 적용하여 1차 진술을 청취하는 국면, 진술분석을 적용하여 취약한 부분에 관한 2차 진술을 청취하는 국면으로 구성된다. 훈련이 종료되면 교수자는 면담자와 피면담자에게 디브리핑을 하도록 해야 한다. 특히, 두 국면에서 피면담자가 경험한 인지적 부하를 면담자 및 다른 학습자와 공유하도록 하는 것이 중요하다. 역순회상은 역순회상을 요청하는 국면, 진술분석을 적용하여 취약한 부분을 찾고 추가 탐색을 하는 국면으로 구성된다. 이때 교수자는 면담자가 역순회상의 취지를 잘 설명하는지를 살펴야 한다. 취지 설명을 누락하면 - 실제 면담에 있어 - 피면담자가 역순회상을 놀이나 테스트로 생각할수 있기 때문이다. 그림활용은 특정 일화에 관한 진술을 청취하는 국면, 이에 관한 그림 그리기를 요청하는 국면으로 구성된다. 그림활용은 피면담자가 진술상의 장소나 동선을 한 번도 경험해보지 않았을 때 특히 효과적이다. 역순회상과 그림활용 훈련이 종료되었을 때에도 교수자는 면담자와 피면담자에게 디브리핑을 하도록 하여, 훈련 과정에서 경험한 바를 다른 학습자와 공유하도록 해야 한다.

4. 라포형성 및 규칙설명 훈련

1) 라포형성

라포형성 훈련은 "개인정보를 소재로 호칭을 설정하고 중립적 대화를 하는 것"을 내용으로 하는 훈련법이다. 교수자가 학습자에게 가상의 개인정보를 제공할 수도 있고, 교수자 자신의 개인정보를 제공할 수도 있으며, 모의면담을 하도록 한 후 다른 학습자의 개인정보를 활용하여 라포를 형성하도록 할 수도 있다. 시간적 여건이 된다면 마지막 방법이 가장 실제에 가깝고 효과적이다. 교수자 자신의 개인정보를 제공하는 경우나 모의면담을 하도록 하는 경우에는 호칭 설정 및 중립적 대화의 수준을 조절할 수 있다. 가령, 호칭 설정 국면에서는 "면담을 하는 동안 제가 어떻게 불러드리는 게 좋을까요?"라는 질문에 대하여 곧바로 희망하는 호칭을 말해 줄 수도 있고, 희망하는 호칭을 말해주지 않음으로써 "주변 사람들은 보통 어떻게 부르나요?"라는 질문까지 유도할 수도 있다. 또한, 중립적 대화 국면에서는 단지 일상적 소재(예: 출석 과정)만을 다루도록 할 수도 있고, 심층적 소재(예: 취미)까지 다루도록 할 수도 있다(〈표 34〉 참고). 모의면담을 하도록 하는 경우에는 교수자가 피면담자 역할의 학습자에게 미리 이와 같은 미션(옵션)을 지정해 주거나 자율적으로 대응(답변)하도록 하여야 한다. 심층적 소재로 라포를 형성하는 경우 교수자는 학습자가 소재에 관한 언급을 자연스럽게 이끌어 내는지를 살펴야 한다. 가령, 곧바로 "테니스를 치신다고 들었는데, 경력이 얼마나 되십니까?"라고 묻는 것은 곤란하다.

2) 규칙설명

규칙설명 훈련은 "특정 사실관계를 전제로 고지, 요청, 안내 등을 수행하는 것"을 내용으로 하는 훈련법이다. 면담규칙에 포함되는 요소 중 고지는 사안과 피면담자의 규범적 지위에 따라 가변적인 반면, 요청과 안내는 상대적으로 고정적이다(〈표 35〉 참고). 따라서 규칙설명 훈련은 다음과 같은 순서로 진행하는 것이 좋다. 먼저, 학습자로 하여금 〈표 35〉와 같이 정형화된 면담규칙 설명례를 숙지(암기)하도록 해야 한다. 면담규칙 설명례는 진술거부권 등의 고지를 포함하는 것이 좋다. 피의자가 아닌 피면담자와 면담을 할 때에는 단지 이 부분을 생략하기만 하면 되는 것이기 때문이다. 다음으로, 교수자가 특정 사실관계를 제공하고(〈그림 12〉의 행정적 정보 참고), 학습자로 하여금 이에 따라 혐의사실의 요지와 진술거부권 등을 고지하도록 하는 훈련을 반복해야 한다(〈표 35〉의 고지 참고). 끝으로, 학습자로 하여금 고지, 요청, 안내에 이르는 규칙설명의 모든 과정을 수행하도록 하여야 한다. 한편, 훈련 초기에는 면담규칙 설명례를 참고하여 규칙설명을 하도록 하고, 훈련 후기에는 면담규칙 설명례 없이 규칙설명을 하도록 하는 방법도 유용할 것으로 생각한다. 다만, 진술거부권 및 변호인 조력권에 관한 고지 사항은 조서 서식에 포함되어 있기 때문에 이 부분까지 암기하도록 할 필요는 없을 것 같다. 따라서 후반의 훈련은 면담규칙 설명례는 없으나 조서 서식(고지면)은 볼 수 있는 상태하에서 진행하는 것이 바람직할 것이다.

5. 진술의 기록 훈련

1) 조서검토

조서검토 훈련은 "조서를 소재로 순서에 따라 적법한 절차와 방식 충족 여부를 검토하는 기록 훈련 방법"이다. 조서는 실제의 것이어도 좋고, 〈부록 2〉와 같이 가상의 것이어도 무방하다. 다만, 가상의 조서를 소재로 활용할 때에는, 교수자가 가능한 오류를 조합하여 제작한 다수의 조서를 준비해야 한다. 조서검토는 일정한 공식에 따라 비교적 쉽게 할 수 있는 과업이기 때문에 소수의 조서만으로는 충분한 훈련 효과를 보기 어렵다. 제3장에서 조서 서식의 통상적인 순서에 따라 적법한 절차와 방식을 '준수'하는 방법을 학습하였다(〈표 28〉 참고). 이 순서에 따라 조서를 검토해도 좋다. 그러나 여기에서는 좀 더 신속하고 정확하게 적법한 절차와 방식 충족 여부를 '점검'하는 방법을 안내하고자 한다. 조서검토 방법의 요지는 〈표 47〉과 같다.

표 47 　조서검토의 순서와 방법

검토	유의점
1. 첫면의 일시와 확인면의 조사시작 시각이 일치하는지 확인한다.	• 첫면의 일시가 확인면의 조사장소 도착시각과 일치하면 안 된다(도착, 시작 시각이 같으면 무방).
2. 첫면의 참여자가 서명면의 참여자와 일치하는지 확인한다.	• 불일치할 경우 어느 하나로 일치시켜야 한다.
3. 고지면의 답란이 자필 등 세 가지 방법 중 하나로 기재되어 있는지 확인한다.	• '타이핑 + 기명날인', '타이핑 + 서명'은 가능하나, '타이핑 + 날인'은 안 된다.
4. 확인면까지 간인이 누락되지 않았는지 확인한다.	• 확인서 뒤에 다른 서류(예: 신분증 사본)가 첨부되어 있으면 거기까지 간인이 되어 있어야 한다.
5. 끝면에 실질적 진정성립에 관한 문답 및 내용인정에 관한 문답이 있는지, 그 답란이 자필로 기재되어 있는지 확인한다.	• 진정성립, 내용인정에 관한 문답이 모두 있어야 하고, 답란은 오로지 자필만 가능하다(대서는 별론).
6. 서명면에 모든 관계자(면담자, 참여자, 피면담자, 변호인)의 기명날인 또는 서명이 있는지 확인한다.	• 서명날인 또는 서명은 가능하나, 날인이 빠진 기명은 안 된다.
7. 확인면의 조서열람 종료시각이 누락되지 않았는지, 5번 답란이 자필로 기재되어 있는지, 면담자와 피면담자의 기명날인 또는 서명이 누락되지 않았는지 확인한다.	• 5번 답란은 반드시 자필로 기재되어 있어야 하고, '자필 + 날인'은 가능하나 '타이핑 + α'는 안 된다(대서는 별론).

　얼핏 보았을 때 〈표 47〉은 〈표 28〉과 큰 차이가 없는 것 같다. 오히려 〈표 47〉이 더 복잡해 보이기도 한다. 그러나 여기에서 안내하는 순서에 따라 조서를 검토해보면 일정한 '고려'가 있음을 알 수 있다. 즉, 이 안내는 '즉시 비교, 결략 방지, 순서 준수'라는 요소를 고려하고 있다. 가령, 첫면의 일시와 참여자를 즉시 확인면 및 서명면의 그것과 비교히도록 하고 있고(1, 2), 주의 분산으로 인한 결략 방지를 위해 일시에 조서 전체의 간인을 모두 점검하도록 하고 있으며(4), 여타의 점검은 조서 서식의 통상적인 순서에 따르도록 하고 있다(3, 5, 6, 7). 교수자는 학습자가 신속하고 정확하게 조서를 검토할 수 있을 때까지 훈련을 반복해야 한다. 통상 학습자가 10초 안에 조서 내의 모든 오류를 점검할 수 있을 때 신속, 정확이라는 기준을 충족하는 것으로 볼 수 있다.

2) 왜곡진단

　왜곡진단 훈련은 "면담과정에서 이루어진 진술과 이를 기록한 조서를 비교하여 왜곡의 여부와 정도를 진단하는 기록 훈련 방법"이다. 진술과 조서는 실제의 것이어도 좋고 가상의 것이어도 무방하나, 반드시 학습자가 직접 수행한 면담을 기록한 것이어야 한다. 영상녹화제도를 운용하고 있는 기관에 종사하는 면담실무자의 경우에는 자신이 수행한 면담을 기록한 영상녹화물과 조서를 비교하는 것이 가장 효과적인 방법이다. 분석은 〈표 48〉과 같이 조서 · 영상 대비표에 따라 수행해야 한다. 〈표 48〉은 〈부록 3〉의 유형별 조서 왜곡 사례를 활용하여 만든 것이다.

표 48 조서 · 영상 대비표

조서		영상		왜곡[*]						
				1	2	3	4	5	6	7
현관문을 열어 달라고 하는 소리를 듣지 못 했나요?	1	현관문을 열어 달라고 하는 소리를 듣지 못했나요?	1							
듣지 못했습니다.	1	아니. 뭐 어떻게 들어요? ... 솔직하게 불이 나가지고 있는데 현관문을 열어 달라는 소리를 들었냐니 그게 말이 되는 소리입니까.	1	1						
어디에서 불이 시작되었나요?	1	어디에서 불이 시작되었나요?	1							
안방에서 시작되었습니다.	1	안방에서요.	1							
-		안방은 주로 누가 사용하나요?	1							
-		안사람이 사용합니다. 저는 잘 들어가지 않아요.	1		1					
불이나고 어떻게 했는지를 진술해보세요.	1	처음에는 불이 났다는 사실을 몰랐으나 나중에는 알게 되었고 소방관에게 문을 열어준 사실은 없다는 거죠?	1							
처음에는 불이 났다는 사실을 몰랐으나 나중에는 알게 되었고 소방관에게 문을 열어주지는 않았습니다.	1	예.	1							1
	3 3		4 4	1	1	0	0	0	0	1

주. [*]1: 답변생략, 2. 문답생략, 3. 답변의 뚜렷한 조작, 4, 답변의 미묘한 조작, 5. 질문조작, 6. 문답추가, 7. 문답전환.

조서·영상 대비표에 따른 왜곡진단은 다음과 같은 순서에 따라 진행해야 한다. 먼저, 대비표의 중간 부분에 영상녹화물에 기록된 내용을 옮겨 적어야 한다. 내용을 옮겨 적을 때에는 속기록을 작성하듯이 '그대로', '빠짐없이' 적어야 한다. 이 부분을 먼저 작성하는 이유는 통상 조서에 기록된 문답보다 영상녹화물에 기록된 문답의 수가 더 많기 때문이다. 다음으로, 대비표의 왼쪽 부분에 조서에 기록된 내용을 옮겨 적어야 한다. 조서상의 문답과 영상녹화물상의 문답이 잘 매칭되도록 적합한 위치에 옮겨야 한다. 끝으로, 조서상의 문답과 영상녹화물상의 문답을 비교하여 왜곡의 여부와 정도를 진단하고, 대비표의 오른쪽 부분에 표기해야 한다. 가령, 〈표 48〉의 조서·영상 대비표에는 답변생략, 문답생략, 문답전환이 1회씩 있었음이 표기되어 있다. 아울러 조서·영상 대비표를 통해 조서에 기록된 문답의 총량, 영상녹화물에 기록된 문답의 총량, 왜곡유형별 왜곡의 빈도 등을 확인할 수 있다(하단). 이와 같은 기능은 한글 프로그램의 블록계산식(합계)을 이용하여 손쉽게 설정할 수 있다.

6. 종합실습

1) 일상기반 면담실습

일상기반 면담실습은 "피면담자 역할의 학습자(이하 '피면담자')가 일상에서 경험한 일화들 속에 거짓된 일회 또는 정보를 섞어서 진술하면, 면담사 역할의 학습자(이하 '면담자')가 올바른 질문기법, 청취기법, 진술분석 및 행동분석 등을 적용하여 면담을 이어가는 방식의 종합훈련"이다. 일상기반 면담실습은 비록 일상사이지만 실제로 경험한 일화를 면담의 주제로 삼기 때문에 타당도와 몰입도가 높다. 모의 신문실습이 가상의 범죄를 면담의 주제로 삼는 것과 대비된다. 일상기반 면담실습은 다음과 같은 순서로 진행하면 된다. 먼저, 교수자가 면담자와 피면담자를 하나의 훈련조로 편성하고, 각자가 준수해야 할 실습규칙을 설명한다. 면담자가 준수해야 할 실습규칙은 ① 라포형성 및 면담규칙 설명, 질문기법, 청취기법, 진술분석과 행동분석 등 학습한 핵심기술에 따라 면담을 수행해야 한다는 점, ② 거짓된 일화 또는 정보의 발견보다 핵심기술의 정확한 적용에 초점을 두어야 한다는 점, ③ 면담이 종료되면 거짓된 일화 또는 정보를 지목하고 그렇게 판단하는 이유를 설명해야 한다는 점 등이다. 피면담자가 준수해야 할 실습규칙은 ① 최근에 경험한 일화들에 관해 진술하되, 그 안에 거짓된 일화 또는 정보를 포함해야 한다는 점(통상 진실한 일화 1~2개와 거짓된 일화 1개가 적절), ② 면담자가 라포를 훼손하거나 부적절한 질문을 하는 경우 이외에는 가급적 질문에 따라 성실하게 답변해야 한다는 점, ③ 면담과정뿐만 아니라 이후의 사실확인 과정을 통해서도 거짓된 일화가 밝혀지지 않도록 주제 선정 및 진술에 유의해야 한다는 점 등이다. 피면담자가 준수해야 할 마지막 규칙이 특히 중요한 의미를 갖는다. 피면담자가 이후의 사실확인 과정(예: CCTV, 통화내역)을 고려하는 것이 실제 면담 상황에 가까울 뿐만 아니라, 피면담자가 이와 같은 규칙을 준수해야 속칭 '아무말'을 할 수 없기 때문이다. 즉, 피면담자가 '시소효과'를 온전히 경험할 수 있다.

면담이 종료되면 교수자는 면담자와 피면담자로 하여금 디브리핑을 하도록 하여야 한다. 이때 면담자는 거짓된 일화 또는 정보를 지목하고 그렇게 판단하는 이유를 설명하면 되고, 피면담자는 거짓된 일화 또는 정보를 밝히고, 진실한 일화 또는 정보가 무엇인지 설명해야 한다. 모든 학습자가 면담자와 피면담자의 역할을 해볼 시간적 여건이 되지 않는 경우에는 면담자와 피면담자의 디브리핑이 특히 중요한 의미를 갖는다. 일상기반 면담실습을 공식적 평가의 대상으로 하고자 하는 때에는 질문기법, 청취기법 정도만을 평가의 기준으로 삼는 것이 좋다. 라포형성 및 면담규칙 설명은 개별 훈련을 통해서도 충분히 체득할 수 있고, 진술분석과 행동분석 역량은 질문기법과 청취기법의 수행 수준을 통해 간접적으로 알 수 있으며, 모든 핵심기술을 평가하고자 할 경우 교수자에게 너무 과도한 인지적 에너지가 요구되기 때문이다. 다만, 충분한 시간적 여건과 교수자 인력이 뒷받침되는 경우라면 이와 같은 제약을 둘 필요가 없을 것이다. 참고로 하나의 훈련조가 면담과 디브리핑을 수행하는 데에는 통상 30분 정도의 시간이 소요된다(진실한 일화 1~2개와 거짓된 일화 1개 기준).

2) 모의 신문실습

모의 신문실습은 "교수자가 연출한 모의범죄를 소재로 면담자 역할의 학습자(이하 '면담자')와 피면담자 역할의 학습자(이하 '피면담자')가 면담을 하는 방식의 종합훈련"이다. 모의 신문실습은 가상의 범죄를 면담의 주제로 삼기 때문에 생태학적 타당도, 즉 현실성이 다소 떨어지지만 다음과 같은 장점을 갖는다. 먼저, 면담의 주제를 학습자의 관심사에 맞추어 설정할 수 있기 때문에 몰입도를 높일 수 있다. 가령, 범죄뿐만 아니라 감사나 조사의 대상이 되는 다양한 사건과 사고를 면담의 주제로 할 수 있다. 다음으로, 현실성을 양보하는 대신 면담의 수행에 영향을 줄 수 있는 다양한 가외 변인을 차단할 수 있다. 가령, 교수자가 일화의 난이도나 거짓말의 종류 등을 정밀하게 설계할 수 있다. 다만, 교수자가 면담의 수행을 지도하고 평가하기에 앞서 모의범죄와 알리바이를 처치해야 하는 관계로 적지 않은 부담을 감수해야 한다. 따라서 모의 신문실습을 할 때에는 둘 이상의 교수자가 참여하는 것이 바람직하다. 모의 신문실습은 다음과 같은 순서로 진행하면 된다. 먼저, 교수자가 학습자를 면담자와 피면담자로 분반하고, 피면담자를 다시 모의범죄 경험 집단(이하 '거짓집단')과 알리바이 경험 집단(이하 '진실집단')으로 나누어야 한다. 다음으로, 교수자 1은 거짓집단을 인솔하여 모의범죄를 경험하도록 하고, 교수자 2는 진실집단을 인솔하여 알리바이를 경험하도록 하여야 한다. 앞서 설명한 바와 같이 모의범죄 부분은 범죄뿐만 아니라 다른 사건이나 사고로 대체할 수 있다. 알리바이 부분은 중립적인 놀이(예: 끝말잇기)로 연출하면 된다. 모의범죄와 알리바이 연출례를 〈부록 7〉에 수록하였으니 참고하기 바란다. 끝으로, 교수자가 면담자와 피면담자를 훈련조로 묶고 실습규칙을 설명한 후, 면담을 수행하도록 하면 된다. 면담자와 피면담자에게 설명할 실습규칙은 일상 기반 면담실습의 경우와 대동소이하다. 다만, 피면담자에게는 자신이 거짓집단에 속해 있든 진실집단에 속해 있든 공히 진실집단에 속해 있는 것처럼, 즉 알리바이를 경험한 것처럼 진술할 것을 요청해야 한다. 거짓집단에 속한 피면담자는 알리바이에 관한 정보를 전혀 모르기 때문에, 사전에 교수자가 알리바이의 대강을 알려주어야 한다. 거짓집단용 알리바이 요지례를 〈부록 8〉에 수록하였으니 참고하기 바란다. 또한, 면담자는 알리바이에 관한 정보뿐만 아니라 모의범죄에 관한 정보도 모르기 때문에, 사전에 교수자가 모의범죄의 대강을 알려주어야 한다. 면담자용 모의범죄 요지례를 〈부록 9〉에 수록하였으니 참고하기 바란다.

〈부록 7〉, 〈부록 8〉, 〈부록 9〉는 두 명의 교수자가 14명의 학습자를 대상으로 4회에 걸쳐 실습하는 경우를 가정하여 설계된 것이다. 〈부록 7〉의 모의범죄 및 알리바이 연출례를 보면, 교수자가 재물손괴 등 4건의 범죄와 끝말잇기 등 4종의 알리바이를 연출하고 있다는 사실, 14명의 학습자 중 누가, 언제, 어디에서, 어떤 경험을 하게 될 것이라는 사실 등을 알 수 있다. 교수자의 정밀한 설계가 요구되는 부분이다. 〈부록 8〉의 거짓집단용 알리바이 요지례를 보면, 〈부록 7〉에서 진실집단에 처치했던 내용이 그대로 기재되어 있음을 알 수 있다. 그러나 교수자가 알리바이의 핵심(예: 끝말잇기의 내용)은 통제하지 않기 때문에, 진실집단이 실제로 경험하는 알리바이와 거짓집단이 상상하는 알리바이 간에는 현저한 차이가 있다. 면담과정에서는 진실집단에 속해 있든 거짓집단에 속해 있든 모든 피면담자가 공히 진실집단에 속해 있는 것처럼, 즉 알리바이를 경험한 것처럼 진술할 것이므로 〈부록 9〉의 면담자용 모의범죄 요지례는 내용적 기능이 크지 않다. 다만, 면담자는 도입면담 단계에서 피면담자에게 혐의사실의 요지를 고지해야 하기 때문에 모의범죄 요지례가 필요한 것이다.

7. 커리큘럼

1) 단기훈련

이제 지금까지 이 책에서 다룬 내용을 종합하여 면담교육자가 참고할 수 있는 커리큘럼을 구상해볼 시간이다. 35시간으로 구성되는 단기훈련 커리큘럼에는 '이론, 핵심기술 훈련 중 일부, 일상기반 면담실습 등'이 포함될 수 있고, 학습자의 규모가 15명 내외라면 한 명의 교수자가 커리큘럼을 운영할 수 있다. 단기훈련 커리큘럼의 예는 〈표 49〉와 같다.

표 49 단기훈련 커리큘럼(案)

범주	과목	시간	비고
개관	1. 법심리학적 면담방법론 입문	3	돌아보기
	2. 기초이론	4	기억, 거짓말
핵심기술	3. 질문기법	7	
	4. 청취기법	4	실습 포함
	5. 라포형성 및 면담규칙 설명	3	
	6. 기록	4	실습 불포함
종합실습	7. 일상기반 면담실습	7	7개조 × 2회
기타	8. 운영	3	안내, 평가
		35	

법심리학적 면담방법론 입문 과목에서는 정보수집형 면담방법론과 설득추궁형 면담방법론의 비교, 인지면담, 진술분석 등 다양한 방법론 및 기법에 관한 개관 등이 포함되어야 한다. 기초이론 과목에서는 기억과 거짓말의 특성, 면담과정에서 기억과 거짓말을 고려하는 방법 등이 포함되어야 한다. 질문기법, 청취기법, 라포형성 및 면담규칙 설명 과목에는 각 기법의 내용 및 샘플 실습이 포함되어야 한다. 샘플 실습은 시간적 여건에 따라 학습자 중 일부를 대상으로 실시하고, 실습을 공식적 평가의 대상으로 삼지 않는 것이 좋다. 기록 과목은 석법한 절차와 방식에 따라 작성하기, 진술한 대로 기록하기 방법이 포함되어야 한다. 단기훈련의 경우 기록 과목은 실습 없이 진행해야 한다. 실습, 특히 왜곡진단 훈련은 상당한 시간을 필요로 하기 때문이다. 일상기반 면담실습 과목은 앞서 설명한 예에 따라 7~8개의 훈련조로 나누어 실시하면 된다. 일상기반 면담실습은 교수자가 모의범죄나 알리바이를 처치하지 않아도 되기 때문에 학습자의 규모가 15명 내외라면 한 명의 교수자가 모든 학습자를 지도할 수 있다. 운영 시간은 입교, 안내, 자유시간, 평가, 수료 등에 자유롭게 활용하면 된다. 이보다 더 짧은 기간으로 커리큘럼을 구성해야 할 경우에는 핵심기술에 포함된 과목을 우선적으로 편성해야 하며, 1일(7시간) 짜리 코스라면 여러 가지를 편성하기보다 질문기법만 편성하여 집중적으로 교육하

는 것이 좋을 것으로 생각한다.

2) 장기훈련

장기훈련의 커리큘럼은 단기훈련 커리큘럼을 토대로 핵심기술 훈련을 보강하고, 모의 신문실습을 추가로 편성하는 등의 방법으로 설계할 수 있다. 또한, 70시간으로 구성되는 장기훈련 커리큘럼에는 면담유형 진단, 왜곡진단, 사례 발표 및 토의 등의 과목을 편성할 수 있다. 다만, 학습자의 규모가 15명 내외라고 하더라도 모의 신문실습을 할 때에는 두 명의 교수자가 참여해야 한다. 장기훈련 커리큘럼의 예는 〈표 50〉과 같다.

표 50　장기훈련 커리큘럼(案)

범 주	과 목	시 간	비 고
개관	1. 법심리학적 면담방법론 입문	3	돌아보기
	2. 기초이론	4	기억, 거짓말
	3. 면담유형 진단	4	지피지기
핵심기술	4. 질문기법	10	
	5. 청취기법	7	실습 포함
	6. 라포형성 및 면담규칙 설명	4	
	7. 기록	7	조서검토 포함
종합실습	8. 일상기반 면담실습	7	7개조 × 2회
	9. 모의 신문실습	7	
	10. 면담사례 연구	7	왜곡진단 포함
	11. 면담사례 발표	4	
기타	12. 운영	6	안내, 평가
		70	

면담유형 진단 과목에는 면담유형 분류척도의 내용, 자가진단 시간 등이 포함되어야 한다. 보강된 질문기법, 청취기법, 라포형성 및 면담규칙 설명 과

목에서는 보다 다양한 실습이 이루어져야 하며, 이 중 일부를 공식적 평가의 대상으로 삼을 수 있다. 보강된 기록 과목에는 조서검토가 포함되어야 한다. 왜곡진단 실습은 상당한 시간을 필요로 하기 때문에 면담사례 연구 시간에 하도록 하는 것이 좋다. 일상기반 면담실습, 모의 신문실습 과목은 앞서 설명한 예에 따라 실시하면 되고, 더 긴 기간으로 커리큘럼을 구성해야 할 경우 이 부분을 보강하면 된다. 면담사례 연구 시간에는 학습자로 하여금 영상녹화물과 조서를 활용하여 핵심기술 진단, 조서의 왜곡진단 등을 하도록 하여야 한다. 학습자 자신이 수행한 면담을 기록한 영상녹화물과 조서를 활용하는 것이 가장 좋고, 3~4명 단위로 조를 편성하여 조의 구성원이 수행한 1~2건의 면담사례를 분석해도 좋다. 면담사례 발표 시간에는 앞서의 분석 결과를 다른 학습자 또는 조와 공유한 후 토의를 하도록 하면 된다. 필요에 따라 면담사례 연구 및 발표를 공식적 평가의 대상으로 삼을 수도 있고, 발표문을 취합하여 사례집(예: 인쇄물, pdf)을 제작할 수도 있다. 〈표 49〉와 〈표 50〉은 가능한 하나의 예시일 뿐이므로, 교수자는 각자의 관점에 따라 수정, 보완하여 운용할 수 있다. 다만, 이론에만 편중된 교육 운용, 핵심기술 학습을 결락한 실습 등은 지양해야 할 것으로 생각한다. 기초이론, 핵심기술, 면담의 구조를 거쳐 훈련 및 교육의 방법론까지 살펴보았다. 모쪼록 이 책이 독자들에게 조금이나마 도움이 되기를 바라며, 적지 않은 분량의 책을 끝까지 읽어준 독자들에게 감사의 말씀을 드린다.

참고문헌

경찰청 (2007). 경찰관 법정증언 매뉴얼. 서울: 경찰청.

경찰청 (2008). 피의자 신문기법. 서울: 경찰청.

경찰청 (2018). 인권보호를 위한 피해자 중심 조사 · 면담 기법 개발에 관한 연구. 서울: 경찰청.

경찰청 (2019). 성폭력 피해자 표준 조사 모델. 서울: 경찰청.

경찰청 (2020). 2020 경찰교육 훈련계획. 서울: 경찰청.

권순민 (2010). 형사소송법상 조사자증언제도의 합리적 운영방안. 단국대학교 법학논총, 34(2), 457-485.

김면기, 이정원 (2020). 영국의 피해자 조사기법 실무교육과 그 시사점: 포츠머스 대학에서 ABE 가이드에 관한 훈련과정을 중심으로. 형사법의 신동향, 66, 250-295.

김미영, 김경하, 전우병, 김시업 (2004). 인지면담기법이 아동과 성인의 사건회상 정확성에 미치는 효과. 한국심리학회지: 사회 및 성격, 18(2), 137-151.

김민지 (2013). 피의자 신문 기법의 문제점 및 개선 방안: 심리학적 관점을 중심으로. 한국경찰연구, 12(1), 31-61.

김시업 역 (2011). 인지면담: 수사면담 시 기억 향상법. 서울: 학지사.

김시업, 문옥영, 김기민 (2013). 수사면담 시 라포가 진술의 양에 미치는 영향. 한국심리학회지: 사회 및 성격, 24(1), 149-166.

김시업, 전우병, 김미영 (2006). 효율적인 수사면담을 위한 단축형 인지면담 개발. 한국심리학회지: 사회 및 성격, 20(1), 21-38.

김정한 (2011). 사법경찰관 작성 피의자신문조서와 조사경찰관 증언의 증거능력. 조선대학교 법학논총, 18(2), 69-98.

김태경, 이영호 (2010). 아동 진술조사 지침서. 서울: 두감람나무.

대검찰청 (2010). 조사 · 신문 핵심원리 실무매뉴얼. 서울: 대검찰청.

류장만 (2008). 조사자 증언 제도 연구: 미국 실태를 중심으로. 법조, 620, 293-350.

류창현, 김효정 역 (2014). 키니식 수사면담과 신문기법. 서울: 시크마프레스.

박노섭 (2004). 수사절차상 신문과 비디오 녹화제도. 형사정책, 16(1), 103-114.

박판규 (2010). 거짓말탐지검사. 서울: 삼우사.

법원행정처 (2014). 법원실무제요 형사(Ⅱ). 서울: 법원행정처.

신동운 (2014). 신형사소송법(제5판). 서울: 법문사.

신상현 (2019). 조사자증언 제도와 개선방안: 독일의 직접심리주의에 대한 비교법적 고찰을 중심으로. 국민대학교 법학논총, 31(3), 287-327.

엄명용 (2004). 사법경찰관리의 진술증거수집 효율화 방안: 진술녹화제도 도입에 대한 사법경찰관리와 피의자의 태도조사. 서울: 한국형사정책연구원.

이기수 (2012). 경찰관 법정증언의 실태와 개선방안. 단국대학교 법학논총, 36(1), 507-545.

이기수, 김지환 (2012). 피의자신문기법의 문제점과 개선방안에 관한 연구: Reid Technique과 PEACE 모델 비교 · 검토를 중심으로. 한국경찰연구, 11(4), 233-258.

이동희, 손재영, 김재운 (2015). 경찰과 법. 아산: 경찰대학 출판부.

이미선 (2018). 성폭력 피해아동 진술신빙성 판단에 있어서 평가자간 신뢰도: 진술분석 전문가 집단을 대상으로. 한국심리학회지: 사회 및 성격, 32(2), 67-83.

이미선, 조은경 (2015). 경찰의 아동 · 장애인 수사면담 지침 운용 실태 및 문제점. 한국경찰연구, 14(4), 377-402.

이미숙 역 (2003). 거짓말 까발리기. 서울: 마이넌.

이민아 역 (2006). 얼굴의 심리학. 서울: 바다출판사.

이민주 역 (2012). 텔링라이즈. 서울: 한국경제신문사.

이 윤 (2015). 수사관의 용의자 면담유형 분류 및 수사면담유형 평가척도의 개발. 한림대학교 심리학박사학위논문.

이 윤 (2016). 용의자 수사면담유형 평가척도의 개발. 경찰학연구, 16(1), 42-44.

이 윤 (2017). 부인하는 용의자에 대한 설득면담전략 제안. 경찰법연구, 15(2), 131-159.

이재상, 조균석 (2016). 형사소송법(제10판 보정판). 서울: 박영사.

이형근 (2013). 심리학 기반 수사면담 및 진술 · 행동분석 입문. 아산: 경찰수사연수원.

이형근 (2018). 수사면담기법론. 아산: 경찰대학.

이형근 (2019). 영상녹화물에 의한 특신상태 증명: 대법원 2014. 8. 26. 선고 2011도6035 판결의 해석을 중심으로. 형사정책연구, 30(4), 175-201.

이형근 (2020). 피의자 진술의 청취 및 기록에 관한 연구: 신문, 조서 및 영상녹화의 운용론을 중심으로. 서울대학교 법학전문박사학위논문.

이형근 (2021a). 피의자 신문의 이론과 실제. 파주: 경인문화사.

이형근 (2021b). 질문의 유형과 방식에 관한 연구: 2차원적 질문분류 방법론 제안. 범죄수사학연구, 7(1), 심사중.

이형근, 백윤석 (2019). 피의자신문조서의 왜곡에 대한 증거법적 평가방향: 왜곡에 대한 일반인과 변호사의 인식 비교연구. 경찰학연구, 19(4), 133-164.

이형근, 조은경 (2014). 피의자신문조서의 왜곡 유형과 정도에 관한 연구: 조서와 영상
녹화물의 비교를 통한 사례연구. 경찰학연구, 14(2), 29-53.

이형근, 조은경, 이미선 (2020). 수사관의 심증이 조서의 왜곡에 미치는 영향. 한국심리
학회지: 법, 11(3), 26-285.

이형근, 조은경, 이미선 (2021a). 피의자와 변호인의 조서정정 수행 비교연구. 한국심리
학회지: 사회 및 성격, 35(1), 19-41.

이형근, 조은경, 이미선 (2021b). 조서의 왜곡이 수사지휘자의 혐의평가에 미치는 영향.
한국심리학회지: 사회 및 성격, 35(2), 1-17.

정광진, 김종길 (2012). 형사소송법상 조사자증언제도의 도입과 경찰 수사절차의 변화
방향. 한양대학교 법학논총, 29(1), 29-53.

조기영 (2015). 증거재판주의와 새로운 증명 방법의 증거능력: 재판의 정당화 관점에서
본 영상녹화물과 조사자증언의 증거능력. 동아법학, 66, 417-448.

조은경 (2010). 성폭력 피해아동 면담 및 조사 매뉴얼 개발. 서울: 여성가족부.

조은경, 박노섭, 이미선, 이재웅 (2016). 민사재판상 증인신문방법 개선에 관한 연구.
서울: 법원행정처.

홍유진 (2017). 효과적인 피의자 신문 기법 탐색을 위한 연구: PEACE-model과 Reid
technique의 효과성 검토 및 검증을 중심으로. 경기대학교 심리학박사학위논문.

홍진영 (2020). 개정 형사소송법 제312조에 대한 검토: 조사자증언은 과연 최우량증거
인가. 형사소송 이론과 실무, 12(1), 207-261.

허우성 역 (2020). 표정의 심리학. 서울: 바다출판사.

Atkinson, R. C. & Shiffrin, R. M. (1968). Human memory: A proposed system and
its control processes. *Psychology of Learning and Motivation, 2*(4), 89-195.

Bahrick, H. P. (2000). Long-term maintenance of knowledge. In E. Tulving & F.
I. M. Craik (Eds.), *The Oxford handbook of memory* (pp. 347-362). New York:
Oxford University Press.

Brown, R. & Kulik, J. (1977). Flashbulb memories. *Cognition, 5*(1), 73-99.

Burns, M. J. (1982). *The mental retracing of prior activities: Evidence for reminiscence
in ordered retrieval*. Ph.D. thesis, University of California.

Caso, L., Gnisci, A., Vrij, A. & Mann, S. (2005). Processes underlying deception:
An empirical analysis of truth and lies when manipulating the stakes. *Journal of
Investigative Psychology and Offender Profile, 2*(3), 195-202.

Ceci, S. J. & Williams, W. M. (1997). Schooling, intelligence, and income.

American Psychologist, *52*(10), 1051-1058.

Centrex (2004). *Practical Guide to Investigative Interview*. England: Central Police
    Training & Development Authority.

Clarke, C. & Milne, R. (2001). *National Evaluation of the PEACE Investigative
    Interviewing Course*. England: Home Office.

Cohen, G. (1990). Why is it difficult to put names to faces? *British Journal of
    Psychology, 81*(3), 287-297.

Collins, R., Lincoln, R. & Frank, M. G. (2002). The effect of rapport in forensic
    interviewing. *Psychiatry, Psychology and Law, 9*(1), 69-78.

Colwell, K., Hiscock-Anisman, C., Memon, A., Woods, D. & Michlik, P. M. (2006).
    Strategies of impression management among deceivers and truth-tellers: How liars
    attempt to convince. *American Journal of Forensic Psychology, 24*(2), 31-38.

Damasio, A. R. (1989). Time-locked multiregional retroactivation: A systems-level
    proposal for the neural substrates of recall and recognition. *Cognition, 33*(1-2),
    25-62.

Darwin, C. J., Turvey, M. T. & Crowder, R. G. (1972). An auditory analogue of the
    Sperling partial report procedure: Evidence for brief auditory storage. *Cognitive
    Psychology, 3*(2), 255-267.

Davis, D. & O'Donohue, W. (2004). The road to perdition: Extreme influence
    tactics in the interrogation room. In W. O'Donahue (Ed.), *Handbook of Forensic
    Psychology* (pp. 897-996). San Diego: Academic Press.

DeScioli, P., Christner, J. & Kurzban, R. (2011). The omission strategy.
    Psychological Science, 22(4), 442-446.

Driscoll, L. N. (1994). A validity assessment of written statements from suspects in
    criminal investigations using the SCAN technique. *Police Studies, XVII*(4), 77-88.

Easterbrook, J. A. (1959). The effect of emotion on cue utilization and the
    organization of behavior. *Psychological Review, 66*(3), 183-201.

Ebbinghaus, H. (1885). *Über das gedächtnis: untersuchungen zur experimentellen
    psychologie*. Duncker & Humblot.

Ekman, P. (1978). Facial signs: Fact, fantasies, and possibilities. *Sigt, Sound, and
    Sense*, 124-156.

Ekman, P. (1992). *Telling Lies*. New York: Norton & Company.

Ekman, P. (2004). *Emotions Revealed*. New York: Owl Books.

Ekman, P. & O'Sullivan, M. (1991). Who can catch a liar? *American Psychologist, 46*(9), 913–920.

Ekman, P., O'Sullivan, M. & Frank, M. G. (1999). A *few can catch a liar. Psychological Science, 10,* 263–266.

Fahsing, I. A. & Rachlew, A. (2009). Investigative interviewing in the Nordic region. In T. Williamson, B. Milne & S. P. Savage (Eds.), *International Developments in Investigative Interviewing* (pp. 39–65). Cullompton, England: Willan Publishing.

Fisher, R. P. & Geiselman, R. E. (1992). *Memory Enhancing Techniques for Investigative Interviewing: The cognitive interview.* Springfield: Charles C Thomas Publisher.

Fisher, R. P. & Craik, F. I. M. (1977). Interaction between encoding and retrieval operations in cued recall. *Journal of Experimental Psychology: Human Learning and Memory, 3*(6), 701–711.

Fisher, R. P., Brennan, K. H. & McCauley, M. R. (2002). The cognitive interview method to enhance eyewitness recall. In M. L. Eisen, J. A. Quas & G. S. Goodman (Eds.), *Memory and Suggestibility in the Forensic Interview* (pp. 265–286). Mayway, New Jersey: Lawrence Erlbaum Associates.

Flavell, J. H. (1986). The development of children's knowledge about the appearance–reality distinction. *American Psychologist, 41*(4), 418–425.

Freund, R. D., Brelsford Jr, J. W. & Atkinson, R. C. (1969). Recognition vs. recall: Storage or retrieval differences? *The Quarterly Journal of Experimental Psychology, 21*(3), 214–224.

Geiselman, R. E., Fisher, R. P., MacKinnon, D. P. & Holland, H. L. (1985). Eyewitness memory enhancement in the police interview: Cognitive retrieval mnemonics versus hypnosis. *Journal of Applied Psychology, 70*(2), 401–412.

Geiselman, R. E., Fisher, R. P., MacKinnon, D. P. & Holland, H. L. (1986). Enhancement of eyewitness memory with the cognitive interview. *The American journal of psychology, 99*(3), 385–401.

Geiselman, R. E. & Padilla, J. (1988). Cognitive interviewing with child witnesses. *Journal of Police Science & Administration, 16*(4), 236–242.

Godden, D. R. & Baddely, A. D. (1975). Context–dependent memory in two natural environments: On land and underwater. *British Journal of psychology, 66*(3), 325–331.

Granhag, P. A. & Strömwall, L. A. (2002). Repeated interrogations: Verbal and non-verbal cues to deception. Applied Cognitive Psychology: *The Official Journal of the Society for Applied Research in Memory and Cognition, 16*(3), 243-257.

Gudjonsson, G. H. (2003). *The Psychology of Interrogations and Confessions.* West Sussex, England: John Wiley & Sons.

Hall, E. T. (1966). *The Hidden Dimension(Vol. 609).* New York: Doubleday & Co.

Hartwig, M. (2005). *Interrogating to Detect Deception and Truth: Effect of Strategic Use of Evidence.* Ph.D. thesis, Göteborg University.

Hartwig, M., Granhag, P. A., Strömwall, L. A. & Kronkvist, O. (2006). Strategic use of evidence during police interviews: When training to detect deception works. *Law and Human Behavior, 30*(5), 603-619.

Hebb, D. O. (1955). Drives and the C. N. S. (Conceptual Nervous System). *Psychological Review, 2,* 243-254.

Hoekendijk, J. & Beek, M.L.J. van (2015). The GIS-model: A Dutch approach to gather information in suspect interviews. *Investigative Interviewing: Research and Practice, 7*(1), 1-9.

Hyman, I. E. & Billings, F. J. (1998). Individual differences and the creation of false childhood memories. *Memory, 6*(1), 1-20.

Inbau, F. E. & Reid, J. E. (1962). *Criminal Interrogation and Confessions.* Baltimore: Williams and Wilkins.

Inbau, F. E., Reid, J. E., Buckley, J. P. & Jayne, B. C. (2013). *Essentials of the Reid Technique: Criminal Interrogation and Confessions(2nd Ed).* Burlington: Jones & Bartlett Learning.

John E. Reid & Associates, Inc. (2019). *The Reid Technique: Investigative Interviewing and Advanced Interrogation.* Chicago: John E. Reid & Associates.

Kassin, S. M., Drizin, S. A., Grisso, T., Gudjonsson, G. H., Leo, R. A. & Redlich, A. D. (2010). Police-induced confessions: Risk factors and recommendations. *Law and Human Behavior, 34*(1), 85-106.

Kowalski-Trakofler, K. M., Vaught, C. & Scharf, T. (2003). Judgment and decision making under stress: An overview for emergency managers. *International Journal of Emergency Management, 1*(3), 278-289.

Lamb, M. E., Hershkowitz, I., Orbach, Y. & Esplin, P. W. (2011). *Tell Me What Happened: Structured Investigative Interviews of Child Victims and Witnesses.*

West Sussex, England: John Wiley & Sons.

Landström, S., Granhag, P. A. & Hartwig, M. (2005). Witnesses appearing live versus on video: Effects on observers' perception, veracity assessments and memory. *Applied Cognitive Psychology: The Official Journal of the Society for Applied Research in Memory and Cognition, 19*(7), 913−933.

Leo, R. A. & Davis, D. (2010). From false confession to wrongful conviction: Seven psychological precesses. *The Journal of Psychiatry & Law, 38*, 9−54.

Meissner, C. A., Redlich, A., Bhatt, S. & Brandon, S. (2012). Interview and interrogation methods and their effects on true and false confessions. *Campbell Systematic Review, 8*(13), 1−52.

Melton, A. W. (1963). Implications of short−term memory for a general theory of memory. *Journal of Verbal Learning and Verbal Behavior, 2*, 1−21.

Miller, G. A. (1956). The magical number seven, plus or minus two: Some limits on our capacity for processing information. *Psychological Review, 63*(2), 81−96.

Milne, B. & Bull, R. (1999). *Investigative interviewing: Psychology and practice.* Chichester, England: John Wiley & Sons.

National Research Council (2003). *The Polygraph and Lie Detection.* Washington DC: National Acedemies Press.

Neisser, U. & Harsch, N. (1992). Phantom flashbulbs: False recollections of hearing the news about Challenger. In E. Winograd & U. Neisser (Eds.), *Affect and Accuracy in Recall: Studies of "Flashbulb" Memories* (p. 9−31). Cambridge, England: Cambridge University Press.

Piaget, J. (1954). *The Construction of Reality in the Child.* New York: Basic Books.

Postman, L. (1950). Choice behavior and the process of recognition. *The American journal of psychology, 63*, 576−583.

Postman, L. & Underwood, B. J. (1973). Critical issues in interference theory. *Memory & Cognition, 1*(1), 19−40.

Rock, I. & Harris, C. S. (1967). Vision and touch. *Scientific American, 216*(5), 96−104.

Roediger III, H. L. & McDermott, K. B. (2000). Tricks of memory. *Current Directions in Psychological Science, 9*(4), 123−127.

Sapir, A. (2000). *The L.S.I. Course on Scientific Content Analysis: Workshop Book.* Phoenix, Arizona: Laboratory of Scientific Interrogation.

Schacter, D. L. (1996). *Searching for Memory: The Brain, the Mind, and the Past.* New York: Basic Books.

Schacter, D. L. (1999). The seven sins of memory: insights from psychology and cognitive neuroscience. *American Psychologist, 54*(3), 182−203.

Schacter, D. L. (2001). *The Seven Sins of Memory: How the Mind Forgets and Remembers.* Boston: Houghton Mifflin and Company.

Schacter, D. L., Gilbert, D. T., Wegner, D. M. & Nock, M. K. (2015). *Introducing Psychology(2nd Ed).* New York: Worth Publishers.

Simons, D. J. & Chabris, C. F. (1999). *Gorillas in our midst: Sustained inattentional blindness for dynamic events. Perception, 28*(9), 1059−1074.

Smith, N. (2001). Reading between the lines: An evaluation of the Scientific Content Analysis technique(SCAN). *Police Research Series Paper 135,* 2001.

Softley, P., Brown, D., Forde, B., Mair, G. & Moxon, D. (1980). *Police Interrogation: An Observational Study in Four Police Stations.* London, England: Her Majesty's Stationery Office.

Spranca, M., Minsk, E. & Baron, J. (1991). Omission and commission in judgment and choice. *Journal of Experimental Social Psychology, 27,* 76−105.

Squire, L. R. & Kandel, E. R. (1999). *Memory: From Mind to Molecules.* New York: Scientific American Library.

Steller, M. & Koehnken, G. (1989). Criteria−based statement analysis: Credibility assessment of children's testimonies in sexual abuse cases. *Psychological Techniques in Law Enforcement,* 217−245.

Strömwall, L. A., Hartwig, M. & Granhag, P. A. (2006). To act truthfully: Nonverbal behaviour and strategies during a police interrogation. *Psychology, Crime & Law, 12*(2), 207−219.

Tulving, E. (1974). Cue−dependent forgetting: When we forget something we once knew, it does not necessarily mean that the memory trace has been lost; it may only be inaccessible. *American Scientist, 62*(1), 74−82.

Tulving, E. & Pearlstone, Z. (1966). Availability versus accessibility of information in memory for words. *Journal of Verbal Learning and Verbal Behavior, 5*(4), 381−391.

Tulving, E. & Thompson, D. M. (1973). Encoding specificity and retrieval processes in episodic memory. *Psychological Review, 80,* 352−373.

van der Sleen, J. (2009). A structured model for investigative interviewing of suspects. In R. Bull, T. Valentine & T. Williamson (Eds.), *Handbook of Psychology of Investigative Interviewing: Current Developments and Future Directions* (pp. 35–52). Chichester, England: John Wiley & Sons.

Vrij, A. (2008). *Detecting Lies and Deceit: Pitfalls and Opportunities(2nd Ed)*. West Sussex, England: John Wiley & Sons.

Vrij, A., Fisher, R. P., Mann, S. & Leal, S. (2010). Lie detection: Pitfalls and opportunities. In G. D. Lassiter & C. A. Meissner (Eds.), *Police Interrogations and False Confessions: Current Research, Practice, and Policy Recommendations* (pp. 97–110). Washington DC: American Psychological Association.

Wells, R. C. (2008). Art of Investigative Interviewing: Countering the Lie of Omission. *FBI Law Enforcement Bulletin, 77*(1), 10–12.

Wilcock, R., Bull, R. & Milne, R. (2008). *Witness Identification in Criminal Cases: Psychology and Practice*. New York: Oxford University Press.

부 록

면담유형 진단문항

	문 항*	응답				
		전혀 아니다	아니다	보통	그렇다	매우 그렇다
1	피면담자의 진술에 의문점이나 모순점이 있으면 진술 중에라도 즉시 끼어들어 질문한다. (예: 잠깐만요. 방금 그 사람 이름이 뭐죠?)	①	②	③	④	⑤
2	피면담자의 현재 처지와 심정에 대해 우려와 공감을 보여준다. (예: 지금 그 일로 조사받으시니 많이 힘드시죠?)	①	②	③	④	⑤
3	"사건 당일 1시부터 6시까지 무엇을 했는지 모든 것을 구체적으로 말하라."와 같은 질문을 한다.	①	②	③	④	⑤
4	피면담자가 부인해도 끝까지 나의 생각을 유지하며 인정하도록 요구한다. (예: 누가 당신 말을 믿겠어요. 당신은 분명히 그 자리에 있었잖아요.)	①	②	③	④	⑤
5	면담 초기부터 피면담자의 진술과 반대되는 증거를 제시하면서 "지금까지 당신이 말한 것은 사실이 아니니 사실대로 이야기하라."라고 요구한다.	①	②	③	④	⑤
6	사건과 관계없는 개인적인 일에 관심을 보여주며 그에 대해 대화한다. (예: 대출도 갚아야 하는데 집값이 많이 떨어져서 고민이 많으시겠네요.)	①	②	③	④	⑤
7	피면담자의 관점에서 사건을 바라보려고 노력한다. (예: 혹시 피해자를 도와주려고 한 것은 아닌지도 생각해본다.)	①	②	③	④	⑤
8	피면담자가 부인하거나 거짓말을 하면 꼬투리를 잡아 화를 내고 거짓말을 비난한다. (예: 방금 말한 것은 사실이 아니잖아요. 왜 자꾸 거짓말을 해요?)	①	②	③	④	⑤
9	피면담자에게 "지금까지 확인한 결과에 의하면 당신이 분명히 범인이야."라고 이야기한다.	①	②	③	④	⑤
10	피면담자에게 억울한 부분이 있으면 밝혀질 수 있도록 돕겠다고 한다.	①	②	③	④	⑤
11	진술들 간, 증거와 진술 간 불일치하는 부분에 대해 지적하고 그에 대한 설명을 요구한다. (예: 아까 말씀하신 것과 다른데 왜 그런 차이가 있는지 설명하세요.)	①	②	③	④	⑤

12	내가 원하는 대답을 하지 않으면 원하는 대답이 나올 때까지 같은 질문을 반복한다.	①	②	③	④	⑤
13	범행을 시인하도록 하기 위해 그 범행에 의한 피해의 심각성을 과장하여 말한다.	①	②	③	④	⑤
14	피면담자에게 칭찬 등 듣기 좋은 말을 한다. (예: 인상이 좋으시네요.)	①	②	③	④	⑤
15	'네/아니오'로만 답변할 수 있는 질문보다는 6하원칙에 의한 질문들을 많이 사용한다. (예: 누가, 언제, 어디서, 무엇을, 어떻게, 왜로 시작하는 질문)	①	②	③	④	⑤
16	가급적 개인감정이 들어가지 않도록 사무적이고 냉정한 말투를 사용한다.	①	②	③	④	⑤
17	종교, 양심, 도덕과 관련된 이야기를 하며 사실대로 이야기하는 것이 좋다고 한다.	①	②	③	④	⑤
18	상대가 진술을 마치면 다음 진술이나 질문을 하기 전에 몇 초간 침묵을 유지한다.	①	②	③	④	⑤
19	진술을 모두 청취한 후에 관련된 증거(현장 사진 등)나 목격자 진술을 제시하며 설명을 요구한다. (예: 이 CCTV에 찍힌 모습에 대해 설명해보세요.)	①	②	③	④	⑤
20	피면담자의 요구나 부탁을 거절함으로써 불안하게 한다. (예: 안 돼요. 물은 나중에 조사 끝나고 드세요.)	①	②	③	④	⑤
21	피면담자가 '네/아니오'로만 답변할 수 있는 질문들을 함으로써 원하는 진술을 얻어낸다. (예: 그 사람에게 3천만원을 빌린 적이 있나요?)	①	②	③	④	⑤
22	피면담자에게 사건의 진실을 정확히 확인하기 위해 서로 협력하자고 말한다.	①	②	③	④	⑤
23	피면담자가 진술하는 도중에 또는 진술을 마친 후 "그래서요?"와 같은 표현을 함으로써 계속 더 많은 진술을 하도록 자연스럽게 촉구한다.	①	②	③	④	⑤
24	때릴 것 같은 몸짓을 하거나, "당신같은 사람은 처벌을 받아야 정신을 차린다."라고 말한다.	①	②	③	④	⑤
25	부인이나 변명하는 진술은 가급적 하지 못하도록 중간에 가로막고 끼어든다.	①	②	③	④	⑤
26	상대의 기분 변화를 알아차리고 그에 맞게 반응해 준다. (예: 지금 화가 나신 모양이군요. 무엇 때문에 화가 나신 겁니까?)	①	②	③	④	⑤
27	빨리 대답하라고 독촉하거나, 묻는 말에 요점만 말하라고 한다.	①	②	③	④	⑤
28	"당신의 행위가 그다지 심각한 죄는 아니다."라고 하면서 안심시킨다.	①	②	③	④	⑤

29	나의 경험, 고향, 취미 등을 피면담자에게 이야기하면서 친근감을 표시한다.	①	②	③	④	⑤
30	사건과 관련하여 무슨 일이 있었는지에 대해 면담자의 입장에서 추측한 시나리오를 말해준다.	①	②	③	④	⑤
31	피면담자의 개인적 사정이나 현재 감정에는 별다른 관심을 보이지 않는다.	①	②	③	④	⑤
32	부인을 하더라도 진실이 밝혀질 것이고, 결국 당신은 처벌을 받게 될 것이라고 한다.	①	②	③	④	⑤
33	피해자에게 용서를 구하거나 합의할 수 있도록 도와주겠다고 한다.	①	②	③	④	⑤
34	지금 어떻게 하는 것이 피면담자에게 이득이 되는 것인지 말한다. (예: 사실대로 이야기하고 반성하는 모습을 보이는 것이 재판에서 유리하다.)	①	②	③	④	⑤
35	피면담자보다 내가 주로 말을 많이 함으로써 면담의 주도권을 잡는다.	①	②	③	④	⑤
36	피면담자가 불편함이 없도록 자애롭고 친절하게 대한다. (예: 물 한 잔 갖다 드릴까요?)	①	②	③	④	⑤
37	면담에 비협조적인 태도로 거짓말을 하면 더 큰 벌을 받을 수 있다고 말한다.	①	②	③	④	⑤
38	2개 이상의 선택사항을 제시하면서 그 중 하나를 선택하게 하는 질문을 사용한다. (예: 그 곳에 버스를 타고 갔습니까? 기차를 타고 갔습니까?)	①	②	③	④	⑤
39	피면담자의 말에 긍정을 표시하고, 그의 입장에 대해 이해를 나타낸다. (예: 아. 당신은 그럴 수밖에 없었던 것이군요.)	①	②	③	④	⑤

출처: 이윤 (2016). 용의자 수사면담유형 평가척도의 개발. 경찰학연구, 16(1), pp. 42-44. 원저자의 인용 허락을 받았음. 원저자의 모든 권리가 보호됨. 저자가 내용 일부를 편집하였음. ˙문항 차원: C(1, 5, 9, 13, 17, 21, 25, 28, 30, 32, 34, 35, 38), H(2, 6, 10, 14, 18, 22, 26, 29, 33, 36, 39), I(3, 7, 11, 15, 19, 23), D(4, 8, 12, 16, 20, 24, 27, 31, 37).

조서작성례

피 의 자 신 문 조 서

피 의 자 : 백정은

위의 사람에 대한 사기 피의사건에 관하여 2020. 4. 19. 10:00경 수연경찰서 수사과 경제팀 사무실에서 사법경찰관 경감 금반형은 사법경찰리 경사 박근면을 참여하게 하고, 아래와 같이 피의자임에 틀림없음을 확인하다.

문 : 피의자의 성명, 주민등록번호, 직업, 주거, 등록기준지 등을 말하십시오.

답 : 성명은 백정은(白正恩)

　　주민등록번호는 630505-2345678

　　직업은 무직

　　주거는 충남 서산시 동서1로 234, 567동 8901호 (석남동, KS빌)

　　등록기준지는 충남 아산시 무궁화로 112

　　직장주소는 없음

　　연락처는 자택전화　없음　　　휴대전화　010-9876-5432

　　　　　　직장전화　없음　　　전자우편(e-mail)　없음

　　입니다.

사법경찰관은 피의사건의 요지를 설명하고 사법경찰관의 신문에 대하여 형사소송법 제244조의3의 규정에 의하여 진술을 거부할 수 있는 권리 및 변호인의 참여 등 조력을 받을 권리가 있음을 피의자에게 알려주고 이를 행사할 것인지 그 의사를 확인하다.

진술거부권 및 변호인 조력권 고지 등 확인

1. 귀하는 일체의 진술을 하지 아니하거나 개개의 질문에 대하여 진술을 하지 아니할 수 있습니다.

1. 귀하가 진술을 하지 아니하더라도 불이익을 받지 아니합니다.

1. 귀하가 진술을 거부할 권리를 포기하고 행한 진술은 법정에서 유죄의 증거로 사용될 수 있습니다.

1. 귀하가 신문을 받을 때에는 변호인을 참여하게 하는 등 변호인의 조력을 받을 수 있습니다.

문 : 피의자는 위와 같은 권리들이 있음을 고지받았는가요

답 : 예. 고지받았습니다.

문 : 피의자는 진술거부권을 행사할 것인가요

답 : 아니요. 진술하겠습니다.

문 : 피의자는 변호인의 조력을 받을 권리를 행사할 것인가요

답 : 아니요. 혼자 진술받겠습니다.

이에 사법경찰관리 경장 김전일은 피의사실에 관하여 다음과 같이 피의자를 신문하다.

문 : 피의자는 영상녹화를 희망하는가요.

답 : 아니요. 그냥 조사받겠습니다.

문 : 이 사건 고소사실에 관하여 피의자가 알고 있는 바를 자세히 진술해보세요.

답 : 제가 강말녀로부터 돈을 투자받았는데 수익금을 주지 않아 강말녀가 저를 고소한 것으로 알고 있습니다.

문 : 강말녀로부터 돈을 투자받은 부분에 대해서 더 자세히 진술해보세요.

답 : 작년 3월쯤 제가 나. 쌀국수 사업에 대해 설명을 했더니 강말녀가 투자를 하겠다고 하여 연 10%의 수익금을 지급해 주는 조건으로 투자계약서를 작성하고 저에게 26,500,000원을 준 것입니다.

문 : 쌀국수 사업에 대해 강말녀에게 설명한 내용을 자세히 진술해보세요.

답 : 잘 기억은 나지 않는데 남편이 베트남 쌀국수 사업을 운영하는데 사업이 잘되고 있다고 한 것 같습니다.

문 : 기억나는 범위에서 최대한 자세히 진술해보세요.

답 : 사업이 번창하여 확장도 하고, 뭐 그렇게 얘기했던 것 같아요.

문 : 당시 피의자의 남편은 어떤 일을 하고 있었나요.

답 : 건설사에서 일용직으로 일하고 있었습니다.

문 : 피의자의 남편이 일용직으로 한 일을 자세히 말해보세요. *[이하 본면 생략]*

문 : 조서가 피의자가 진술한 대로 작성되어 있나요.

답 : 예.

문 : 조서의 기재내용 중 사실과 다른 부분이 있나요.

답 : 없습니다.

문 : 피의자에게 이익되는 사실 또는 참고로 더 할 말이 있나요.

답 : 없습니다.

위의 조서를 진술자에게 열람하게 하였던 바 진술한 대로 오기나 증감·변경할 것이 없다고 말하므로 간인한 후 서명날인하게 하다.

진 술 자 백정은

2020. 4. 19.

사법경찰관 경감 금 반 형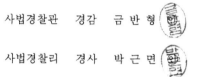

사법경찰리 경사 박 근 면

수사 과정 확인서

구 분	내 용
1. 조사 장소 도착시각	2020. 4. 19. 09:50
2. 조사 시작시각 및 종료시각	☐ 시작시각 : 2020. 4. 19. 10:00 ☐ 종료시각 : 2020. 4. 19. 11:00
3. 조서열람 시작시각 및 종료시각	☐ 시작시각 : 2020. 4. 19. 11:05 ☐ 종료시각 : 2020. 4. 19. 11:20
4. 그밖에 조사과정 진행경과 확인에 필요한 사항	없음
5. 조사과정 기재사항에 대한 이의제기나 의견진술 여부 및 그 내용	없습니다.

2020. 4. 19.

사법경찰관 경감 금반형은 백정은을 조사한 후, 위와 같은 사항에 대해 백정은으로부터 확인받음

확 인 자 : 백정은 ㉑

사법경찰관 : 경감 금반형 ㉑

유형별 조서 왜곡 사례

[답변생략 사례]

문 : 현관문을 열어 달라고 하는 소리를 듣지 못했나요?

답 : 듣지 못했습니다. 〈조서〉

답 : 아니. 뭐 어떻게 들어요? ... 솔직하게 불이 나가지고 있는데 현관문을 열어 달라는 소리를 들었냐니 그게 말이 되는 소리입니까. 〈영상〉

→ 현관문 열어 달라는 소리를 듣지 못한 사유(불이 나서 경황이 없는 상황)에 관한 답변을 생략하였다.

[답변의 미묘한 조작 및 문답생략 사례]

〈조서에는〉

문 : ○○○ 학생이 교회에 출석을 안 하기 시작한 올해 초 이전에 매주 교회에 출석을 하는 편인가요?

답 : 한 달에 한 번 아니면 두 번 몸이 좋지 않아 코피를 쏟을 때가 있는데 그때 빼고는 출석을 거의 하는 편이며 1달에 4주 동안 거의 2-3번 정도 출석을 하는 편입니다.

〈영상에는〉

문 : ○○○ 학생한테 물어보니까 올해 초 쯤에 교회를 안 가기 시작했다는데, 작년까지 교회를 열심히 다녔다고 하는데 매주 교회를 가는 편이죠?

답 : 가는 한 달에 한[번] 빠질 때가 한 달에 한두 번 있습니다. 한두 번. 코피를 터져갖고 그래가지고 한 달에 한두 번씩은 한번 아니면 두 번씩은 빠졌습니다.

문 : 몸이 아플 때 빼고는 교회를 출석했죠?

답 : 그리고 어떤 때는 친구 만나러 가고 없고.

문 : 가끔 몸 아플 때 안 간단 그 말 아니예요?

답 : 몸 아플 때도 그렇고 저 친구들하고 약속 있을 때도 그러고.

→ 피해자가 교회에 출석하는 횟수를 미묘하게 조작하였다. 또한, 피해자가 아플 때 외에 친구를 만날 때도 교회에 출석하지 않는다는 취지의 문답을 생략하였다.

[답변의 뚜렷한 조작 사례]

문 : 체포된 이유를 말하시오.

답 : ○○○게임랜드에 설치된 미솔리지2 게임기를 개변조하여 손님에게 제공했고 또 게임에서 배출된 아이템 카드로 손님에게 환전을 해주었다는 이유로 체포되었습니다. 〈조서〉

답 : ...아니 환전을 하든지 저는 알 수는 없고요. 단지 카드를... 〈영상〉

→ 피의자는 손님에게 환전을 해주는지 여부를 알지 못한다고 진술하였으나 조서상 체포된 이유에 대한 답란에는 환전을 해주었다는 내용이 기재되어 있다. 영상에서 수사관은 피의자에게 체포의 사유는 피의자의 판단이 아니라 경찰관의 판단임을 거듭 설명하고 있는데, 이러한 설명으로 인해 뚜렷한 조작이 있는 조서에 서명·날인이 이루어질 수 있었던 것으로 여겨진다.

[질문조작 사례]

〈조서에는〉

1. 귀하는 일체의 진술을 하지 아니하거나 개개의 질문에 대하여 진술을 하지 아니할 수 있습니다.

1. 귀하가 진술을 하지 아니하더라도 불이익을 받지 아니합니다.

1. 귀하가 진술을 거부할 권리를 포기하고 행한 진술은 법정에서 유죄의 증거로 사용될 수 있습니다.

1. 귀하가 신문을 받을 때에는 변호인을 참여하게 하는 등 변호인의 조력을 받을 수 있습니다.

문 : 피의자는 이와 같은 권리가 있음을 고지 받았는가요?

답 : (공란: "예."라고 기재하였을 것으로 추정)

문 : 피의자는 진술거부권을 행사할 것인가요?

답 : (공란: "아니요."라고 기재하였을 것으로 추정)

문 : 피의자는 변호인의 조력을 받을 권리를 행사할 것인가요?

답 : (공란: "아니요."라고 기재하였을 것으로 추정)

〈영상에는〉

1. 지금 조사를 하는데 내가 묻는 말에 대답을 안 해도 돼. 그게 진술거부권인데,

2. 그렇다고 해서 네게 불리하게 적용되진 않아.

3. 대신에 네가 자백하는 마음으로 또는 허위진술 할 마음으로 입을 열어서 말하는 모든 것들이 유죄 또는 무죄의 증거로 사용이 되는 거야.

4. 변호인을 선임할 수 있는 권리가 있어.

문 : 다 알아 들었지?

답 : 네.

문 : 진술거부권 행사할 거냐?

답 : 아닙니다.

문 : 변호인 어떻게 할 수 있겠어?

답 : 아닙니다.

→ 진술거부권의 고지, 변호인조력권의 확인 등에 있어서 질문에 사용된 용어, 질문의 취지 등이 상당한 정도로 왜곡되었다. 일견 사소한 차이로 보일 수도 있겠으나 "묻는 말에 대답을 안 해도 돼."라는 고지는 일체의 진술 거부와 개개의 진술 거부를 구분하여 설명하지 않은 문제가 있고, "네가 자백하는 마음으로 또는 허위진술 할 마음으로" 부분은 "진술거부권을 포기하고"와 현저히 다른 표현이어서 편향개입 또는 진술유도로 평가될 여지가 있고, "변호인 선임의 권리"가 있다거나 "변호인 어떻게 할 수 있겠어?"라는 질문은 변호인 선임권이 있을 뿐만 아니라 수사과정에 변호인의 참여가 허용되며 변호인의 조력을 받을 수 있다는 취지를 설명하기에 부족하다.

[문답추가 사례]

〈조서에는〉

문 : 피의자는 여자의 엉덩이를 만지면 안 된다는 것을 알고 있나요?

답 : 예, 그렇습니다.

문 : 그런데 왜 피해자의 엉덩이를 만졌나요.

답 : 데이트를 신청하면서 순간 충동으로 피해자의 엉덩이를 만지게 된 것입니다.

〈영상에는〉

위와 같은 취지의 문답 자체가 발견되지 아니함

→ 실제로 주고받지 않은 문답이 조서에 기재되어 있다. 이 피의자 신문에서 피의자는 피해자의 엉덩이를 만진 사실을 부인하였고 수사관은 이를 시인받으려 하였다.

[문답전환 사례]

〈조서에는〉

문 : ...위 도난현장에서 나와 어디로 갔는가요?

답 : ...신대구부산간 고속도로를 타고 밀양 톨게이트에서 내려...

〈영상에는〉

문 : 신대구부산 고속도로로? 그죠?

답 : 네.

문 : 밀양 IC로 내렸어요?

답 : 네.

→ 실제로는 수사관이 경로를 말해주고 피의자는 단순히 확인하는 식의 문답이 이루어졌으나 조서에는 피의 자가 스스로 경로를 진술한 것으로 기재되어 있다.

출처: 이형근, 조은경 (2014). 피의자신문조서의 왜곡 유형과 정도에 관한 연구: 조서와 영상녹화물의 비교를 통한 사례연구. 경찰학연구, 14(2), p. 43-47.

수사기관의 출석요구서 서식

■ 검찰사건사무규칙 [별지 제30호서식]

형제   호

출 석 요 구 서

귀하에 대한   피의사건(아래 피의사실 요지 참조)에 관하여 문의할 일이 있으니
. . . 오전(후) 시에 우리청 호 검사실로 출석하여 주시기 바랍니다.

피 의 사 실 요 지

```



```

출석하실 때에는 반드시 이 출석요구서와 주민등록증(또는 운전면허증 기타 본인
임을 확인할 수 있는 자료), 도장 및 아래 증거자료와 기타 귀하가 필요하다고 생각하
는 자료를 가지고 나오시기 바라며, 이 사건과 관련하여 귀하가 전에 충분히 진술하
지 못하였거나 새로이 주장하고 싶은 사항 및 조사가 필요하다고 생각되는 사항이 있
으면 이를 정리한 진술서를 작성하여 가지고 나오시기 바랍니다.

1.
2.

지정된 일시에 출석할 수 없는 부득이한 사정이 있거나 이 출석요구서와 관련하여
궁금하신 점이 있으면, 우리청 검사실(전화   , 담당자   )에 연락하여 출석일
시를 조정하거나 궁금하신 사항을 문의하시기 바랍니다.

정당한 이유 없이 출석요구에 응하지 않으면, 「형사소송법」 제200조의2에 따
라 체포 될 수 있습니다.

귀하는 변호인의 조력을 받을 권리가 있으며, 변호인이 참여한 상태에서 진술하
실 수 있습니다. 변호인이 참여한 상태에서 진술하기 위하여 하는 경우에는 미리 연
락해 주시기 바랍니다.

. . .

○○○검찰청   검사   ㊞

출 석 요 구 서

제 0000-00000 호

대상자 귀하에 대한 사건명 사건(접수번호:0000-00000)에 관하여 문의할 사항이
있으니 0000.00.00. 00:00에 00과00팀으로 출석하여 주시기 바랍니다.

〈 사건의 요지 〉

〈 구비서류 등 〉

1.
2.
3.

출석하실 때에는 이 출석요구서와 위 구비서류, 기타 귀하가 필요하다고 생각하는
자료를 가지고 나오시기 바라며, 이 사건과 관련하여 귀하가 전에 충분히 진술하지
못하였거나 새롭게 주장하고 싶은 사항, 조사가 필요하다고 생각하는 사항이 있으면
이러한 내용을 정리한 진술서를 제출하여 주시기 바랍니다.

지정된 일시에 출석할 수 없는 부득이한 사정이 있거나 이 출석요구서와 관련하여
궁금한 점이 있으면, 소속팀(☎연락처)에 연락하여 출석일시를 조정하시거나 궁금한
사항을 문의하시기 바랍니다.

정당한 이유 없이 출석요구에 응하지 않으면 「형사소송법」 제200조의2에 따라
체포될 수 있습니다.

0000.00.00.

소속관서
    사법경찰관   계급
    사법경찰관/리   계급

210㎜ × 297㎜(백상지 80g/㎡)

부록 5

수사기관의 변호인 참여신청서 및
변호인 참여확인서 서식

〈별지 제1호〉

○○ 지 방 검 찰 청

수 신 주임검사

제 목 **변호인(변호사) 참여신청**

아래 사건에 관하여 (피의자 · 피혐의자 · 피내사자 · 피해자 · 참고인) ○○○에 대한 (신문 · 조사)시 변호인[변호사 또는 (피해자 · 참고인) ○○○의 변호사] △△△의 (신문 · 조사) 참여를 신청합니다.

피의자 (피혐의자/피내사자)	사건번호 및 죄명	
	성 명	
피해자 (참고인)	성 명	(피해자/참고인 조사참여 신청 시에만 기재)
변호인 (변호사)	의뢰인 성명	피의자/피혐의자/피내사자/피해자/참고인
	성 명	
	사무실 주소	
	연 락 처	
	변호인선임서	이미 제출( ) 첨 부( )

20 . . .

신청인 : 변호인(변호사 · 피의자 · 피혐의자 · 피내사자 · 피해자 · 기타) ○○○ (인)

○○ 지 방 검 찰 청

수 신 주임검사

제 목 변호인(변호사) 참여확인

아래 사건에 관하여 (피의자 · 피혐의자 · 피내사자 · 피해자 · 참고인) ○○○에 대한 (신문 · 조사)시 변호인[변호사 또는 (피해자 · 참고인) ○○○의 변호사] △△△이 (신문 · 조사) 참여하였음을 확인합니다.

피의자 (피혐의자/피내사자)	사건번호 및 죄명	
	성 명	
피해자 (참고인)	성 명	(피해자/참고인 조사참여 신청 시에만 기재)
변호인 (변호사)	의뢰인 성명	피의자/피혐의자/피내사자/피해자/참고인
	성 명	
	사무실 주소	
	연 락 처	
	변호인선임서	이미 제출( ) 첨 부( )

20 . . .

확인자 : 변호인(변호사) ○○○ (인)

범죄피해자 권리 및 지원제도 안내서

범죄피해자 지원제도 안내

Korean National Police Agency

INFO

① 경찰청에서는 범죄 피해가 심각한 사람을 지원하기 위해 경찰서 청문감사관실에 피해자전담
경찰관을 배치·운영하고 있습니다. 아래 지원제도와 관련하여 이해가 잘 안되시거나 궁금하신
점이 있으면 피해자전담경찰관에게 문의하시기 바랍니다.

② 경찰에서는 범죄피해자 지원정보 제공과 심리적 안정 지원을 위해 모바일앱 '폴케어'를 무료
배포하고 있습니다. ※ 이용방법 : 앱스토어·플레이스토어에서 다운로드

③ 형사사법포털(www.kics.go.kr)에서 사건조회서비스(서면 동의 필요) 및 각종 지원정보를
제공하며, 우측 QR코드를 통해 범죄피해자 안내서로 접속할 수 있습니다.

경제

경제적 지원

① 살인 · 강도 등으로 주거지가 심하게 훼손 · 오염되었나요?
경찰이 특수 청소업체를 통해 청소 및 현장정리를 도와드립니다.

② 야간(18시~익일6시)에 경찰관서에 출석하여 조사를 받으셨나요?
강력범죄, 성 · 가정폭력 등 피해자의 경우 소정의 여비를 받을 수 있습니다.

③ 범죄로 인해 상해 피해를 입고도 배상을 제대로 받지 못했나요?
소정의 심사를 통해 치료비를 지원받을 수 있습니다. 피해자전담경찰관
또는 검찰(☎1577-2584)에 문의하시면 신청절차를 안내받을 수 있습니다.
※ 사망 · 장애 등 중한 피해를 입었다면 치료비와 별개로 구조금 지원 가능
※ 강력범죄로 신체 · 정신적 피해를 입고 생계가 곤란해진 경우 생계비 · 학자금 · 장례비
지원 가능

심리

심리적 지원

① 가해자로부터 보복을 당할 우려가 있으신가요?
경찰 또는 검찰에 신변보호를 요청할 수 있습니다.
※ 주민번호 유출로 범죄피해를 입거나 입을 우려가 있는 경우 주민등록번호 변경을
신청할 수 있습니다.(주민등록번호변경위원회 ☎02-2100-4061~4065)

② 사건에 대한 충격으로 불면증 · 불안 등 증상이 있으신가요?
피해자전담경찰관 또는 전문기관의 심리상담 지원을 받을 수 있습니다.

③ 불법촬영물 유출이 두려우신가요?
방송통신심의위원회(1377) 또는 디지털성범죄피해자지원센터(1366, 02-735-8994),
한국사이버성폭력대응센터(02-817-7959)에 삭제 · 차단 도움을 받을 수 있습니다.

법률

법률적 지원

① 소송 관련 서류작성을 어떻게 해야 할지 난감하신가요?
법률구조공단에서 무료상담 · 변호 및 소송서류 작성 서비스를 지원합니다.
가까운 지부 방문, 전화(132), 홈페이지(www.klac.or.kr)로 문의하세요.

② 범죄피해로 인한 금전적 손해를 배상받지 못했나요?
다음과 같은 제도를 통해 손해배상을 받을 수 있습니다.
- 배상명령 : 법원이 유죄판결을 선고하면서 배상을 명할 수 있는 제도(형사)
- 지급명령 : 법원에서 실제 공판을 열지 않고 가해자에게 배상을 명하는 제도(민사)
- 소액심판 : 3천만원을 초과하지 않는 배상의 경우 신속하게 심판하는 제도(민사)

형사절차상 범죄피해자 권리 안내

귀하의 담당수사관은 소속관서 부서 계급 성명 수사관입니다.
(전화:사무실전화번호, 팩스:사무실팩스번호)

범죄 피해자에게는 아래와 같은 권리가 있음을 알려드립니다.

경찰

**경찰
단계**

① 조사를 받을 때 두렵거나 불안하신가요?
가족 등 신뢰하는 사람이 함께 있도록 담당수사관에게 요청할 수 있습니다.
수사관이 제공하는 메모장에 자신의 진술과 조사 주요내용 등을 메모할 수 있습니다.

② 가해자의 보복이 우려되시나요?
살인·강도·강간 등 특정범죄 피해자는 조서를 포함한 수사 서류들을
가명으로 작성하도록 담당수사관에게 요청할 수 있습니다.

③ 경찰수사 결과가 궁금하신가요?
사건 송치 시 담당수사관으로부터 통지를 받을 수 있으며, 전화·문자·우편
등 원하시는 통지수단을 선택하실 수 있습니다.

※ 송치 : 경찰에서 수사를 종결하면서 기록을 검찰청으로 보내는 것

≫ 송치

검찰

**검찰
단계**

① 사건진행 관련 정보가 궁금하신가요?
검찰청 민원실이나 피해자지원실에 신청서를 제출하시면 검찰 처분결과,
재판 진행상황 결과, 구속·석방 여부에 대한 정보를 제공받을 수 있습니다.

② 검찰의 처분결과는 다음과 같습니다.
- 기소 : 검사가 사건에 대한 법원의 심판을 구하는 것
- 불기소 : 검사가 가해자에 대한 재판을 청구하지 않기로 결정하는 것
- 기소중지 : 가해자 소재불명 등 사유로 수사를 종결할 수 없는 경우 그 사유 해소 시까지
  기소를 중지하는 것
- 기소유예 : 혐의는 인정하지만 죄의 경중 등 고려, 검사가 재판 청구를 않기로 결정하는 것

③ 검찰의 불기소 처분이 납득하기 어려운가요?
다음과 같이 불복할 수 있습니다.
- 항고 : 관할 고등검찰청에 재수사해줄 것을 요구(통지받은 날부터 30일 내)
- 재정신청 : 관할 고등법원에 검찰이 기소해줄 것을 요구(통지받은 날부터 10일 내)

≫ 기소

법원

**재판
단계**

① 재판절차에 참여하고 싶으신가요?
관할 법원 또는 검찰청에 신청하시면 법원에 증인으로 출석하여 피해
정도 및 가해자 처벌에 관한 의견을 진술할 수 있습니다.

② 법원에 출석할 때 불안하신가요?
법원에 신청하여 피고인과 접촉 차단, 법정 사전 답사, 비공개 재판,
증인신문 전후 동행 및 보호 등 제도를 이용할 수 있습니다.

③ 소송기록 내용이 궁금하신가요?
재판장에게 신청하여 기록을 열람하거나 복사하실 수 있습니다.

모의범죄 및 알리바이 연출례

☐ **연출례 1: 짝수 교번 7명, 09:00**

1. 범행 처치: 3명(2번, 8번, 14번), 204호

화이드 보드에 적힌 "2020년 8월 5일 13:30경부터(2번이 지움) 연수원 304호 강의
실에서(8번이 지움) 신문실습 평가를 진행할 예정입니다. (14번이 지움)"라는 안내글
을 각자 지우개로 지웁니다. 〈재물손괴〉

2. 알리바이 처치: 4명(4번, 6번, 10번, 12번), 304호

둥글게 모여 앉아 끝말잇기를 합니다. 3번 실패할 때까지 끝말잇기를 계속합니다.
끝말잇기 도중 지도교수가 화이트 보드에 "끝말잇기 중단. 강의실로 이동"이라고 씁
니다. 〈끝말잇기〉

☐ **연출례 2: 홀수 교번 7명, 10:30**

1. 범행 처치: 3명(3번, 5번, 11번), 204호

甲(3번)이 乙(5번)에게 "교육태도가 왜 그 따위냐."라고 말합니다. 乙(5번)이 甲(3번)
의 멱살을 잡자, 甲(3번)은 乙(5번)의 손목을 비틀어 바닥에 넘어뜨립니다. 그러자
丙(11번)이 甲(3번)의 멱살을 잡습니다. 출동한 경찰관 丁(지도교수)에 의해 상황이
종료됩니다. 〈폭행〉

2. 알리바이 처치: 4명(1번, 7번, 9번, 13번), 304호

2인이 짝을 이루어 마주 보고 손바닥 밀기를 합니다. 삼판양승으로 승부가 가려질 때
까지 계속합니다. 손바닥 밀기 도중 지도교수가 "자. 이제 그만하시고, 강의실로 이
동하세요."라고 합니다. 〈손바닥 밀기〉

☐ **연출례 3: 짝수 교번 7명, 13:30**

1. 범행 처치: 3명(2번, 4번, 10번), 204호A4 용지에 "차용증 / 2020년 8월 5일 이
형근은 이우현으로부터 금3,000만원을 빌립니다.(2번이 씀) 이자는 연 5%로 합

니다.(4번이 씀) / 2020. 8. 5. 이형근 이형근(10번이 씀)"이라는 차용증을 작성합니다. 〈사문서위조〉

2. 알리바이 처치: 4명(6번, 8번, 12번, 14번), 304호

마주보고 둥글게 모여 앉아 맞은 편에 있는 사람의 성명으로 삼행시를 짓습니다. 이때 삼행시를 짓는 사람을 제외한 3명이 운을 띄웁니다. 모두가 삼행시를 지을 때까지 계속합니다. 삼행시 짓기 도중에 지도교수가 화이트 보드에 "삼행시 중단. 강의실로 이동"이라고 씁니다. 〈삼행시 짓기〉

☐ **연출례 4: 홀수 교번 7명, 15:30**

1. 범행 처치: 4명(1번, 5번, 9번, 13번), 204호

컴퓨터에 있는 '제70기 수사면담전문과정 교육평가결과.hwp' 파일을 실행하고, 1번 교육생부터 13번 교육생 순서로 12345, 54321, 678910, 09876의 비밀번호를 입력합니다. 문서가 열리면 내용을 다 함께 확인합니다. 〈공무상비밀전자기록등내용탐지〉

2. 알리바이 처치: 3명(3번, 7번, 11번), 304호

마주보고 둥글게 모여 앉아 3번 교육생부터 우측에 있는 교육생에게 비밀에 관해 묻습니다. 1인당 2개의 질문과 대답을 할 때까지 계속합니다. 질문을 받은 사람은 답변하거나 '통과' 찬스(단, 2개의 대답에 포함되지 않음)를 쓸 수 있습니다. 진실게임 도중에 지도교수가 "이제 그만하시고, 강의실로 이동하세요."라고 합니다. 〈진실게임〉

거짓집단용 알리바이 요지례

□ **요지례 1**

지금 다른 강의실에서는 다음과 같은 놀이를 하고 있습니다. 신문을 받음에 있어 참고하시기 바랍니다. [아래 내용을 천천히 두 번 읽어줄 것]

둥글게 모여 앉아 끝말잇기를 합니다. 3번 실패할 때까지 끝말잇기를 계속합니다. 끝말잇기 도중 지도교수가 화이트 보드에 "끝말잇기 중단. 강의실로 이동"이라고 씁니다. 〈끝말잇기〉

□ **요지례 2**

지금 다른 강의실에서는 다음과 같은 놀이를 하고 있습니다. 신문을 받음에 있어 참고하시기 바랍니다. [아래 내용을 천천히 두 번 읽어줄 것]

2인이 짝을 이루어 마주 보고 손바닥 밀기를 합니다. 삼판양승으로 승부가 가려질 때까지 계속합니다. 손바닥 밀기 도중 지도교수가 "자. 이제 그만하시고, 강의실로 이동하세요." 라고 합니다. 〈손바닥 밀기〉

□ **요지례 3**

지금 다른 강의실에서는 다음과 같은 놀이를 하고 있습니다. 신문을 받음에 있어 참고하시기 바랍니다. [아래 내용을 천천히 두 번 읽어줄 것]

마주보고 둥글게 모여 앉아 맞은 편에 있는 사람의 성명으로 삼행시를 짓습니다. 이때 삼행시를 짓는 사람을 제외한 3명이 운을 띄웁니다. 모두가 삼행시를 지을 때까지 계속합니다. 삼행시 짓기 도중에 지도교수가 화이트 보드에 "삼행시 중단. 강의실로 이동"이라고 씁니다. 〈삼행시 짓기〉

지금 다른 강의실에서는 다음과 같은 놀이를 하고 있습니다. 신문을 받음에 있어 참고하시기 바랍니다. [아래 내용을 천천히 두 번 읽어줄 것]

마주보고 둥글게 모여 앉아 3번 교육생부터 우측에 있는 교육생에게 비밀에 관해 묻습니다. 1인당 2개의 질문과 대답을 할 때까지 계속합니다. 질문을 받은 사람은 답변하거나 '통과' 찬스(단, 2개의 대답에 포함되지 않음)를 쓸 수 있습니다. 진실게임 도중에 지도교수가 "이제 그만하시고, 강의실로 이동하세요."라고 합니다. 〈진실게임〉

면담자용 모의범죄 요지례

☐ **요지례 1**

신문하게 될 피의자는 다음과 같은 혐의를 받고 있습니다. [아래 내용을 천천히 두 번 읽어줄 것]

2020. 8. 5. 오전 연수원 204호 강의실에서 화이드 보드에 적힌 "2020년 8월 5일 13:30 경부터 연수원 304호 강의실에서 신문실습 평가를 진행할 예정입니다."라는 안내글을 지우개로 지웠다. 〈재물손괴〉

☐ **요지례 2**

신문하게 될 피의자(甲)는 다음과 같은 혐의를 받고 있습니다. [아래 내용을 천천히 두 번 읽어줄 것]

2020. 8. 5. 오전 연수원 204호 강의실에서 甲이 乙에게 "교육태도가 왜 그 따위냐."라고 말하자 乙이 甲의 멱살을 잡았고, 甲은 乙의 손목을 비틀어 바닥에 넘어뜨렸다. 그러자 丙이 甲의 멱살을 잡았다. 출동한 경찰관에 의해 상황이 종료되었다. 〈폭행〉

☐ **요지례 3**

신문하게 될 피의자는 다음과 같은 혐의를 받고 있습니다. [아래 내용을 천천히 두 번 읽어줄 것]

2020. 8. 5. 오후 연수원 204호 강의실에서 A4 용지에 "차용증 / 2020년 8월 5일 이형근은 이우현으로부터 금3,000만원을 빌립니다. 이자는 연 5%로 합니다. / 2020. 8. 5. 이형근 이형근"이라는 차용증을 작성하였다. 〈사문서위조〉

☐ **요지례 4**

신문하게 될 피의자는 다음과 같은 혐의를 받고 있습니다. [아래 내용을 천천히 두 번 읽어줄 것]

2020. 8. 5. 오후 연수원 204호 강의실에서 컴퓨터에 있는 '제70기 수사면담전문과정 교육평가결과.hwp' 파일을 실행하고, 12345, 54321, 678910, 09876의 비밀번호를 순차로 입력하여 문서의 내용을 확인하였다. 〈공무상비밀전자기록등내용탐지〉

찾아보기

[저자약력]

이형근

▶ 약력
경찰대학교 졸업
서울대학교 대학원 법학과 석사
서울대학교 법학전문대학원 박사
한림대학교 대학원 심리학과 박사
경찰수사연수원 교수
충남 · 이화 · 원광대학교 법학전문대학원 겸임교수
[現] 경찰대학교 경찰학과 교수

▶ 저서
경찰과 법, 경찰대학 출판부, 2016.
수사면담기법론, 경찰대학, 2018.
압수수색의 집행(제7판), 경찰대학 출판부, 2021.
피의자 신문의 이론과 실제, 경인문화사, 2021.

▶ 논문
이형근 · 조은경, '피의자신문조서의 왜곡 유형과 정도에 관한 연구: 조서와 영상녹화물의 비교를 통한 사례연구', 경찰학연구 제14권 제2호, 2014. 6.
이형근 · 백윤석, '피의자신문조서의 왜곡에 대한 증거법적 평가방향: 왜곡에 대한 일반인과 변호사의 인식 비교연구', 경찰학연구 제19권 제4호, 2019. 12.
이형근, '영상녹화물에 의한 특신상태 증명: 대법원 2014. 8. 26. 선고 2011도6035 판결의 해석을 중심으로', 형사정책연구 제30권 제4호, 2019. 12.
이형근, '변호인의 신문참여에 관한 하위 법령 · 규칙 비교연구', 법조 제69권 제3호, 2020. 6.
이형근, '개정 형사소송법 하에서 실질적 진정성립 및 특신상태 요소의 증거법적 기능에 관한 전망', 형사정책연구 제31권 제2호, 2020. 6.
이형근, '제정 수사준칙상 피의자신문 이전 절차에 관한 고찰: 출석요구, 변호인의 신문참여, 사전신문 문제를 중심으로', 형사정책연구 제31권 제3호, 2020. 9.
이형근, '제정 수사준칙상 조사 · 신문 · 면담 관련 조항에 관한 고찰: 심야조사, 별건조사, 사전신문 문제를 중심으로', 형사법연구 제32권 제3호, 2020. 9.
이형근, '피의자신문조서 작성의 적정화 방안: 제정 수사준칙상 임의수사 조항에의 반영 방안을 중심으로', 경찰법연구 제18권 제3호, 2020. 10.
이형근, '수사상 영상녹화의 규율방식 및 규율내용 개선방안: 수사기관의 지침 비교분석 및 상위 법령으로의 통합 제안', 법조 제69권 제5호, 2020. 10.
이형근 · 조은경 · 이미선, '수사관의 심증이 조서의 왜곡에 미치는 영향', 한국심리학회지: 법 제11권 제3호, 2020. 11.
이형근 · 박근우, '제정 수사준칙에 관한 논의의 회고와 교훈: 향후 논의의 균형화 · 다각화 필요성 제안', 경찰학연구 제20권 제4호, 2020. 12.
이형근 · 조은경 · 이미선, '피의자와 변호인의 조서정정 수행 비교연구', 한국심리학회지: 사회 및 성격 제35권 제1호, 2021. 2.
이형근, '임의제출 형식으로 CCTV 영상정보를 제공받는 행위에 대한 해석론 및 입법론', 법조 제70권 제1호, 2021. 2.
이형근 · 조은경 · 이미선, '조서의 왜곡이 수사지휘자의 혐의평가에 미치는 영향', 한국심리학회지: 사회 및 성격 제35권 제2호, 2021. 5.
이형근, '수사준칙의 해태: 해태에 따른 기관 규범의 차이를 중심으로', 형사법연구 제33권 제2호, 2021. 6.
이형근, '피의자신문조서의 형태에 관한 연구: 문답식과 서술식의 병용 가능성, 필요성 및 방향을 중심으로', 경찰법연구 제19권 제2호, 2021. 6.

법심리학적 면담방법론

초판발행	2021년 7월 26일
지은이	이형근
펴낸이	안종만·안상준
편 집	최문용
기획/마케팅	오치웅
표지디자인	BENSTORY
제 작	고철민·조영환
펴낸곳	(주) **박영사**
	서울특별시 금천구 가산디지털2로 53, 210호(가산동, 한라시그마밸리)
	등록 1959.3.11. 제300-1959-1호(倫)
전 화	02)733-6771
f a x	02)736-4818
e-mail	pys@pybook.co.kr
homepage	www.pybook.co.kr
ISBN	979-11-303-1330-6 93350

정 가 25,000원